中文社会科学引文索引
（CSSCI）来源集刊

城市史研究

（第43辑）

URBAN HISTORY
RESEARCH

任吉东　主编
任云兰　执行主编

天津社会科学院　中国城市史研究会　主办

社会科学文献出版社
SOCIAL SCIENCES ACADEMIC PRESS (CHINA)

《城市史研究》 编委会

主　　　任　靳方华

编　　　委　（按姓氏笔画排序）

　　　　　　王先明　〔日〕吉泽诚一郎　〔韩〕朴尚洙

　　　　　　刘海岩　〔美〕关文斌　苏智良　李长莉

　　　　　　何一民　张利民　陈国灿　周　勇　侯建新

　　　　　　侯晓韧　涂文学　蔡玉胜　熊月之

主　　　编　任吉东

执 行 主 编　任云兰

副 　主　编　熊亚平　王　敏　范　瑛　李卫东

编　　　辑　（按姓氏笔画排序）

　　　　　　万鲁建　王　丽　王　敏　王　静　成淑君

　　　　　　刘凤华　杨　楠　吴俊范　张　弛　龚　宁

　　　　　　魏淑赟

目 录

城市史理论探讨

十年来中国城市史学科建设的考察与分析 …………… 何一民 余爱青 / 1

城市经济

民国时期青岛期货交易 …………………………… 冯 剑 梁晓艺 / 18
"周口,天下口":近代中原商贸中心周家口与票号的设庄经营
………………………………………………… 秦国攀 孟 伟 / 37
民国时期汉口商人组织与地方营业税的征稽及纷争
………………………………………………… 刘 杰 李珊珊 / 57

市政与空间规划

20世纪上半叶济南市政与城市公共空间的管理
——以街道为中心的考察 ………………… 任谢元 高瑞彤 / 79
近代广州"新生命之自出":河南岛大建设与广州的城市化
(1921~1937) …………………………………………… 刘赫宇 / 95
乡村城镇化:近代焦作发展路径及其启示 ………………… 葛风涛 / 112

乡村建设背景下的区域城镇化
　　——以近代北碚地区为例 ………………… 李冰冰　谢　健／128
城市空间的异托邦呈现
　　——以傅家甸为中心的考察 ………………… 刘明明　盛　昕／148

景观与社会生活

汉代敦煌的边城景观和地理意象 ………………………… 黎镜明／167
公元1049年成都游娱时空研究
　　——以田况《成都遨乐诗》为中心 ……………………… 刘桂海／185
边城欢哨：全面抗战时期贵阳的国民体育与公共生活 ……… 孟　浩／200
平民法律扶助与国民政府时期社会治理的运行机制
　　——以天津律师公会为例 …………………………………… 王　静／219
家庭变革、社会变迁与文本分析：城市史研究的新可能
　　——从《巴金〈家〉中的历史》到《法国大革命时期的家庭罗曼史》
　　………………………………………………… 范　瑛　茹志威／234

城市文化

五四时期的进步商业广告与城市社会动员
　　——以《益世报》为中心的考察 …………………………… 李　维／244
近代天津曲艺改良初探
　　——以艺曲改良社为中心 ………………… 杨　楠　王　丽／256

生态与环境

明代昆明城市景观重塑 ……………………………………… 梁苑慧／269
公共健康与近代租界公园建设
　　——以上海公共租界为例 …………………………………… 张亦弛／280

运河城市

明清小说中的山东运河城市 …………………………………… 郑民德 / 293
运河空间效应与明清时期江南市镇发展
　——以苏州吴江为中心的考察 ………………… 许哲娜　喻满意 / 311

会议综述

学科·理论·话语：首届"20世纪中国城市发展"高端论坛
　会议综述 ……………………………………………………… 高梓霈 / 329

稿　约 ……………………………………………………………………… / 333

Contents

The Theory of the Reseach of Urban History

A Review of the Subject Construction of Chinese Urban History during
the Past Ten Years　　　　　　　　　　　　　　He Yimin & Yu Aiqing / 1

Urban Economy

Futures Trading of Qingdao and Sino – Japanese War in the Republic Period
　　　　　　　　　　　　　　　　　　　　　　Feng Jian & Liang Xiaoyi / 18
"Zhoukou, Gateway to the World": the Trade Center of Central Plains
in Modern Times and the Management of Piaohao
　　　　　　　　　　　　　　　　　　　　　　　Qin Guopan & Meng Wei / 37
Hankou Businessmen Organizations and the Collection and Disputes of
Business Tax During the Republic of China　　Liu Jie & Li Shanshan / 57

Municipal Administration and Urban Governance

Jinan Municipal Administration and Urban Public Space Management in the
First Half of the 20th Century—An Investigation Centered on Streets
　　　　　　　　　　　　　　　　　　　　　　Ren Xieyuan & Gao Ruitong / 79
"The Birth of New Life" in Modern Guangzhou—Henan Island Construction
and Guangzhou Urbanization (1921 – 1937)　　　　　　　　Liu Heyu / 95

Rural Urbanization: the Development Path of Jiaozuo Town in
　　Modern Times and the Enlightments　　　　　　　*Ge Fengtao* / 112
Regional Urbanization Under the Background of Rural Reconstruction
　　—Take the Modern Beibei Area as an Example
　　　　　　　　　　　　　　　　　　Li Bingbing & Xie Jian / 128
Heterotopic Presentation of Urban Space—A Survey Centered on Fujiadian
　　　　　　　　　　　　　　　　　Liu Mingming & Sheng Xin / 148

Urban Landscape and Social Life

The Border Town Landscape and Geographical Image of Dunhuang in
　　the Han Dynasty　　　　　　　　　　　　　　　*Li Jingming* / 167
The Research of Chengdu Amusement Space-time in 1049:
　　Focusing on Tian Kuang　　　　　　　　　　　　*Liu Guihai* / 185
Cheerful Whistles in a Border City: National Sports and Public Life in
　　Guiyang during the Total War of Resistance Against Japan　　*Meng Hao* / 200
Discussion on Legal Aid and Social Governance Operation Mechanism in
　　the Period of National Government—In case of the lawyers in Tianjin
　　　　　　　　　　　　　　　　　　　　　　　　　Wang Jing / 219
Family Revolution, Social Change and Text Analysis: New Approaches for
　　Urban History Studies—From *Fact in Fiction*: 1920s *China and Ba Jin's
　　Family* to *The Family Romance of the French Revolution*
　　　　　　　　　　　　　　　　　　　Fan Ying & Ru Zhiwei / 234

Urban Culture

Progressive Commercial Advertisement and Urban Social Mobilization in the
　　May 4th Period—An Investigation Centered on *Social Welfare Tientsin*
　　　　　　　　　　　　　　　　　　　　　　　　　　Li Wei / 244
Research on the Improvement of Quyi in Modern Tianjin—Focus on
　　Yiqu Improvement Organization　　　　　　*Yang Nan & Wang Li* / 256

Urban Environment

Analysis on the Remolding of Kunming Urban Landscape in Ming
    Dynasty *Liang Yuanhui* / 269
Public Health and Parks in the Foreign Settlements of Modern
    China—Case Studies on the International Settlements in Shanghai
    Zhang Yichi / 280

Canal Cities

Shandong Canal Cities in Ming and Qing Novels *Zheng Minde* / 293
The Space Effect of the Great Canal and the Development of the Markets
    and Towns in Jiangnan in the Ming and Qing Dynasties—With Wujiang
    of Suzhou as a Case *Xu Zhena & Yu Manyi* / 311

Conference Summary

Subject · Theory · Discourse: A Summary of the First Forum on "Urban
    Development in the 20th Century China" *Gao Zifei* / 329

Call for Papers / 333

·城市史理论探讨·

十年来中国城市史学科建设的考察与分析[*]

何一民　余爱青

内容提要：本文以中国城市史的"学科建设"为主要研讨对象，考察了城市史学科构建的基本要素，详细梳理了近十年来国内城市史学术机构的建立与发展、研究团队的构建、学术带头人与人才培养及研究平台以及学术交流与社会服务的发展状况，分析了城市史学科建设存在的优势与不足，并对中国城市史学科未来的发展提出建议。

关键词：城市史学科建设　内在要素　外显性要素

中国城市史学作为一门独立学科兴起是在改革开放以后。其兴起的原因是多方面的，其中有两方面的原因最值得重视。一是时代发展的需要。改革开放以后，中国城市化高速发展，以城市为中心带动区域乃至中国发展成为新的趋势，因而研究城市历史和现状成为时代的需要，由此推动中国城市史学的兴起，在国家社科基金项目和各省市相关项目的引导下，城市史研究成为一个学术热点。二是史学研究的需要。中国历史学在经历了"文化大革命"之后也面临"史学危机"，如何从原来的单一的以阶级斗争为纲、以政治史为主的史学研究低谷中走出来，成为当时史学工作者普遍关注的问题，在此背景之下，开拓新的研究领域成为中国历史学发展的新走向。中国城市史学正是在这样的背景下兴起的。

---

[*] 本文为国家社科工作办 2020 年中国历史学中国城市史学科"十四五"规划调研报告的前期研究成果之一。受访对象仅限于中国近现代城市史学者，不包括海外学者。

40年来，在张仲礼、隗瀛涛、皮明庥、罗澍伟等一批著名学者的引领下，在一大批中青年学人的共同努力下，以马克思主义历史观为指导的具有中国特色的中国城市史学得到很大的发展，取得突出的成就，初步建立起了中国城市史学科体系、学术体系和话语体系的基本架构。近十年来，中国城市史学更是成绩斐然。随着中国进入社会主义新时代，城市变得更加重要，新时代对中国城市史学提出了新的要求。为了对未来中国城市史学的发展进行规划，需要对近十年中国城市史学科的建设进行回顾和总结。任何一门学科的建设都是一项系统工程，涉及的内容非常多，也非常复杂，因而本文仅在开展调查的中国城市史特别是近现代史范围内对学科构建的内在要素与外显性要素进行考察和分析。

一 学科建设内在要素之一
——学术机构建立与发展

专业性研究机构的建立是学科建设的内在要素之一，中国城市史学之所以能成为独立的学科，首先与国内部分高校和科研院所相继建立了多个中国城市史教学和科研机构有着直接的关系，特别是近十年这些学术机构有较大的发展。改革开放以后，四川大学、上海社会科学院、天津社会科学院、中国社会科学院、上海师范大学、华东师范大学、浙江大学、浙江师范大学、江汉大学、重庆大学等先后设立了与中国城市史相关的研究机构或研究课题小组。据不完全统计，从全国范围来看，目前至少有20家学术机构专门从事城市史研究，或将中国城市史学作为重要的研究方向，其中，上海社会科学院历史研究所、天津社会科学院历史研究所、四川大学城市研究所、武汉市社会科学院文化与历史研究所等4家机构是国内最早开展中国城市史研究的学术机构，至今仍然将中国城市史作为重要的研究方向（见表1）。

表1 国内部分高校、科研院所建立的中国城市史学相关的学术机构

区域	学术机构名称
西南地区	四川大学城市研究所
	西南大学历史文化学院重庆中国抗战大后方研究协同创新中心
	西南大学历史地理研究所

续表

区域	学术机构名称
华中地区	江汉大学城市研究中心
	武汉市社会科学院文化与历史研究所
西北地区	陕西师范大学西北历史环境变迁与经济社会发展研究中心
华东地区	上海社会科学院历史研究所
	复旦大学历史地理研究中心
	上海师范大学都市文化研究中心
	华东师范大学中国现代城市研究中心
	华东师范大学民间记忆与地方文献研究中心
华北地区	首都师范大学历史学院北京都市文化研究中心
	中国社会科学院近代史研究所
	天津社会科学院历史研究所
	山东师范大学山东城市史研究中心
	青岛大学历史学院城市史研究中心
	聊城大学运河学研究院
	山东大学城市文化研究院
华南地区	广州市社会科学院历史研究所
	暨南大学历史地理研究中心

全国约20家专门从事中国城市史研究的学术机构，将城市史学作为重要研究方向的团队中，研究人员有5~10人及10人以上的团队占比达到36.19%，超过10人的达19%之多。另外，近五年持续引进中国城市史研究人才的相关学术团队占比达49.52%，其中每年引进超过1位者达16.19%。近五年共引进了16位人才；其中引进高级职称者占21.43%，中级职称者占72.14%，专职博士后占26.43%。引进人才中，具有留学经历的占16.43%。各高校学科建设的加强和科研投入力度的加大，促进了各学术团队的建设。为了提高科研产出，各机构对于引进中高级科研人才高度重视，投入的经费和力度不断增加和增大，而对于优质专职博士后的选用更是十分重视，尤其加大了对有留学背景的优质人才的引进力度。这些措施目的都是加强学术团队建设和学科建设，由此可见，近年来各高校、科研院所的中国城市史研究团队和学科建设正处于上升阶段。

但是也应看到，目前中国城市史研究机构虽然数量较多，但是规模一般都不大，10人以上的工作团队数量并不多，总体上是以小规模的研究团队为主，2~3人的学术团队约占21.9%，2人的学术团队或单个的研究者占41.9%。

在所有研究团队中，上海社会科学院历史研究所的规模最大。上海社会科学院历史研究所建于1956年，其主要任务之一就是开展对于上海城市史的研究。上海的地位决定了它在中国城市史研究中的地位，研究近现代中国就不可能不研究上海，因此有学者称，上海是了解近代中国的钥匙。因而上海城市史研究长期受到各地学界的重视，更是受到上海学者的青睐。上海社会科学院历史研究所设有古代史、近代史、现代史、当代史、上海史五个研究室，是海内外学术界公认的史学重镇。上海城市史研究是历史研究所传统优势项目。历史研究所自建立以来，一直将上海史列为全所研究重点，在"文革"以前，已经编写、出版《上海小刀会起义史料汇编》（上海人民出版社，1980）、《辛亥革命在上海史料选辑》、《五四运动在上海》等资料汇编。1978年以后，又编写、出版了《上海史》《上海史研究》论文集两辑，"上海滩与上海人"丛书两辑二十种，《近代上海大事记》、《现代上海大事记》、《上海工人运动史》、《近代上海城市研究》（合作）、《近代上海繁华录》、《五卅运动史料》、《上海外事志》、《东南沿海城市与中国近代化》等一大批专著与资料。改革开放以来，上海城市史研究成为学术热点之一，为海内外学者所关注，研究成果丰硕。1999年出版15卷本《上海通史》，2007年出版近700万字的《上海大辞典》，2009年、2010年出版20多卷本"上海城市社会生活史丛书"。2010年出版"上海的外国文化地图丛书"第一辑、《上海城市嬗变及展望》、《上海卢湾城区史》、《西学东渐第一校》等书，近年来重新撰写的《上海通史》和大量专门史的研究专著陆续出版，历史研究所承担了国家社科基金重大招标等各类项目，在上海史研究领域具有领先的、不可替代的地位。

天津社会科学院历史研究所前身为天津市历史研究所，成立于1958年，1979年3月并入天津社会科学院。长期以来，历史研究所围绕中国近代史、天津史，不断拓宽研究领域，在义和团运动、北洋军阀史、租界社会、华北区域史、中国近代城市史、商会史、商人社会等方面形成自身研究特色。科研人员先后撰写并出版了《义和团运动史》、《天津简史》（天津人民出版社，1987）、《天津古代城市发展史》、《周学熙传》、《近代天津对外贸易研究》、《近代天津城市史》、《天津租界社会研究》、《日本在华北经济掠夺统制史》、《近代环渤海地区经济与社会研究》、《空间与社会：近代天津城市的演变》、《近代天津商会》、《解读天津六百年》、《近代天津工业与企业制度》、《民国天津社会生活史》、《华北城市经济近代化研究》、《艰难的起步——中国近代城市行政管理机制研究》、《近代天津的慈善与社会救济》、《华北教育的近代化进程》、《多元性与一体化：近代华北乡村社会治理》、《天津老烧锅》、《近代天津日本侨民研究》、《铁路与华北乡村社会变迁（1880~1937）》、《近代旅津山东商人研究》、《天津康科迪亚俱乐部——历史与文化百年》、《天津交通史》等著作。并编辑出版了大型资料集《天津商会档案汇编》及《津海关贸易年报》、《清代以来天津土地契证档案选编》、《天津商民房地契约与调判案例选编（1686~1949）》和《八国联军占领实录——天津临时政府会议纪要》等。该所从1988年开始主办的《城市史研究》杂志，是目前国内唯一的城市史研究专业刊物，在学术界有着较大影响力，为南京大学CSSCI来源集刊。

除上海社会科学院历史研究所和天津社会科学院历史研究所外，四川大学城市研究所也是有一定规模的研究机构。该所成立于1988年，是我国高校中最早成立的城市研究机构之一，研究任务特色突出，优势明显。其研究范围从单体城市到区域城市，从内陆城市到边疆城市，从古代城市到近代城市，从历史城市到现代当代城市，从中国城市到世界城市，极大地拓展了中国城市史研究的广度与深度。30余年中，四川大学城市研究所先后承担了3项国家社科重大招标课题，6项国家社科重点课题，10余项国家社科年度和青年课题。拥有专、兼职研究人员21人，其中教授（研究员）15人，副教授6人，19人拥有博士学位。

武汉扼南北之枢纽，居东西之要津，自古被称为"九省通衢"，也是近代中国的中心都市之一，为华中地区重要的政治、经济及文化中心。武汉市社会科学院文化与历史研究所，也是较早从事城市史研究的机构，出版了大量武汉城市相关的研究著作，主要研究方向为：武汉城市文化研究、武汉城市史研究、辛亥革命研究等。但近年来由于相关研究人员的退休或调离，该所的城市史研究处于低谷状态。继之而起的则是江汉大学城市研究中心，该中心成立于2004年12月，以江汉大学人文学院历史系和江汉大学武汉研究院为依托，是继武汉市社会科学院文化与历史研究所之后在华中地区兴起的又一个以城市史研究为主的学术机构。该中心始终坚持聚焦武汉、研究武汉、服务武汉的研究宗旨，逐步形成了武汉城市历史与文化研究、武汉抗战研究、武汉城市记忆与文献研究、20世纪中国现代城市化与城市现代化研究等四大研究方向，出版和发表了一批在国内学术界具有影响的著作和论文。2016年该中心获批成为湖北省人文社会科学重点研究基地。

以上各研究机构在中国城市史研究领域各有千秋。总体来看，近十余年来中国城市史学研究机构有所加强，但仍然不能满足学科发展的需要。上海社会科学院历史研究所虽然在研究上海城市史方面成果丰硕，但随着《上海通史》编写的收官，上海城市史研究的高潮或将告一段落，而上海史研究者能否将研究视线和研究重心转移，这不仅是对自身发展的挑战，而且对中国城市史学科的发展也至关重要；天津社会科学院也面临同样的情况，如何从以区域城市史研究为主转向中国整体城市史研究，也是需要思考的战略。而四川大学城市研究所和江汉大学城市研究中心的研究方向虽然明确，但也面临如何将高速度发展与高质量发展相结合等问题。另外，全国其他高校和科研机构也都需要围绕学科体系、学术体系和话语体系的建设进行改革。

二 学科建设内在要素之二
——研究团队的构建

为了对中国城市史学科的发展状况有较深入的了解，我们以中国城市史研究会会员为主要对象进行了问卷调查，有效受访问卷总数达103份，具有一定的代表性，从而使我们对中国城市史学科建设有了新的看法。

1. 中国城市史研究者的年龄构成

从受访者的年龄结构来看，36~45岁的研究者占比高达46.67%，26~35岁的研究者占比为21.9%，46~55岁的占比为21%，由此可见，当下中国城市史研究者以中青年为主，主要集中在26~55岁，占比高达89.57%，此一年龄段的研究者正处于学术研究的兴盛期，充分表明中国城市史研究队伍的年龄结构具有很强的优势。

2. 中国城市史研究者的性别构成

从本次调研的性别结构来看，男女所占比例有一定的差别，除 2 人未填写性别外，其余可考察性别者中，男性研究者占 59.05%，女性研究者为 39.05%，男性研究者比女性研究者多 20 个百分点。考虑到 26～55 岁年龄段女性处于家庭与事业的双重压力下，而男性相对而言家庭事务的压力较小，能更多地投入事业之中，因而中国城市史研究者中男性研究者多于女性研究者。

3. 中国城市史研究者的学历构成

从调研来看，中国城市史研究者的学历普遍较高，拥有研究生学历的占比高达 96.19%，其中具有博士学位者更是高达 73.33%。这充分表明越来越多的高学历者加入中国城市史研究行列中，中国城市史研究队伍的整体学术能力和学术水平也相对较强和较高。

4. 中国城市史研究者的单位构成

从参加调研者工作单位的构成来看，中国城市史研究者大多数在高校工作，其占比高达 72.38%，表明高等学校的老师是中国城市史研究的主力军；而在科研院所的研究者仅占 12.38%；而其他事业单位的研究者人数更是相对较少。

5. 中国城市史研究者的职称结构

从参加调研者的职称结构来看，中国城市史研究者以高级职称占多数，其中教授（研究员）占比为 21.9%，副教授（副研究员）占比为 36.19%，讲师（助理研究员）占比为 23.8%。值得注意的是，副教授和讲师职称的占比都较高，其年龄层次应多属中青年，说明近年来由于中国城市史学的学科魅力吸引了越来越多中青年学者的加入，各个学术团队不断壮大并且呈现年轻化的趋势，这也表明中国城市史学研究后继有人，人才辈出。

从以上的调研看，中国城市史学科兴起虽然较晚，但是在较短的时间内有很大的发展，尤其是近十年来研究队伍具有年轻化、高学历、高职称等特点，这充分表明中国城市史研究队伍正处于向上发展阶段，这与近年来中国城市史学科成果斐然、国家社科课题立项数量较多成呈相关关系。

近十年来一批中青年学者成长起来，成为中国城市史研究的中坚力量，主要表现为国家社科基金项目中与中国城市史相关的项目主持人以中青年为主，其中副高以下职称者占70%以上，而正高职称者也有半数为中青年学者。另外，近年来发表的有关中国城市史论文的作者也以中青年学者为主。特别需要强调的是，以中国城市史为研究方向的博士学位论文和博士后出站报告数量较前有所增加，而且在研究选题和研究内容等方面都有较大的创新，学术质量也越来越高，部分博士学位论文和博士后出站报告经修改后出版，受到学术界的好评。此外，四川大学、华东师范大学、复旦大学、江汉大学、重庆大学、西南大学等相关学术机构近十年来开办各种有关城市史研究的讲座、研习班等，对于中青年学者的成长也起到了重要的推动作用。可以预计，在未来十年中国城市史学研究团队将有更大的发展。

三 学科建设外显性要素之一
——学术带头人与人才培养

学术机构是学科发展的载体，学术团队的建设是学科发展的重要基础，而学术带头人是学科发展的核心，也是学科建设的外显性要素的重要内容。

20世纪80年代以来，张仲礼、罗澍伟、隗瀛涛、皮明庥等改革开放后的第一代从事中国近代城市史研究的学者以国家重点课题研究为切入点，开拓出了现代意义上的中国城市史研究，他们成为中国城市史学科的第一代学术带头人。在他们的引导下，上海社会科学院、天津社会科学院、四川大学、武汉市社会科学院的部分学者以马克思主义为指导，结合中国国情对中国城市史相关理论进行了一系列探索，取得了相当的进展。如对中国城市史研究的目的、意义，中国城市史研究的主要对象，城市化与现代化，现代化与半殖民地化，城市体系、空间布局，城市的功能结构，城乡关系，城市发展动力等理论问题都进行了较为深入的探讨。另外，还分别提出了中国城市史研究的理论模式和研究范式，初步形成了"结构—功能学派""综合分析学派""社会学派""都市文化学派"，以及"人文生态学派"等不同的城市史学研究路径，这些多元的理论与方法的探索反映出改革开放初期中国近代城市史研究者的学术创新，有力地推动了中国城市史"学科体系"的建设。

近20年来，熊月之、何一民、张利民、周勇、李长莉、苏智良、涂文学等一批在改革开放后成长起来的中国城市史研究学者，不断深化城市史研究的理论探索，他们已经成为中国城市史研究领域的学术带头人，成一家之言，在历史学界产生了较大的影响。

熊月之教授长期致力于中国近代城市史尤其是近代上海城市研究，认为口岸城市依托其思想西化、交通方便等优势，"在维新运动兴起以前，已经成为中国革新运动的先行区域"。他撰写的具有创新性的论文《近代上海城市对于贫民的意义》指出乡村贫民进入上海以后身份、职业的多样性转变，说明"城市虽然不是贫民的天堂，但至少是他们的希望"。"十三五"期间，熊月之教授主持的大型学术工程《上海通史》，计30卷，1200余万字，具有新体例、新视野、新资料、新见解等特点，可以说是目前体量最大的单体城市史的研究成果，相信该书出版后将会对中国城市史研究产生重大的影响，也可以说该书是中国城市研究的标志性著作。

何一民教授长期从事中国城市史研究，在"十三五"期间（2016~2020）主持完成三项国家社科基金项目和重大项目，包括中国城市通史、20世纪新疆城市与区域发展研究和20世纪西藏城市人居环境发展变迁研究，成果已先后问世。近十年先后撰写论文数十篇，尤其是对近代新疆、西藏、内蒙古、西康等内陆边疆地区的城市进行了梳理和开拓性研究。由他主编的《20世纪新疆城市与区域发展研究》《世界屋脊上的城市——西藏城市发展与社会变迁研究（17世纪中叶至20世纪中叶）》是研究中国内陆边疆城市史的巨著，即将出版的《中国城市通史》，标志着中国城市通史研究又跨上了一个新的台阶。

张利民教授长期从事以天津为中心的近代华北城市研究，主持和参与多项国家社科基金规划项目，其《近代环渤海地区经济与社会研究》《华北城市经济近代化研究》等专著，以及《近代中国城市捐税制度初探》《从旅津晋商碑刻看清代天津集散中心地位的形成》等论文，进一步对近代中国城市经济发展，尤其是华北地区经济发展方面进行了精细研究。2008年出版的《艰难的起步：中国近代城市行政管理机制研究》是首次系统梳理近代城市行政管理机构的创建过程，以及其与城市现代化互动关系的专著。

周勇教授为中国国内最早开始从事近代城市史研究的学者之一，近年来主持了重庆市社科规划项目"海外抗战大后方档案、文献、影像史料整理研究",重庆市"十三五"重点出版规划项目"全球视野下的近代重庆丛书"。先后出版了《走向平等——战时重庆的外交界与中国现代外交的黎明曙光(1938~1946)》《〈苦干〉与战时重庆——影像史学视野下的战时首都》《影像中国70年·重庆卷》《重庆抗战图史(上中下卷)》等;此外发表了相关论文多篇。

李长莉研究员为中国近代城市社会史的资深研究者,长期研究近代城市生活、婚姻和伦理等热点问题,并对中国近代城市史研究、近代城市生活史研究、近代社会史研究状况进行了省思与评述,撰写了《晚清上海社会的变迁——生活与伦理的近代化》《中国人的生活方式:从传统到近代》等学术专著,合作出版了《中国近代社会生活史(1840~1949)》等专著,先后发表有关近代城市社会生活、社会文化、社会风尚等的论文多篇。

苏智良教授在城市史研究领域涉猎广泛,成就颇著,近年来主编出版了《都市文化研究》第17~21辑,另外还发表了多篇与城市史相关的论文,产生了较大的学术影响。

涂文学教授长期从事20世纪前半叶中国城市化研究,对近代武汉三镇的历史与市政建设史进行了探讨和研究,主持完成了多项国家社会科学基金项目和省部级研究项目,在权威学术期刊和《人民日报》等主流媒体上发表30余篇学术论文,先后撰写和主编了《武汉城市简史》等10余部学术专著。

除了以上所列中国城市史学科的学术带头人外,近年来还有一批新人崛起,成为第三代中青年学术骨干。但是值得注意的是,目前中国城市史学的第二代学术带头人普遍已经退休或即将退休,而新的学术带头人虽已崭露头角,但接力棒还未握在手上或者还未握稳,因而,创造更好的学术生态环境,让这些中青年学术骨干迅速成长起来,是当务之急。

学术带头人的培养固然重要,但新生代人才培养同样不可忽视,从长远来看,人才培养是中国城市史学科建设的重要基石。人才培养是高校和科研机构的任务之一,特别是高校承担着高端人才培养任务,而中国城市史学作为独立的学科有一个突出的优势,即有多所高校有着中国城市史学方向的博士学位和硕士学位授权点,为中国城市史学高端人才的培养奠定了重要的基础。正如前面所述,由于中国城市史的学科归属明确,因而目前已经有多所高校建立起了中国城市史学的人才培养基地，任重而道远。

近十余年来，中国城市史人才培养取得了很大的成就，据不完全统计，仅四川大学城市研究所就有10余名博士后出站，培养了70余名博士、300余名硕士，历届毕业生分别就职于国内知名高校，成为各校的学术骨干；另外，四川大学城市研究所也为各级党政机关、事业单位培养出大量实务型人才。此外，上海社会科学院历史研究所以及国内其他相关研究机构也培养了大批杰出人才，他们成为中国城市史学或其他学科的领军人物或学术骨干。但是从全国范围来看，中国城市史专业以历史学专门史硕博士研究生招收的单位并不多，在一定程度上制约了中国城市史研究专业人才的培养。中国城市史领域现有研究人员多为从事某一断代史研究如近代史研究、古代断代研究、当代史研究的学者，或从事其他的专门史研究，如经济史、社会史、文化史、建筑史、历史地理等方向的专业人士，因而增设中国城市史专业方向，对于中国城市史的学科发展具有重要的意义。

四 学科建设外显性要素之二
——研究平台、学术交流与社会服务

近年来，全国城市史研究的人才队伍建设呈现上升发展趋势，一个重要的外显性表现就是全国性专业学术平台的建设和学术交流的加强，以及学术期刊的创办。

（一）专业学会的建立与学术交流

中国城市史研究者早在20世纪80年代末就通过召开学术研讨会等方式来进行交流，从1988年到2007年在上海、成都、重庆、武汉、天津、青岛、杭州、兰州、西安等城市多次举办学术研讨会。随着研究队伍的不断扩大，2013年上海社会科学院历史研究所、四川大学城市研究所、天津社会科学院历史研究所、中国社会科学院近代史研究所、西南大学历史文化学院、江汉大学城市研究中心、浙江师范大学江南文化研究中心等科研机构联合，创办了中国城市史研究会。中国城市史研究会的成立标志着中国城市史学正在形成全国性的团结协作网络，一个跨学科、跨时段、具有创新意识和团队合作精神的学术共同体正在形成，研究会有会员200余人，以汇聚学术力量和研究成果，构建学科体系、学术体系和话语体系为目标，推动中国城市史学创新和繁荣为宗旨，在一定程度上促进了中国城市史研究学术队伍的不断壮大和研究的深化。

中国城市史研究会成立后，定期举办学术研讨会，形成了开展学术交流的机制，先后召开的学术会议主要有9次。2013年6月，中国城市史研究会、重庆中国抗战大后方研究中心、西南大学历史文化学院与四川大学城市研究所在重庆西南大学举办了"城市发展与中华民族复兴学术研讨会暨中国城市史研究会首届年会"；2014年9月，中国城市史研究会、浙江师范大学江南文化研究中心、四川大学城市研究所等在金华浙江师范大学举办了"第三届江南文化论坛暨首届中国城市史研究高端峰会"；2015年9月，中国城市史研究会、江汉大学、四川大学城市研究所在武汉江汉大学举办了"战争、灾难与近代中国城市暨中国城市史研究会2015年年会"；2016年10月，中国古都学会、中国城市史研究会与成都古都学会、四川大学城市研究所在成都举办了"中国古都学研究高峰论坛"；2017年4月，四川省社会科学院、中国城市史研究会、四川大学城市研究所等在成都主办了"天府之国与丝绸之路国际学术研讨会"；2017年10月，中国城市史研究会与浙江师范大学江南文化研究中心、上海人民出版社在金华浙江师范大学举办了"《江南城镇通史》发布会暨中国城市史研究高端峰会"；2018年6月，中国城市史研究会与天津社会科学院在天津社会科学院举办了"新时代城市史研究的路径与指向暨《城市史研究》创刊30周年高端论坛"；2018年10月，中国城市史研究会与四川大学城市研究所在成都举办了"中国与世界：多元视野下的中国城市史研究暨中国城市史研究会2018年年会"；2019年12月，中国城市史研究会、四川大学城市研究所、江汉大学城市研究中心在江汉大学举办了"陆海时代视域下的中国城市史研习班"。

以上所举办的学术研讨会与2012年以前所举办的中国城市史学术会议相比具有一些新的特点。一是中国城市史研究会发挥着重要的平台作用，以上会议多由中国城市史研究会主办或参与举办。二是会议的规模较大，以中青年学者为主，如2013年举办的首届年会，参会学者110余人，提交论文达89篇；2018年召开的年会，参会学者达130余人，提交论文百余篇。历次研讨会的与会者都以中青年学者为主，具有高级职称者占多数。

三是研究方向的多元化。城市作为一个综合有机体,政治、经济、社会、文化、建筑、生态等各个方面无所不包。这一特性,决定了城市史研究是一门综合性极强的学科,涉及人文学科、社会科学和自然科学的多门学科,因而要求研究者应具有相当丰富的学识和极其广阔的视野。历次研讨会和年会体现了这种综合性,尤其是在选题和研究方法等方面具有综合性和多样性。从历次会议论文所涉及研究的问题来看,既有对传统学术的延续,也注重新领域的开拓与创新;既有大家较熟悉的主题,也有不少新的选题,特别是中青年学者能够从新视角提出一些新课题和新观点;既有对城市发展规律和特点的探讨,也有对城市政治、经济、文化、现代化与现代性、公共领域、民众日常生活等问题的研究;既有宏观研究和中观研究,又有微观研究,几乎涉及了城市的方方面面。在研究方法上呈现多样性,一些研究者不再运用单一的历史研究方法,而是已经注意到运用多学科的研究方法,将人文社会科学的理论、方法与自然科学的理论、方法相结合,从而突破了对城市发展现状描述性研究的瓶颈。四是更具有现代性和国际化视野,当前中国正进入城市化发展的高速阶段,因而不少研究者能够结合当前国家的政策形势,对当代中国城市化进程进行新的思考和探索,体现了较强的时代特色。随着中国对外开放的不断加强,中国城市史研究更加强调国际视野和国际化研究,有的研讨会的主题就是中国与世界,主张中国城市史具有国际视野,相关研究应置于全球发展的背景下来考察。有的研讨会论文作者能够站在全球城市化的高度来立论写作,或更加广泛地运用西方文献资料来开展中西方城市史比较研究,体现了一定的国际化研究视野和战略眼光。由此可见,中国城市史学科的学术交流具有明确的导向性,不仅有助于丰富和完善中国城市史学科体系,而且对促进当代中国城市发展具有重要的现实意义。

近年来,中国城市史学的相关机构和学者对外交流十分频繁,一是相关学术机构与海外的交流常态化;二是中外学者之间的联系更加密切,相互之间经常进行学术访问;三是派送青年学者出国访学和博士生进修的机会增多。

(二)专业性学术期刊的创办与发展

创办专业性期刊对于中国城市史学的学科建设起到了重要的推动作

用。期刊既是专家学者的学术舞台，也是培养青年人的摇篮。近年来随着期刊分级和考核的数字化，青年学者成长的难度越来越大，高级别的期刊发文量非常有限，加大了年轻人才成长的难度，因而创办高质量的专业性期刊变得非常重要，对于学科建设也十分关键。1988年，天津社会科学院历史研究所创办了《城市史研究》，成为城市史研究专业刊物。32年来，天津社科院历史研究所的同人们为此做出了巨大努力，终将《城市史研究》发展成颇有影响力的刊物，被选入CSSCI来源集刊，并多次被社会科学文献出版社评为优秀集刊。

《城市史研究》从1988年创刊至2019年，一共出版了41辑，发表学术论文达658篇。创刊之初，刊登的论文主要由我国城市史研究的先行者撰写，内容涉及近代中国城市研究、世界城市化研究、中国城市史理论探讨以及国外城市史研究的引介。进入20世纪90年代以后，《城市史研究》的作者出现新老交替的局面，除了城市史研究的开路人之外，青年一代的学者也开始崭露头角，这一时期的论文在单体城市和不同区域的城市研究基础上，主要在城市史理论、城市经济、文化、政治与社团等不同层面深耕细耘，并且突破了中国近现代城市研究的范围，中国古代城市研究的论文开始出现，也不乏一些世界城市史研究的论文。进入21世纪以后，随着跨学科研究的开展、多元化理论的介入，新社会史家把"市民社会""公共空间"等解释框架引入城市史研究，一些新的社会范畴引起关注，该刊物的文章开始涉及城市空间、城市社团、城乡关系、城市管理等，有更多的中青年学者加入作者队伍。2010年以后，从栏目的设定来看，该刊物的文章更多侧重城市史两个概念之间的论述，比如市政管理与规划建设、区域体系与经济发展、空间结构与环境变迁、社会阶层与文化教育、日常生活与观念变迁等，生态与环境方面的研究开始进入视野，作者的年龄、结构、层次更加多元化。

1988年以来，先后在《城市史研究》发文的作者多达587人，由于作者数量太多，资料难以收集，本文仅以具有一定代表性的两期为例进行分析，即以2013年第29辑和2018年第38辑刊文和作者为例进行分析。两期共刊文43篇，其专栏基本相同，分别涉及社会生活、城市个案、研究述评、海外研究、区域体系与经济发展、市政建设与社会控制、空间结构与环境变迁、社会阶层与文化教育、学术述评等。43篇文章共有57位作者，其中，正高级别（教授、研究员）17人，占30%；副高级别（副教授、副研究员）12人，占21%；中级（讲师、助理研究员）8人，占14%；在读博士11人，占19%；在读硕士2人，占4%；职称不详者2人，占4%。由此可见，作者群体涵盖各个职称和学历层次。另外，除了中国学者有52人，占91.23%外，还有外国学者5人发表了5篇论文，占作者总人数的8.77%。按作者单位性质划分，高校教师43人，占75%；科研机构人员8人，占14%；博物馆等社会机构人员1人，占2%。由此可见，高校作者是中国城市史研究的主要力量。

总体来讲，《城市史研究》有以下特色。一是刊文内容丰富多样，涵盖城市史理论与方法、城市研究专题论文、学术动态、会议综述、国外研究译丛的引介等。二是刊文具有国际性，与世界接轨一直是该刊的一个大特色。从创刊开始，《城市史研究》便持续引介国外学者的著作，以及开辟世界城市化研究专栏，不仅有中国的作者参与，还有外国的作者参与。从创刊起，就陆续有一些国外学者的研究论文，包括原文现译或已刊论文的翻译。三是论文的视角涵盖宏观、中观和微观各个层面，且研究范围涉及全国乃至全世界的城市史，研究时段包括古代、近现代与当代城市史。四是《城市史研究》拥有一支相对稳定的作者队伍，涵盖老、中、青三代学者。既有在城市史学科领域成就卓著的专家学者，也有不少青年学者，还包括在读的博士研究生和个别硕士研究生。总之，《城市史研究》对中国城市史学科发展和城市史研究具有推动作用。

（三）中国城市史学科与社会服务

一个学科的发展除了对学术领域外，对社会的服务也十分关键，相比历史学的其他分支，中国城市史学在服务社会方面有其独特的作用。由于中国城市史学与当今城市建设和社会发展有着高度的相关性，因而服务社会的成绩斐然。当今中国城市化、现代化快速发展，通过城市历史文化研究来丰富和提升城市文化内涵、形象，形成品牌成为一种重要的学术趋势，为中国城市史学服务社会提供了一个重要契机。不少中国城市史研究者都相继参与了所在城市的规划、经济发展和文化建设，使学术研究与现实服务相结合，进而提升了中国城市史学的社会影响力。连接理论与现实是中国城市史学科建设的时代使命，历史学的学科功能，一是探究历史真实,二是借鉴过去、关怀未来。这两点已经被学界认同,也为社会广泛接受。历史学一方面要复原历史的真实,另一方面要总结它对后世的训诫,因此学者多自觉参与对重大理论问题和现实问题的讨论。20世纪90年代以来,各地城市史研究者都具有较强的时代服务意识,他们力图摆脱传统的研究框架和范式的束缚,努力寻求历史与现实的结合点,在研究内容、理论与方法等方面城市史研究都具有较强的历史透视作用,"城市史已经成为寻求历史学与现实社会相结合的一条有希望的途径"。[①] 在新时代,要继续发扬这种传统,将学术研究与现实服务相结合。

结　语

综上所述,学科建设的内在要素具体表现为专业性研究机构的建立,有着固定研究方向的研究人员和学术团队的长期存在与活跃;而外显性要素主要表现为学术带头人的影响力和人才培养,全国性专业学会的建立和常态化学术研讨会,专业性期刊的创办和学科服务于社会的程度。近十年来,中国城市史学就学科建设的各要素来看取得很大的进展,无论是内在要素还是外显性要素都有长足进步,中国城市史学研究机构大量增加,研究团队不断扩大,以多个大学和社科院相关研究机构为核心、以中国城市史研究会为纽带的研究体系正在建立。正因如此,从学科专业来讲,中国城市史已经成为一门独立的学科,在相关的学科目录中被纳入一级学科中国历史学下的三级学科范畴,可以说这些都是标志性的变化。但是从学术分类来看,仍然存在诸多不足,还需要加大建设力度。一是需要进一步加强相关学术机构建设,进一步完善学科设置,加强师资队伍和研究团队建设,力争早日设立1~2个教育部和省级重点研究基地;二是进一步优化学术生态环境,形成学术带头人和学术骨干培养机制;三是在课程教学方面,进一步优化教学体系,着力培养多层次的高端人才;四是加强学术研究,特别是要开展一系列重大的学术前沿课题研究,在城市史理论方面取得突破性发展,构建具有中国特色的城市史理论体系;五是要加强学术交

[①] 任云兰:《第三届近代中国城市研究学术讨论会综述》,《城市史研究》第6辑,天津教育出版社,1991,第138页。

流,特别是国际交流,提高中国城市史学的话语权;六是增强中国城市史学科的社会服务功能,将中国城市史研究与当前中国现代化建设和城市化发展相结合。

作者:何一民,四川大学城市研究所
余爱青,四川大学历史文化学院

(编辑:张利民)

·城市经济·

民国时期青岛期货交易

冯 剑 梁晓艺

内容提要：青岛取引所是日本人成立的期货交易所，商品期货交易引入青岛后，很快成为青岛重要的期货交易市场和金融中心。但是取引所的设立主要以日本人掠夺中国农产品和赚取中国资本为目的，同时还刺激了市场投机活动。取引所的设立一开始就遭到中国商人反对，于是日本方面采取了中日合办的形式。在中日联合经营的取引所内，日本人始终处于主导地位。20世纪30年代，随着中日矛盾的加剧，中国商人要求建立自己的交易所以挽回民族权益，成立了青岛物品证券交易所，成为与日本取引所竞争的期货交易中心，受到了日本的极力反对，全面抗战爆发后被日本取引所吞并。战后，物品证券交易所谋复立，但没有成功。在民族矛盾之下的商品证券交易所演变史，也是青岛城市不断发展为区域经济中心及国际化都市历程的一部分。

关键词：青岛取引所 物品证券交易所 期货贸易

期货贸易是商品经济发展到一定阶段的产物，对市场经济的发展和商业的国际化都具有一定的意义。期货交易所是近代资本主义经济发展的全球化结果，开始主要是农产和矿产的交易。对近代中国期货交易所的研究已经引起了一些学者的重视，有学者从制度角度研究了期货市场在中国的发展，[1] 孙建华、林榕杰等对近代中国的证券交易所的研究认为民元后的

---

[1] 宋承国：《中国期货市场的历史与发展研究》，博士学位论文，苏州大学，2010；万立明：《近代中国期货市场的兴起与主要特点》，《石家庄经济学院学报》2011年第2期。

中国证券交易所因制度原因较为脆弱,① 孙建华还对东北大连的日本取引所进行了研究,认为取引所对日本和中国有不同程度的影响。② 也有学者对上海取引所与中国证券交易所的关系进行了研究。③ 对青岛的取引所也有相关文章介绍。④ 但青岛期货市场的发展细节仍不清晰,同时青岛取引所与物品证券交易所的设立对青岛城市发展的意义与影响也需深入研究。

一 取引所的成立与中日斗争

青岛地理位置优越,开埠后逐渐成为重要的贸易港口,发展非常迅速,人口也大量聚集,钢铁、铁路等实体经济快速发展,交通日益畅通,内地的土产由此运销海外。⑤ 随着青岛对外经济贸易的发展,日本人决定在青岛开办期货交易,以争取对市场的控制,从中谋取更大的经济利益。1918 年,日本人就提议成立取引所,然而因受到中国商人的反对未能顺利成立。⑥ 在得知日本人执意要成立取引所后,1920 年 1 月 15 日,青岛商务总会众商人经过讨论向青岛官方上书表示反对,并提出了几条反对取引所创办的理由:一是认为取引所虽然对个别商人有利,但买空卖空具有投机性质,在"青岛范围不大,现金本来缺乏"的情况之下,"凡入该所交易之商人或交保证金或交押金,是该所先已吸收商人之资本金,而于实际交易上反减少其资本不能周转,此取引所对于地方有百害而无一利";二是青岛没有设立取引所的必要,"在青岛商场市面,商民朝夕相见相识,当面即可交易,无须取引所之必要,既无必要也无利益可言"。为此他们还

---

① 参见孙建华《民元后华商证券交易所的创设动机及其脆弱性》,《金融教育研究》2013 年第 5 期;林榕杰《中国近代的证券交易所》,《中国社会经济史研究》2011 年第 1 期。
② 孙建华、孙颖姝:《日本取引所的发展及启示》,《中国金融》2018 年第 5 期;孙建华:《民元后大连地区日本取引所的合并及其思考》,《黑龙江史志》2015 年第 1 期。
③ 虞建新:《日商上海取引所及其与华商交易所业之关系(上)》,《档案与史学》1995 年第 1 期;虞建新:《日商上海取引所及其与华商交易所业之关系(下)》,《档案与史学》1995 年第 2 期。
④ 张晓言:《青岛交易所 vs 青岛取引所》,《青岛日报》2011 年 5 月 9 日;鲁海:《青岛商话(连载十二)青岛取引所》,《招商周刊》2003 年第 29 期。
⑤ 参见〔德〕瓦尔德马·福勒屯《青岛战时手记》,刘姝、秦俊峰译,福建教育出版社,2016。
⑥ 《关于制止取引所股东会议案之三、四条,保护华商利益的呈文》(1922 年 6 月 28 日),青岛市档案馆藏,档案号:B0038 - 001 - 00312。

详细地条陈了五条取引所不宜创办的原因。①

从这些商人的陈述中可见，20世纪20年代时，在青岛设立取引所的市场条件似乎不是很成熟。当时青岛商业规模依然有限，市场也较为狭小，青岛商民多面对面交易，还是熟人市场。当时的青岛在期货与金融方面也不是很发达，青岛商人不做投机买卖，一般放款实业，信用较好。与其他地方的商人一样，青岛商人借贷以信用为主，不带押品。取引所的投机行为也不符合商业习惯，青岛商人对投机获利的行为不认可。青岛的市场资金不是很多，现金不多，交易手段不足，金融发展不充分，信用手段少。青岛银行借贷金大多数来自上海，青岛与天津等近代城市一样，受到上海金融的很大影响，在金融方面依附上海金融市场。同时，青岛商人反对取引所，也有着维护自身商业利益的一面。

日本人创办取引所无疑是为其经济侵略考虑的，在中国商人反对的情况之下，他们倚仗当时日本在青岛进行殖民统治的权势，在1920年2月，经日本驻守青岛警备军司令部批准后，准备成立取引所，并定为官营，由民政署兼任事务官。② 为了安抚中国商人并掩人耳目，日本方面于1920年8月，强迫中国商会与日本商人联合成立官办青岛取引所，③ 由中日商人合办，中日商人平均认股，共十六万股，每股五十元，取引所委员会成员中日各半，但负责人由日本人担任。④ 董事十八人，中日各半，选专务一名，副专务一名，常务二名，监事四名，中日各半，资本八百万元，先缴四分之一，中日各半。⑤"实收资本六十万元，名为中日合营，但大权操于日人之手，为日敌经济侵略机构，经营花生及花生油实物交易及有价证券之交易。民国十年分别于馆陶路大楼为交易市场，并于大港建筑仓库工场及油柜。"⑥ 商会虽然反对中日合办取引所，最后在日本人压力下还是同意了，

---

① 《创办取引所意见书》（1920年1月15日），青岛市档案馆藏，档案号：B0038-001-00310。
② 青岛市档案馆编《青岛通鉴》，文史出版社，2010，第173页。
③ 《关于制止取引所股东会议案之三、四条，保护华商利益的呈文》（1922年6月28日），青岛市档案馆藏，档案号：B0038-001-00312。
④ 《青岛通鉴》，第173页。
⑤ 《日方移付取引所事项卷》（1922年），青岛市档案馆藏，档案号：B0022-001-00004。
⑥ 《总处、本行、中央交通银行关于沦陷期敌银行、价买本行房产、接收取引所估价、交易所复业、淄博矿区贷款及调查等文件》（1946年3月至1948年4月），青岛市档案馆藏，档案号：B0040-001-00463。

名为中日合办，但日本人一直掌握着对取引所的控制权，损害中国以及中国商人的利益，引发了中国商人的不满。

1922年，华盛顿会议后，中国收回了青岛的主权，日本人不甘心放弃青岛取引所的利益。中国与日本当时在法律上都没有商办取引所的规定，日本人利用此机会将取引所商办。1922年4月1日，日本官署自动取消取引所，以其权交与信托会社，青岛取引所改名为株式会社青岛取引所。① 归为商办既可以使日本人控制取引所股份，扩大自己的话语权而保障自己在青岛的商业利益，同时还可以吸引中国商人的资金，并表现出对于中国有利从而制造中日亲善的表象。②

日本方面的提议首先遭到了取引所内部华人股东的坚决反对，取引所内的华人股东得知后召开会议，权衡利害后表示"对于信托增加物品及与企业合并皆不赞成"。1922年6月，在取引所的股东会议上，日本方面又提出了变更取引所章程的事项，欲将第三条变更为将取引所与青岛企业信托株式会社合并，同时日本方面还提出"第四条变更章程之件，内有加入棉花棉纱棉布等字样"。在中国商人要求下，青岛商会上书青岛官方，明确反对取引所变更章程，指出"以此节关系当地经济极重，碍难赞同"。同时商会还指出，取引所与株式会社合并破坏了中日商人之间的均衡，"至取引所与企业合并一节，查企业资本八百万，额定十六万股，华人方面不过仅占三万多股，取引所信托公司为中日平均资本所组织，如果与企业合并几成片面的增资，故敝会认为企业合并尚非适当时机，应该重加考虑，暂缓实行"。③

为进一步制止日本人的阴谋，青岛商会请求将取引所依然收归官办，以便彻底将取引所收归中国，除去日本人的势力。在青岛商会的要求之下，日本方面最终放弃了将业务范围扩大到棉纱、棉布、棉花、粮食、面粉等物品，但取引所最终还是由日本当局发布命令改为商办。④ 取引所的

---

① 《日方移付取引所事项卷》（1922年），青岛市档案馆藏，档案号：B0022-001-00004。
② 《日方移付取引所事项卷》（1922年），青岛市档案馆藏，档案号：B0022-001-00004。
③ 《关于取引所会议内第三、第四条不能同意的公函》（1922年6月20日），青岛市档案馆藏，档案号：B0038-001-00312。
④ 《关于取引所会议内第三、第四条不能同意的公函》（1922年6月20日），青岛市档案馆藏，档案号：B0038-001-00312。

变动引发了市场的动荡，一时间取引所股票下跌，市面紧迫，"于是日本商民多倡外资输入，由大阪方面松井诸人联合华人成立一企业会社，以合并为条件"，7月5日经大会同意合并，7月12日经日本司令官认可。① 日本方面趁中国收回青岛之前将取引所改为商办，力图增加股份，扩大自己的话语权，企图保持自己在华的利益，控制青岛经济命脉，但取引所增加物品交易项目的目的没有达到。这一方面对日本的侵略具有打击的作用，一方面也限制了取引所的发展。

华盛顿会议后，1922年底，经过与日本的艰苦谈判，中国将青岛的主权收回，取引所的地位也引发了中日间的一场新争斗。日本人将取引所改为商办，中国在收回主权后加强了对取引所的监督和控制，② 对取引所监督是中国主权的体现，加强对取引所的控制，也就部分掌握了青岛市场和青岛的经济命脉。但日本领事馆依然没有放弃对取引所的监督权，与中国方面进行争夺。

此外，日本方面采取了多种办法继续控制取引所。首先是继续取得取引所房屋的永久租借权，对所租借的馆陶路大楼占据不放。③

其次，改变取引所经营的战略部署，扩大取引所在山东的势力范围，更改了取引所的章程第四条，将取引所的本部改设在济南，青岛的取引所成为分店，并于大阪设立出张所，④ 这样取引所营业的范围扩大了，设本部于济南看起来是为了更加方便地运送内地的物品，设青岛和大阪店，则是在加入了日本方面投资的同时，降低了青岛方面中国股东的地位。

在日本人的操作之下，取引所内日本人依然占据重要地位，日本领事也继续干涉取引所的内部事务，如1927年的内部选举，因不够半数股东到席，故未能推选日本方面之董事，委托日本总领事选任："第十六条内将理事长及副理事长改为专务理事及常务理事。第十七条内将理事长改为专务理事，将副理事改为常务理事。以安藤荣次郎、高桥光隆、吉田辰秋三

---

① 《日方移付取引所事项卷》（1922年），青岛市档案馆藏，档案号：B0022-001-00004。
② 《日方移付取引所事项卷》（1922年），青岛市档案馆藏，档案号：B0022-001-00004。
③ 《日本领事要求续租四方路青岛取引所房屋》（1924年），青岛市档案馆藏，档案号：B0029-001-04049。
④ 《株式会社青岛取引所临时股东总会议事录》（1923年1月23日），青岛市档案馆藏，档案号：B0021-001-00287。

氏为理事,再尚有一名拟由棉纱关系方面推举,然因未物色着适任之人,容日后再选。"①

中国收回青岛后,取引所内部中日冲突不断。② 中国商人为保卫经济主权与自身利益继续在取引所内部与日本人进行激烈的抗争,在一定程度上阻止了日本独霸取引所利益的野心。1928 年,因油柜问题多年未解决,取引所日本董事高桥到东京寻觅资本,与东京古河系统旭电化工交涉,达成协议:(1)一切设备租地权混合保管;(2)租地权与设备评价作为出资混合保管业务条件。取引所出资一万五千元,对方出资七万五千元,从 1929 年 7 月起,各付八千元,截止到 1933 年。这样不仅解决了油柜的问题,而且引入了资本。日本方面的动议遭到了中国方面的反对,中国方面要求登报招标,反对日本高桥等人私自洽谈,中国方面提出自办,不能混合管理,"经表决,赞成高桥的二十六名,不赞成的十一名。此时议场之中,中日股东因意见不甚融洽,遂演成恶感,喧骚异常,高桥颇为遗憾,遂声明不为本案之介绍人,议长宣告休息"。最后因日本化工方面毁约,于是全体同意自办。③ 最终中国商人方面侥幸取得了一定的胜利。但总体上,在 20 世纪 20 年代的取引所内部的中日争斗中,中国方面吃亏甚大,难以摆脱日本人的操控,"日人独裁垄断投机,弊实百出,日理事长囊括巨金而去,华商损坏难以数计,致该所几次频于破产"。为此,中国商人非常希望成立自己的交易所。然而,日本人屡次从中破坏,不能实现。④

二 物品证券交易所成立及其与取引所的斗争

20 世纪 30 年代,随着中日矛盾不断加深,中国商人实现自办交易所

---

① 《株式会社青岛取引所一九二七年六月三日临时股东总会议决议录》(1927 年 3 月),青岛市档案馆藏,档案号:B0021 - 001 - 00287。
② 《取引所风潮又起矣》,《大青岛报》1924 年 2 月 3 日,青岛市档案馆藏,档案号:D000152 - 00022 - 0053。
③ 《一九二八年八月临时株主总会议决议录》(1928 年 8 月 27 日),青岛市档案馆藏,档案号:B0021 - 001 - 00287。
④ 《青岛商检局关于物品证券交易市场开幕,鉴定油类质量等问题与青岛交易所的往来函》(1931~1934 年),青岛市档案馆藏,档案号:B0034 - 001 - 00186。

的愿望有了新的契机。此时中国为与日本进行经济竞争，夺取经济控制权，想要谋立新的期货交易所与日对峙。

1931年，万宝山惨案发生后，以沈鸿烈为首的青岛政界也想利用此机会解决华盛顿会议后没有解决的青岛利权问题，"查青岛自接收以还，已经十有余载，历任当局对于本市旧案如收回农地虽屡有拟议，然于青岛取引所一大问题，始终未一计，迨民国二十年，沈市长莅任即鉴于利权外溢，未便长此放任，乃询本市商民之请，设法成立青岛物品证券交易所，以为釜底抽薪之计"。① 于是青岛政商两界决议联合采取行动，以收回取引所主权，"排斥敌人在青岛市场之经济独占，并欲消灭敌商取引所起见，即由宋雨亭等秉承青岛市政府沈前市长之意，及前实业部密令，并受青岛市党部之指导，筹设青岛市物品证券交易所股份有限公司，并经呈奉实业部核准登记颁发第一号特许状暨设字第八四五号登记执照在案"。② 可见成立物品证券交易所是沈鸿烈指示，得到国民党中央支持而由青岛商会会长宋雨亭等出面倡议的，可以看作当时中国政商合力对日本进行经济反制的一个重要举措。

在全国反日情绪高涨之下，青岛物品证券交易所预备在1931年9月成立。交易所在成立之始，就利用反日情绪高潮的时机对取引所采取"釜底抽薪"的措施，"当时记者公会提议华商全体宜速退出日人取引所组织交易，所以谋青市华商经济之发展。案当经全场一致通过市商会乃根据该案呈准市政当局，假齐燕会馆组织交易所，并于上月十九日举行开幕典礼开始营业"。③ 物品证券交易所在成立之日就与取引所展开了竞争，遭到了日本的坚决反对，双方矛盾随着中日两国矛盾的加深而不断加深。

在取引所想要阻挠交易所成立的同时，交易所也想取代取引所，只是因为交易所还没有准备充分，所以想借助官方力量，在适当的时机收回利权。青岛市政府派出专员到中央实业部请求支持，希望利用政府外交行动

---

① 《关于通缉犯、经费开支、在押犯人处理的呈文、公函卷》（1924年），青岛市档案馆藏，档案号：A0017-003-01704。
② 《总处、本行、中央交通银行关于沦陷期敌银行、价买本行房产、接收取引所估价、交易所复业、淄博矿区贷款及调查等文件》（1946年3月至1948年4月），青岛市档案馆藏，档案号：B0040-001-00463。
③ 《青岛商检局关于物品证券交易市场开幕，鉴定油类质量等问题与青岛交易所的往来函》（1931~1934年），青岛市档案馆藏，档案号：B0034-001-00186。

取缔取引所。①

对于物品证券交易所的成立，日本方面首先利用条约进行阻碍，他们利用《关于缔结解决山东悬案条约中日代表会议记录中之协定条件》第十一条后半段条文抵制。该条全文为："本条约第二十三条中所用合法执业字样，不得解释为列入农业及中国法律所禁止或按照中外条约所不许外人经营之营业。惟此项定义应知其不妨碍本条约第二十四条所决定之既得权之任何问题。"日本人抓住了条约中的漏洞，对中国方面非常不利。②

在利用外交手段的同时，日本人还利用暴力手段对交易所进行威胁，在"交易所开幕时，正值九一八变起，敌人复以交易所为青岛市排日行为最恶之机关，又欲以暴力作为妨害，幸当时交易所理事长宋雨亭应付有方，未发生意外事件"。③

在青岛市市长沈鸿烈和国民政府的支持之下，青岛商人成功开办了物品证券交易所，1931年9月19日上午10时在租定的馆陶路齐燕会馆，举行了青岛市物品证券交易所市场开幕典礼。④ 这里与取引所所在的馆陶路大楼在同一条路上。青岛政商各界也对物品证券交易所大力支持，尤其青岛商会的支持是其成立的重要因素。⑤ 青岛民众也非常支持物品证券交易所，甚至有的人愿意将房屋转给物品证券交易所为业，⑥ 物品证券交易所的码头仓库也很快就位，但在码头租借房屋以及仓库问题上受到了港口方面的阻碍，他们指责物品证券交易所欠缴租费并私设仓库，⑦ 违反管理章

---

① 《青岛商检局关于物品证券交易市场开幕，鉴定油类质量等问题与青岛交易所的往来函》（1931~1934年），青岛市档案馆藏，档案号：B0034-001-00186。
② 《关于通缉犯、经费开支、在押犯人处理的呈文、公函卷》（1924年），青岛市档案馆藏，档案号：A0017-003-01704。
③ 《总处、本行、中央交通银行关于沦陷期敌银行、价买本行房产、接收取引所估价、交易所复业、淄博矿区贷款及调查等文件》（1946年3月至1948年4月），青岛市档案馆藏，档案号：B0040-001-00463。
④ 《关于邀正副局长出席物品证券交易所市场开幕典礼的函》（1931年），青岛市档案馆藏，档案号：B0034-001-00186。
⑤ 《关于本会创办伊始提拔一千三百元分赠青岛商会秘书及其它职员的便函》（1933年6月8日），青岛市档案馆藏，档案号：B0038-001-00646。
⑥ 《张善从愿将天津路二号私有地并楼平房让与青岛市物品证券交易所代表宋雨亭之转移证明书》（1934年5月18日），青岛市档案馆藏，档案号：B0032-001-00710。
⑦ 《关于证券交易所在所租地内建筑办公室守望所的呈文》（1932年5月30日），青岛市档案馆藏，档案号：B0033-001-00860。

程。在码头问题上,港务局与交易所产生了纠纷。这是当时中国内不同部门之间的矛盾。对于港务局的刁难,青岛市政府给予了交易所大力的支持,一方面减免了一半租费,一方面准许交易所以月租的方式租赁。目的在于支持交易所与取引所对抗。可见二者的对抗已经成为当时中日两国之间对抗的一个部分。①

经纪人是期货交易的中介人,交易所成立后,围绕经纪人问题双方又展开了博弈。在中国商人的支持下,一些原在取引所的中国经纪人来到了物品证券交易所,"自我交易所货币部成立之初,所有原在旧取引所钱钞部之经纪人均系交易所发起人,请愿一体加入合作"。但因为利益关系,一些经纪人的行为,引发了取引所与物品证券交易所之间的新矛盾,这些经纪人也处于进退两难之境地。② 一些中国经纪人在两个交易所之间徘徊不定。

1935年,中日关系随着华北问题而日益紧张,中国采取妥协方针应对,力图避免战争,不给日本人开战的口实。在这种情况之下,日本人趁机对物品证券交易所下手,力图利用此机会将物品证券交易所并入取引所。日本方面先是由"日领馆屡提抗议",他们对青岛市市长沈鸿烈提出:"株式会社青岛取引所……应由贵国政府尊重之大正十二年,虽将本市行政移交贵国方面之后,仍继续照旧营业给本市经济界有多大之贡献。"他们指责交易所是出于反日而设立的,"根据条约规定之本旨,在立场上当然要求解散该交易所"。③ 一些日侨还"唆使取引所当事人来府提出两项要求:一、请将交易所立予取消。二、或将交易所归并于取引所内,作为日本法人之商业公司。危词恫吓,无所不至,甚且暗雇彼国浪人,拟仿往年捣毁市党部办法,欲向交易所滋扰,势甚汹汹。该国领事田尻少年喜事,持之尤力,并主张将此事移归中央政府办理,以达其根本取消之目的"。④

---

① 《关于准暂减物品证券交易所地租二分之一的训令》(1931年11月),青岛市档案馆藏,档案号:B0033-001-00859。
② 《关于取引所对于经纪人之来去尽可直接与经纪人妥商不可不问事实小题大做的函》(1932年12月25日),青岛市档案馆藏,档案号:B0038-001-00604。
③ 《日领馆为青岛成立物品证券交易筹备所所有碍青岛取引所营业权的函》(1935年),青岛市档案馆藏,档案号:B0022-001-00161。
④ 《总处、本行、中央交通银行关于沦陷期敌银行、价买本行房产、接收取引所估价、交易所复业、淄博矿区贷款及调查等文件》(1946年3月至1948年4月),青岛市档案馆藏,档案号:B0040-001-00463。

中国方面与日方据理力争，进行了多次交涉，"我国交易所四条所有交易所非依本法不能承认……贵局所谓取引所既得权之说"。① 但当时的情况对中国方面非常不利，一方面"民国十一年解决鲁案条约关于既得权一项，颇有授人以柄之处，诚恐移由中央交涉转难应付，反不如就地解决或易就我范围"，② 另一方面中国政府当时又在谋求妥协，导致交易所在谈判中处于下风，"时敌人正在侵略华北而且华北的局势又在危急的时候，本公司为欲免受敌人借词，在本市发生事故起见，遂遵沈前市长秘示并经前实业部之默许，本宁损公司商股利益不失国权之旨，予以承认"。最终双方达成了一个妥协协定，"嗣后每年交易所与取引所两方之收入总计而以四六分劈利益的无理办法，即交易所得四成取引所得六成"。可见，这个协定虽然是在日本占据上风的情况之下的无奈之举，但得到了"俾维护地方上之安全，自此之后，本公司亦借此之相安并与对抗经营达四年之久"的结果，③ 且"实际所谓乙方六成中仍有华商股本三分之一在内，利益亦以华商方面所占为多"。④

订约之后，日方并不满足，依然想要排挤交易所，并使取引所的营业不受中国方面的限制，导致双方又起纠纷："自经去冬两所订约解决后，日方尚谓青岛接收后至民国二十年已经八年之久，中国方面对于取引所并未提何异议，且未要求组织联合委员会从事清理。是取引所之享有既得权自属毫无意义，甚且交易所之设立，起因于排日，几有借口构陷之势"，"日领来函犹谓该取引所与交易所确已成立谅解订立合同，此不过该两所之经理人私约，于青岛取引所之既得权无论现在或将来，均不受何等影响与限制云云"。⑤

迫于日本方面的压力，中国方面最终让步，不仅与日本人划分了市场

---

① 《日领馆为青岛成立物品证券交易筹备所有碍青岛取引所营业权的函》（1935年），青岛市档案馆藏，档案号：B0022-001-00161。
② 《青岛市政府为青岛市物品证券交易所与日本株式会社青岛取引所议定契约书致实业部吴部长密函》（1924年），青岛市档案馆藏，档案号：A0017-003-01704。
③ 《总处、本行、中央交通银行关于沦陷期敌银行、价买本行房产、接收取引所估价、交易所复业、淄博矿区贷款及调查等文件》（1946年3月至1948年4月），青岛市档案馆藏，档案号：B0040-001-00463。
④ 《青岛市政府为青岛市物品证券交易所与日本株式会社青岛取引所议定契约书致实业部吴部长密函》（1924年），青岛市档案馆藏，档案号：A0017-003-01704。
⑤ 《关于通缉犯、经费开支、在押犯人处理的呈文、公函卷》（1924年），青岛市档案馆藏，档案号：A0017-003-01704。

利益，其中日本股份占了大多数，物品证券交易所还修改了章程以便与取引所的交易对表。① 可见在日本方面依然不断进行挑衅而中国当时力主妥协的情况之下，物品证券交易所想要万全是很难的。在中国处于下风的情况之下，物品证券交易所也难以避免对日妥协的命运。② 在之后的期货交易中，中日双方产生了紧密的联系，如恒新号、德增福、德聚祥、元咸厚、东胜昌、新兴油坊等十四家向交易所买生油现货送交取引所油柜仓库保管，预备随时交付运销，共为二十八车又计零油九千三百五十八公斤，"油柜仓库现均贴有市政府及日本总领事馆会封条，以致未敢擅为启封提取"。③

物品证券交易所成立后，业务也不断发展，成为与取引所竞争的另一个农产期货交易中心。原来取引所没有得到的棉纱、棉布的营业权物品证券交易所已经取得。在物品之外，还增加了证券交易，"本期证券交易沉寂并无买卖，仍希市面趋好转，各方努力倡导，俾得达逐渐进展之目的也"。"仓库业务因值青黄不接时期，存货寥寥，并无若何成绩之可言，一俟来货畅旺，收益当可增进也。"可见当时农产品依然是大宗，而证券交易等还处于发展阶段。物品证券交易所的股票也有一定的规模，"共计股东一百四十三名，共计股数四万股，共计权数二万零七百十二权"。④

取引所的交易也有一定的发展，中国商家大量的交易依然在取引所中进行，如"福聚和行经理王振六称：本号与信源溢号交易业有四年之久，双方交易向无误。情因今秋本号代信源溢号在青岛取引所卖出期货麦粉七万包（订有契约书），均系由信源溢号驻青代表宋春霖经手办理"。⑤ 取引所在交易中依然具有一定优势，占据了多半期货市场，当时的同业公会会员的油料大都存在日方油库，取引所对市场交易起到了集中的作用，成为期货交易的中心，对商品的价格有着巨大的影响，主导了期货市场。取引

---

① 《青岛政汇轮船公司、鲁大矿业公司等关于押汇、担保等事宜的来函》（1935 年 7 月至 1936 年 1 月），青岛市档案馆藏，档案号：B0040 - 002 - 00752。
② 《本行、各同业、机关、商号、证券交易所、取引所关于交易所、取引所开办认股、捐税等的来往函件》（1924～1929 年），青岛市档案馆藏，档案号：B0040 - 001 - 00224。
③ 《关于本会恒新号等十四家商号要求将存放于取引所生油启封提货的函（附存油商号名单）》（1937 年 10 月 4 日），青岛市档案馆藏，档案号：B0038 - 001 - 00824。
④ 《本行、各同业、机关、商号、证券交易所、取引所关于交易所、取引所开办认股、捐税等的来往函件》（1924～1929 年），青岛市档案馆藏，档案号：B0040 - 001 - 00224。
⑤ 《关于福聚和与信源溢号面粉期货交易纠纷征询意见的记录》（1937 年 7 月 30 日），青岛市档案馆藏，档案号：B0038 - 001 - 00824。

所的股数与交易所也相当，凡有一百二十股者得为理事。共计一百十四名理事，四万股，二万零五百六十七权。①

取引所利用与交易所的契约交易之机，还取得了棉纱、棉布等的营业权。但青岛当局也利用主权地位对取引所进行监督。② 可见在当时的情况之下，中日之间竞争态势对青岛城市的经济发展有着一定的推动作用，使青岛的市场不断扩展，对青岛城市的商品经济发展以及城市的国际化有着一定的意义。

三 日伪时期的取引所与抗战后的物品证券交易所

1938年，在全面侵华战争发动后，日本人重新占据了青岛。取引所在日伪时期商业中的地位依然非常重要，青岛市商会的会址也选在了取引所的二楼，青岛治安维持会令筹备组织当即转借馆陶路取引所二楼为会址，着手筹备，于2月27日上午9时，召开会员大会，推举董事及常务董事八人，会长一人，副会长二人。③ 以取引所为市商会会址，可见取引所在商业中的地位。

取引所在日伪初期继续发展，"现销十分活跃，尤以昌邑等县客帮，吸纳细纱甚殷，人情益发兴奋，一般投机家于有隙可乘，对于期纱鲸吞不已，市场空气十分紧张，初拍一跃突出四百元关，人气沸腾，不可抑制"。④ 生油的交易也不断攀升。⑤ 一度取引所每日开市，人满为患，导致人们感觉市场"颇为狭隘"。⑥

---

① 《本行、各同业、机关、商号、证券交易所、取引所关于交易所、取引所开办认股、捐税等的来往函件》（1924~1929年），青岛市档案馆藏，档案号：B0040-001-00224。
② 《关于馆陶路取引所填设棉花交易情形的呈》（1936年2月28日），青岛市档案馆藏，档案号：A0017-002-00928。
③ 《关于暂借馆陶路取引所二楼为市商会会址的函》（1938年），青岛市档案馆藏，档案号：B0038-001-01216。
④ 《取引所棉纱市场交易突飞猛进，一周市价暴涨五十元，成交共计七三七四元》，《青岛新民报》1939年4月10日，青岛市档案馆藏，档案号：D000301-00066-0008。
⑤ 《取引所生油市场本周交易活跃，价格崩腾造最高新记录成交总数为一九五二车》，《青岛新民报》1939年4月24日，青岛市档案馆藏，档案号：D000301-00185-0001。
⑥ 《取引所拟定限制添市场代理人，经议定办法布告周知》，《青岛新民报》1940年7月23日，青岛市档案馆藏，档案号：D000311-00087-0018。

但是在取引所日渐繁盛的同时，它的投机气象也非常明显，如棉纱期货"前周间市价暴涨五十元，全市人情莫不兴奋，凡莅青人士，只须出资五百元，即可购存期货十件，致市场买气十分旺盛，而亦棉纱市价飞翔之因素，前周来囤户力竭露骨，市已转趋，本周开始登场，闻中纱入四百余件，客销略示松懈，人情益趋虚弱，期市初拍，暴跌十五元，囤户忍痛争相吐脱，再跌六元，日前小价为四百零六元，较前周市落二十余元，周二期市受……狂跌十八元……本周市值升降迅速，为历来所仅见，人情紊乱，可见一斑矣"。取引所鉴于市况不稳，前途风险甚大，故采取了"稍增加证据金五百元，连固定押金二百元，统计为七百元"的办法为市场降温。① 此外，取引所还对交易人进行了限制，"嗣后凡有新请求为市场代理人者，概不许可。但因有原代理人懈任而补充时不再此限，再如市场代理人因卸任或其他原因而消灭代理权时，应依营业规则之规定即刻函报该所，如有怠忽不报者，即按营业细则规定，处以相当罚金"。②

日伪统治初期，取引所因为控制了市场而财力雄厚，如1940年，青岛取引所函送捐款十八万七千元到署，计捐赠师范学校职员学生研究费（文库）十万元，市立小学校两万元，中等学校五千元，幼稚园一千元，警察官吏慰安费两万元，救济院五千元，盲童学校一千元，贫民救济费三万元，"新民会"经营新民学院两千元，华北体育协会两千元，中国妇人会一千元。③ 即使在战争严峻的情况之下，"受上述环境变化之反映，本期业绩可谓不如上期及大上期，但所获纯益，仍达九十五万元，本期拟仍照以前各期，提出国币二十五万元作为皇军献金及捐赠中日公共机关，以略表奉公之意"。④

日伪时期，取引所采取各种方法掠夺中国人的财富和资源，如按照日

---

① 《一周间之本市棉纱市市况极度紊乱，升降迅速为历来所仅见，取引所增收最高证据金》，《青岛新民报》1939年4月17日，青岛市档案馆藏，档案号：D000301-00129-0001。
② 《取引所拟定限制添市场代理人，经议定办法布告周知》，《青岛新民报》1940年7月23日，青岛市档案馆藏，档案号：D000311-00087-0018。
③ 《青岛取引所株式会社函送款项卷》（1940年8月），青岛市档案馆藏，档案号：B0029-001-04630。
④ 《联合准备银行大阜银行票据交换所各同业各存款户关于存放汇支票及押品收据挂失票据交换所等业务的来函》（1940年1月至1941年12月），青岛市档案馆藏，档案号：B0040-006-00762。

伪统治机构的规定,"按照交易价格万分之一对中国交易人实行征收交易税,所定税率颇大"。①

在日伪统治下,一些在取引所中工作的中国人辞去职务,如取引所科长王协五"历任职务十七年之久,成绩卓著,为该所素所信赖,今因欲自行经商,故将取引所科长职务辞退,业蒙该所照准,至继任人选,现在正遴选中"。②但不久王协五还是留了下来,"本市取引所前取引科科长王协五,前以自行经营商业,于科长一职势难兼顾,呈请辞职,业蒙照准一节,曾志本报,兹悉所方以王氏在该所服务有年,所有业务颇多依赖,今一旦辞去,如失左右手,且该所业务日渐繁盛,近特委任王氏为该所嘱托,王氏举委后,以盛情难却,业已正式莅任亲事云"。③ 最终还是留了下来。

取引所的交易受到战争影响甚大,随着战争形势的变化而起伏:"物产由于大东亚战之勃发,生油由起初七十七元降至六十八元五角,生米由四十二元,降至三十七元五角,虽一路趋疲,但仅为一时下押之人情,不久即急剧返涨,至中旬末,疾升至八十元,及至香港、马尼拉相继陷落,期待向南洋输出之风骤盛,度入新春,遂突破九十元,生米二十日涨至四十七元,犹以天津趋高及传闻向上海出口之定成立等材料,人情愈坚,旧历年底,生油续腾至一百零七元,生米六十一元,此后继以新加坡陷落之战果,益使人情癫狂,买风炽盛。"④

日伪时期取引所的营业场地也被军事征用,取引所原有的大港海面填筑地,面积一万六千一百余方步,设有落花生油精制工场油柜专作精制油,并落花生米及同粗油露天保管等兼营仓库,场地内还有容量一千五百吨者三座,四百吨者二座,七十五吨者二座。其他屋内所用各种油槽柜七

---

① 《关于请查明市公署有无规定中国交易人按照交易价格万分之一征收交易税的函》(1940年6月20日),青岛市档案馆藏,档案号:B0038-001-00002。
② 《取引所科长王协五辞职》,《青岛新民报》1940年8月28日,青岛市档案馆藏,档案号:D000312-00095-0019。
③ 《取引所聘王协五为嘱托》,《青岛新民报》1940年9月19日,青岛市档案馆藏,档案号:D000313-00063-0030。
④ 《联合准备银行大阜银行票据交换所各同业各存款户关于存放汇支票及押品收据挂失票据交换所等业务的来函》(1940年1月至1941年12月),青岛市档案馆藏,档案号:B0040-006-00762。

座，因为战争的需要而被日本军清水部队、山田部队征用。①

随着战争的深入，取引所也每况愈下，"前由于德苏开战，使向德国输出之绝望，更以去夏美国对中日资金发表冻结令以来，几成杜绝状态之向该国输出，至此遂告完全断绝"。"海外市场之如此狭隘化及各种统制之强化，致使意气蓬勃期货市场之机能范围趋于缩小盖当然耳。"② 可见当时的青岛期货市场已经与整个世界市场有密切的联系。

物品证券交易所在日本占领之下无法摆脱为取引所吞并的命运，青岛沦陷之后，"交易所为日人侵并合称青岛取引所"，日本军队登陆后首将交易所大楼占据，"除将内部设备与器具及重要文件装运或毁坏外，并扣押没收本公司内仓库及在银行的存款，共计三十六万零六百八十五元五角，又将本公司在大港埋里地自建之仓库改作军用地"。至1942年，取引所将宋雨亭交易所股东的股份没收，并以排日抗日的名义将他们的私产概予以查封。③ 这样，经过几年，交易所的公私财产几乎全被日本人鲸吞。

1942年开始，战争形势日益对日本不利，取引所的生意也日趋没落，到期不能交货的情况非常严重，"青岛取引所土产交易原则上皆以现货为目标，但最近因特殊情形，奉兴亚院命令限生油一项，以目下缺货关系，暂定六、七、八、九四个月期，允许空卖空买，但到期不能交货时，可由取引所负责套到下期"。④ 1943年取引所改组为兴产株式会社，⑤ 最终，随着日本方面战争形势的恶化，取引所也走向了终结，1944年取引所宣告："本年六月二十六日于临时股东总会议决解散，当在帝国领事馆申请认可

---

① 《青岛取引所安藤安次郎申请买卖小巷三路四号合昌公司填海地呈文、训令》（1939年10月13日），青岛市档案馆藏，档案号：B0023-001-02025。
② 《联合准备银行大阜银行票据交换所各同业各存款户关于存放汇支票及押品收据挂失票据交换所等业务的来函》（1940年1月至1941年12月），青岛市档案馆藏，档案号：B0040-006-00762。
③ 《总处、本行、中央交通银行关于沦陷期敌银行、价买本行房产、接收取引所估价、交易所复业、淄博矿区贷款及调查等文件》（1946年3月至1948年4月），青岛市档案馆藏，档案号：B0040-001-00463。
④ 《关于调查青岛取引所土产交易原则的呈文》（1942年7月2日），青岛市档案馆藏，档案号：B0038-001-01089。
⑤ 《总处、本行、中央交通银行关于沦陷期敌银行、价买本行房产、接收取引所估价、交易所复业、淄博矿区贷款及调查等文件》（1946年3月至1948年4月），青岛市档案馆藏，档案号：B0040-001-00463。

中，于本月二十五日业蒙批准等情，倾奉指令许可解散。"①

随着抗日战争的结束，取引所的命运也走向了终结。② 抗战胜利后，青岛市物品证券交易所便开始筹备重新开业并收回取引所大楼。③ 战后青岛市面日趋活跃，但物价波动，人们交易也没有固定场所，于是原来物品证券交易所的主要股东宋雨亭等人向政府请求"在馆陶路敌取引所旧址成立青岛市物品证券交易所，俾资调剂物价而安民生"。④ 但抗战胜利后，取引所原有的资产以及侵吞交易所的资产被国民政府派员接收，"该所财产除侵并之大沽路交易所建筑已由青市府发还及小港油库先行处理外，所余馆陶路取引所大楼及大墙土地分别由警备司令部及美军使用，一时未能处理"。⑤ 宋雨亭为交易所的复业积极奔走于政府部门，得到的答复是"所谓准将青岛市物品证券交易所复业一节，应暂从缓议"。⑥

随着内战爆发，国民党经济措施的失当，青岛市场也日益混乱，物价飞涨，货币改革失败，但土产、棉纱、杂货等各项交易，还需要继续维持，⑦ 交易所的恢复也显得更为必要了。在宋雨亭等人的积极奔走之下，交易所成立也充满希望，"宋理事长雨亭关于本市目前之情况亟待成立交易所，俾解决商业上诸多困难问题，特于昨日派该所某理事亲赴南京，向各有关方面请愿，以期援照津市前例即刻准予该所复业云"。他们还宣传交易所的优点："1. 一般黄金美钞黑市可立即消除，2. 可平抑物价，3. 监督非

---

① 《关于解散株式会社青岛取引所的函》（1944年9月），青岛市档案馆藏，档案号：B0040 - 006 - 00605。
② 《关于解散株式会社青岛取引所成立青岛兴产株式会社的函》（1945年5月8日），青岛市档案馆藏，档案号：B0038 - 001 - 01216。
③ 《财局清理取引所》，《平民报》1946年2月27日，青岛市档案馆藏，档案号：D000129 - 00046 - 0011。
④ 《关于接收敌取引所旧址以成立物品证券交易所的呈》（1946年3月），青岛市档案馆藏，档案号：B0021 - 003 - 00367。
⑤ 《总处、本行、中央交通银行关于沦陷期敌银行、价买本行房产、接收取引所估价、交易所复业、淄博矿区贷款及调查等文件》（1946年3月至1948年4月），青岛市档案馆藏，档案号：B0040 - 001 - 00463。
⑥ 《总处、本行、中央交通银行关于沦陷期敌银行、价买本行房产、接收取引所估价、交易所复业、淄博矿区贷款及调查等文件》（1946年3月至1948年4月），青岛市档案馆藏，档案号：B0040 - 001 - 00463。
⑦ 《物品证券交易所未成立前设临时交易所，商会具文向政府请求》，《青岛公报》1947年2月17日，青岛市档案馆藏，档案号：D000174 - 00067 - 0011。

法商人投机操纵, 4. 市场自此可集中并固定于一处, 5. 流通物资, 6. 繁荣市面。"警备司令部答允交易所,将交易大楼发还该所以为所址,一俟复业后,即予全部迁徙。① 然而,在国民政府经济崩溃之际,因交易所具有投机性质,又出现了取消期货交易的意见。② 随着经济的崩溃,交易所恢复无望,不久青岛迎来了解放。

小　结

取引所的成立不是青岛城市商业经济发展的自然结果,它是外来的新事物,但很快就成为青岛市场的中枢机构,对青岛市场相关农产品价格有着决定性的影响。青岛取引所的成立加剧了日本经济侵略,同时对于青岛市场经济的发展和青岛作为国际港口城市的发展,对降低贸易市场的搜寻成本、交易成本、监督成本和核实成本具有一定的作用。③ 日本人成立取引所以控制中国市场以及掠夺中国资源为目的。在取引所成立之初,中国商人强烈反对,认为取引所买空卖空,不符合青岛市场交易的惯例,这一方面体现了青岛商人保守,一方面也有反对日本经济侵略的目的。一些中国商人参加了日本取引所,一方面是顺应了商业的发展要求以便谋取利益,一方面也是中日双方妥协的无奈之举,中国商人的参加在一定程度上限制了日本对青岛商业利益的独占。日本人采取了各种手段想垄断取引所的利益,但是其野心没有得到完全的满足。随着取引所业务不断扩大,取引所在青岛市场的影响越来越大。

随着中日矛盾不断深化,日本独占取引所利益引起了中国商人的不满,在沈鸿烈和中央政府的支持之下,中国商人决定成立独立的物品证券交易所,与日本的取引所进行竞争,力图取而代之。取引所与物品证券交易所的博弈背后其实是中日两国之间的一场政治经济的斗争。但在当时的

---

① 《物品证券交易所获准后即可复业,筹备处已派员赴京请愿》,《青岛公报》1947 年 5 月 3 日,青岛市档案馆藏,档案号: D000178 - 00006 - 0006。
② 《关于请公会取缔期货交易以免拐骗的公函》(1949 年 3 月 15 日),青岛市档案馆藏,档案号: B0038 - 003 - 00304。
③ 〔英〕凯文·多德:《竞争与金融:金融与货币经济学新解》,丁新娅、桂华、胡宇娟等译,中国人民大学出版社,2004,第 132 ~ 140 页。

情形之下，双方谁也无法消灭谁，最后达成了妥协。妥协之下，青岛期货市场交易和权益都有较大的拓展。日伪时期，在日本侵略之下，取引所吞并了物品证券交易所，取引所的交易也受到了战争的影响，取引所随着第二次世界大战日本方面的节节败退，经营也陷入了困境。抗战后物品证券交易所要求重新开业，但是一直未能如愿，随着国民政府经济崩溃，被看作买空卖空的期货交易再次成为人们质疑的行业，物品证券交易所最终也没有完成复业的愿望。

中国人在取引所成立、发展的过程中，与日本人博弈的同时，吸取了取引所的创办经验，创办了物品证券交易所，与日本竞争，争取经济金融主权，是中国人民族气节的表现。期货市场的发展，也加速了青岛成为国际化港口的进程，对青岛城市社会经济的发展起到了一定的积极作用。首先，期货交易吸引了大量的中外资金注入青岛，加强了青岛区域金融中心的地位。各方面资金的注入不仅吸引各地大量棉花、花生等原料交易来青岛进行，而且使青岛港口对外贸易的设施得以优化，加工工厂、码头和仓储现代化建设得以提升。取引所与物品证券交易所为存储期货，都在青岛港口设立了码头，营建了仓库。如取引所在原有的大港海面填筑地，面积一万六千一百余方步，设有落花生油精制工场油柜专作精制油，并落花生米及同粗油露天保管等兼营仓库，场地内还有容量一千五百吨者三座，四百吨者两座，七十五吨者两座。其他屋内所用各种油槽柜七座。[1] 后来又在小港营建了相关设施。物品证券交易所也在大港建立了自己的仓库等设施。[2] 可见取引所的创立及与物品证券交易所的竞争，刺激了青岛港口的发展。其次，期货交易使国内棉花、花生等原料以及制成品向青岛聚集并进一步融入国际市场，远销东南亚、欧美，青岛成为国际市场的一部分，其价格波动与国际市场交互影响。[3] 总之，在中日之间的经济博弈中，取

---

[1] 《青岛取引所安藤安次郎申请买卖小巷三路四号合昌公司填海地呈文、训令》（1939 年 10 月 13 日），青岛市档案馆藏，档案号：：B0023 - 001 - 02025。

[2] 《总处、本行、中央交通银行关于沦陷期敌银行、价买本行房产、接收取引所估价、交易所复业、淄博矿区贷款及调查等文件》（1946 年 3 月至 1948 年 4 月），青岛市档案馆藏，档案号：B0040 - 001 - 00463。

[3] 《联合准备银行大阜银行票据交换所各同业各存款户关于存放汇支票及押品收据挂失票据交换所等业务的来函》（1940 年 1 月至 1941 年 12 月），青岛市档案馆藏，档案号：B0040 - 006 - 00762。

引所与物品证券交易所的竞争在一定程度上促进了青岛城市区域经济的发展及其城市国际化的进程。

作者：冯剑，青岛大学历史学院
　　　梁晓艺，青岛大学历史学院
（编辑：熊亚平）

"周口,天下口":近代中原商贸中心周家口与票号的设庄经营[*]

秦国攀 孟 伟

内容提要:周家口位于淮河最大支流沙颍河与贾鲁河交汇处,于清代康雍乾时期发展为中原商业巨镇。依托优越的交通区位、庞大的人口数量、繁荣的商业、发达的金融业,在1843年朱仙镇衰落后的近百年间,一度成为中原商贸中心,并吸引了至少十五家票号在此设庄经营。直到20世纪二三十年代,由于受未通铁路的影响及匪患、兵变和军阀混战对市镇的直接破坏,周家口商贸中心地位逐渐被郑州取代。周家口的兴衰不是个案,对研究类似市镇也具有参考意义。

关键词:周家口 中原商贸中心 票号

明清以来的周家口,是一个引人注目的内陆沿河市镇,交通位置十分重要,舟车辐辏,商业繁荣,与朱仙镇、赊旗镇、道口镇并称中原"四大镇"。直到民国中期,出现了三百年左右的兴盛。在目前的商业市镇研究中,学界多认为近代以来中原商贸中心在开封朱仙镇衰落后,直接转移到了郑州。这一认识忽略了周家口是近代中原商贸中心的客观事实。商业的繁荣,对应的是金融业的发达,但学者们对近代重要金融机构在周家口的设庄经营情况论及甚少。或者也可以反过来说,正是因为了解不够,所以周家口作为中原商贸中心的地位,一直未得到应有的重视。无论哪种情况,忽略周家口的商贸中心地位而进行的中原商贸研究都是有缺憾的。许

---

[*] 本文系国家社科基金重大项目"山西民间契约文书搜集整理与研究"(14ZDB036)、"山西票号原始文献整理研究与遗存保护数据库建设"(20&ZD065)阶段性成果之一。

檀教授依据现存周口市关帝庙内的碑铭,估算了清代周家口的商业规模,并认为商业最繁盛时期是在乾隆至道光年间。① 笔者认为,进入近代,由于朱仙镇的衰落,周家口的商业规模一度继续扩大,周家口跃升为中原商贸中心。邓亦兵先生从经济结构、功能、兴衰原因等角度,比较了清代朱仙镇与周家口镇的商业地位,认识到了两镇是省内商品流通的中心市场。② 拙文认为,在朱仙镇衰落前,可以说两镇皆是省内商品流通的中心市场,但从1843年朱仙镇迅速衰落后,周家口发展为近代中原商贸中心。为此,笔者意在通过此文给周家口作为近代中原商贸中心一个科学客观的认识,并对十几家票号于此设庄经营情况进行考察,以期让学界更加清楚,近代以来中原商贸中心是由开封朱仙镇转移到周家口再到郑州的变迁历程。

一 中原商贸中心
—— 周家口

对明清以来中原商贸中心的认识,学界多认为在开封朱仙镇衰落以后直接转移到了郑州。如冯延淑在硕士学位论文中认为清代河南省的商业中心城市是开封。③ 后来朱军献又撰文指出,1843年以前朱仙镇"为中原地区商业贸易与手工业生产中心",之后,郑州"最先得到发展的是城市的商业中心功能","经过百年之间的沧桑变迁,中原地区的区域中心城市在地理空间中变换了位置"。④ 由此可知,经过近百年时间,中原商业中心城市才完成转移。1916年日本东亚同文会调查显示,郑州城区"东西2华里,南北1.3华里,城墙高2丈8尺,周长6.6华里",⑤ 清末时"人口不过2万"。⑥ 至1922年郑州开埠时的状况是,"日来郑县商埠渐具规模,与

---

① 许檀:《清代河南的商业重镇周口——明清时期河南商业城镇的个案考察》,《中国史研究》2003年第1期。
② 邓亦兵:《清代的朱仙镇和周家口》,《中州学刊》1988年第2期。
③ 冯延淑:《清代河南的商业市场》,硕士学位论文,郑州大学,2009,第22页。
④ 朱军献:《因革之变:中原区域中心城市的近代变迁》,山西人民出版社,2013,第1~9页。
⑤〔日〕东亚同文会:《支那省别全志》第8卷《河南省》,东京,东亚同文会,1918,第49页。
⑥ 郑州市地方史志编纂委员会编《郑州市志》第3分册,中州古籍出版社,1997,第3页。

车站相距三里遥者,业已夏屋渠渠,美轮美奂。三五年后之商务繁盛,可以操券"。① 可见至 20 世纪 20 年代时,郑州才开始"渐具规模",商埠发展加速。因此,笔者认为在 1843 年朱仙镇衰落以后,至抗日战争胜利郑州真正崛起,这一百多年的时间,周家口实际上扮演了中原地区商贸中心的角色。之所以会这样认为,主要是根据近代周家口的交通位置、人口数量、商业规模、金融状况来判断的。

便利的水陆交通。周家口处于沙河、颍河、贾鲁河三川交汇之处,交汇后的沙颍河是淮河最大支流,上接中原及周边腹地,下达江淮,水路沟通南北,因此,周家口成为中原地区的内河航运中心。著名诗人臧克家在 1939 年时写道:"周口,天下口,看眼前的形势,立在桥头,两条水分开三个镇市,心上进出个武汉的影子,人流穿着荣华的街市。"② 京汉铁路未通车时,盛宣怀在光绪二十五年(1899)的奏折中便谋划周家口连接京汉铁路的支路:"兹查卢汉干路南岸系在荥泽过河……又郾城东南至周家口约计一百二十里,路甚平坦,铺轨极易……自周家口以达淮河,商务来源极远,应请归入总公司卢汉干路筹款接造,以免各国觊觎,促我生机,此系近干短枝要路。"③ 足以显现周家口商业地位的重要。但因种种原因,直到新中国成立,途经周家口的支线铁路也未修成,致使周家口错失了进一步发展的机遇。自此,周家口商业中心地位逐渐被郑州取代。"河南周家口以前是极为重要的商业中心,京汉、陇海铁路开通后于郑州交汇,河南工业的重心,遂由周家口转移到了郑州。"④ 即便两条铁路交会于郑州,郑州取代周家口为商贸中心已成必然之势,周家口也凭借其南北航运枢纽的重要位置,在京汉、陇海铁路通车后的一段时期内,其商业依然发达,1937 年出版的《扬子江航业》就曾言:"河南省最重要之商埠是郑州与周家口。……而周家口离平汉路不远,由一小河可达该铁路也。"⑤ 至 20 世纪 40 年代时,周家口仍是商业重镇。1940 年《申报》报道,"周家口是

---

① 《郑州商埠督办之逐鹿》,《晨报》1922 年 3 月 9 日,第 6 版。
② 臧克家:《淮上吟》(报告长诗),上海杂志公司,1940,第 101~102 页。
③ 盛宣怀:《预筹铁路还款并保全枝路折》,《愚斋存稿初刊》(三)卷 4《奏疏》4,思补楼藏版,1928,第 6 页。
④ 台湾总督官房调查课:《支那最近の工业竝に财政》,台湾总督官房调查课,1935,第 71 页。
⑤ 朱建邦:《扬子江航业》,商务印书馆,1937,第 72 页。

河南的一个最大市镇,在平汉铁路通车以后,就丧失了它的地位,可是说起来它还是一个重要的地区"。① 又有"我国自采用新式运输方法以来,工业之中心已有极大之变迁,兹以铁路之建筑为例,河南之周家口当水陆交通之要冲,向为中州商贾集散及工业萃会(荟)之地,自平汉、陇海通车以后,郑州遂一跃而为全省之冠,工商业遂渐为所夺"。② 可见,郑州崛起之前,周家口依托便利的内河航运,一度成为中原地区的商贸中心。

庞大的人口数量。经过明清几百年的发展,步入近代,周家口依然"肩相摩,毂相击",③人口仅次于省城开封。影响广泛的《北华捷报》在1890年曾报道:"周家口被认为是河南除开封府外抑或整个汴梁省最大的地方……人口接近三十万。"④ 30余年后该报的报道中仍言周家口"确实是一个巨大的城市",⑤"位于河南省的周家口一直是中国内地最大的贸易中心之一。在辛亥革命前的50年里,它是全河南人口最多,可能也是最重要的农产品交换中心"。⑥ 1920年时"本镇三寨毗连,人烟稠密,据警察局调查,共计男女大小二十四万余丁口……南北两寨均以外来经商者居多",⑦可见周家口不仅人口众多,而且多是外来经商者。两年后的数据显示,"本省人口达十万以上者,如开封二十八万,周家口二十万"。⑧ 据1924年的《中国都会人口总表》统计,人口15万至25万的都会有15个,周家口仍位列其中。⑨ 翌年议员选举时规定,"人口满十五万以上或不满十五万之省会特别区,亦同得各选议员一名",⑩ 河南共有十六个议员名额,

---

① 《漯河周家口商业繁盛》,《申报》1940年4月6日,第8版。
② 钟伟尊:《工厂地址选择问题之研究》,东壁印务局,1944,第41页。
③ 吴承芳:《修郡城西南大路碑》(道光二十五年,1845),民国《淮阳县志》卷18《艺文志》。
④ To Chou Chia Kou, *The North-China Daily News*, 19 March 1890, p. 247; *The North-China Herald and Supreme Court & Consular Gazette*, 21 March 1890, pp. 346 – 347.
⑤ 英语原文:"A Great City Indeed". In The Hands of The Honan Bandits, *The North-China Herald*, October 30 1926, p. 205.
⑥ Modern Banditry In Honan, *The North-China Herald and Supreme Court & Consular Gazette* (1870 – 1941), 19 February 1927, p. 299.
⑦ 《周口商业调查报告书》,《中国银行通信录》第68期,1920年,第36页。
⑧ 司德敷:《中华归主》,商务印书馆,1922,第39页。
⑨ 阮湘、李希贤等:《第一回中国年鉴》,商务印书馆,1924,第54~55页。
⑩ 国民代表会议:《国民代表会议条例草案汇编》第1卷《会员潘大道意见书》,国民代表会议,1925,第34页。

周家口占一名，可知在20世纪20年代，周家口人口尚在15万人以上。

"商业最盛之周家口镇。"道光二十三年（1843）黄河南泛，朱仙镇衰落，便有周家口"为河南省最大之市场"，"河南繁盛之区，古称朱仙镇，即天下四大镇之一。今其商业尽为周家口所夺，无复旧观"① 的记载。1910年河南巡抚吴重熹在整顿巡警的奏折中亦曾言："并商业最盛之周家口镇，均具报一律办齐，填表造送。"② 说明河南最高行政长官认识到省内各地商业繁盛不过周家口，也就是说周家口是中原最大的商贸中心。1913年周家口发生兵变，《申报》报道"周家口为河南最大商埠，南北两寨，中夹淮河（即螺河之下游），水陆交通，故商务殷繁，甲于全省"。当时周家口的风吹草动，在商业上皆能影响到全省，"都督因恐省中人心慌乱，当时并未将此事发表，即开去军队，亦云调往郑州，其秘密原因，因周口商店与省垣商店均有关系，倘此信一出，市面必受影响，或酿成商界之恐慌耳"。③ 由此可见，此时周家口的中原商贸中心地位毋庸置疑。又《周口钱庄倒闭详情》中写道："汴省商业素以周口为第一巨埠，钱业素以源泰为第一家……查该号素与官界往来，所存官款最多，豫泉存银十二万，交通存银六万，大清存银七万，并有厘金局存银三万有余。……惟省中商业存款于该号者甚多。"④ 不仅说明周家口是中原商贸中心，而且仅周家口一家"源泰"钱庄的倒闭，就使整个河南省的金融业、商业产生不小的震动。晚清在警察制度推进的过程中，周家口因"汴省之周口镇，本属汴中第一商务发达之地"⑤ 而受到重视。随着清政府自开商埠的推进，1906年周家口的开埠也提上了日程，"闻豫抚陈筱帅电致商部，略云周家口地方为豫省著名繁盛之区，一切商务颇占优胜，拟请将该处开做商埠，以期商业大兴"。⑥ 虽然后来开埠未成，但旋即便谋划周家口铁路的修建，"汴中以周口为商埠，早见奏案，查周口为全省商务集会之地……实七省入京大道。……兴筑铁路，交通京汉，以求大利"。⑦ 在京汉铁路开通后一段时

---

① 张寿波：《最近汉口工商业一斑》第2章《交通》，商务印书馆，1911，第20页。
② 《河南巡抚吴重熹奏胪陈整顿巡警情形折》，《申报》1910年3月2日，第18版。
③ 《周家口兵变纪闻》，《申报》1913年3月2日，第6版。
④ 《周口钱庄倒闭详情》，《新闻报》1910年12月28日，第2张第1页。
⑤ 《周口镇整顿巡警》，《江南警务杂志》第9期，1910年。
⑥ 《请开周家口商埠》，《新闻报》1906年3月7日，第3版。
⑦ 《河南周口拟筑铁路》，《新闻报》1909年9月17日，第2版。

间，周家口"可能仍然是最繁忙的省级贸易中心"。① 美国学者哈金丝也认为"河南东部周家口，位于淮河支流上，为一与安徽暨江北通商之中心"。② 直到1939年，周家口依然在省内有着重要的位置，"平汉路郾城站之东，有周家口，在颍水与贾鲁河的会口，为水运的中心……占本省第二大城的位置"。③

与周边及其他市镇大量的商品交易。周家口为附近地区货物外运的集散地，"输出商品以农产业为最巨，如附近商水、淮阳、西华、项城、扶沟、太康等县农产品，均囤周镇"。土特产金针菜为大宗，芝麻、香油、小麦、杂粮次之。金针菜"销汉口帮最多，芝麻、香油亦销汉口为大宗"，而小麦、杂粮则销往"顺直帮为大宗，天津居多，北京次之"，每年自秋末至翌年春季为贸易繁忙时期，农产品贸易总额达四五百万元，"为周镇大宗生意，关系市面金融及商业消长"。附近地区所产牛羊皮，也以周家口为集散地，以销往武汉为主。依托附近农家所产的鸡蛋制成的蛋白、蛋黄，销往武汉、上海一带，再转销洋庄出口，贸易额三四十万元，生意亦以冬春最旺。周家口同时也是南北方商品的重要转销地。输入商品以食盐、糖、茶、布、纸张、杂货为大宗，盐多天津芦盐，年约一百三十万元，各县民食赖之，陆续输入，不分淡旺；糖以汉口红白糖最多，上海车糖次之，生意以春秋季为旺；茶以安徽六安茶最多，贸易在四、五两月称旺；湖南青茶、红茶次之，贸易夏秋两季，均属畅旺，茶都转销京、津、山东、直隶各处；津、沪、高阳布匹，年销约一百五十万元，纸张、杂货等，以来自湘、赣、汉口④、镇江各处最多，年贸易额在二百万元以上。市面全年生意，以冬春畅旺，夏秋稍形清淡，至各业生意之大小，则以年成丰歉及运输畅滞为转移。⑤

发达的金融市场。开封是省城，人口众多，士绅显贵集中，固然有庞大的金融需求，但其是直接消费市场，且吸收存款多，放出贷款少，金融

---

① "Modern Banditry In Honan", *The North-China Daily News*, 5 February 1927, p. 7.
② 〔美〕哈金丝：《中国地理》，姜毓文译，青阳印刷社，1936，第29页。
③ 曹松叶：《我们的中国》，中华书局，1939，第20页。
④ 周家口与汉口间的贸易情况另有专文论述。详见秦国攀《土宜的流动：晚清中原土特产长途贩运研究——以恒兴祥商号信稿为中心的考察》，《中国社会经济史研究》2020年第2期。
⑤ 《周家口商业金融调查记》，《江苏实业月志》第41期，1922年。

机构积累的资金难以流动。清政府创办大清银行后在省垣开封设立分行，光绪三十四年开封分行的报告显示："省城放出款项为数不多，必须分支于外方能活动……周家口距省城二百七十里，是处为南北帮荟萃之场……一岁出入约在千万之谱……省城只有进款而无出路，必须将款项送至周家口，然后调申、调汉，事极便捷。"① 也就是说此时开封的商业金融尚赖周家口调剂，周家口与上海、武汉的金融业联系比省城开封更密切便捷。因此，宣统元年（1909）二月，大清银行在周家口设置了河南省唯一分号——周家口分号。"豫省分设之户部大清银行早经开办，现又派人带银赴周口设庄，凡有商民存款者，定一年息六厘，半年息五厘，立折交易。如款多，尚可加息，省垣分行亦同此办理云。"② 在周家口设立分庄，不仅便于开展商民存贷款业务，就连开封的利率也要参照周家口分庄办理，由此可见周家口的金融业行情在中原地区的重要地位。

以上研究说明，近代的周家口在朱仙镇衰落以后实际担负了中原商贸中心的角色，也更具有商业和金融有机结合的历史渊源，因而吸引了众多顶级金融机构——票号的陆续入驻。

二 入驻周家口的票号

因历史上周家口行政级别较低，当今周口市经济不够发达，知名度不高，以及资料所限，周家口的中原商贸中心地位至今未能得到应有的重视。至于集汇兑、存款、借贷于一体的十几家票号在周家口的设庄经营情况，研究更显不足。虽然有《开封市志·金融》《河南省志·金融志》提及了票号在河南的设庄，但与其他研究票号的资料比对不难发现，两部金融志的记载不仅不够翔实，还存在票号名称错误，设庄数目也不准确，且缺乏史料支撑等情形。如在第一家票号——日升昌设立年代上，学界普遍认为是道光三年，两部著作所书年代不仅不一致，而且均不正确。肖宇在论文中认为，晚清在河南先后经营的票号有 20 家，其中开封 12 家，周家口 10 家。③ 但笔者通过整理日升昌等票号的书信、账册，发现咸丰元年

---

① 大清银行清理处：《大清银行始末记》，大清银行清理处，1915，第 27 页。
② 《户部大清银行之扩充》，《顺天时报》宣统元年（1909）闰二月廿三日，第 4 版。
③ 肖宇：《山西票号与晚清河南经济》，硕士学位论文，苏州大学，2010，第 19 页。

(1851) 至民国5年 (1916)，即大体一个甲子，在周家口设庄经营的票号至少有15家，不仅有山西票号，还有南帮票号。众多顶级传统金融机构的入驻，是周家口中原商贸中心地位的具体体现。笔者不揣谫陋，将其设庄经营情况做一初步探究。

票号从诞生之日起，就像候鸟一样紧跟在商人后面去追随城市的兴衰，与官府及各色商人密切合作。到道咸之际，随着票号数量的增加、技术的进步、管理的完善，包括竞争的初露端倪，票号已将目标向更为开阔的地域倾斜，开始关注周家口这样的城市、码头和商埠。而这些城市能够满足商人、商业和票号发展的业务需求，是它们值得票号进驻的起码条件。因此，我们推论说：道咸之际的周家口，能够达到票号的利润预期，其商业贸易活动具有很大的汇兑价值。换言之，当1843年朱仙镇衰落后，河南省城开封已经拥有多家票号之时，周家口也已发展为中原商贸中心，自然成为票号在中原地区设庄的重点。

1. 日新中票号

日新中票号由日升昌票号出资设立，[1] 在咸丰元年至二年的京都分号总结账中出现了周口分号，收会5353两，交会4146两，而道光二十九年至三十年的总结账中不存在周口分号。[2] 因此推断，日新中票号进驻周家口的时间当在咸丰元年或二年，是目前资料所见进驻周家口最早的票号。

2. 日升昌票号

目前学术界普遍认为，日升昌是我国第一家票号，在道光三年由西裕成颜料庄改营汇兑。[3] 但现有资料表明，日升昌票号进驻周家口的时间，相对要滞后得多。至少道光到同治年间的大量资料中，未有涉及周家口分号的内容。由此笔者认为：日升昌票号进驻周家口的时间最早当在光绪初年。因为同治晚期该票号往来信稿，帮我们有力地证明了这一点。同治十年 (1871)，平遥总号致各地分号信稿中载："寄信后收会汴在周见信交协

---

[1] 黄鉴晖等编《山西票号史料》（增订本），山西经济出版社，2002，第642页。
[2] 黄鉴晖等编《山西票号史料》（增订本），第41~42页。
[3] 黄鉴晖：《山西票号史》，山西经济出版社，2002，第55~58页；张正明、邓泉：《平遥票号商》，山西教育出版社，1997，第8页；张巩德主编《山西票号综览》，新华出版社，1996，第56页。

义昌足宝银三百两，平现收无色宝银。又周四月半交万全源足宝银一千两，祁现收镜宝银。"同治十年三月十二日协同庆公脚寄第四十七次信载："寄信后，收会汴在周见信交协义昌足宝银三百两，平现收无色宝银。"同治十二年第八十六次信，四月二十八日汉转，"收会汴……在周六月底交通泉广足宝银一千两，谷秋标收镜宝银，得伊费银□□两"。① 由以上材料可知，无论是其他分号与周家口发生业务往来，还是平遥总号（祁太平）与周家口有业务往来，都要通过"汴号"。这表明一个事实：设若周家口也需要汇兑，并且已经能够开展汇兑业务，则仍然属于"汴号统属"。言外之意，此时的周家口已经受到日升昌关注，但未设独立分号。

迄于光绪中期，也即现存所见最早周家口分号致平遥总号信，业已是光绪十六年正月，"正月二十五日收到第六十三次信庚寅新正初九日自周寄"。② 由寄信间隔短则五七天，长则十余天的规律，大致可推算：这次编号的开启，当在两三年前，即光绪十三年底或十四年初。目前虽然我们尚不能断定是否有更早的关于在周家口设庄的"编号"信稿，但可以肯定，在光绪十三年前后日升昌周家口分号已经设立。

日升昌太原分号的账册则肯定了这一推断。光绪十三年至十四年日升昌票号省城（太原）分号的《年总结账》，记载了当时与太原直接发生业务关系的分号情况，涉及汇兑市镇有京师、天津、汴梁、上海、汉口、周家口等18处，汇兑总额430361两，与周家口的业务往来有1061两，仅占汇兑总额的0.25%。③ 虽然该分号与周家口间的业务往来份额很小，但可以说明此时周家口分号已经独立。另外，根据日本东亚同文书院《清国商业综览》的记载，至少在1907年之前日升昌依然是在周家口营业的7家票号之一。④

通过以上考证，我们大致断定：日升昌票号周家口分号于光绪前期正式独立，成为与开封互为掎角的一个重要分号，到辛亥前后撤离。

---

① 黄鉴晖等编《山西票号史料》（增订本），第858~860页。
② 黄鉴晖等编《山西票号史料》（增订本），第969页。
③ 黄鉴晖等编《山西票号史料》（增订本），第1084页。
④ 冯天瑜等选编《东亚同文书院中国调查资料选译》上册，李少军等译，社会科学文献出版社，2012，第291页。7家票号分别是：新泰厚、乾盛亨、存义公、协同庆、大德恒、日升昌、大德通。

3. 蔚盛长票号

蔚盛长票号是进驻过周家口的一家老资格票号，该票号诞生在道光六年，由绸缎庄改组而成。现有资料表明，直到民国3年，它还在周家口经营，不过也就在民国2年十一月初一日至3年十月底的《周口总结清账》中显示，蔚盛长周家口分号净亏损9043两。① 如此严重的亏损，我们有理由断言，民国4年时周家口分号就收撤了。因为在民国5年的调查结果中，周家口仅有一家大德通票号在经营。② 非常遗憾的是，蔚盛长票号所存资料有限，我们现在还难以考证出它进驻周家口的时间。

4. 新泰厚票号

新泰厚票号也属于较早开设的平遥帮票号，在道光六年由绸缎庄改业，是"蔚字五联号"之一，可以肯定，该票号在周家口也设立过分号。日本1907年出版的《清国商业综览》中显示，新泰厚依然在周家口营业，③ 该书是同文书院通过6年的实地调查而成，说明至少在此书出版前，新泰厚在周家口设有分号，但之后不久即撤庄了。因为民国2年山西票号向北洋政府联合呈请帮助的"附录"中，新泰厚已经没有了周家口分号的业务统计。至于新泰厚票号进驻周家口的具体时间，还有待新资料的补充。

尽管如此，我们也能够较为肯定地指出：与蔚盛长、新泰厚同为"蔚字五联号"之一的蔚泰厚票号，留存有道光二十四年、二十七年、二十九年至咸丰元年的往来编号书信，由此发现，以上票号在这一时期没有将周家口列入需要经营的城镇名单中。因此，可以较有把握地推论，这两家票号进驻周家口的时间，当在道光以后，最早也是咸丰年间，此时由于太平天国运动，票号的经营普遍呈收缩状态，开辟新的分号，恐怕也是稍后的事情。因此，其最早进驻周家口的时间，可能在同治至光绪初期。

5. 协同庆票号

关于协同庆票号的资料，目前所见的主要是信稿，即该票号第三任大掌柜刘庆和留下的同治十三年《庆和先生存稿》④、《光绪八年正月庆和先

---

① 黄鉴晖等编《山西票号史料》（增订本），第1272页。
② 《支那省别全志》第8卷《河南省》，第879页。
③ 冯天瑜等选编《东亚同文书院中国调查资料选译》上册，第291页。
④ 高春平主编《国外珍藏晋商资料汇编》，商务印书馆，2013，第256~285页。《庆和先生存稿》共计120封信，抗战时流失日本，原件被收藏在日本东京大学东洋文化研究所。

生再启稿》和《光绪十年元旦庆和先生再启稿》。① 这三册信稿涉及协同庆平遥总号大掌柜与各分号之间的业务往来，但未涉及周家口业务。现有资料中最早涉及协同庆票号周家口业务的是日升昌票号光绪十八年十月周家口分号寄平遥总号信，"【上残】（冬）月半无利交罗惠元无色宝银一千两，冬月底、腊月初十日各期无利交伊无色宝银二千两，未立会票，附去义和泰致伊会银底信一封，公较去伊备五十两钱砝一付，其平比本合砝每百大六钱兑，至即托协同庆转交伊亲收，交毕讨收条回信寄周"。② 该资料显示协同庆票号已经与周家口有业务往来，但未明确此时是否已在周家口设分号。不过，之后庚子年（1900）日升昌平遥总号寄汉口分号的信稿载："第三十九次信〔庚子〕八月十三日协同庆经理公脚寄。于月初一日由周转去第三十八次信，统去再启一纸，平寄长、湘、桂、□信各一封。"③ 由"由周转去"可知，协同庆不仅在周家口设庄，而且周家口分号成为联系长江中游及南方城市的重要节点，在《光绪二十六年、二十七年协同庆票号汉口分号账册》中有至少 52 笔"会周""周会""结周"业务。④ 由此推断，协同庆分号在周家口设庄在光绪十八年前后。1907 年出版的《清国商业综览》中依然记载周家口有协同庆分号，⑤ 不过，1916 年日本东亚同文会调查时，周家口已无此分号，也就是说协同庆在周家口设庄有二十四年左右时间。

6. 乾盛亨票号

乾盛亨票号诞生于同治初年（1862~1864），⑥ 总号在平遥，东家是介休北辛武村聂家。该票号于光绪三十年歇业。⑦《清国商业综览》中显示，

---

① 《光绪八年正月庆和先生再启稿》共计 133 封信，始于光绪八年正月初十日，终于同年冬月三十日，参见刘建民主编《晋商史料集成》第 2 册，中华书局，2018，第 374~438 页。《光绪十年元旦庆和先生再启稿》共计 91 封，始于光绪十年元旦日，终于同年五月二十八日，参见刘建民主编《晋商史料集成》第 2 册，第 439~507 页。
② 黄鉴晖等编《山西票号史料》（增订本），第 969 页。该信日期据该书第 895 页平遥总号寄周家口分号"第六十四次信壬辰八月初六日由汴转"，第 895 页"第六十九次信十月初六日由汴转"及"第七十次信十月十八日由汴转"考证得来。
③ 黄鉴晖等编《山西票号史料》（增订本），第 996 页。
④ 郝新喜、霍文忠编《平遥票号史料汇编》，山西经济出版社，2016，第 1142~1145、1155~1157 页。
⑤ 冯天瑜等选编《东亚同文书院中国调查资料选译》上册，第 291 页。
⑥ 黄鉴晖等编《山西票号史料》（增订本），第 214 页。
⑦ 黄鉴晖等编《山西票号史料》（增订本），第 467 页。

乾盛亨在周家口设有分号。①《山西票号史料》（增订本）在"山西票号的组织与制度一览表"中，列举了该票号的分号开设情况："太原、太谷、解州、运城、新绛、介休、张兰、文水、汾阳、祁县、曲沃、天津、开封、周家口、沈阳、河口、沙市、长沙、重庆、万县、上海（共21处）。"②周家口位列其中。此外，《山西票号综览》一书中也如是说。③其开设的分号似乎还更多，除京师、汉口外，苏州、湘潭等地也有其分号。

虽然目前资料有限，我们不能确定乾盛亨开设周家口分号的具体时间，但以上考证说明乾盛亨在周家口开有分号。

7. 永泰庆（永泰裕）票号

永泰庆票号创办于光绪十八年，属于平遥帮。永泰庆营业九年，光绪二十六年歇业，未开过账。随后组建的永泰裕票号，不久也收歇了。就在它营业的这十年中，开设分号17处，分别是："太谷、祁县、介休、北京、天津、西安、三原、济南、道口、周口、汉口、沙市、长沙、成都、重庆、沈阳、上海。"④可知，在光绪十八年至光绪二十七年间，永泰庆（永泰裕）曾经在周家口开设分号，并且在河南道口镇也有分号。

8. 合盛元票号

合盛元票号是颇能引发民族自豪感的一家山西票号，倒不是因为它的历史有多悠久，受到称赞的原因在于它曾经将票号开出了国门，我国的金融商人出现在了日本的神户、东京、大阪和朝鲜的仁川，开办国际汇兑业务。在光绪十六年至十八年的日升昌票号周口分号发往总号信稿中发现了合盛元在周家口设庄经营的线索。"随统去周号月清一折……刻周钱数一千六百一。专此布。再报合盛元日前撤庄回里去矣，附知。"⑤日升昌周家口分号向平遥总号报告合盛元撤销了周家口分庄，合盛元在未整体歇业前，即撤销了周家口分号。

合盛元诞生于道光十七年，由茶庄改业而来，是祁县最早的票号，

---

① 冯天瑜等选编《东亚同文书院中国调查资料选译》上册，第291页。
② 黄鉴晖等编《山西票号史料》（增订本），第646~647页。
③ 张巩德主编《山西票号综览》，第109~110页。
④ 黄鉴晖等编《山西票号史料》（增订本），第650~651页。另见张巩德主编《山西票号综览》，第120页。
⑤ 黄鉴晖等编《山西票号史料》（增订本），第974页。

1914年歇业。按照它所属的祁太帮传统，即使改业之后也很少有放弃旧业的情况。因此我们推论，茶叶贸易商路上的城市、码头、商埠，不会轻易地不见它们的踪影。而上则材料，真实地证明了具有茶业贸易集散转输功能的周家口设有合盛元分号。至于它在周家口具体运营情况，我们只有期待新资料的发现。

9. 大德源票号

大德源票号成立于光绪十四年，① 据《山西票号史料》（增订本）统计，它存在的时间非常短暂，仅仅一个账期，还"未开过帐"，② 也即仅在光绪十四年至光绪十八年存在过。从日升昌周家口分号和总号的来往信稿中，我们找到了大德源在周家口开设分号以及收撤的资料。庚寅年（1890）平遥总号致周家口分号的第六十一次信（新正月十三日由汴转）载："十二日收到第六十二次信，会来平春标收大德源镜宝银一万两，无票砝，各依信凭，其平比本合砝每百两大七钱六兑，统来尹执璠等三信，并报一切，俱经详悉注账勿念，寄信后，无甚事件。刻下咱处银势疲滞。……刻下钱数一千五百一十四，余再布，专此。"③

光绪十六年至十八年的日升昌周口分号发往总号的信稿中有"刻周银两仍紧。【残】。周地银两紧缺，又兼伊【残】布知。昨日，大德源收【下残】"。④ 依据祁县、周家口两地"银势疲滞""周地银两紧缺"，以及前引合盛元撤庄回里资料推测，"大德源收"残缺部分应为"庄回里"，即大德源在周家口撤庄了。

也就是说，大德源票号在光绪十八年歇业，周家口分号的收撤与它的整体收歇基本是一致的。可以肯定，从光绪十四年开业之后从事票号经营，至少是第一轮分号开设，就包括了开封、周家口分号。大德源属于祁县帮票号，其前身是福生达茶庄，也是由茶庄改业而来的，这也从一个侧面凸显了当时周家口茶叶贸易的繁盛。

---

① 曹煜主编《祁帮票号》，山西经济出版社，2003，第19页。
② 黄鉴晖等编《山西票号史料》（增订本），第657页。
③ 黄鉴晖等编《山西票号史料》（增订本），第897页。该信时间据周家口分号寄总号信"正月二十五日收到第六十三次信庚寅新正初九日自周寄。启者于客腊二十四日由汴转去六十二次信"推测。见该书第969页。
④ 黄鉴晖等编《山西票号史料》（增订本），第974页。

10. 元丰玖票号

元丰玖票号属于祁县帮，诞生于咸丰九年，该票号名称就有纪年的含义。元者，始也；丰玖，即咸丰九年。目前学界对元丰玖票号历史的研究还不够深入，《山西票号史料》（增订本）中关于元丰玖票号的记载，即有不足之处。如：元丰玖票号开设分号只见上海、重庆、京都三处，[1] 显然表述有误。因为就在《山西票号史料》（增订本）中，就收集有至少三封与元丰玖票号有关的信稿、两则《申报》的报道和1890年《海关贸易报告》等资料，书信中开列了天津、重庆、济南、开封、北京、上海、成都、汉口、长沙等分号。还有李宏龄在《同舟忠告》中记载"天津伙友逃走二人，重庆全行逃走，山东管事人服毒自尽"等事项。[2] 在光绪十六年元丰玖票号突然"坏事"的时候，至少有上海、京师、天津、济南、周村、广州、沙市、湘潭、长沙、成都、重庆、汉口、沈阳、杭州、开封、周家口等16家分号在开张营业，还不包括山西境内的分号。

就周家口分号而论，我们现有资料也很有限，但日升昌周口分号给总号信中载："再昨接汴号来信报及，接京电云元丰玖业已坏事，现下周号虽未露明，闻及粮帮绍文蔚申会来本月二十五日【下残】。"[3] 元丰玖京号"坏事"是在光绪十六年，很显然此时元丰玖在周家口的分号还在正常营业，至光绪十九年元丰玖歇业前，周家口分号即撤庄。

11. 存义公票号

存义公票号也属于祁县帮，同治初年由布庄改营票号业，直到1916年才告收歇，经营票号达半个多世纪。存义公先后开设分号20处，分别是："太原、太谷、忻州、京师、天津、张家口、归化、包头、开封、周口、孟县、沈阳、营口、吉林、上海、汉口、沙市、成都、重庆、苏州。"[4] 就周家口分号而论，在光绪十六年至十八年日升昌周口分号发往总号的信稿中记载有："汴会周见信交存义公足银三千两报知。刻周银两紧缺，钱数一千六百二。专此布。""汴会周见信收振德恒足银七千九百七十六两，又见信交存义公足银六千两、大德恒足银六千两。"另有甲午年九月信稿载：

---

[1] 黄鉴晖等编《山西票号史料》（增订本），第653页。
[2] 黄鉴晖等编《山西票号史料》（增订本），第206~207页。
[3] 黄鉴晖等编《山西票号史料》（增订本），第970页。
[4] 黄鉴晖等编《山西票号史料》（增订本），第654~655页。

"（周家口）交会沙十月半收存义公现老银五千两。"①

《清国商业综览》中显示，存义公曾在周家口经营。② 通过以上信稿记载和日本同文书院的调查，可以肯定：存义公票号在周家口设有分号。另外，民国2年十四家票号呈北洋政府财政部文的附表中，已经不见存义公周家口分号，也就是说存义公票号在尚未收歇之时，就将周家口分号收撤了。

12. 大德通（大德兴）票号

大德通是由大德兴改组而来，大德兴原来是茶庄，在咸丰元年至同治元年兼营汇兑业务，同治元年专营汇兑，光绪十年正式改名"大德通"，但"无论茶务、票业，皆是以'大德通'招牌，以图永远"。由此看出，大德通茶庄和票号业务依然兼营，只不过已经各自独立账务，这种状况直至光绪十四年合账重议号规时依然如此。③

在1907年出版的《清国商业综览》中，有大德通票号在周家口营业的记载。④ 开封的票号在盛时有十三家，至1915年初尚有蔚盛长、新泰厚、大德通、大德恒四家。到1916年，仅存大德通、大德恒两家；相应地，在周家口的分号仅剩下大德通一家。⑤ 简要说，大德通票号肯定进驻过周家口，并且是票号中最后一家撤离周家口的。那么，大德通票号是何时进驻周家口的呢？

《光绪十四年三月初六日合账重议号规款录——第一次修改章程》⑥ 中尚无周家口分号。

而《光绪三十年合账众东添规五条》中有"各码头衣资议有分别，京、申、营、济、沙、安、厂、广、川、津、沈、汉、重、汴、宁、长、城者正班每月拨衣资银三两……所有口、村、周、包、清、河、坝、原、

---

① 黄鉴晖等编《山西票号史料》（增订本），第972、973、1053页。
② 冯天瑜等选编《东亚同文书院中国调查资料选译》上册，第291页。
③ 黄鉴晖等编《山西票号史料》（增订本），第595~598页。另见张巩德主编《山西票号综览》，第129页。
④ 冯天瑜等选编《东亚同文书院中国调查资料选译》上册，第291页。
⑤ 《支那省别全志》第8卷《河南省》，第841、879页；《河南票商惨状述闻》，《大公报》1915年7月3日，第5版。
⑥ 黄鉴晖等编《山西票号史料》（增订本），第597页。

关、苏、烟正班，每月拨给衣资银二两"。① 此时，大德通周家口分号已名列其中。另有日升昌票号周家口分号致平遥总号的信稿中有："（甲午年，1894）冬月十四日收到第二十八次信（十月二十五日由周申）……汴会周月底收大德通足银三千两报知。刻周钱数一千五百三十。专此布。"②

通过对以上材料分析可知，大德通进驻周家口的时间是在光绪十四年至光绪二十年间，而收撤时间，当在1916年后，是周家口最后的票号。

13. 大德恒票号

目前对大德恒票号的认识，多是根据1914年《申报》的报道："大德恒号，昔为茶帮，嗣后改汇业，财力雄厚，与三晋源等，尤足称者，壬子（1912）春间各汇庄微显动摇之兆，而该号掌柜陈照亭早已于债权接洽，历历认可，同时联号之大德通亦接洽成功。迨各帮或形艰涩，或致破裂，而大德恒独见优裕，资力之雄固其一端也。"③

根据《各帮的实力》统计表，大德恒票号曾经先后开设过26处分号，它们分别是：太谷、平遥、介休、忻县、北京、天津、张家口、沈阳、营口、归化、开封、禹州、周家口、道口、孟县、博爱、清化、怀庆、上海、汉口、沙市、长沙、重庆、安东、广州、香港。④《清国商业综览》中也记载周家口有大德恒票号。⑤ 现存日升昌票号的书信中，记载了与大德恒之间展开同业协作的事例，其中时间最早的是（辛卯年，1891）周家口分号寄总号信稿。"汴会周见信收振德恒足银七千九百七十六两，又见信交存义公足银六千两，大德恒足银六千两。"⑥ 通过这封信稿的写作时间，我们推断大德恒票号进驻周家口，当在辛卯年（1891）以前。另外，这26处分号隶属于河南的有8个，占31%，可见河南是大德恒票号经营的一个重点区域，这是其他票号所没有的。

票号重点经营区域内，分号之间相互协调配合的需要，是票号开设分号的一个重要依据。由于大德恒的前身与茶叶及张家口、包头、归化的商

---

① 黄鉴晖等编《山西票号史料》（增订本），第600页。
② 黄鉴晖等编《山西票号史料》（增订本），第1054页。
③ 《山西汇商一年之盛衰》，《申报》1914年5月10日，第6版。
④ 黄鉴晖等编《山西票号史料》（增订本），第656~657页。
⑤ 冯天瑜等选编《东亚同文书院中国调查资料选译》上册，第291页。
⑥ 黄鉴晖等编《山西票号史料》（增订本），第973页。

业贸易有关，于此笔者认为，大德恒票号进驻周家口可能在同治年间或光绪初期。《光绪三十年合账众东添规五条》中有周家口分号，且河南是大德恒的重点经营区域，1915年开封分号依然存在，但"不复营业，不过收账还账已耳"，① 开封分号如此，那么大德恒票号撤离周家口的时间当在此前后。

14. 协成乾票号

目前所知，协成乾票号诞生于咸丰十年，属于太谷帮，"太谷之领袖票号为志成信、协成乾，志成信最老，协成乾系志成信之伙友分设的"。②《申报》评论协成乾票号"在太谷以规矩谨严称，分设各埠，亦均得信用"。③ 协成乾票号的分号不仅开设在北京、天津、归化、沈阳、营口、上海、苏州、镇江、芜湖、南京、汉口、广州，④ 而且在民国2年9月向北洋政府财政部呈文中，还显示有"汴道存款7030两，放款18811两；周家口存款5000两，放款119810两"，⑤ 可见在周家口存放款数额巨大，超过了开封分号。该票号经营汇兑业达54年，于民国2年收歇，并且收歇时有周家口分号。

15. 义善源票号

义善源属于南帮票号，于光绪二十一年四月，由李经楚与江苏洞庭山人席志前创设于上海。随后又设京号，1911年收歇时由王坤即王小斋经理，"京号又在河南开封分设汴号并周口庄"，⑥ 可知义善源票号在周家口设有分庄，是目前资料所见，唯一在周家口设庄的南帮票号。

以上是笔者对线索清晰的进驻周家口的票号所做初步考证，在近代中原大地上经营的票号，仅周家口就有15家，抑或更多。笔者在研究过程中发现，山西票号早期及其发展阶段中，至少诞生过43家专营汇兑业务的票号，另有部分商号因资料缺乏，无法确认是否是票号；抑或有一些钱庄、其他商号兼营汇兑业务，其中有些经营较好，得以获得预期收益，有些开

---

① 《河南票商惨状述闻》，《大公报》1915年7月3日，第5版。
② 卫聚贤：《山西票号史》，经济管理出版社，2008，第2页。
③ 《山西汇商一年之盛衰》，《申报》1914年5月10日，第6版。
④ 黄鉴晖等编《山西票号史料》（增订本），第658～659页。
⑤ 黄鉴晖等编《山西票号史料》（增订本），第493页。
⑥ 《清理义善源等号帐款》，《申报》1911年6月16日，第18版。

业不久，或者一个账期，就不得不收歇。目前我们所确定的如日升昌、蔚泰厚等票号，能够长期经营汇兑业务，所留信稿、账册成为我们考察票号经营活动的重要史料，也为研究周家口这类行政级别低、官方文献少、商业发达的区域商贸中心的商业、金融业发展历史提供了依据。如此而论，从票号诞生至民国时期的近百年间，进驻周家口的票号，应该不止本文所考察的15家，只是目前缺少史料佐证。比如，太谷帮票号的翘楚——志成信，从各个方面都有理由进驻周家口，但限于资料，我们无法肯定和论述。还有中兴和票号，在日升昌往来信稿中，也见到北京、上海、成都、天津等地与中兴和的同业汇兑业务。北京、天津、上海与周家口商务往来密切，且该号设庄广泛，是否在周家口及河南其他地方设庄，尚需进一步讨论。

三 余论

明清以来的周家口镇，由沿河集市发展而来，虽然行政级别较低，但有清一代，尤其是中后期，在我国商业发展过程中有着重要地位，一度担负起了中原地区商贸中心的角色，被认为是"与安徽暨江北通商之中心"。于此，我们需要考察周家口吸引众多金融机构——票号汇集的可能依据。

第一，在上海、开封、天津、北京、汉口、扬州、镇江、三原及河南其他州府等，同时开有分号的票号，理论上应当在周家口开设分号，这是由周家口的商业地位所决定的，周家口与以上区域、城市的商业往来最为密切，自然也是汇兑得以保障的基础。

第二，既开设票号，还兼营贸易，特别是与张家口、恰克图、山西、陕西等关系密切的票号，无论出自历史渊源，还是现实情况，都有可能开设分号于周家口及中原其他商路上的市镇。

第三，祁太帮票号非常有必要进驻周家口，我们发现，日升昌周家口分号与祁太平之间的汇兑，业务多半在祁县和太谷县城进行。

第四，以泽潞、平阳、西安、三原、河东等区域为经营重点的票号，肯定在周家口开设分号，因为历史的渊源决定了这些区域与江南的贸易活动需要周家口的转输，毫无疑问其也是周家口商贸活动的重要组成部分。

通过考证，以上15家票号中，7家属于平遥帮，6家是祁县帮，1家太谷帮，1家南帮票号。需要强调的是，进驻周家口的平遥帮票号基本属于专业化经营金融汇兑的票号，而祁县和太谷帮票号在很大层面上还有商业经营的历史渊源。

票号关注周家口，由日新中票号率先开启，而进驻周家口的最早时间当在道咸之际。咸丰年间，随着运河航运的衰落及两淮盐政的改革，周家口与东南方向城市的贸易关联度略有降低，加之太平天国运动高涨，捻军在中原地区的活动，其商业轨迹发生转折，与汉口、天津、京师的联系日益加强。与此同时，票号急速发展，诞生了十几家新票号，但遗憾的是，由于资料不足，我们不清楚这一时期其他票号进驻周家口的情况。到了同治末年、光绪初期，社会相对稳定，票号掀起了进驻周家口的高潮。到清末，至少有15家票号曾经或依然在周家口开展经营，支持着那里的商贸活动。光绪十八年周家口一度出现萧条局面，光绪二十年再度紧张，商业萎缩，部分票号撤庄。到光绪三十年前后，在周家口的票号收撤为7家，辛亥时最多也不会超过5家。民国5年仅剩下大德通一家，不久也收撤了。

以上从周家口所处的交通区位、人口数量、贸易规模、金融市场等方面，考证了其为近代中原商贸中心的地位，大规模商业活动的开展，需要金融业的支撑，进而从白银货币专门化经营角度，对近代以来票号进驻周家口的情况做了梳理，也即从金融与市镇发展关系的角度透视了周家口商贸历史的兴衰。许檀教授指出，从明代中后期到清代中叶，随着商品流通的发展，华北已有不少行政级别较低的城镇在市场层级中处于较高的位置，这些商业城镇的崛起反映的正是发展中的市场体系对原有行政体系的突破。[①] 毋庸置疑，周家口就属于这一类型，而且一度成为中原商贸中心城市，因此才有当时国内顶级金融机构——票号的大量入驻。

1843年朱仙镇衰落后周家口成为中原商贸中心，到20世纪30年代以后逐渐被郑州取代。导致周家口商业衰败的因素很多，前文提到的铁路的冲击，就是一个重要因素。而直接造成其衰落的，是它多次遭受严重匪患、兵变和军阀混战。20世纪20年代，周家口匪患异常严重，当时的《时报》《新闻报》《晨报》都对此进行了详细报道："周口南寨于十三年，曾被著匪路老九攻破一次，三年以来，元气未复，今又大受荼毒，从此周

---

① 许檀：《明清时期华北的商业城镇与市场层级》，《中国社会科学》2016年第11期。

口当日见凋零矣。"①《申报》也指出"此次被灾之剧,较之往年白狼老洋人、路老九诸匪所为,惨酷十倍",并预测"虽二十年难望恢复原状"。②至1935年高俊宽做周口镇调查时,提及20世纪20年代的匪患仍不免叹息,周家口"市民以劫后余生,尽力经营,数载元气未复!接连又受社会经济之不景气与农村破产影响,因而减少市面之消费量,以致工商业日形凋塞!若不急谋救济,亦恐成为疲敝之区"。③ 社会动荡不安,匪患破坏严重,这是导致周家口衰落的直接原因。

从更深层次来看,商业市镇兴起,归根结底是由于人的社会经济活动的开展,使得人口大量聚集,生产发展,商品流通,实现城市的繁荣。类似于周家口的商业市镇能够崛起,正是得益于明清时期社会经济的发展,国家商业政策的不断调整,如明代"开中制"及一系列政策的施行,使得长途贩运贸易广泛兴起,重要商路节点上催生出大量商业市镇。另一方面,随着时代的发展,科学技术的进步,传统农耕经济开始向工业化时代过渡,以农产品转输为主的商业市镇,如果周边矿产资源又相对匮乏,就难以归入重点建设城市之列。国家政策关照度不高,行政级别较低,获得的政策红利相对较少,城市发育缓慢。因此,民国中后期周家口衰落以后,再未恢复到中原商业中心的地位。

作者:秦国攀,河北大学宋史研究中心
孟伟,河北大学宋史研究中心

(编辑:王静)

---

① 《豫匪陷周家口之惨闻·纵火三日全镇死亡不可数计》,《时报》1926年10月5日,第1张;《豫匪攻陷周家口之惨闻》,《新闻报》1926年10月5日,第2张第1版;《豫匪攻陷周家口之惨闻·全镇死亡殆不下数万人》,《晨报》1926年10月10日,第5版。
② 《周家口、阎:曰仁专电》,《申报》1926年12月15日,第5版。
③ 高俊宽:《河南省周口镇社会调查》,《四维旬刊》第1卷第15期,1935年7月,第6页。

民国时期汉口商人组织与地方营业税的征稽及纷争^{*}

刘 杰 李珊珊

内容提要：20世纪二三十年代，国民政府新式工商税收相继开征。在新式营业税征收中，为保证税政的迅速推进与落地，各级政府多有依靠逐渐兴起的新式工商团体的组织与网络功能以加大对营业税的有效征稽。为维护商利与改善地方营商环境，汉口商会及同业公会等商人组织围绕政府所出台的营业税征收中的税率设定、开征与减税、税收用途等与政府展开了深度的博弈与多维互动。商人组织的吁请与行动使得政府在营业税征稽特别是课税标准问题上尽可能考虑纳税人的集体税权诉求。商人组织充当了政府与工商业者纳税沟通的中间桥梁，基于集体行动逻辑为税政政策的调整建言献策并在一定程度上推动了政府相关征税政策及制度的调整。

关键词：汉口商会 营业税 税率 税收征稽

南京国民政府建政以后，为统一国家财权尝试重新调整与划分国家与地方税收体系。1928年财政部组织召开了第一次全国财政会议议决调整税政，在全国范围内逐渐裁厘改税，以开征新式营业税代替病商害民的厘金。此后"全国裁厘委员会"会议决议通过了《各省征收营业税办法大纲》。税收改革政令之下，财税改革在国民政府有效管控的行政区域内逐步推行。为保证税政的迅速推进与落地，各级政府多有依靠逐渐兴起的新

---

* 本文系国家社会科学基金重大项目"近代长江中游地区（湘鄂赣）商会档案资料整理与研究"（17ZDA199）；江汉大学城市研究中心"商人、商业与区域市场：近代武汉商人组织与区域市场变迁"（CSZX20201018）阶段性成果。得到北京用友基金会"商的长城"项目："近代长江中游商人组织与区域市场变迁"（2018 – Y04）资助。

式工商团体的组织与网络功能以加大对营业税的有效征稽。

随着晚清各重要城市商会的相继组设，以商会为主体的新式商人组织不断发育。商人组织在社会经济上综合性的职能不断得以扩展。在税政活动中纳税人自主意识不断成长，商人组织在参与政府税收征稽中曾就税率、征稽主体与开征范围、税收政策的调整等问题与政府博弈以求更好地维护商人的税收利益。新式商人团体作为商界集体利益代言人在政府税收征稽中承担着重要角色。基于对商界集体税权和经济利益的考量，商人团体在应对工商税收的征收中存在与政府合作与博弈的复杂过程。① 本文拟以民国时期汉口商人组织为中心，以汉口商会以及同业公会为重心，从商人组织税政参与角度对营业税开征中的政府与地方商人组织博弈的具体过程予以梳理与分析，讨论商人组织在工商税收征稽中的具体角色，窥探其在财税治理中所扮演的角色及发挥的具体作用。借由汉口商人组织与营业税政的互动，探求国民政府时期工商税收征稽中政府与纳税人之间的税政关系。

一 湖北省及汉口营业税的筹办与开征

1927年宁汉合流后武汉国民政府并入南京国民政府。此后桂系实力派得以执掌湖北地方政权。1929年经过蒋桂争权，蒋介石所控制的国民党中央军进驻湖北，湖北及汉口地方政治渐为南京国民政府中央势力所掌控。湖北省作为南京国民政府所能够有效管辖的省份开始陆续执行财政部及全国财政会议部署的财税改革政策，对地方税政制度进行较大的变革。

从政府财税制度演变源流看，起于晚清的厘金税制严重阻碍了新式工

---

① 有关商人组织与政府营业税征收的互动研究，可参见魏文享《工商团体与南京政府时期之营业税包征制》，《近代史研究》2007年第6期；《沦陷时期的天津商会与税收征稽——以所得税、营业税为例》，《安徽史学》2016年第4期；魏文享、张莉《自征抑或代征：近代天津营业税征稽方式的路径选择（1931~1937）》，《华中师范大学学报》（人文社会科学版）2019年第2期；柯伟明《南京国民政府时期中央、地方与商界的税收纷争——1931年营业税法颁布前后的分析》，《民国档案》2011年第4期；《在传统与现代之间——再论南京国民政府时期的营业税征收制度》，《中国经济史研究》2013年第4期；朱英、夏巨富《广州市商会与1937年营业税风潮》，《河北学刊》2015年第6期；夏巨富《"新瓶装旧酒"：1931年厘金废除与广州市营业税开征》，《中国社会经济史研究》2017年第3期等。

商业发展。根据第一次全国财政会议以及经济会议财政改革方案，国民政府重新对国地收支进行较大幅度的调整。在统一财政、整理旧税和推行新税的整体规划下，属于工商税收的契税、牙税、当税、屠宰税等划归到地方财政收入项下。1928年7月，财政部为开辟新税源纾解长期窘困赤字之局，组织裁厘委员会商讨全国性裁厘改税事宜。会议依据新的工商税收调整方案拟定了《各省征收营业税办法大纲》。营业税征收办法大纲从全国层面对不同行业课税标准做了具体规定，采用了营业额、资本额等不同的课税标准。1928年全国裁厘改税会议后，国民政府曾多次要求各省限期裁厘，但当时政令并未统一，省自为政，没有如期实行，以致各省营业税未能如期开办。① 经过较长时间的酝酿筹备，1930年12月15日，财政部部长宋子文正式向外界发表"裁厘不得再行展期通电"，宣布从次年1月1日起在全国范围内裁撤厘金及类似厘金的一切税捐，并明示各省不得以任何理由请求展期。1931年经多次商议后国民政府正式宣布裁撤厘金而改征营业税。

为推进新式营业税的开征，财政部先后出台了《各省征收营业税大纲》（以下简称《大纲》）及《各省征收营业税大纲补充办法》（以下简称《补充办法》）等税收法令。《各省征收营业税大纲》规定"营业税征收标准，以照营业收入数目计算为原则。但对于特种营业，得按照资本额或其他计算方法为课税标准"。为确立营业税规章法律效力，立法院于此后审议通过《营业税法》。自《大纲》及《补充办法》公布以后，各省市相继拟订营业税条例草案及细则，呈请财政部核准施行。② 根据税法草案规定，营业税主要有三种课税的标准：（1）以营业总收入额为标准，征收千分之二至千分之十；（2）以营业资本额为课税标准，征收千分之四至千分之二十；（3）以纯收益额为课税标准，按照纯收益额占资本额比重的不同，征收百分之二至百分之十。较之《大纲》及《补充办法》，税法草案所订税率有了大幅提高。

财政部出台营业税法正式开启废厘改税之策后，江苏、浙江、湖北、湖南、安徽等五省率先响应财政部政令，依据已经颁行的营业税征收大纲

---

① 金鑫等主编《中华民国工商税收史：地方税卷》，中国财政经济出版社，1999，第19页。
② 柯伟明：《南京国民政府时期中央、地方与商界的税收纷争——1931年营业税法颁布前后的分析》，《民国档案》2011年第4期。

纷纷制定符合本省实践的营业税征收条例及执行细则。1931年湖北省组织召开的第62次委员会正式讨论通过并公布《湖北省营业税分类税率表》，依令湖北各地区当月即开征营业税。省财政厅结合财政部所颁发的营业税法及省政府通过的税率条例具体配套出台了《湖北省征收营业税暂行条例》及其施行细则，并拟定自3月起湖北各县市开始征收营业税。征收则由省财政厅按照各地营业税繁简情形设立营业税局负责办理，或者由县财政局、县政府兼办。计算标准分为资本额、营业额、收益额三种，按照资本额征收税率4%~20%分为五级；按照收入额征税2%~12%分为七级；按照收益额征税不易实行，暂未采用。若存在一户兼营数种营业，其税率轻重不一的，均按照主要营业的税率计征。①

从省财政厅所公布的条例看，湖北营业税采取混合型课税形式。1932年5月，省财政厅对营业税率做了修订。以资本额纳税的分5%和10%两级，以营业总收入征税的分2%至10%六级。9月又参照财政部核准江苏、浙江两省改订营业税率，通过修改新的课税条例实行差别比例税率，以资本额及营业收入征税的，各分三级；以资本额征税税率为10%、15%、20%；以营业收入征税税率为5%、8%、10%；棉花营业税由2.5%提高为10%。② 1933年省财政厅将牙税、当税、屠宰税并入营业税；棉花税率减为8%。1934年依据《营业税法》，省政府公布《湖北省营业税收章程》，对税率做了一定修正。同年6月，财政部颁布《整理营业税五项办法》、《课税税率分级表》及《营业税行业分类表》，湖北省对行业分类、课税标准及税率的规定相对比较合理，虽与整理办法所列行业分类及以资本额课税的四级税稍有出入，因符合便利征纳原则，故未修改章程与税率。抗战军兴后国民政府对税收系统重新梳理和调整以应对战时财政之需，1942年在地方营业税划归国税之前税率又多有调整。

自汉口开埠及晚清张之洞在湖北实施新政后，汉口发展成为长江流域仅次于上海的工商业集散中心，亦成为中央与湖北省重要财税之地。1932年经过行政区划调整，汉口特别市改为汉口市，行政归属湖北省。财政部规定营业税与省政府合办。省、市双方代表会同商会代表等组成省市营业

---

① 湖北省地方志编纂委员会编《湖北省志·财政》，湖北人民出版社，1995，第140~141页。
② 《湖北省志·财政》，第142页。

税促进委员会共同商议营业税开办相关方案。① 自财政部颁布政令开始裁厘以后,"厘金固早已裁撤,而营业税因章则未经履订妥善,仍尚未实行"。湖北省与汉口市共同商议后将营业税局定名为湖北省、汉口市营业税局,双方代表商议后组织了省市营业税促进委员会,"对于本省市营业税之举办详加审核,并拟就营业税章则四种,呈送省市双方鉴核"。经湖北省政府委员会第109次会议议决,准予营业税局正式试办。② 为保障营业税征收,委员会还拟订了《湖北省、汉口市征收营业税暂行条例》26条、《湖北省、汉口市征收营业税暂行条例施行细则》22条、《湖北省、汉口市征收营业税登记章程》14条、《湖北省、汉口市营业税评议委员会章程》11条,经省政府委员会会议议决从该年的2月起正式开始征收营业税。

从湖北省所颁布的营业税制度看,《湖北省、汉口市征收营业税暂行条例》是湖北省及汉口市对财政部营业税条例的具体细化。按照《大纲》第三、第四条及《补充办法》第八条规定,酌定种类标准及税率。计算征税标准均以银圆为单位,但商店有以银两为单位记账的按七钱折合银圆。若发生疑义及争执,由营业人请求营业税评议委员会审议后,转呈主管官厅核示办理。营业人缴纳税款时取纳税收据,其收据定为三联式,在汉市者为四联式。征收机关对于营业人所报金额,如有疑点可与当地商会及其同业公会会同审查。此外还列出了逃税及补征的具体规定。纳税收据及罚金收据由省财政厅制印颁发,唯在汉口市者由市财政局会印。③《湖北省、汉口市征收营业税暂行条例施行细则》依据营业税暂行条例制定。其中重点就营业的登记账簿细则做了规范。各征收机关每月月终应将所征税款连同罚金扫数解库,其集至一千元者,应随时报解。湖北省及汉口市为了保证地方营业税征收的规范以及税收改革政策的执行,省市两级政府相继围绕税率、具体的征收办法展开了较为详细的讨论。与之同时,湖北省及汉口市还一并宣告因开征新式营业税,"恐此项新税实施时难保不沿袭积

---

① 武汉地方志编纂委员会主编《武汉市志·税务志》,武汉大学出版社,1992,第35~36页。
② 《暂行试办之省市营业税章则(附表)》,《新汉口:汉市市政公报》第2卷第10期,1931年,第57~65页。
③ 《暂行试办之省市营业税章则(附表)》,《新汉口:汉市市政公报》第2卷第10期,1931年,第57~65页。

弊"，因此在开征新式营业税之时举办特种消费税。

考虑到营业税征收的便利，湖北省设立了汉口市营业税局作为专门的征税机构。营业税开征以后，行政院指令汉口市营业税由市与省协同办理，成立"湖北省、汉口市营业税局"，双方委任局长。1931年汉口市全市坐商纳税户13184户，每月固定税额75488元。行商纳税户计622户，每月代征税15000元。1932年10月重新划分省、市财政，湖北省将牙税、当税、屠宰税、筵席捐、旅栈捐、执照捐等类似营业税的旧税划归市财政收入，不并入营业税。汉口市营业税局为激励举报偷漏税人员及参与人员，还获得省财政厅准予"以处罚金额内提给征收及协助机关出力人员之二成为限，其余奖给举发人二成，解库六成"。①

汉口为承接长江上游与中下游的重要农副产品出口与商贸转运中心，"居长江上游之地，轮轨交通，商务向称繁盛"。② 该年12月汉口市营业税局又颁布新令，对出口的桐油、茶叶、牛羊皮、蚕豆、芝麻、杂粮等参照棉花税率8%征收营业税。③ 考虑到华洋纳税，汉口市营业税局先后开征租界以及特区的营业税。④ 1933年，湖北省复核汉口各商户营业额和税额，规定每年3月查定全年营业税额，同时对汉口侨商和租界华商课税。侨商经营桐油、茶叶等项出口，一律按货价依率计征。日、法租界和特区侨商，国际贸易营业税，由省财政厅直接监督。1936年财政部公布《营业税法》，规定以往类似营业税的各种捐税皆改征营业税。1936年，省以县、市为营业税大区，设"汉口区营业税局"，并设汉口国际贸易稽征专员，汉口日、法租界稽征专员，汉口特区及侨商稽征专员办理特区及侨商营业税。⑤

汉口市营业税自1931年正式开征到1938年武汉沦陷前一直保持较为

---

① 《财政厅据汉口营业税局呈报支配罚金为奖金办法通令各营业税局遵照》，《湖北省政府公报》第169期，1931年，第22~23页。
② 《对于平汉运价及营业税整卖等问题呈省府文》，《汉口市商业月刊》第1卷第1期，1934年，第97~98页。
③ 《汉口市营业税局开征出口牛羊皮等项营业税》，江苏省中华民国工商税收史编写组、中国第二历史档案馆编《中华民国工商税收史料选编》第5辑《地方税及其他税捐》，南京大学出版社，1999，第1703~1704页。
④ 魏文享：《华洋如何同税：近代所得税开征中的外侨纳税问题》，《近代史研究》2017年第5期。
⑤ 《武汉市志·财政志》，第111~112页。

平稳的征收额度。自当年开征至1936年，营业税征稽数额有升有降，最高年度为1936年，实征合计为2480100.63元。① 按照湖北及汉口营业税征稽额度计算，汉口营业税征收规模常年占据湖北省征收额度的一半以上。

表1 1931～1936年武汉营业税收入

单位：元

年度	征收机关	预算数	实征数	实征合计
1931	武阳 汉口	262674.84 1800000.00	91773.45 652823.21	744596.66
1932	武阳 汉口	240304.36 1800000.00	246057.75 1767784.71	2013842.46
1933	武阳 汉口	277200.00 2040000.00	252835.49 1967078.68	2219914.17
1934	汉口市营业税局 武昌营业税局	2217600.00 308613.00	1803000.00 233735.54	2036735.54
1935	汉口市营业税局 武昌营业税局	2086800.00 290000.00	1689096.47 180833.42	1869929.89
1936	汉口市营业税局 武昌营业税局 汉口国际贸易稽征专员 汉口日、法租界稽征专员 汉口特区及侨商稽征专员 武阳汉烟酒牌照稽征处	1787820.00 290000.00 155850.00 58750.00 84380.00 66570.00	1827597.87 281763.92 210512.03 40180.80 77416.51 42629.50	2480100.63

资料来源：《武汉市志·税务志》，第64页。

二 汉口商人组织对地方营业税开征的反应与参与

随着民国时期国家财政收支环境的剧烈变动，晚清以来以传统农业税为主体的国家税政体系逐渐向新式的工商税收转型。与国家财政变革较为同步的近代新式商人及商人组织在国家及地方财税收支的具体运行过程中扮演着较为重要的角色。"在税政体系转型之中，新式的工商税收主要面向工厂、商家及行号。商人组织面对中央及地方的各类税收试图减轻自身

---

① 《武汉市志·税务志》，第64页。

的税收负担,同时推动税收制度向合理化的方向行进。"① 工商不振,民生凋敝,汉口商人组织曾多次借助会议及舆论呼吁裁撤饱受诟病的厘金以改善营商环境。及至南京国民政府建政之初,汉口商人组织借助全省召开第三届商业联合会之机,积极提案,呼吁政府对厘金进行裁撤。

汉口市商民协会曾对政府征税提出较为尖锐的批评意见,指出"湖北征收各机关之积弊久已,更仆难数,数年以来,喧腾于人口者,不一而足,各征收机关中,又以征收厘税机关尤所弊业"。② 商民协会代表中小商户,对长期厘金之害体会尤为深切。因此商民协会着重指出其弊害:"查厘税苛索病民久矣,在人民方面,莫不痛心疾首,目眦发指,有如不共戴天之深仇。在一般小政客及流氓方面,莫不似税局为发财之便利机关……此等惨状,层见叠出,较之军阀时代之税局,不惟以暴易暴,且变本加厉矣。"为厘清税制,改良征税程序,汉口市商民协会还提出要求政府尽快出台厘订税则、划一度量衡、核照运货单完税、设置工作簿和明定奖惩等12项征税改革措施。

新式的工商税收开征之中,最为重要的即征税方式及征税的税率。这与商人的利益密切相关。早在南京国民政府建政商讨财政政策调整之始,汉口商会即借助参与财政会议的机会联络上海、天津等商业大埠的商会呼吁政府减税以让利于商民。1927年5月,武汉市政委员会决定办理营业登记捐。1928年11月,武汉市政委员会议决了《武汉市财政局营业税条例》和施行细则,将筵席捐、牙帖捐税、戏园捐、游艺教育附捐、代当捐、肉业附加捐6项合并为营业税征收,提请市政委员会议决实行。省财政厅认为裁厘在即,因此武汉市推行营业税之议搁浅。市政府拟定合并征税方案因工商界反对亦宣布缓办。

为缓解商界的反对情绪,武汉试行营业税征收过程中,市财政局致函汉口总商会、武昌总商会和汉口银行公会等商人组织"自当勉力施行,所有营业税及领用营业执照一律暂予缓办,借恤商艰"。③ 在商界呼吁之下,

---

① 魏文享:《作为纳税人团体的近代商人组织》,《近代史学刊》2016年第1期。
② 《汉口市商民协会对于现行征收税法之意见》,《银行杂志》第4卷第17期,1927年,第54~58页。
③ 《武汉特别市财政局公函:函汉口武昌商、汉阳汉口商、汉阳银行公会等奉市政府令营业税暂予缓办由》,《财政月刊》第1卷,1929年4月,第129页。

为维持营业税征稽秩序，市财政局还专门出台了《武汉市财政局营业税条例》及《武汉市财政局营业税条例施行细则》，对营业税征收的范围、课税标准、课税程序等做了较为详细的制度规范。在1931年国民政府正式启动营业税征收后，行政院明确了汉口市政府所提出的营业税征管范围及办法，指出"将屠宰税、商办公用事业营业税、筵席捐、牙帖捐、牙税、旅栈执照捐、游艺捐等项，仍由市政府办理一节，核与营业税补充办法第十一条所规定尚无不合，应予照准。惟该市内营业各商铺既须依照湖北营业税条例请领营业证，原有该市府所发营业执照应即废除，以免重复"。① 湖北省及汉口市围绕营业税的征收办法及征税操作细节进行商议后决定，汉口市内的营业税具体由湖北省会同汉口市财税部门协商进行征稽。

因国家及省级军政经费开支日益庞大，政府不断加大征税的力度。国民政府加征各项商税，增加了商民的负担，汉口商会为维护行业与商人利益，在训政合理制度空间之下，就财政征税问题与政府税务部门、行政院、财政部展开了较量和博弈。在武汉地方政府税政的讨论中，商人组织积极参与其中。1929年市财政局决组营业税审查委员会，筹议地方营业税征收事宜。在政府所牵头组建的委员会中聘请了商界五人作为代表。对于政府财税部门先前所拟定的征税方案，经商会商议后，将原订千分之五改千分之一二，奢侈品改为千分之三四。政府在开征之中亦委托汉口、汉阳、武昌等商会负责调查，并将各商营业状况转报财政局。未注册商号仍由财政局调查征税。②

1931年1月经湖北省上报财政部及立法院后，立法院通过了湖北及汉口营业税征收办法。依照所制定的征收形式，汉口营业税应划归湖北省办理。汉口市府切实协助，全部收入应以十分之七归该省府，十分之三划归汉口市府以利进行。③ 1932年《湖北省、汉口市征收营业税暂行条例》是对财政部营业税条例的具体细化。在暂行条例之中明确了征稽范围为"省、市境内，无论中外商民，以营利为目的之各种私营业，除中央另有法令规定者外，一律遵照本条例之规定缴纳营业税"。征收机关会同当地商会及同业公会，按营业人资本额，或营业金额，或收益额照章课以税

---

① 《令汉口市政府：呈为对汉市营业税现在及将来各办法恳鉴核分别备案转饬由》，《行政院公报》第232期，1931年，第40页。
② 《武汉市将征营业税》，《申报》1929年2月23日，第10版。
③ 《为汉口营业税准予划归省办案由》，《行政院公报》第224期，1931年1月，第25页。

率。《湖北省、汉口市征收营业税登记章程》则进一步对湖北省、汉口市营业税征稽中所涉及具体信息的登记、营业登记证及操作规则做了细化，指出"登记时由各征收机关会同当地商会及同业公会办理。其未设征收机关各县，得由财政厅委派专员会同财政局或县政府并当地商会及同业公会办理"。《湖北省、汉口市征收营业税暂行条例施行细则》进一步明确了地方商人组织在具体征税中的角色。营业登记事项由各征收机关及委办之各县局，会同当地商会及同业公会办理。各征收机关每月报告事项包括：关于处罚事项，关于营业者之添设与闭歇事项，关于营业者之改组及增减资本事项，关于营业之迁移或顶盘事项，关于稽征所之添设或裁减专项，关于其他有关营业事项。各征收机关应于门首设公告栏：关于奉颁各项法令章则事项，关于奉行或核准征收办法事项，关于处罚事项，关于逐日银圆市值事项，关于申请批示事项，关于其他应行公告事项等。

湖北省及汉口市为了推进营业税的征收，还组织建立了营业税评议委员会，并颁布了《湖北省、汉口市营业税评议委员会章程》。委员会征收机关长官及主管职员共3人；县市各商会主席及代表共3人；指定会计师或当地最高行政机关指派熟习会计人员1人；遇有因纳税事件或议处罚金发生争议，由主席召集开会；会议时以过半数之委员出席，及出席委员过半数之同意为决议，遇同数由主席裁决。此后在营业税的实际征收中，汉口市营业税局联合商会对相关商户进行登记，为核实复查多有委派汉口总商会会同进行办理，以昭核实案。① 1932年4月评议委员会第20次会议议决通过了各行业详细的课税标准。

国民政府裁厘改税的政策虽然适应了工商业发展需要，但在裁厘改税，尤其是在改征营业税等问题上，政府征税政策与地方商业亦有冲突之处。汉口地区商旅云集，工商业行户众多，因征税直接关系各商户的切身商业利益，对于国民政府裁厘金改办消费以及营业税，汉口商会等积极就即将开征的营业税发表意见。1931年营业税开征在即，为表达汉口商界对营业税征收政策的态度，汉口商会主席黄文植就地方实施厘金裁撤与新式营业税征收问题亲自致电实业部部长孔祥熙，在长篇的电文中表达了对中央政府实施裁厘的支持："凡我商民，莫不额手称庆，惟理财要政，固不

---

① 《汉营业税局举行复查，昨函汉商会请派员会同办理》，《观海》第2期，1931年，第37页。

外酌盈济虚,而开关税源,要在取之于民而民不怨,厘金固积弊也。"同时对于政府推行的裁厘改征营业税表达了商界的担忧:"裁厘之后,国家财政所需不得不另谋抵补之,法如已定,消费、营业两税仍须设局征收,手续之纷繁,即易发生额外取盈之弊。"黄文植还针对裁厘改征消费税提出了具体的建议:"必须严定每一必须征税地方只得总局消费税局一所,不得按照货物种类,每类设局";"筹备时期亟须通令各省财政当局,按照实施大纲召集当地之商业团体会同酌定"。结合汉口商税征收的实际情况,他指出"汉口市捐、市税已属无物不征,若再实行营业税,则担负过重,民不聊生。现当革新税制之时,其余必须举办之稽征,宜恤民力之艰苦,而防流弊之丛生"。① 要求财政、实业等部门考虑商业萧条实情,对汉口的商业免征营业税。黄文植还强调政府征税应充分考虑商界意见:"裁撤厘金,改办特种消费税,原冀由物物课税主义进为特种货物课税主义,以期剔除旧弊,裕国便民。上届裁厘会议,系财部容纳商民之意见,而成其所订定之特种消费税施行大纲,几费周章,兼筹并顾,并规定征收方法,须先征询商业团体之主张。"

民国时期因汉口贸易中心的地位,汉口商界在国内颇具影响力。汉口商会主席黄文植针对裁厘改税的陈情与建议不能不引起政府相关部门的重视。在收到汉口商会关于裁厘改税的电文后,国民政府实业部就其中所提及的核心问题致电财政部称:"以全国裁厘实现,此后举办新税,事前考虑稍失周密,则利未形而害。现特陈述对于举办特种消费税及营业税意见请采纳征言,咨商办理。"② 其言下之意是地方在推行新税中要考虑商界意见,通过与商界商议酝酿实施办法以保障营业税在地方能够顺利实施,"将来自不至发生流弊"。此时财政部开征营业税已成定局,为解释清晰,宋子文致电实业部并请其致电汉口商会称财政部已经斟酌考虑征税事宜。此后汉口商会继续言称"市面萧条,有难负各项税捐之苦",请求政府开征营业税后能够考虑灾情,尽可能降低营业税率。③

---

① 《汉口市总商会关于裁厘后举办消费、营业两税的意见,经实业部的呈及有关文件》(1930年12月29日),武汉市档案馆藏,档案号:bF25/55。
② 《实业部咨财政部文》(1931年1月14日),武汉市档案馆藏,档案号:bF25/55。
③ 《税务署移送汉口市商会为1931年鄂岸水灾淹消盐斤及营业税率加重一案》(1931年),武汉市档案馆藏,档案号:bF25/14。

此后，在汉口营业税评议委员会专门讨论征税的会议上，汉口商会常务委员贺衡夫作为代表与各方深度讨论了营业税征收事宜。汉口商会提出将营业税征收章程第八条酌予修改，自1933年起照当年逐月营业金额之收入实数，按章征税一案应在不损失税收范围内与市商会妥商办法。经多方磋商，达成决议，凡是当年以营业金额完税者，准由各该业择定申请商会专转财政厅核准，永为定案，以后不得随意变更。凡准照当年实收数征税某业，适用税率章第八条内载准其估报征税之办法办理。具体估计办法为经商会以及政府商议后派员清查，以上年营业额作为征税标准，六个月期满查账后再确定六个月实征税额。至下期六个月则以上期确定数为估计数，以后依此类推。① 汉口商会等商人组织提出停办营业税的请求政府并未同意。毕竟征收营业税是财政重要收入来源，税收改革政令既出难以撤销。在呼吁政府停征营业税无望之下，汉口商会转而将重点放在与政府协商营业税课税税率以及商品重复征税、减税等问题之上。

三　汉口商人组织的税权表达与营业税征稽的博弈

1931年在财政部及湖北省营业税征收条例及细则正式公布后，营业税征收正式得以开启。从商业持续健康发展角度看，政府本应积极出台和实施减税降费办法以恢复市场繁荣，但财政长期赤字严重，加税成了弥补亏空的一大手段。在实际开征过程中湖北及汉口营业税征管机构对课税标准进行了调适。"哪些行业应当采用营业额课税标准，哪些行业应当采用资本额课税标准，中央税法没有明确规定，各省市之间也有差异，不少行业出于自身经营利益的考虑要求将课税标准由营业额改为资本额，由此而引发的官商交涉屡见不鲜。"② 从商业经营与市场整合角度看，营业税的征收不可避免地会给地方商业的经营及商品的利润带来较大影响。在汉口市营业税局颁布正式启动营业税征收财经政令后，汉口商界对湖北省和汉口市所出台的营业税征收规定纷纷表达意见。从分布行业来看，对营业税征稽

---

① 《指令汉口营业税局评议会第二十九次会议录准备案》，《湖北财政季刊》第1~3月期，1933年，第57~59页。
② 柯伟明：《引进与调适：近代中国营业税之课税标准及其争议》，《中国经济史研究》2018年第2期。

意见较大的集中在汉口较为集中的农副产品生产及过境的商品运销行业。而商界主要意见集中于营业税的课税范围及税率标准问题上。

因所定税率偏重,汉口多个同业公会组织积极发表意见呼吁减免营业税。汉口中西菜馆业公会主席王春山代表餐饮行业致函营业税局,认为所定税率过高,于法理事实均不适当,请予援照上海规定,分别大小馆业营业税率先行修正征收,并请按照本地营业性质及状况酌予改订以利推行,其有合于营业税法第五条免税之规定者亦当依法免征。① 金银首饰业同业公会代表梅瑞芝也认为"税率过高,请求核减"。汉口商会主席贺衡夫亦代表金银首饰业同业公会呼吁政府"对于补缴营业税款全体否认,请制止强收并通令在水患期内暂缓收税"。汉口市营业税局呈拟从千分之十暂改该业税率为千分之五,提经评议委员会第5次会议议决。省财政厅却认为金银首饰业殊属藐视功令,借词抗违,反而要求营业税局"仍当遵照通案,责令该业补缴税款并照章依限征收,勿稍延误"。②

此后不断有同业公会将诉求减税的函电递交至湖北省财政厅、汉口市财政局乃至中央财税部门。多个行业同业公会对照其他地区营业税开征税率后提出营业税调整意见。如参燕业同业公会认为参燕作为日常所使用的药品与西洋进口产品相比税率悬殊,为降低药业的经营成本请求税率参照上海等地情况,营业税率从千分之十减至千分之三。③ 汉口炉坊业同业公会主张汉市炉商系属冶炉坊业,应照钢铁业课税标准及税率改征营业税。1934年粮食等同业公会上书呼吁政府考虑维持市面,抚恤商艰,对于过境汉口市场的"批发整卖业营业税率减半征税或者核议减轻"。④ 汉口市药油贩运业同业公会曾以洪油秀油运汉属于过境贸易,并未在本地销售请求减免营业税。在核实相关情况后,省财政厅亦致函汉口市营业税局局长沈蕃,指出"其运往江浙等省者,又系转载性质,在汉并无营业行为。所拟

---

① 《训令汉口营业税局馆业请先改税率未便遽准》,《湖北财政月刊》第4卷第3期,1931年,第67页。
② 《呈复省政府核办汉市商会请缓收金银业营业税案》,《湖北财政月刊》第4卷第3期,1931年,第82~83页。
③ 《计呈意见四条谨将汉口市参燕业请求减轻营业税率意见条陈》(1932年9月4日),武汉市档案馆藏,档案号:bF25/16。
④ 《对于平汉运价及营业税整卖等问题呈省府文》,《汉口市商业月刊》第1卷第1期,1934年,第97~98页。

免征出口营业税一节，尚属可行。惟在汉营业者仍应照章征收"。① 汉口肠业同业公会以华洋并不同税，存在华商纳税重复情况，为华洋征税一致呈请更正营业税率致函湖北省政府。省政府经过调查后认为华洋应保持纳税公平，"无论华厂洋厂，自应一体照缴营业税，以符定章"。为保证征税公平，湖北省主席张群还致函汉口市营业税局要求其"饬由汉口局仍向华洋各肠厂，一律征收制造营业税"。②

汉口商界中有商店存在兼营多种商品业务情况，而课税不清存在重复计征。如汉口国药业同业公会曾致电省财政厅，称少数商店既缴纳烟酒牌照税，又缴纳营业税。省财政厅调查商议，亦考虑此种情况存在，致函汉口市营业税局转告相关商店从次年开始"一律将兼营已纳牌照税之烟酒金额，另主账簿，划分清楚，以便照数剔除免征营业税"。③ 汉口国药业同业公会还称："营业税未兴办以前，烟酒牌照即系一种营业税，在营业税既办以后，若再征烟酒牌照，是一物两税。"对于重复征税问题，汉口商会致电财政部后，孔祥熙以税法规定称专营烟酒业已由中央征收烟酒牌照税者，各省不得再向其征收营业税。④ 经中央确认后，对商品重复开征商税的情况逐渐得到了修正。汉口南磁商会比较同类进口产品征税后，认为国产陶瓷碗产品本轻税重，营业税开征对于陶瓷产品的出产及销路均有妨害，因此积极请求免征营业税。⑤ 汉口染织业纱业同业公会以行业内有企业"为厂不售货，税应免征"，请省财政厅及税务评议委员会予以核准，"以恤商艰而维工业事"。⑥ 省财政厅认为纱业税率已经上级确认定为最低税率一种，无可再减，因此难以修改。驳回了纱业的减税请求，仍按照先

---

① 贾士毅：《令汉口营业税局局长：洪油秀油运汉转载确无营业行为者准免征营业税仰遵办》，《湖北省政府公报》第43期，1934年，第93~95页。
② 张群：《据呈报汉口营业税局拟定开征肠衣出口营业税日期及应仍向华洋各肠厂一律征制造营业税情形转请鉴核备案》，《湖北省政府公报》第53期，1934年，第87~88页。
③ 贾士毅：《为本厅规定兼营烟酒金额另立账簿以便照数剔除免征营业税办法现奉部饬从速实行仰遵照依限办理》，《湖北省政府公报》第60期，1934年，第108~109页。
④ 《汉口市商会呈称烟酒牌照与营业税是一物两税请取消等情烟酒牌照与营业税性质虽同征收并不牵混应予驳斥咨请查照办理》，《财政日刊》第1993期，1934年，第2~3页。
⑤ 《汉口南磁商会是为国产南碗本轻税重请减免》（1935年9月24日），武汉市档案馆藏，档案号：bF25/15。
⑥ 《训令汉口营业税局厂商征税照定章办理》，《湖北财政季刊》第4~6期，1933年，第96~97页。

前定率进行征收。①

尽管在营业税征稽过程之中,汉口商会、同业公会等商人组织持续要求政府减税,试图呼吁财政部门改变课征标准,但因财源收入紧张,政府多予以驳回。如汉口棉业各公会所提出的减税要求,军政部门饬令"汉口商品检验局凡遇出口棉业商人未缴验营业税票者不发运输证,一面由局直向出口棉业商人检验营业税票。如未执有已完营业税之税票呈验及完税不足数者,均令照章补税,以杜偷漏"。② 汉口商会认为政府此时开征地方营业税会直接影响到棉业市场的发展以及棉制产品的出口。考虑到棉纺织商业市场的稳定发展,汉口商会及棉业同业公会居中与地方政府就征税积极展开协商。尽管汉口商会等一再以影响市场发展为由陈述征税带来的影响,但国民政府实业部仍致电汉口商品检验局要求其协助税务部门进行检验,以为征税提供凭据。③ 此后,对于从汉口集散的桐油、茶叶、牛羊皮等出口的大宗农副产品,国民政府军政部门亦以不缴纳营业税不发运输证为由,要求汉口相关行业公会配合缴税。④ 对于商界所提出的部分农副产品(出口蛋类、杂粮等)减税建议,省财政厅商议后认定与中央此次减免出口税修正案情形不同,应仍照旧征收。⑤ 作为汉口商人中的行业领袖组织,汉口商会不仅与政府征税机构商议税率,积极向官方反映行业的减税呼声,同时在税收的日常缴纳中也经常配合政府核查行业营收情况。

汉口是连南接北的棉纺织、粮食行业的重要贸易集散中心,营业税的开征对本土的棉纱业发展影响尤为直接。汉口纱业同业公会多次呈请将厂布厂纱同一征税,以资救济。纱业同业公会主席朱福珊还曾专门列席有关棉纱业征税的评议委员会会议,陈述行业实情,请政府设法救济,稍轻负担。在会议上还称"纱业各商号亦系代厂分销兼营,与面粉营业同一情

---

① 《训令汉口营业税局纱业仍照定率征税》,《湖北财政季刊》第1~3月期,1933年,第69~70页。
② 《令汉口商品检验局:据湖北财政厅呈请令饬该局对于未纳营业税之出口棉商不发运输证以杜偷漏令仰遵照办理由》,《检验年刊》第2期,1933年,第188~189页。
③ 《令汉口商品检验局:呈一件为呈报奉豫鄂皖三省剿匪总司令训令对于未纳营业税之出口棉商不发运输证一案请鉴核由》,《检验年刊》第2期,1933年,第32页。
④ 《训令汉口沙市营业税局转知奉准对出口未纳营业税不给运输证》,《湖北财政季刊》第1~3月期,1933年,第67~68页。
⑤ 《令汉口营业税局局长:据请示征收蛋类芝麻牛羊皮等项出口营业税一案仰仍照旧征收》,《湖北省政府公报》第51期,1934年,第192~193页。

形,应准援照面粉业课税成例半征半免,以资救济而昭平允"。省财政厅及省政府经商议后亦指示相关征收机关在妥善鉴核备案后对相关的商家做出减半征收的决定。① 对于棉纱业所提出的营业税率从轻改订或改资本业课税吁请,省财政厅回复称税率已定为最低,并称"纱线业系属物品贩卖业之一种,亦未便改照资本额课税"。② 相关税政机关展开调查后,湖北省财政厅厅长贾士毅针对减税方案回复财政部,指出"该公会所请废除其他苛捐一节,殊属毫无根据"。③ 从相关回复内容看,省财政厅对于营业税征收的调整方案无疑是尽量避重就轻,只是向财政部解释湖北省财政厅方面未曾违反税法规定征收其他杂捐,但营业税属于已定税政,继续向纱布业开征。政府的解释显然无法得到商会及棉纱业同业组织的认可。④ 为了进一步引起国民政府相关部门对本土棉纱行业减税的重视,汉口商会主席陈经畲专门就棉纱业实施减税事项致电财政部部长孔祥熙,称"纱业营业衰替,不能生存,请援照面粉业现行课税成例,或改照绸缎业税率征收以资救济"。为了进一步达到减税而有利于行业发展之目的,提出"纱布业应援例要求通用,以济营业之艰难,况工厂或公司与纱布业本属唇齿相依,休戚与共,同一待遇应予以豁免营业税,以延纱布业生机于一线"。⑤ 棉纱业的发展关系着中国本土行业的发展与稳定,因此汉口商会所提出的减税甚至改革地方营业税法的请求引起了政府方面的关注。财政部收到相关电文后,国民政府行政院、财政部、实业部围绕商人减税等诉求进行了研究与讨论。行政院也积极批示要求相关部门对此诉求进行政策研究。因减税涉及多个部门的利益调配,财政部与实业部针对汉口棉纱业等所提出的减税免税等方案进行会商讨论,最终实业部依照中央营业税及相关税收法令,指出"已纳统税之货品,不得再征任何捐税"。从征税程序及操作上看财政部门实际上默认了对该行业不再征收统税的请求。

---

① 《令汉口市商会主席陈经畲:据呈为纱业营业税应准援照面粉业课税成例半征半免请鉴核备案等情除指令准予备案外仰知照》,《湖北省政府公报》第35期,1933年,第94~95页。
② 《函复汉口市商会纱线营业税率未便减轻或改课》,《湖北财政季刊》第7~9月期,1933年,第74~75页。
③ 《湖北省财政厅发文第7203号》(1934年1月6日),武汉市档案馆藏,档案号:bF25/17。
④ 《汉口市商会呈文》(1934年7月18日),武汉市档案馆藏,档案号:bF25/12。
⑤ 《汉口市商会呈文》(1934年7月18日),武汉市档案馆藏,档案号:bF25/12。

为了在营业税征收问题上继续向政府施压以表达商人的纳税诉求，1934年汉口商会组织召开了全市范围内的会员及行业代表大会。会上对于营业税改革问题，与会各下属会员组织一致决议申请减免营业税提案。为推进税收改革方案的深入，汉口商会还组织下属各行业公会集中商议后针对现有的工商税收征稽提出了涉及营业税、统税的较为系统的改革方案。汉口商会及多个同业公会主张已经缴纳统税的商品应该豁免营业税或改善纱布税制。诸如棉纱等商品应该改革后依照资本额进行课税。1935年因长江流域再次发生巨大洪灾，沿岸城市灾情十分严重。汉口沿江的商号、商业贸易等均受到了极大的影响。市面商业萧条，为了挽救本已陷入危机的商业贸易，受灾严重的棉纱等同业公会认为税收征稽过重不利于商业市场的恢复，因此汉口商会等商人组织再次提请政府财税部门请求改善营业税征收。汉口商会亦陈明了营业税亟须调整的原因，"本市商场年来因受天灾人祸之影响，商业大逊于前。盖以本年春夏之季，始则被银潮激动，金融遽起恐慌。只因各业现在之生计艰难，已如上述。而又负担种种捐税，商力实有难胜。至其最为商民之累者，莫过于营业税一项"。① 汉口商会组织各同业公会代表对营业税进行讨论，提出了免征、缓征、降低税率甚至取消营业税而代以它税征收的方式。为进一步改善水灾导致的市面商业萧条局面，汉口商会等提出的具体解决方案是请政府充分考虑商业与灾后商业窘困的实情，进一步降低营业税率并尽量改善征税办法。特别是对于受水灾严重的行业和地区实行减免方案。从汉口商会等提出的税改方案看，不仅考虑了汉口本地商业恢复的需要，同时也考虑了灾后整体市场恢复发展的需要。对于商人组织的减税提议，财政部以营业税业经依法核准备案，依照先前所颁营业税法"未便轻予变更，所请减轻营业税率及改善课税方法各节，既分呈省市政府，自应静候核示"。② 政府财税部门的回应明显未解决商人的减税诉求。此后，湖北省商联会、汉口市商会以及汉口银行公会、汉口钱业公会等商人组织又联合召开会议继续深入讨论减税的可行方案，汉口商会主席黄文植等商界人士在会上继续公开提出商民不能担负营业税问题，请求考虑改善以慰商民之望。③

---

① 《鄂谋改善全省营业税》，《汉口商业月刊》第2卷第10期，1935年，第112~115页。
② 《财部不准减轻营业税》，《申报》1935年11月8日，第7版。
③ 《鄂团体公宴杨永泰》，《申报》1936年1月15日，第6版。

经汉口及各商人组织呼吁,省政府在9月底发布政令称"免征被淹县市商店之营业税一月"。但此举力度太小,故有作者借商会所办报刊呼吁,"汉市商民已成朝不保夕之现象,希政府本免征被水区域营业税之初衷,对于难于负担之营业税,提前考虑酌予减免,是诚汉市商民之幸"。① 此外汉口商会还多次请求政府对于已完统税货品免征营业税。如1934年汉口商会、纱业同业公会等提出煤油、面粉、火柴等品应豁免营业税或改善纱布税制,照资本额课税,已纳统税之货品不得再征任何捐税。② 汉口商会还代汉口火柴公会、面粉公会致电省财政厅及汉口市营业税局称,"面粉火柴营业税重叠负担,艰窘困苦万状,恳祈分转赐予变更,以资救济"。③ 财政部、实业部回应称,"关于已纳统税工厂或公司所设分事务所,得免征营业税"。④ 省财政厅还继续向汉口市营业税局施压,认为面粉、火柴等已经按照最低税率千分之五进行征收,并非按照划定的奢侈品进行课税,因此请其转告汉口商会应照案进行缴税。在地方营业税征收开启后,尽管多个商人组织呼吁减税乃至免税,但因营业税逐渐成为地方政府重要税源之一,湖北省及汉口市财政部门对于营业税减免的力度十分有限。为继续呼吁政府财税部门实施减税,在汉口商会召开的第5次会员代表大会上,汉口纱业同业公会等继续提交议案,陈请省政府进一步对营业税课税方法予以调整。其在提案中称"设不特予救济,纱业终难生存,税收必日形削减。为兼筹并顾计,是纱业情形特殊,营业税因时制宜,实有改照以资本额课税之必要"。⑤ 汉口瓷业同业公会亦提请政府在特殊灾情之后应加大对国货瓷器的产业保护力度,其中减税显得十分关键。在电文中称"若营业税率不予特别减轻,则国产手工制品势必摧残殆尽,人民生计亦必因之困

---

① 海澄:《对财厅免征各县市被灾商店营业税一月的感言》,《汉口商业月刊》第2卷第10期,1935年,第111~112页。
② 《实业部咨财政部文》(1934年7月13日),武汉市档案馆藏,档案号:bF25/56;《汉口市商会请免已完纳统税之货物营业税的呈及有关文件》(1934年7月6日),武汉市档案馆藏,档案号:bF25/56。
③ 《训令汉口营业税局面粉火柴业应照案缴税》,《湖北财政季刊》第4~6月期,1933年,第113~115页。
④ 《财政部咨赋字第7570号》,武汉市档案馆藏,档案号:bF25/56。
⑤ 《纱业同业公会提请转呈省政府改善营业税课税方法案》,《汉口商业月刊》第1卷新1期,1936年,第56页。

难。请政府特别减轻营业税率,以恤商艰而维人民生计"。①

在税权博弈中多个商人组织积极向政府表达减税等诉求。为缓和因征税与地方商界的矛盾,湖北及汉口市政府及征税机关对于集体诉求不得不予以重视。如金店及银楼业请求税务部门不能依照金银首饰器皿业定率课税。汉口市营业税局借营业税复查之机提由各稽核所开会讨论后决定对此经营税率予以调整,参照五金行业最低税率千分之五缴纳。此举得到了省财政厅的批准。②为保护土布业发展,汉口国货匹头号同业公会曾呈请政府予以免税。对于土布行业的免税呼吁,政府对手工土布经营参照民国7年所定的土布免税规则予以免征。对于烟酒行业存在重复征税情况,省财政厅专门训令汉口市营业税局及商人组织解释:专营烟酒业商店已完纳烟酒牌照税者免征营业税;其各商店之兼营烟酒业者,仍应分别完纳营业税及牌照税。为保证政府收税,省财政厅还要求各营业税局协力检查。③汉口火油制造业同业公会亦请求变更营业税计税方式,考虑到汉口火油行业经营存在制造与贸易特性,依照经营情况调整其行业征税的税率甚至暂免营业税。评议委员会及省财政厅确认后并未同意完全免征,而是决定对火油行业征税进行调整,比照物品贩卖业中小油盐坊业进行课税。④汉口国产纸张等二十多个行业集体上诉政府考虑商艰,请求对行业予以减税。经由汉口商会与营业税局协商,营业税局同意召开评议委员会会议并决定对国产纸张等二十二个行业"改照当年逐月营业之收入实数,按率征税,并规定办法三项,在六个月内无账可查之时,由局先行估计,俟六个月日期满实施查账后,再确定六个月实征税额,多则退还,少则照数补足"。⑤

为协商营业税课税标准及办法,湖北省财政厅委托负责征税的汉口营

---

① 《瓷业同业公会提请对于国产手工制品特别减轻营业税率案》,《汉口商业月刊》第1卷新1期,1936年,第57页。
② 《令汉口营业税局局长沈蕃:据呈复金店银楼各商收售荒金部份拟比照五金业课税准照》,《湖北省政府公报》第90期,1935年,第30页。
③ 《税捐训令汉口、武昌营业税局饬会同烟酒局检查烟酒业各商店》,《湖北财政季刊》第4~6月期,1933年,第103页。
④ 《制炼火油销售应比照油盐坊业课税仰遵办》,《湖北省政府公报》第90期,1935年,第28~29页。
⑤ 《汉口国产纸张等二十二业自二十四年三月份起一律按照上年营业金额课税仰遵办》,《湖北省政府公报》第60期,1934年,第109~111页。

业税局与汉口商会及同业公会妥善商量具体方法。省财政厅还表示将对征收营业税办法以明文改订,并致电营业税局称"关于课税标准,改为按照各业每月收入数目计算,以期实销实缴,并请每六个月查账一次,会同商会及各同业公会派员办理"。因事关变更征收章程及查账手续,省财政厅要求营业税局予以重视,令其在不损失税收范围内与汉口商会妥商具体办法。① 湖北省捐税监理委员会方本仁等也支持商人的诉求,认为营业税属于"绝好良税,竟为一般商民所诟病,若不设法整顿,行见厘金时代之各种恶例"。② 由于营业税开征与课税标准之争,政府与商人组织之间税政博弈持续不断。

四 结语

20世纪30年代,营业税等新式工商税收的相继开征对工商业影响巨大。新税制推进过程中,商人难免与政府存在利益的交锋与博弈。商会及同业公会围绕工商税收的税率设置、征稽与减税、税收用途等与政府展开了深度的博弈与多维的互动。为维护商利与改善地方营商环境,商人组织在税制拟设、税法修改、减征以及缓征等问题上与政府有着较为激烈的冲突与较量。对于长久病商害民的厘金改办营业税,天津、广州、汉口等地商会多有反映税负过高,要求暂缓征收乃至减免。从30年代营业税征稽路径看,全国各地区征稽方式不尽一致。如天津地方政府与商人组织之间展开了多次的博弈与交锋,经历自征与代征多次反复。③ 江苏营业税征收则逐渐废除包征制后采取设营业税局直接征收。从汉口地方营业税征稽的方式看,为统一事权,省税捐监理会大力整顿,废除包征旧制。因汉口商业网络较为发达,湖北省及汉口市采取的多为设局代征形式。个别过境营业税种因"往来客商临时买卖资之营业",采取由行户代征形式。④ 30年代,

---

① 《训令汉口营业税局饬遵前令与汉商会妥商课税标准》,《湖北财政季刊》第1~3月期,1933年,第57页。
② 《省税捐监理会力谋整顿营业税》,《汉口商业月刊》第2卷第9期,1935年,第104~105页。
③ 魏文享、张莉:《自征抑或代征:近代天津营业税征稽方式的路径选择(1931~1937)》,《华中师范大学学报》(人文社会科学版)2019年第2期。
④ 《汉市将设所专征短期营业税》,《汉口商业月刊》第2卷第4期,1935年,第121页。

汉口市营业税局统筹进行营业税的征收，吸纳了汉口商会、汉口多个同业公会配合进行税收的稽查。同时还通过组建营业税评议委员会形式吸纳汉口商会等地方商界代表参加。汉口营业税征稽中未出现代征与自征反复的情况与这一时期湖北及汉口地方政治相对保持稳定存有密切的关联。而天津各派系政治势力的介入、财局人事情况纷繁复杂使得营业税征稽路径的博弈更为激烈。自开征营业税之时，湖北省及汉口市所制定的较为详细的征收条例就为政府征税提供了制度保障。汉口营业税征收中的矛盾主要聚焦于政府重复征税以及税率问题之上。商人组织更多寻求征税机关对税负偏重的理解以达减税的诉求。

就政府工商税收宏观角度而言，税则是否合理关系国民生计。地方减税的舆论此起彼伏。汉口商会所办的《汉口商业月刊》曾刊载评论："营业税与商业有直接的密切关系。征税是否合理实为商业盛衰的重大关键。"① 营业税与工商业发展关系尤为密切。从汉口营业税征收过程看，由于水旱荒歉而市面萧条，加之因课税的具体划分标准及征收程序不明，征稽中伴随着商界反对之声，故而推进较慢。汉口市营业税局局长夏赋初谈道，"汉口营业税最初成立筹备处，办理登记，费时数月，未征分文。本人接事之初，第一步即实行开征，第二步缩小预算。迄今一月仅收得税款五万余元"。② 在营业税正式征稽后，汉口商人组织在营业税问题上立场较为一致，通过多渠道表达税权以向政府施压。为维护商利，围绕征税范围、营业额和资本额课税标准及税率、免征等问题，他们与地方政府及征税机关展开了较为具体的互动与博弈，或以税负偏重为由请求政府降低税率甚至予以减免，或以中央税法为依据对征收程序多有疑问。汉口商会等商人组织旨在通过吁请与行动，促使政府在营业税征稽上考虑商界集体税权诉求。既是维护商人利益、减轻税负的需要，也谋求地方尽可能改善纳税制度。从国家财税制度变革视角进一步言之，在征税与纳税博弈中，商人组织通过呈请财税政策制定的相关部门，以及借助商界舆论等方式表达减税意愿，起到了制约政府财政及税权扩张的作用，在税政运行体系中扮演着商户、行业与政府纳税沟通的桥梁角色，基于集体税权逻辑为税政改

---

① 郑兆元：《营业税问题之检讨》，《汉口商业月刊》第1卷第1期，1934年，第38~52页。
② 《汉口营业税征收困难》，《工商半月刊》第3卷第13期，1931年，第10页。

革建言献策,在一定程度上推动了相关税收政策的调整。

作者:刘杰,南昌大学人文学院、上海财经大学经济学院
李珊珊,南昌大学人文学院

(编辑:张利民)

·市政与空间规划·

20世纪上半叶济南市政与城市公共空间的管理[*]
——以街道为中心的考察

任谢元　高瑞彤

内容提要：济南自开商埠后，城市化进程急剧推进，城市规划与市政建设同步进行，由此使城市空间大幅度拓展。街道作为城市空间拓展的轴线，是城市重要的公共空间，自然成为城市管理工作的一项重要内容。为此，济南市政当局不断推进全市街道在修建维护、环境卫生、社会治安、绿化管理等方面的系列法规建设，初步建构了街道管理的法制化轨道，为城市街道的管理提供了法律依据，并以此规划街道空间、整理人行道空间、规范街道两侧建筑及维护街道公共卫生，展开了对街道公共空间的整饬与改造，推动着近代济南城市的转型发展。

关键词：近代　济南市政　城市公共空间　街道管理

城市公共空间是指人们消闲、娱乐、运动的公共场所，主要包括城市街道、广场、公园、公共运动场以及其他相应之地。[①] 本文中的"公共空间"是指对所有人开放的公共空间——街道及与其密切相关的周边建筑等。近代以来，随着城市化进程的不断加快，城市市政建设也持续推进，这不仅极大地改善了城市环境和城市形象，而且推动了城市公共空间的改造。济南作为山东最早的自开商埠城市，开埠促发城市发展模式的嬗变，

---

[*] 本文系2020年度济南市哲学社会科学研究课题（JNSK20B47）阶段性成果。
① 李德英：《城市公共空间与社会生活——以近代城市公园为例》，《城市史研究》第19~20辑，天津社会科学院出版社，2000，第127页。

从而引起了城市各类空间的急剧变化。开埠前，济南作为山东省的政治中心，城市街道的形态仍属于传统式样；开埠后，济南城市的空间布局发生了重大转变，城市街道成为居民公共交往和公共生活的重要场域。市内街道的开发、拓展、规划和管理等既是城市公共空间的载体，又是公共空间的重要组成部分，清晰且典型地体现了城市公共空间的近代性。关于近代济南城市公共空间的相关研究，学界主要聚焦于城市规划、城市空间、城市转型等方面，[1]对其他城市公共空间的近代性研究，也多集中在上海、北京等大城市，[2]且很少涉及街道与公共空间。因此，有关近代济南城市街道的拓展，以及政府与民众对公共空间的管理和利用尚待深入探究。正如王笛所言："街头是城市最重要的公共空间，它们不仅担负着城市交通，而且还是日常生活、经济行为的载体。"[3] 基于此，本文主要考察20世纪上半叶济南城市公共空间——街道的管理问题，集中于公共卫生[4]、交通、公共安全及公共行为习惯等方面。通过梳理近代济南城市公共空间的演进过程，窥视其管理体制的建构与流变，进而探讨当局与民众围绕意识观念与利益诉求，在公共空间管理路径中展开的互动与博弈，以丰富、深化近代济南城市史研究的内容。

一 开埠和街道建设对济南城市空间的推动

城市化作为近代化进程中的一个重要历史过程，是城市转型发展的重要推动力量，引起了城市经济结构、空间格局及社会生活的变迁。不言而

---

[1] 〔美〕鲍德威：《中国的城市变迁：1890~1949年山东济南的政治与发展》，张汉等译，北京大学出版社，2010；党明德、林吉玲：《济南百年城市发展史——开埠以来的济南》，齐鲁书社，2004；聂家华：《对外开放与城市社会变迁——以济南为例的研究（1904~1937）》，齐鲁书社，2007；赵英丽：《近代济南城市规划和城市发展研究》，博士学位论文，北京师范大学，2006；孟宁：《近代济南城市空间转型及发展研究（1904~1948）》，硕士学位论文，西安建筑科技大学，2009。
[2] 瞿骏：《辛亥前后上海城市公共空间研究》，上海辞书出版社，2009；孙倩：《上海近代城市公共管理制度与空间建设》，东南大学出版社，2009；〔美〕韩书瑞：《北京：公共空间和城市生活（1400~1900）》，孔祥文译，孙昉审校，中国人民大学出版社，2019。
[3] 王笛：《街头文化：成都公共空间、下层民众与地方政治（1870~1930）》，李德英等译，商务印书馆，2013，第31页。
[4] 有关近代济南城市街道公共卫生的管理，可参见拙文《艰难的转型：近代济南城市公共卫生管理述论》，《聊城大学学报》（社会科学版）2019年第2期。

喻，近代的济南也裹挟于城市化的浪潮中，其城市空间格局亦发生了巨变。济南旧城区由古济南府城和东、西、南关城厢组成，由春秋时期的历下古城堡、秦汉的历城县城、魏晋南北朝的双子城、齐州州城和济南府城发展演变而来，是封闭型的城市空间。1904 年，济南自开商埠，由此拉开了城区西进的序幕。商埠区的设立与发展，特别是胶济铁路、津浦铁路的开通和市内公共交通的初立，推动了近代济南城市空间的扩展转型。由此，城市空间突破了旧城区的封闭模式，出现了旧城区与商埠区并行前进的格局。旧城区通过拆除城门，添设普利门、坤顺门、乾健门、艮吉门、巽利门、新建门、麟祥门，开辟城头马路，逐渐突破城墙的限制，空间格局逐渐向开放型发展。1917 年，仿天津模式将城垣概行撤去，修筑三条贯穿城内外的大道。1929 年，又将东南围子角改为巽子台，开辟围墙门，同时建筑马路。1930 年，开辟中山门，并拆除普利门中妨碍交通之墙垛。1931 年至 1933 年又相继拆除了三个月城和内外城门。这些举措不仅加强了府城与关厢、商埠区的联系，而且使旧城区空间更为开放。与此同时，随着旧城区西部商埠区的设立和先后三次的兼并拓展，以及铁路交通等附属设施的建设，商埠区西进的进程持续推进。政府及时对新区进行了规划和支持，如 1916 年商埠局收回埠界外之毗连土地，扩充界址；1918 年和 1926 年，济南市政厅两次批准拓展商埠区，将商埠东界的普利门以西一带拓展为商埠租地，并向商埠以西和以南部分地带拓展，使商埠租地增至 3700 余亩。① 另外，随着商业的繁盛，旧城区与商埠区的联系也更加紧密，商埠与圩城间的区域逐渐连成一片，城市空间形态由最初的带状向长方形演进。随后，又筹划北商埠区，并于 1930 年至 1933 年先后四次进行市县划界，使城市空间再次获得较大拓展。1937 年济南沦陷后，日本帝国主义为加强统治与掠夺，进行了南郊新市区和东西部工业区的规划和开发，将商埠拓展到北坦、营市街等处自然村，使圩城、旧商埠、东西部工业区基本上连接起来，商埠面积增至 9140 余亩（见图 1）。②

城市空间拓展与市内街道建设是同步进行的，二者相辅相成，共同演进，且近代化街道也在不断地改造升级。开埠之初，城市街道建设沿袭过

---

① 济南市房产管理局编志办公室编印《济南市房地产志资料》第 1 辑，1983，第 32 页。
② 赵永革、王亚男：《百年城市变迁》，中国经济出版社，2000，第 319 页。

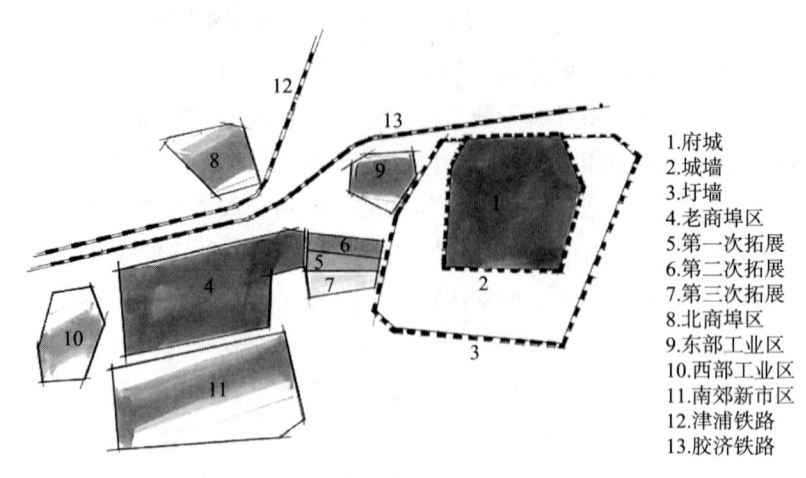

图 1　近代济南城市空间的拓展

资料来源：参照孟宁《近代济南城市空间转型及发展研究（1904～1948）》（第52页）、《济南市房地产志资料》第1辑（插页1）、党明德主编《济南通史（近代卷）》（齐鲁书社，2008，彩页2－3）自绘。

去的棋盘方格形状，通过不断加宽修补街道，打通"断头路"，展开街道的整治工作。随着旧城西面商埠区铁路车站、铁路附属工厂与设施的建设，以及商业区、工厂的出现，政府开始将向西扩展城市空间作为街道建设的重点，商埠区内的经纬各路设计显现出较强的依附"铁路走向性"特征，经路从经一向南排至经七，与胶济铁路平行排列；纬路从纬一向西排至纬十，与经路垂直。不仅如此，商埠区的道路网规划还考虑到与旧城区的相交问题，如靠近旧城区的南北向道路纬一路并未与胶济线垂直，而是南北正向，平行于旧城区西圩濠，这是为了避免与水道相交产生多余岔口。东西主路也注意到了与旧城区及对外交通的衔接，如东西向的经一路西与齐河大道相通，东接馆驿街，直抵迎仙桥的永镇门；经七路东与永绥门相通，西与泰安、长清大道相连。[①] 与此同时，旧城区街道的改造与整修，也从改善交通不畅、加强与商埠区的联系，以及与商埠区道路网形成平衡等方面着手，如加宽普利街，使其向西与商埠区经二路相连，形成了与东关马路的对称格局；将连接旧城区与普利街的必经之路——估衣市街

---

① 耿念松：《济南近代街道环境的比较学分析》，张复合主编《中国近代建筑研究与保护（五）》，清华大学出版社，2006，第264页。

改修沥青路面，以适应商埠与旧城之间日益频繁的商贸往来。

随着城市商业经济的日趋活跃，旧城区与商埠区的往来更为频繁，1929年济南市政府成立后，街道建设全面展开。当局先后就市内街道进行翻修、修补与展宽工作，以促进城内西关、南关、城门口内外、趵突泉附近及商埠区经纬路等各商业区的沟通往来。① 1933年9月至1934年9月一年间就完成了23条街道的改修工作，将沥青路面扩展到魏家庄街、舜井街至朝山街、经二路、贡院墙根街、纬一路至纬三路北段，并修筑了东门至南门城头马路及市郊龙洞、长清道路。② 城市街道状况的提升，便利了城市经济活动与市民生活的展开。此后，济南市继续大举整理市内街道，其坎坷不平者，均一律加以翻修，其交通要衢者，则一律改为柏油路，并先就经纬各路次第展开。③ 与此同时，商埠城市空间继续向外扩张，1935年规划北商埠模范区，其内道路网络棋盘、放射兼用，并辅以弧线布局，呈现出与旧城区及老商埠区迥然不同的格局。济南市政府时期，城市空间持续拓展，先后修筑道路79条，其中沥青路37条，石板路21条，碎石路18条，人行道2300米，总长58375米，面积378950平方米。④ 街道的建设与规划不仅数量增加、质量提升，而且路网系统逐步贯通，使旧城区与商埠区的联系更为便利，为城市公共空间的构建和近代化奠定了一定基础。济南沦陷后，路政停顿将近一年。日伪济南市公署成立后，因民生凋敝，收入短绌，未能有大规模之修筑，仅翻修了城关原有已破坏的道路，商埠西部尚未修成经纬各路，把部分道路修成黑砂石板路面。但为便于经济掠夺及军事运输，修建了许多通往城外的大路，如铺设了纬十二路通飞机场的混凝土板路，修缮了日军所需要的警备路。同时，还基于侵略需要，开辟了环绕城市四周的新路。其间，城市道路虽数量增加不多，路面材料也较差，但客观上拓展了城市空间。

---

① 济南市政府：《关于岁修道路的事项通知》（1933年），济南市档案馆藏，档案号：j076-001-0582-026。
② 《济南市政府周年工作报告纲目》，济南市政府编辑室编《济南市政周刊》，《山东民国日报》1934年9月8日。
③ 《本市各马路将行定期开工》，《济南日报》1937年2月24日，第4版。
④ 济南市志编纂委员会编印《济南市志资料》第4辑，1983，第116~124页。

二 济南城市公共空间管理机制的引入与发展

随着城市公共空间的演进，济南当局相应地调整了管理机构。1904年至1928年，济南历经晚清和民国两个时期，前期其公共空间的管理泾渭分明：旧城区"依旧循旧"，没有专门的城市公共空间的管理机构，其公共空间的管理仍是一片"盲区"；而作为新生事物的自开商埠区，筹建之时就孕育着近代化的雏形，其公共空间的管理主要依据《济南商埠巡警章程十四条》有关规定执行。直到市政厅时期，旧城区和商埠区公共空间的管理才结束分治局面，实现统一，为建立近代的城市公共空间奠定了基础。

开埠之初，旧城区和四关城厢按照内地章程，由历城县管理；商埠区由济南商埠总局管理。1904年5月28日，直隶总督袁世凯、山东巡抚胡廷干在会奏《济南自开商埠先拟开办章程折》中提出商埠应办之事有三项，其一就是工程局专管筑路、建厂及一切修造之事，由工程局担负街道公共空间管理的职责。民国初年，济南成立了市政公所，后改为山东省会市政厅，管理商埠街道建设和管理、土地租建等事宜，兼办城关道路工程建筑事宜，出现了新老城区合并管理的趋势。1920年，市政厅除继续负责商埠区市政事务外，开始负责旧城区市政事务，并通盘规划旧城区和商埠区的道路交通，完成了新旧城区的统一管理。是年颁布的《山东省会市政厅办事细则》规定，市政厅工程科工务股负责道路桥梁兴修事项、沟渠水道改设事项、其他建筑工程修治事项。[①] 1929年，济南市政府成立后，专门设置工务局负责市政建设与街道的整理工作，具体职掌"市内道路、沟渠、下水道、桥梁的修建和养护维修；公共建筑物的修建及违章建筑的取缔"。[②] 1933年，济南市颁布实施了《济南市工务局组织细则》，其第二科掌理事务为"关于本市各项工程之实施事项；关于公共建筑之估价及市有工程之保养事项"，[③] 进一步确定了街道的管理机构，细化了工作职责范围。1937年12月，日军侵占济南后成立市公署，将原工务局改为建设局，

---

① 张福山主编《济南市志》第7册，中华书局，1997，第609页。
② 《济南市志资料》第4辑，第106页。
③ 山东省地方史志编纂委员会编《山东省志·建筑志》，山东人民出版社，1998，第858~859页。

将内设机构职责细化，设置第二科土木股负责市内道路及交通、商民建筑、市有工程等事项，建设股主要负责制定城市发展规划、划分区域功能和处理下水道等事项，另设工程事务所负责以上设施的维修、沟渠疏浚、道路清洁等。① 以后，日伪政权又通过调整机构不断强化管理，如将工程事务所划归第二科，以各科经管之事务定名为土地科、建筑科和土木科，以及在土木科内增设道路股等，② 更加规范各科的工作职责。到1942年1月，建设局内街道管理机构设置较为完备，有土木科（内设庶务股、道路股、土木股、设计股）、建筑科（内设审查股、营缮股）、土地科（内设注册股、测绘股），局下设施工所。③

在政府部门中，除建设和维护市内街道的机构外，还有警察部门负责街道日常交通、街区治安与卫生等，共同维护城区公共空间建设。济南警察部门创始于清末，巡警局设于济南西关外商埠内。1907年设置巡警公所，执行旧城区的治安管理等。1912年，济南省会警察厅设立，完成了新旧城区的统一行政管理。特别值得注意的是，1915年省会警察厅新辟了商埠警区，取代了开埠之时设立的巡警局，表明政府已经将商埠作为济南城区的组成部分，开始打造整体性的城市公共空间。1927年，济南警察行政区有12区，即城内三区、城外三区、商埠四区、东北乡、西南乡。1929年济南市政府成立之初，市域内尚未划分行政区，依警察行政区进行各项事务的管理，1931年市域自治区、1940年伪政权市行政区的划分，也是在警察行政区的基础上进行撤并。与此同时，1930年，山东省会公安局对内部机构进行了调整，在第二科行政科下设立交通股，掌理交通维持及取缔有碍安全秩序事宜，并具体规定了各科、室、分局的职责范围。④ 1934年，济南市公安局各科室的职责更加明确，其行政科掌管的五股已明确包含"交通"职责，并履行公共空间管理的职能。1937年2月，改组后的省会警察局负责维持辖区内公共安全及处理非常事故。随着道路交通管理机构的设立，各地又陆续组建了交通警察，负责保护行人安全与道路损坏及其

---

① 济南市公署秘书室编《济南市公署二十七年工作报告》，1939，第36页。
② 济南市公署：《济南市公署暂行分科规程》（1942年），济南市档案馆藏，档案号：j076-001-0278-003。
③ 济南市公署秘书处编《济南市概要》，1942，第30页。
④ 山东省政府秘书处编《山东省现行法规类编》，1930，第16页。

他交通整理方法。①

随着城市公共空间管理机构的不断健全,济南城市公共空间管理的法规也逐步完善,为城市公共空间建设提供了保障。济南市政府时期对城市公共空间的管理逐步走向正轨,陆续制定了街道维护、沿街建筑、社会治安、环境卫生等相关法规。1929年市政府成立之初即制定了《济南市管理大车轿车暂行规则》等车辆管理规定,并在1930年、1931年、1933年、1935年进行了修订增补,特别是1933年10月公布的《取缔窄轮车辆办法》,除继续修正此前规定的轮瓦宽度及载重数量外,对拉车人数和牲口数目也进行了严厉限制。②1930年2月23日颁布《修正规定轻微违警案件暂行办法》,规定"凡生死婚假迁移不报妨碍交通及在街衢便溺、倾倒秽水秽物等案件,情节轻微者,由分局按照违警罚法酌量处罚";③同年3月7日颁布《整理济南市街道办法十条草案》,对占道经营、搭建及车辆随意停放等做出明确规定,为后续街道整理提供了依据和标准;次年出台《取缔建筑暂行规则》,规定街道两侧建筑占用道路宽度;1933年1月制定《济南市取缔雨搭暂行规则》,进一步对街道建筑进行规范。④值得一提的是,1934年12月,市政府制定《济南市整理人行道暂行办法》,专门严整人行道,规定"沿街商号、住户不准于人行道或路边设置任何阻碍物,临街墙壁不准挖孔出烟或泄水,人行道及路边不得设摊售货,肩担小贩不得设在人行道上售卖"⑤等。此外,市政府还制定《济南市栽植行道树暂行办法》《济南市管理路树暂行规则》,对栽植、修剪、保护街道路树做了具体规定;⑥制定《济南市菜场及饮食物摊挑临时清洁办法》等保持街道清洁的禁例。

济南市公署时期虽新制定部分规则,但基本上还是沿袭市政府时期相

---

① 山东省会警察局编《山东省会警察概况》,1937,第442页。
② 济南市政府秘书处编《济南市政府市政月刊》第8卷第11期,1934年,第104~105页。
③ 济南市政府秘书处编《济南市政府市政月刊》第2卷第2期,1930年,第89页。
④ 《济南市取缔雨搭暂行规则》,济南市政府编辑室编《济南市政周刊》,《山东民国日报》1933年1月21日。
⑤ 《公布整理人行道暂行办法》,济南市政府编辑室编《济南市政周刊》,《山东民国日报》1934年12月15日。
⑥ 济南市公署:《管理路树暂行规则》(1941年),济南市档案馆藏,档案号:j076-001-0278-008。

关法规。就窄轮车而言,济南市公署继续实施取缔办法,规定"凡违章入市者,处罚金三元"。1942年3月23日,济南市公署再次布告,查获之窄轮车,即于车上加烙火印,并照章处罚;如再敢再犯,即将车轮没收。① 6月30日颁布更为严格的禁令,规定"凡不合规定之窄轮车辆,应即一律取缔,此后新制大车、地排车、小车等,均定于每星期二、五两日,上午十时至十一时,来建设局土木科听候检验,其合格者,均于车体及车辆加盖火印,并规定车轮宽度";② 颁布《济南市公署管理道路暂行规则》《济南市公署疏浚下水道暂行规则》《济南市公署管理垃圾箱暂行规则》《济南市公署清洁管理规则》等,对"因公刨路、道路占用、道路清洁等作出明确要求"。③ 至此,济南市有了相对系统的街道管理法规,为城市街道的管理提供了依据。

三 济南城市公共空间的整饬与改造

街道历来是城市商业活动和日常交往的重要场所,是城市公共空间的重要组成部分,其发展状况是衡量城市近代化的重要标志之一。虽然近代济南街道建设拓展了城市的公共空间,但是环境状况并不尽如人意,"混乱""无序""失范"仍是20世纪初街道所体现的城市公共空间的形象。济南当局为了塑造良好的城市形象,提高城市知名度,对街道进行了不断的整饬和改造。

(一) 规划街道空间管理

近代济南当局通过制定法规对街道传统公共空间进行整治。一方面是规划设计好街道公共空间用途,以不妨碍公共交通为基本原则。如对广告栏的规范,作为市民获取信息的重要渠道,原来商业广告形式多为招幌和实物出售,开埠后街道中各种广告随意张贴,极其混乱,不但妨碍交通,且使公共空间混乱无序、有碍观瞻。为此,工务局特选定不碍交通、便利

---

① 济南市公署秘书处:《济南市政公报》第2卷第6期,1942年,第52~53页。
② 济南市公署秘书处:《济南市政公报》第2卷第9期,1942年,第16页。
③ 济南市公署:《济南市公署管理道路暂行规则》(1941年),济南市档案馆藏,档案号:j076-001-0278-007。

观看者为适中地点，制成宽大之布告、标语、广告各栏，要求商民将标语、广告悉在栏内张贴；特别是在戏馆、电影院、游艺园等近代新兴的公共空间，指定地点设戏报等木质专栏，以期起到典型示范的引导作用；另饬区督同各街地保，将不在栏内之各标语广告一律刷除。① 再如菜市的选址及设置，沿袭在固定地方设置集市的传统，以适应城市化发展需求，规范设置近代意义上的菜市场。《1934——济南大观》记载："济南批发菜市在小北门外，每早各小菜贩均前往批发，再到各菜市零售或赴街头叫卖；全市较大的菜市场有商埠万字巷、纬十一路新市场和城内刷律巷，每晨购者拥挤。"② 此外，市政当局还择合适地点设置了若干个较小的菜市及专门的鱼市等，并根据城市空间的不断拓展和人口的急速增长而不断增加。1936 年 3 月 30 日，泺口闾长边廷元等呈，拟于每旬一、六两日设立青菜小集，工务局遵查"其地址于交通、卫生尚无妨害，各方均无不利"；③ 仿此之制，10 月 12 日又在柴火市街设立青菜早市，交易时间为每早六时至九时，同样以"设立早市极属相宜，原为集市地点，交通并不妨碍"为考察点；④ 此后又以"新开之南安利街，尚未通行车辆，发售菜蔬未午即行散市"，设立纬十一路菜市。⑤ 同时，加强菜市场的管理，要求商贩注意摊位及市场卫生，切不可将残余废物、垃圾随地抛弃或任意倾倒。

另一方面是取缔妨碍街道公共空间之情事。工务局以塑造"和谐、安全、畅通"的街道公共空间为发展理念。首先，拆除损坏不堪、挤占公共空间的障碍之物。如"拆除南关岳庙后街颓圮石质牌坊，免除危害车辆行人之虞"⑥ 及除去"东圩门外至黄台桥马路旁枯树"⑦；为便利交通，公安、工

---

① 济南市公署：《取缔标语广告及征收广告捐暂行规则》(1938 年)，济南市档案馆藏，档案号：j076 - 001 - 0266 - 032。
② 罗腾霄著，济南市图书馆整理《1934——济南大观》，齐鲁书社，2011，第 321 页。
③ 济南市政府秘书处编《济南市政府市政月刊》第 10 卷第 4 期，1936 年，第 148 页。
④ 济南市政府秘书处编《济南市政府市政月刊》第 10 卷第 11 期，1936 年，第 155 页。
⑤ 唐书仁等：《为拟在纬十一路设立菜市的呈》(1942 年 8 月)，济南市档案馆藏，档案号：j076 - 001 - 0472 - 007。
⑥ 《函请拆除石质牌坊》，济南市政府编辑室编《济南市政周刊》，《山东民国日报》1932 年 5 月 28 日。
⑦ 李叔衡等：《为除去马路旁枯树的呈》(1939 年 10 月 11 日)，济南市档案馆藏，档案号：j076 - 001 - 0532 - 018。

务两局协同拆除了三里庄、五里沟、剪子巷及其他各路口平时夜间关闭的栅栏。① 其次，杜绝妨害公共空间安宁秩序的行为。为防聚众观听，阻碍交通，公安局还规定各商店播放留声机或收音机的具体时间，"春夏日每晚下午六时禁止，秋冬日每晚七时禁止。冬防期间，各商号除电影院、戏院外所设放音机，务须遵照规定时间，每晚七时一律停止演唱"。② 交通噪声也是影响人们公共空间活动的"公害"之一，商埠商会对纬二路一带"来往有唧唧唧之声的小车车轮逐渐改良"。③ 再次，厉行禁止有意侵占公共空间的行为。南圩门外粪厂金汁夫藐视法令，强占街道蓄粪晒粪，招致历城县土屋乡乡长刘惠卿等联名呈"其有害卫生且于交通有碍"，④ 工务、公安两局协同将其驱离大路。

（二）严加整理人行道空间

"街道尤其是人行便道，是城市中最重要的公共活动场所，是城市中富有生命力的'器官'。"⑤ 对此，济南当局亦是十分重视秉承相关规章，悉行拆除侵占人行便道的铺店搭盖的阴棚及摆放的货摊、煤炉等物，进而规定"不得于道旁任意安设任何物件"；⑥ 同时，针对市民妨害公共秩序积习，取缔各街巷人行道旁放置车架、太平水桶及其他一切障碍设备之行为。⑦ 济南市街道多数窄狭，人行道宽度亦属有限，但沿街商号有的在门前装设横竖招牌、煤灶及摆放临时物品等，侵占人行道，街道因而益加窄狭，市内交通受阻。虽取缔建筑规则有详细规定且分项执行，但人行道障碍物仍不少，以致行人多由马路通行，而车马往来甚多，行人杂沓其间，是以撞车伤人之事时有所闻。⑧ 基于此，市政府组织纠察队分赴各路稽查，"凡伸占人行道之障碍物，或堆积木料砖石任意占用人行道，一律勒令移

---

① 济南市政府秘书处编《济南市政府市政月刊》第9卷第10期，1935年，第133页。
② 《演唱留声机收音机，公安局规定时间》，《山东民国日报》1934年11月28日，第9版。
③ 《商埠商会复英商公会遥同商埠各警署讨论二马路取缔小车贩商等办法》，济南市档案馆藏《济南商埠商会档案全宗》（1921~1922年），档案号：临77-4-12。
④ 济南市政府秘书处编《济南市政府市政月刊》第9卷第5期，1935年，第117页。
⑤ 荣玥芳、高春风主编《城市社会学》，华中科技大学出版社，2012，第194页
⑥ 济南市政府秘书处编《济南市政月刊》第2卷第3期，1930年，第104页。
⑦ 《市府议定整理人行道暂行办法》，《山东民国日报》1934年11月28日，第9版。
⑧ 济南市政府秘书处编《济南市政府市政月刊》第8卷第12期，1934年，第86页。

除"。1934年12月，市政府继续严加整理人行道空间，查明不合规定者限期撤除或改正，违者强制执行或径代拆卸，并酌量处罚或拘役。① 据此，济南市开始清理以"摊贩占道"为代表的城市顽疾。市政府门前以南天桥附近场域素为散工贫民等休息之所，摊贩林立，纷扰不堪，且此地为车人往来之通道，实于交通有碍，其规定"有房者务将货摊移置屋内，零星摊贩等即行择适当地点暂为安置"；② 其后，又制定种种办法限制、清除摊贩。

虽有相关规章律令，市政当局亦时常刊发布告劝导商民，以期维护良好市容，但在执行过程中，往往碍于各种因素放松要求，致使整治效果不佳，经常反复。如工务局饬令济南无线电室移植人行道上妨碍交通的电线杆，"该电室就以预算有定额，仅将其经二路至经三路间最妨碍交通者四根移植。但所移植地点仍在人行道上，仅不致过于阻止交通而已"。③ 1934年11月，市政当局以各马路人行道上木质烟楼大都设在冲要处所，妨碍交通便利，要求一律拆除；④ 嗣后又以该烟楼等多为贫苦小商经营，且经呈准纳税，或楼址于交通无碍，乃变通办法，其无大妨碍者暂准照常开设，有碍者勒令拆除或迁移；此后又有商户等在各街旁任意设置木质烟楼，妨碍交通，当局饬令拆除或另择相当地点迁移。虽经迭次通告与整理，但囿于商民逐利本性，往往一时奏效，过后依旧。1937年，工务局再次整理人行道，依照规则对"将倾倒或已倒塌者，租赁临街空旷之地劈柴者，在人行道上存放木料或做工者"，严于取缔。⑤ 济南市公署时期，对私自占用人行道行为实施更为严厉的约束，除规定"于市政交通两无妨碍范围内"等步道占用的最大宽度外，还明确"经二路、经三路全线，纬三纬四路及普利门至按察司街南口等路不许露天营业"等禁止性规定；⑥ 后又强调"未

---

① 《公布整理人行道暂行办法》，济南市政府编辑室编《济南市政周刊》，《山东民国日报》1934年12月15日。
② 济南市政府秘书处编《济南市政府市政月刊》第11卷第2期，1937年，第147页。
③ 济南市政府秘书处编《济南市政月刊》第2卷第2期，1930年，第67页。
④ 《定期撤除烟楼》，《山东民国日报》1934年11月14日，第9版。
⑤ 《市工务局整理人行道》，《济南日报》1937年1月30日，第4版。
⑥ 济南市公署秘书处编《济南市政公报》第2卷第10期，1942年，第23页。

经许可而占用人行道，除勒令补续占用费外，并处一倍至三倍罚款"。① 此外，尝试取缔外侨建筑材料占用人行道的行为，但收效甚微。

(三) 规范街道两侧建筑

公私建筑物适当与否，不仅影响空气流通与日光照射，而且影响街市外观与公共交通。为此，济南市展开清理工作。其一是清理雨搭。雨搭既侵占街道，损坏马路，又衍生出系列交通和卫生问题，市政当局屡次进行取缔，要求"此后各街不准再行建置雨搭，凡旧有之雨搭已破坏不堪者，迅速自动拆除"。② 1932年，工务局又拟定取缔办法，"已有者不准修理，未有者不准新装"，但市民往往私自修理或添设。纬八路顺兴成皮鞭铺无视法令，将旧有雨搭拆旧换新，工务局除照章罚办外，又布告商民毋蹈覆辙。1933年1月，当局继续强势推进拆除雨搭工作，要求"凡雨搭限期仍未拆除者，由公安局押令户主拆除"，③ 至同年9月已拆除多项。但取缔雨搭工作并非一蹴而就，其后情势起起落落。1934年6月，院东大街至西门大街一带又现雨搭妨碍路面情形，工务局视其情况酌定地段、数目限期拆除，其余街道仍照取缔办法办理，"由某月日起，一个月内，全市临街雨搭一律拆除；已修好之油路或花岗石路两旁临街雨搭由某月日起，半个月内，一律拆除"。④ 此举虽收一时之效，但终究不能彻底根除雨搭，个别商民甚至将雨搭形式"改头换面"。同年7月，祥云商社等呈请"撤销雨搭改换支撑布篷，临时摘挂"。对此，当局规定"商店门窗前，可装设弧形帆布罩，随时撑缩；惟撑开时下沿之高度，不得低于路面二公尺；或以竹竿临时支撑布篷，随时撤卸；其余雨搭原有之支架、吊架或立柱等，一概不准存留"。⑤ 济南市公署时期，市政当局对商号门口布棚、雨搭，更是严行取缔，借以减少交通障碍。⑥ 不难发现，当局取缔雨搭工作一波三折、困难重重，至于日侨雨

---

① 济南市建设局：《修改管理道路暂行规则的提议（附规则）》（1942年），济南市档案馆藏，档案号：j076-001-0313-049。
② 济南市政府秘书处编《济南市市政月刊》第3卷第2期，1930年，第88页。
③ 《济南市取缔雨搭暂行规则》，济南市政府编辑室编《济南市政周刊》，《山东民国日报》1933年1月21日。
④ 济南市政府秘书处编《济南市政府市政月刊》第8卷第7期，1934年，第40页。
⑤ 济南市政府秘书处编《济南市政府市政月刊》第8卷第10期，1934年，第74页。
⑥ 《山东省会警察概况》，第150页。

搭的取缔工作之困难更是自不待言，市政府曾多次函请驻济日本总领事馆转饬日商将"临街所设雨搭，从速拆除"，然日商所设雨搭"逾期尚无拆除者"。①

其二是拆除违章建筑。街道作为城市公共空间的主要载体，历来是各方争夺的重要场域。街道两侧建筑物阻碍交通情形，表现尤为突出的是"非法侵占"公共空间。市政当局针对"第一监狱在麟祥门至普利门沿路围濠，加设便门，添岗禁人通行，造成附近居民绕道之苦"情形，②严令改善。与此同时，商民之间也在道路上展开了激烈的"地盘战"。1935年4月19日，市民孟宪章控告"韩家窑孙明九筑墙堵路，有碍交通"，当局责令拆除行墙一段，以利交通。③当然，当局有时也会考量诸多因素，暂时默许部分违章建筑存在。如"黄台马路两旁各贫苦户之小本经营房屋，准其暂缓拆除，但如公家修筑该路，得随时拆除"；④或借以"既成事实，如与都市计划发生障碍再行拆除"。⑤相形之下，当局对官地场域以"零容忍的态度"推进清理工作。如东圩门外马路旁有草房数间并官地数段，所有草房等向系分租商民营业，但各租户擅于附近道旁官地增筑房屋，妨害交通。当局遂派员查勘，勒令拆复原状。⑥

（四）维护街道公共卫生

除上述整饬公共空间的举措外，保持街道整洁也是重要内容。商埠经纬各路沟盖石上，多有堆积秽土，市政当局"恐此项污土，重为大风吹散，播散路面，致将漏井填满，于市容及沟道均大非所宜"，遂转饬清道夫将街上污土，"切实扫除，随时运去，勿再扫入铁算，或堆于铁算附近"。⑦随后，市政当局还扩大清扫范围，除派清道夫扫除市内各路沟盖石上所积秽土外，还时加整理掏挖铁算及漏井，并禁止商民向沟算内倾弃污

---

① 济南市政府秘书处编《济南市政府市政月刊》第8卷第9期，1934年，第83~85页。
② 济南市政府秘书处编《济南市政府市政月刊》第8卷第8期，1934年，第38页。
③ 济南市政府秘书处编《济南市政府市政月刊》第9卷第5期，1935年，第80页。
④ 济南市政府秘书处编《济南市政府市政月刊》第9卷第2期，1935年，第89~90页。
⑤ 济南市建设局：《关于违章建筑的传知（被传知人：路良智、闫笃兴、春明堂李、苑毓忠、张子孚）》（1939年），济南市档案馆藏，档案号：j076-001-0463-001。
⑥ 济南市政府秘书处编《济南市政府周年工作报告》，1935年，第11页。
⑦ 《马路暗沟——工务局禁止塞土》，《济南日报》1936年10月15日，第4版。

秽或将人行道上秽土扫向马路,以重公共卫生。与此同时,紧密结合"新生活运动",开展清洁检查工作。1934年4月16日,市政府进行春季清洁检查,"凡系各街巷之清洁,均在检查之列"。① 之后,又以夏季将届,须求街道清洁,由工务局卫生科派员每日赴各街巷等处视察,以督饬勤加扫除,并规定"市内储存垃圾,由公安局速饬清道队勤加扫除,运出市外;商埠各街道由工务局饬各洒水车每日遍洒全埠各街,并展长巡洒时间",以期维护公共卫生。值得注意的是,市政当局还要求"各住户务在街巷清洁检查后,要保持永久之清洁,不得只为检查虚应故事"。② 11月2日,继续举行秋季清洁检查,除饬卫生人员检查全市清洁,并组织纠察队执行纠察外,时任市长闻承烈还亲率各机关人员赴各街巷实地检查,发现12处不清洁之地,当即饬其主管人分别扫除搬运。③ 这些举措试图将"规矩"与"清洁"介入民众日常行为中,不同程度地革除了市民"临渴掘井""临时抱佛脚""应官式"的清洁旧习,对于维护街道公共卫生具有一定作用。

四 结语

不难发现,20世纪上半叶,济南市政建设与城市空间拓展密切交织,相互推进。作为城市公共空间系统的重要组成部分,街道不仅是城市公共空间拓展的轴线,更是展现市政当局、民众与公共空间关系的重要场所。在近代济南城市化进程中,街道等城市公共空间的整饬与改造,同样也展现着当局与民众的互动与博弈,且因双方未能有效协同,会相互掣肘,凸显出民众利益诉求与公共管理的双重困惑。市政当局为寻求街道空间的有序、规范及卫生,主要依靠高度集中的行政组织,凭借行政力量,通过条例、禁令等规章制度来推进城市公共空间的整饬与改造。但由于不同时期市政当局的参与方式、介入程度不一,其对街道管理的路径和实效有所差异。与此同时,民众也基于自身利益诉求,或是暂时妥协与合作,或是公然抵制与挑衅,不同程度地造成了管理力量的式微。这种复杂的过程,反

---

① 《本市本月十六日举行清洁检查》,《山东民国日报》1934年4月2日,第5版。
② 《济南市夏令卫生办法数条》,济南市政府编辑室编《济南市政周刊》,《山东民国日报》1934年6月9日。
③ 《市长闻承烈检查市内清洁》,《山东民国日报》1934年11月10日,第5版。

映了传统意识观念的根深蒂固与利益纠葛的错综复杂,但同时也是近代城市由传统向现代转型的必经阶段,是社会转型进步的体现。当今,城镇化浪潮持续推进和深入,总结城市公共空间管理的历史经验,对推动新形势下城市管理工作的科学有序发展具有一定的借鉴意义。

作者:任谢元,山东工艺美术学院
高瑞彤,山东工艺美术学院

(编辑:任吉东)

近代广州"新生命之自出":河南岛大建设与广州的城市化(1921~1937)

刘赫宇

内容提要:自 1921 年设市以来,广州进入了城市化的初期阶段。为了寻找城市扩展所需的土地空间,并积极应对长期以来港务废弛对外贸造成的不利影响,广州市政府围绕交通网完善、内港兴筑及工业区建设等方面,对地广人稀并拥有巨大开发潜力的河南岛进行了大规模建设。通过近十年的开发,河南岛开始摆脱与广州老城区各自独立发展的局面,逐渐被纳入市区范围之内。市政部门采取的一系列举措,使广州开始突破发展瓶颈,城市竞争力得到一定程度的提高,并影响了此后的城市格局与城建方向。

关键词:河南岛 广州内港 工务局 城市改造

在 20 世纪最初的 30 年间,广州共经历过四次较大规模的城市建设。清末新政时期,长堤沿着珠江北岸被修筑起来,这个集交通、防洪等功能于一身的工程东起大沙头广九铁路,西至黄沙粤汉铁路;民国市政公所时期,广州大规模拆城筑路,城墙的消失使城市格局发生了巨大变化;民国市政厅时期,人们在街巷密布、人口密集的西关地区陆续修建了数条新式马路。而相较之前的三次工程,陈济棠主粤时期,市政部门对河南岛进行的大建设,无论是在投资还是工程规模方面都提升到一个新的高度,实际上是包括了交通网完善、内港填筑、工业区建成等项目的综合城市改造计划,当时就被誉为广州新生命的自出之所。①

从 20 世纪 20 年代起,容秉衡、梁溥等学者就考察过河南岛的地理概

---

① 程天固:《广州市工务之实施计划》,广州市工务局,1930,第 8 页。

况及聚落分布形势，并贡献了《河南岛概况》①和《河南岛聚落地理》②两份成果。不过在此后的研究中，学者对相关问题反而一笔带过，或仅将大建设本身看作一个孤立的事件，集中于建设工程之上，从而忽略了城市设计者在整个大建设过程中更为宏观、系统的思考。③ 事实上，河南岛大建设在当时得以实施，背后既有国际港口贸易兴盛的外在刺激，也受到城市扩展的内需推动，这些因素在广州城市近代化的研究中是十分重要且无法回避的。鉴于此，本文从河南岛的交通区位、自然条件及大建设的内、外动力等因素出发，以近代广州城市发展的历史背景为参照，考察河南岛工业区建设、道路网的完善及内港兴筑等史实，探究这一时期河南岛大建设与广州城市化之间的密切关系。

一 河南岛大建设的缘起

珠江干流主要由东、西、北三江汇成，其中西、北两江在到达广州之前汇流，又自白鹅潭起分为两支，其北支水流经过二沙头、琶洲到新洲，成为珠江前航道；另一支水流则南下经过南石头、洛溪大桥到官洲，并在新洲与前航道汇合，成为后航道。其中前航道水位较浅，后航道较深，而河南岛（今海珠岛）正是被这两条水流包围起来。清代，此岛隶属番禺县菱塘巡检司，其沿江一带随广州商贸日盛，逐渐开辟街巷，建立商铺、行栈、货仓及酒楼，形成新兴"街市"。当时大致以海幢寺为中心，洲头咀、南岸、鳌洲、龙溪乡、安海、龙导尾、白鹤洲、漱珠岗等地得益于盐仓和行商形成。与此同时，在岛的腹地则仍保留了传统的乡村风光，众多村落以花卉、茶叶等经济作物为主要产品。④ 想要探究这座默默无闻的江中大

---

① 《农事月刊》第4卷第7期，1926年。
② 《勷勤大学季刊》第1卷第1期，1935年。
③ 杨颖宇、黄素娟和吴简池等人的研究，不同程度地涉及了20世纪初广州城市规划问题与河南岛大建设的内容。详见黄素娟《乡村基层权力与城市扩张——以民国时期广州河南开发为例》，《开放时代》2017年第6期；吴简池《广州长堤空间史研究（1888~1938）》，硕士学位论文，华南理工大学，2018；杨颖宇《近代广州第一个城建方案：缘起、经过、历史意义》，《学术研究》2003年第3期。
④ 黄素娟：《从省城到城市：近代广州土地产权与城市空间变迁》，社会科学文献出版社，2018，第283~284页。

近代广州"新生命之自出":河南岛大建设与广州的城市化(1921~1937)

岛与此后大建设之间存在的关系,首先还需从广州城的发展历程说起。

清代广州城分内城、外城和新城三大部分,均位于珠江北岸。时人描述当时的广州城,"除了三四条街道以外,如惠爱街,从正东门延伸到正西门,其余只是狭窄曲折的小巷",这些小巷里的房屋由泥涂和竹子等材料建成,而"五层楼是这个城市里最引人注目的建筑了"。① 在城中,民间私占公地建房的现象十分普遍,官府虽历次出面取缔,但效果不佳。在1870年和1894年,广州布政使分别主持疏浚六脉渠,并立碑为界,以此阻止民间私侵,但结果是城中居民在渠边疯狂盖房,连碑石都被移走作为基石,甚至有时官地都难以幸免。1885年,藩署下令清拆署前的非法房舍,不料城中居民群起抵制,官府对此却毫无招架之力。② 非法侵占土地的现象使城内公用土地严重不足,在一些繁华的街道,仅有2米宽度,沿街铺位却深至数米。更为糟糕的是,土地供求关系紧张,也加剧了卫生、消防等一系列安全隐患。

早在明末清初,广州城市就已开始突破城墙界线,在几个城门外形成若干大小不一的城关,其中最著名的就是西关。作为当时广州最重要的商业地带之一,宣统《南海县志》记载,清末西关街道"增益不止十之六七",西关一带街道地名也达到近1600个,人口更是接近30万,西关之盛由此可见一斑。③ 而广州内城作为广州的行政中心,人口密度及商业繁盛程度仅次于西关。此外在当时的广州,城市空间布局的发展也存在不平衡的现象,虽然城内及西关地区人口、建筑密集,但在城外很多地区还保留着乡村景象。待民国肇兴,广州城市改造就被提上了日程。1918年,广州市政公所成立,随即着手拆除城墙并在原址上修建新式马路。尽管如此,广州城内的道路空间还是处于超负荷运转的状态,广州城及其周围区域已无地可占,在这种情况下,新一轮的城市扩展已势在必行。

在清代一口通商政策下,黄埔口作为中国唯一的对外贸易港的局面保持了近一个世纪,同时也为广州带来了繁荣,而鸦片战争之后,这种局面逐渐发生了改变。同治年间,酱园码头淤塞于河沙之中,黄埔海关迁至长

---

① 〔法〕伊凡:《广州城内:法国公使随员1840年代广州见闻录》,张小贵、杨向艳译,广东人民出版社,2008,第60~65页。
② 杨颖宇:《近代广州第一个城建方案:缘起、经过、历史意义》,《学术研究》2003年第3期。
③ 宣统《南海县志》卷3《舆地略二》,宣统三年刻本。

洲岛，黄埔口岸成为历史。与此同时，沿海其他口岸的纷纷开辟，更使广州外贸中心的地位受到巨大冲击。① 由于上海更加接近茶叶、瓷器等大宗商品的产区，在区位和交通方面都占有巨大优势，如赣、皖、浙等省所产茶叶，通过水路可以直达上海；闽省武夷山的红茶，28天左右也可运到上海，而运到广州则需6周甚至要2个月以上，茶商将上海作为茶叶出货港，其成本自然要比广州低不少。因此到19世纪50年代初，上海就超过了广州，成为中国最大的贸易口岸。② 不仅如此，广州在华南地区贸易港的地位也受到了挑战。英国在割占香港岛后，处心积虑地将原本荒芜的岛屿建设成为一个世界大港。此后不仅华南各省的对外贸易尽归香港掌握，就连跨国邮书电信，都要经其方能转往内地，当时中国对外贸易经由香港一埠者，已占全国份额的1/4以上。"每年港政府所得之收入，动以千万计，其经济侵略能力之伟大，至足惊人；然此皆广州市固有之商务，政府之财源也，苟非港工建设落后，又何至挹此注彼乎？"因此出于发展国民经济及抵抗外国经济侵略的考量，时人认为广州港口工程的建设"实为刻不容缓之举"。③

此外，还有一个不可忽视的重要契机推动着广州港口振兴的步伐。1925年，省港大罢工爆发，时任港督金文泰就明确表示担心黄埔建港并开辟商埠，因为这样势必造成港商抛弃香港商业、迁回黄埔，香港也将不可避免地陷入绝境。他屡次召集港商中有名望者开会，以商讨对策。④ 如潮的工人运动极大地孤立了香港这座发展势头良好的商埠，对英国在远东的经济扩张计划来说更是沉重的打击。这些事件的发生都预示着广州商埠重振的良机。

二 河南岛大建设的规划

城市扩展的内部需求，港口贸易的外部刺激，共同成为河南岛大建设得以施行的重要动力。而对于城区扩展和港口建设工程的选址，城市设计者们

---

① 广州在全国对外贸易中所占的比重，由19世纪四五十年代的接近50%下降到60年代的25%。详见陈代光《广州城市发展史》，暨南大学出版社，1997，第324~327页。
② 仲伟民：《鸦片战争后茶叶和鸦片贸易与上海城市的发展》，《复旦学报》（社会科学版）2012年第5期。
③ 程天固：《广州市工务之实施计划》，第61~62页。
④ 《香港怕广东开辟黄埔商埠》，《工人俱乐部》第248期，1926年。

近代广州"新生命之自出":河南岛大建设与广州的城市化(1921~1937)

也进行过科学的论证,程天固在此过程中就扮演了十分重要的角色。1929年,程天固第二次担任广州市工务局局长,同时兼任城市设计委员会主席。在此期间,河南岛大建设的工程设计都由他来主持。在《广州市工务之实施计划》中,他提出"都市设计,半据于人事之变迁,半基于天然之地势"的观点。从地貌条件来说,广州城"北阻于山,西尽于水",这样未来城区的扩展只能朝东、南两个方向进行,而程天固认为"东郊旷地虽多,究离市心过远",[1] 遂以位置"偏远"为由,将东山开发方案放到了次要位置上。

不过在对相关资料进行分析后,笔者发现事情并非看上去的那么简单。东山在广州城东门之外,清代归番禺县鹿步司管辖,本是一片较为开阔的郊野,距广州城约3公里。东山最初仅指东山寺和东山庙周围的地方,但随着民国初年的发展,其范围进一步扩大。更为重要的是,清代以来,外国教会就在这里拥有很大的势力,教会学校众多,仅美国浸信会就在此创办了培道女学堂、神道学堂、培正中学等一批学校。一些在国外已经信教的华侨,看到这里的宗教环境较好,且物质生活条件优于乡村,归国后其日常生活和子女教育均可得到保障,因此纷纷回到这里生活。1915年,美洲华侨黄葵石就向政府申领得官荒18亩,将地掘平,划分为四条马路经营地皮买卖,华侨们凡是有余资者,或个人出资,或组织公司,纷纷到此经营地产,"炒地皮"之风随之大兴。[2]

到20年代,东山小学、东山公园、农业专门学校等一批官办事业与国民大学等民办事业在此落地,同时伴随东山地价的抬升,众多军阀、官僚纷纷到此置办地产。在投资过程中,这些显贵往往倚势凌人,时常与从事地产的归侨发生冲突,土地买卖也多非公平交易,其中不乏使用诈骗和压迫手段。山河村、寺贝底村在教会的购地风潮中屡遭欺诈,被迫低价出售土地,"失去土地的农民只好外出佣工,有些流浪远至广西,从此音信断绝"。[3] 因此东山一地虽然蕴藏着城市扩展所需的土地资源,但由于情况复杂,在当时直接着手进行开发时机并不成熟。

与此同时,当时的河南岛也一直存在所谓"桥内"与"桥外"的双重

---

[1] 程天固:《广州市工务之实施计划》,第8页。
[2] 雷秀民等:《广州市东山六十年来发展概述》,中国人民政治协商会议广东省广州市委员会文史资料研究委员会编印《广州文史资料》第14辑,1965,第100~114页。
[3] 卫恭:《在东山"炒地皮"的几个方面》,《广州文史资料》第14辑,第117~118页。

权力格局，大体以汇津桥、利济桥和云桂桥为中界，桥内36乡是以瑶头为中心的村落，桥外近河一带以揽路尾南洲公局为地方中心。进入民国后，近河一带的街市被划入了广州市区的范围，而内陆乡村基层权力先后掌握在乡团联团和区公所的手中。因此当广州市推行发展河南岛计划时，盘根错节的乡村权力关系极大地牵制着市政权限的扩张，其中的最大原因在于当时的番禺县并不愿放弃河南岛的管辖权。① 尽管如此，河南岛所具备的优势无可比拟，这也成为其被选为大建设首要方案的原因。长期以来，这座江中大岛地广人稀，加之岛形扁狭，江岸线平缓悠长，数万亩的土地足以使这里容纳一个大型商埠。且就地势来看，"就纽约之满哈斯坦（即曼哈顿）岛当不是过，此诚广州市区展拓之最优地点，亦今后广州新生命所自出也……"这样，广州当时"惟河南一处，与市内繁盛地区最为接近，且居民密度，不亚河北"。② 从区位条件讲，河南岛显然具备更大的优势，这里更为邻近珠江航道，适合建设港口。

在孙中山所著《建国方略》中，其第三计划的核心思想就是要在广州兴建南方大港。而除了拥有辉煌历史的黄埔口岸外，早在清代，河南岛码头也已形成了发达的航运。1661年，人们在河南岛跃龙里一带兴建了盐埠码头和仓库，此后又在鳌洲增建一所三层九间的金家仓；1790年，通过改埠归纲，所有场盐均由公局商人统一运赴省城，存于金家二仓，再由水客运销，鳌洲遂成为食盐行销中心。所以说，河南岛早有设立内港码头的条件。第一次鸦片战争结束后，英国人为了扩大在广州通商口岸的权益，还妄图强租河南岛上洲头咀一带为租界，不过在英人入城通商和租地等一系列问题上，广州城内官绅与城外乡民寸步不让，而清朝政府亦不甘心任英人在这些地区随意活动，因此英人自始至终也没能在河南岛上租地立界。③ 到了

---

① 黄素娟：《乡村基层权力与城市扩张——以民国时期广州河南开发为例》，《开放时代》2017年第6期。
② 程天固：《广州市工务之实施计划》，第8页。
③ 如在鸦片战争期间的1841年3月，英军就曾驾驶兵船直抵广州，以开战威胁督抚同意六项条件："一要两年后进粤省城，二要在河之南岸建立夷楼，三要在十三行开河截段，四要设立天主教堂，五要设立夷衙，六要在天津建屋通商。"此后英人擅自到河南岛上勘地分界，粤民怒不可遏，在省中城厢内外，"议以每铺户捐铺租一月，凑得经费银三百余万两，并与议书一封，逆夷一见鼠窜而去云"。详见齐思和等编《鸦片战争》第3册，神州国光社，1954，第410页。

近代广州"新生命之自出":河南岛大建设与广州的城市化(1921~1937)

20世纪20年代,新时期国际贸易的发展特点要求更为发达的港口系统以支持航运。

根据大建设的规划,十年内广州将建成一个庞大的港口系统,此系统涵盖黄埔外港和河南内港两大部分。不过当时广州已经规划了规模庞大的黄埔港,为何还要深入内河营建内港呢?这个问题值得推敲。原来根据当时广州的行政规划,黄埔已经被划入广州市区的范围,"我们经营黄埔的目的,就是在使广州的工商事业繁盛起来",之前广州城外的码头就可以停靠排水量4000吨以下的小海轮,而在内港落成后,4000吨级的轮船可以直接溯江驶进广州,而外港则用来接纳排水量更大的远洋轮船。由此来看,以内港作为外港的"尾闾",黄埔港面将无壅塞之忧。[①] 两座港口将在功能上发挥良好的互补作用。

工业是国家发展的重要支柱产业,尽管大多数城市先于工业而出现,但近代城市的高速发展,归根结底是产业革命不断推进的产物。广东是中国最早出现近代工业的地区之一,且主要集中于广州。程天固认为就工业区域的选择而言,应设立于水陆交通最为便利之地点,工厂所需水量很大,故应设于海湾和沿河流之地。另外,考虑到污染问题,工业区不能建于城内,应寻找城市的下风向,因此决定在符合条件的河南沿岸大沙头、黄埔、花地及广九军路一带建立一个大的工业区,与正在规划的西村工业区相呼应。[②]

三 河南岛大建设的实施

由于土地辽阔,交通区位优良,自然条件适宜,河南岛在20世纪20年代顺理成章地迎来绝好的发展时机。总体上讲,大建设本身主要围绕三个方面展开,分别为内港的振兴、工业区的营造与交通网络的完善。

(一)广州内港的兴筑

经过市长林云陔与程天固等人的实地考察和反复论证,广州内港被选

---

① 程天固:《广州市工务之实施计划》,第5~10页。
② 罗季常:《改良广州市政计划草案》,《工学》第1卷第4期,1924年。

定在河南岛西端的洲头咀，这是一个包括建筑新堤、填筑新地和修建堤岸、马路、铁路、仓库等项目在内的综合性工程。通过对白鹅潭等处的考察，还发现这里河床积沙"日渐增高，以致水浅，不足停泊5000吨以上之商船。挟来之砂砾，实属多量。若不从事浚深，则河流两岸，将来再有沙洲浮现，水量排泄，将愈不适宜"，所以必须浚深珠江。广州市政府立即从国外机器厂订购挖泥机两台，并在洲头咀到中流砥柱之间修筑码头数座。①

筑堤建设于1930年8月正式开工，工程由港商华益公司以每英尺220元的价格竞得，市政府要求他们在16个月内完成堤岸填筑工程。所筑堤岸由北向南长约1300米，宽30米，由堤岸连接二马路。涵盖横马路四条，第一条宽约25米，接德和大街，分海天四望街；第二、三、四条均宽约18米，分别连接后乐园马路、永兴中街和永兴上街。四条横马路贯通堤岸，与二马路之间颇似"日"字形，略似香港海傍街二马路。二马路由北向南长约900米，北接海天四望街，南至永兴上街，在堤岸与二马路之间有地九大段，共约81000平方米，"此地段即为将来建筑货仓、机商店之所，若珠江铁桥竣工，粤路两路接轨，黄埔外港成立，河南一岛成为水陆交通之要冲，其繁盛更未可限量也"。②

尽管钢板、钢桩、铁条等建筑材料陆续运至广州，但由于款项限制，内港修筑工程只能分步骤进行。工作人员测量水流、水量，发现港区滩石密布，河水深浅不一，且"河底淤积，日甚一日"，施工难度极大。为此施工方采取两种手段，首先是爆破河底石块，使河床深度齐一；其次则是修筑堤岸，在水深较大处采用钢板、钢桩建筑堤基，在石底河床采用纯三合土灌注堤岸。到1935年，主体工程已基本完成。③ 这座岛自然条件十分特殊，东自游龙坊，西至朝音街，弯入呈弧形，其中最弯之处，深入近90米。工程处决定将这一部分填筑，另辟一条新堤马路，自电力机厂起，至仁济街止，使成直线，长约1150米。④

广州市政府原定于1934年10月1日前将省港澳三地轮船迁泊内港，

---

① 《工务局决定开辟广州内港》，《广州市市政公报》第335~336号，1929年。
② 《内港开辟工程述况》，《广州市市政公报》第363号，1930年。
③ 《进行建筑中之广州河南新堤》，《科学的中国》第3期，1935年。
④ 《广州都市未来之计划》，《工学》第1期，1924年。

近代广州"新生命之自出":河南岛大建设与广州的城市化(1921~1937)

因工程未竣而延期至1935年3月。"查内港填筑工程,虽将次告竣,本可如期执行,惟内港各码头,由商人承租者照章自行填筑,其已租者,一时似尚未完成,其未经租定者,建筑恐更有待。且为利便乘客和货运计,其他关于交通之工具,亦须有相当设备,而办理尚复需时,遂令一律迁泊,……以便商人建筑码头,并可及时完成其他交通计划。"①

(二)工业区的落成

大规模的城市建设浪潮离不开充足的物资供应,其背后需要有发达的制造工业提供支撑。到全面抗战爆发前,广东省就已初步形成了以广州为中心的工业布局,最为突出的表现是在广州西村和河南形成了两个大工业区,其中西村以化工为主,而河南则汇集了新开办的一批纺织厂、士敏土厂、钢铁厂和造船厂等轻重工业企业。②

士敏土是英文 cement 的音译,也被称为水泥,是一种由石灰、石膏和黏土按比例混合制成的新型建筑材料,它的出现极大地改变了现代建筑的方式和结构。当时广州市进行的大量工程需要士敏土,而广州的士敏土厂分为西村总厂和河南分厂,前者由广东省政府管理,后者则由广州市政府和广东省建设厅合办,其中建设厅全权负责人事和财务。在经营过程中,不仅频出现分权掣肘、管理不便的问题,亦有虚靡经费之嫌。更重要的是,西村厂采用新式磨机,所出士敏土每吨成本为18元;而河南厂不仅设备陈旧、产品粗劣,每吨成本还达到了惊人的25元。长此以往,不利于企业的发展,省政府遂于1933年将河南分厂并入西村总厂。③

与此同时,以广东造纸厂为首的另一批工厂也被规划进驻河南岛。在筹备期间,省政府曾拟定韶关、三水和广州南石头三处为厂址候补地。当时新闻纸均以杉木为原料,而位于北江上游的韶关正是杉木产地,但区位略逊,由此产品需要先经粤汉路运抵广州再行转运,且单靠这里并不能满足杉木的全部需求,还要从东、西两江的产木地进行补充。三水

---

① 《财政局提议关于省港澳轮船迁泊内港一案应否再行酌予展期以便商人建筑码头请公决案》,《广州市政府市政公报》第495期,1934年。
② 黄菊艳:《陈济棠治粤时期广东经济结构的变化》,《广东文史》2003年第2期。
③ 《议决合并河南及西村两士敏土厂》,《广东省政府公报》第223期,1933年。

位于三江之口，经过实勘，只有魁岗、军都两地可以建厂，前者是沙积地，易崩塌，而军都山地势过高，面积狭窄，如果建厂，需要将山头铲平，耗费甚巨。这样只剩下了南石头这一处可供选择，此地紧邻南河道东岸，地处三江汇流之地，可为内地舟楫、海洋船舶提供停泊之所。①选定厂址后，造纸厂很快建成，南石头厂区占地300余亩，不过这里原是大片墓园，为此厂家还额外支付了一笔迁葬费，其中长棺每穴10元、金塔7元。②

同时期在河南设立的还有纺织厂。市政府择定河南士敏土厂东、西两旁土地为厂址，东边土地原先租给厚祥公司经营砖窑，西边亦是士敏土厂租用的临时生产厂房，两地分别在1931年、1932年被收回，资本额46万余元。③不过由于这里处于初步开发阶段，尚不通公路，于是由建设厅通知工务局开筑专路直达厂前。工厂如雨后春笋般出现，增加了广州市的用电量，城市供电系统面临着很大压力。当时广州市用电高峰集中于每日7~10时，为应对用电紧张，建立了河南电力分厂，④每当用电高峰时，分厂与电力总厂交替供电，以缓解压力。

在工业区工作和生活的众多工人难免时有疾病出现，由于送医路远不便，于是工业区中还设立了医院，相关配套设施也逐渐完善。此外在赤岗等地亦有少量工业企业分布。此地位于黄埔涌口以西和赤岗鹭江沿岸一带，濒临珠江前航道南岸，利于原料采集和产品输出。而大多工厂将厂址选定在河南岛西部地区，不仅靠近珠江后航道东岸和北岸，交通相对便利，更紧邻居住区，成为民国时期广州城区在河南的最新延伸。这里建设了很多模范住宅区，一些市民还集股在这里开辟了凤凰岗、小桃源等模范村落，大片居住区也逐渐开始成形。1932年，在河南岛上的南华路，工务局将海幢寺门前空地改建为公园。之后工务局仍觉这里人烟稠密，不足供市民娱乐，于是又在河南中部另选定一地，开辟一处公园，以资调剂。此

---

① 《省营纸厂择定在南石头设立，备价收用该处民业》，《国货月刊》第4期，1934年。
② 《布告筹建南石头纸厂收用墓地展期报迁领费》，《广东省政府公报》第268期，1934年。
③ 详见《广东纺织厂之缘起及其将来》，《现代生活杂志》第1卷第4期，1935年；《收用河南士敏土厂西边地段》，《广东省政府公报》第243期，1933年；《收回河南士敏土东厂地址》，《广东省政府公报》第207期，1932年。
④ 《建设河南电力分厂》，《广州市政府市政公报》第423期，1932年。

外，在保安社、三姓祠一带，一座平面式公园列入开辟计划中。①

（三）道路网的完善

如前所述，清末随着珠江平原涨沙的不断形成，不断有住宅区新建，人口密度逐渐增大，商业逐渐繁荣，白鹅潭东侧沙地成为广州商民住宅区新的开发点，其空间结构同位于西关角的住宅区相类似，即以南北向主街和东西向的辅街形成正交的棋盘状街巷网络。同样在明清时期，伴随珠江河岸的北移，河南岛沿江地段形成了与河岸平行的长街，它们串联原有江边村落而形成，如紫来、福场、冼涌等，同时为了方便大量码头地区的货物上下，建成了多条垂直江岸的"水巷"和"通津"，② 这为此后河南岛城区的扩建奠定了良好的基础。

到20世纪20年代后期，河南岛总人口就已超过10万，③ 此后，伴随着工业区和内港工程的推进，河南岛已"渐成要冲之象"。不过总体来看，河南岛的发展呈现出极不平衡的格局，城区及人口仍主要集中在西北部的临江区域，岛西北部之外的大部分区域仍长期保留着"茶田行尽又花田"的田园景象。④ 在当时，岛上主要的运输方式还是原始的人力肩挑，通常是用一根木杆挑着物品，物件多时就用竹器装载，绳索捆绑。村落之间的马路多用花岗岩石块铺设，其中村落与市镇之间的马路，一般用石条横铺以覆盖全路，宽约2米；小村落之间的通路则是直接用石块铺成，一般只能覆盖道路的中央，而且大多凹凸不平。⑤

城市能够统筹发展，少不了错综复杂的交通线路将各个区域相连接。当时河南岛上的路况已经无法适应日益增长的交通运输需求，鉴于这种情况，从20年代后期至30年代前期，市政部门在河南岛西部沿江及周边地区修筑了河南马路、洪德路等主干道及若干支路（见表1）。

---

① 《工务局拟增辟河南公园》，《广州市政府市政公报》第425期，1933年。
② 邱丽：《明清广州珠江河道的变迁与城市街巷空间的发展》，《华中建筑》2009年第1期。
③ 容秉衡：《河南岛概况》，《农事月刊》第4卷第7期，1926年。
④ 潘飞声：《茶田采春》，黄任恒编纂《番禺河南小志》卷2《古迹》，广东人民出版社，2012，第68页。
⑤ 梁溥：《河南岛聚落地理》，《勷勤大学季刊》第1卷第1期，1935年。

表1 1926～1933年河南岛上主要通车道路

名称	路线
同福路	因同福大街得名,分东、中、西三段,全长2750米,宽18米,为骑楼式商业街
南华路	拆除龙溪西约、中约、福麟街、紫来街、冼涌、跃龙东街之后建成此路,全长2300米,宽11米,为骑楼式商业街
洪德路	拆除洪德大街后建成此路,长640米,宽16～30米
纺织路	因纺织厂得名,长680米,宽12米
河南马路	从大基头到鸡鸭滘,长度不详
河南二马路	一段经洪德马路、龙溪三约、龙溪中队、同福新街、福麟里、福场大街、冼涌到墅口,长约1260米,宽约18米;一段由十条横马路构成,从江边直达内街,长度、宽度不详
河南三马路	从河南三马路至刘王殿马路,正对海珠铁桥,长度、宽度不详

资料来源:广州市地方志编纂委员会编《广州市志》卷3,广州出版社,1995,第174~180页;陈代光:《广州城市发展史》,第140页;《建筑二马路办法》,《广州市市政公报》第339号,1929年。

与市区采取的棋盘状道路格局略有不同,河南岛上道路格局计划采取同心圆杂以放射状形态。① 岛上各条主干道分别以珠江桥头路口和黄埔为起止点,出于建筑及街道采光充足的考虑,设计师进行了一个大胆而巧妙的尝试,即所有非临江路线均不采取南—北正向,而取偏西北约30度。②

然而,急进的大建设损害了很多人的既得利益,在广大市民之中就有很多人对市政工作持不理解的态度。如在道路施工过程中,经常需要拆除规划路线之上的建筑,这项工作就遇到了不少阻力。在河南二马路的施工过程中,工务局派员在沿线划定拆除范围,并要求原有道路两旁铺户限一个月内自行拆除,但实际遵照拆除者只有少数,这样下去终究会影响工程的推进,于是限5日内"各将应拆尺寸从速清拆,一经逾限,定即派人代

---

① 《建筑珠江铁桥之缘起及经过情形》《广州市珠江铁桥之概要》,《南大工程》第1卷第1期,1933年。
② 《广州规划展拓河南区域》,《申报》1930年5月15日,第8版。

近代广州"新生命之自出"：河南岛大建设与广州的城市化（1921～1937）

拆，将料抵工"。①

与此同时，对于道路线路设计方案的合理性，也有不少人提出了质疑。早在1929年河南南岸马路施工时，南楼处于拆除范围之中，但当地各铺户摊馆均持观望态度，迟迟没有行动，于是工务局联系出动消防队，将南香饭店、高升茶楼、祥和当铺及鳌洲街口的一些店铺的墙壁和玻璃门、铺面等强行拆毁，商民李亦梅等人不服，毅然上诉，事情陷入了僵局。市政府通过审理该起事件，认为"该马路路线既应直达海傍，而南楼又为治河处计划所必割，则初定路线即不应舍直就曲，而将南楼保留。若谓因补偿产价费过大，为计划全路路费起见"，而在工务局所发蓝图中，治河处规定南楼以南的分割线，"不过一隅数尺之地，其影响南楼全座者甚微，原线保留南楼对于交通上厥有数点妨碍，车辆须绕越南楼而出，水埗所行路线较长，颇欠便利；凡路线有两个弯曲，即来往车辆，容易发生冲突；停车场较狭小，则时有过挤之患。②因此认定前工务局局长规划路线于交通多有窒碍"。因此广州市政府要求工务局将原定路线修正，并令其监督拆除工程。而在当时一系列市政建设过程中，除了例行工程计划外，工务局还必须时常进行耐心的宣传与普及工作："市民要有新市政的精神，尊崇和服从本市规律，勿放弃责任，竭尽忠诚与政府合作，向本市的神圣事业奋斗。""广州市是广州市民的广州市，凡寄居于是间者，都有切肤之痛，应负有扶助改善的责任。都市计划不是空泛的，也不是浪费的。"③

除了道路以外，桥梁也是沟通城市交通的重要设施。"广州市中贯一水，遂判为河南、河北两区，平时为水所限，交通至感困难。市民之来往，物品之运输，既形不便，市区之发展，遂成畸形。河北则事事发皇，陆离璀璨，河南则冷落如昔，毫不进展。夫河南之去繁盛中心，本属甚迩，徒以限于一水之隔，无法打通，以致河南马路，虽已次第完成，而其兴旺之势，不能上追河北。"此前的千百年间，河南居民如果想要离岛出行，大多依靠鳌洲横水渡这种古老的方式，由于"其地多细流，小艇可以

---

① 《限五日内拆卸河南二马路旁铺户》，《广州市市政公报》第348号，1930年。
② 《广州市府呈复办理更正河南马路线督拆南楼一案经过情形案》，《广州省政府周报》第86期，1929年。
③ 《如何达到都市计划成功的路》，《广州市市政公报》第161号，1925年。

四通八达"，岛上总体水运较陆运为便。因此广州的城市设计者意识到，欲使两岸一起发展，就需要沟通河南与河北老城之间的交通，"则珠江大桥实不可不速事兴建"。①

事实上，早在清光绪年间，在珠江上架设大桥的构想就被提出来了，但直到1929年，铁桥才得以兴工。工程由美国马克敦公司承建，桥身全长约183米，宽约18米，桥面底距水面约8米，大桥北岸接驳维新南路，直达中央公园，南岸桥头直临南华马路，虽然工期略有延误，仍于1933年2月15日通车。这座跨江大桥将岛上的道路与北岸交通线连接起来，广州市的交通网得以大幅扩容。为了不影响珠江行船，特别采用了开合式桥身设计，如有大型轮船通过，能在五分钟内完成收起并展开的动作。此后《海珠桥水陆交通暂行规则》等一系列法律法规逐步生效。②

河南岛交通网和街区的开发体现了广州城市发展的趋势，在城市需要扩展之时，此岛提供了充足的空间。经过此番大建设，原先聚落集中的岛西北部，改造旧路，兴建新路，主要道路网也汇聚在这一区域。正是从30年代上半期起，岛上景观发生了显著变化：

> 河南市街附近的蔬菜地及空地，已渐建成房屋，附近的村落，已渐并入街市范围之内了，新港公路接市街马路由小港接岭南大学黄埔村而达新洲，现已完成，新洲市街，亦已开辟马路，染了市镇的景象了……③

河南岛大兴土木，使这里同时成为土地投机者的天堂。海珠铁桥等一系列工程助长了许多不良的市场行为，对此，城市设计者早已有所察觉。"在新市区未开发之先。而一任土地投机者之抬高地价，并预作种种不规划之建设，其于日后一切新规划之实施，妨碍殊多，苟不设法补救，则实非河南之福。"所以，市政部门计划将河南建设全盘厘定，并严加取缔所有私人物业营建，"至于私人垄断土地，以谋不当利得之企图，更须设法

---

① 程天固：《广州市工务之实施计划》，第137页。
② 《广州市珠江铁桥之概要》，《南大工程》第1卷第1期，1933年。
③ 梁溥：《河南岛聚落地理》，《勤勤大学季刊》第1卷第1期，1935年。

近代广州"新生命之自出"：河南岛大建设与广州的城市化（1921~1937）

防止"。① 且在对港口一带进行填筑后，"所拟地价，每井（约14平方米）底价毫银1000元，以资竞投，……组社集资，争先恐后者，大不乏人云"。当时生活在广州的人们认为"海珠铁桥落成后，交通便利，工务局为繁荣河南，陆续开辟马路，以便车辆、货物往来。故年来商业较前繁盛十倍，市民移居河南者，亦日渐增多"。② 而我们可以看到，大建设工程主要集中在岛的西部地区，因为当时并非岛上的所有地区都具有如此高的开发价值，岛的南部地下水位普遍很高，排水不好，近河之处，间有被水淹没的。③ 本着因地制宜的理念，包括程天固在内的城市设计师一致认为河南岛南端"河港分歧，地势低下，土地卑湿，一时实未易发展为市区"，他们决定在孙中山生前制定的整理河南水道计划实施之前，将这一地区的港汊整理开导，"务令灌溉尽其力，田地得其宜，则该处一带之地，可以成为市区内良好之农业区"。④

四　余论

在城市化进程中，城市区域的扩展会受到很多因素的影响，正如本文所展现的，广州市20世纪二三十年代在河南岛大兴土木，并非一个孤立的事件，其背后既有国际外贸背景下港务振兴的刺激，更受城市发展内在需求的推动。由于地形限制，当时广州城市扩展以南向为最佳选择，这就使河南岛成为首选。此岛在当时聚落和人口分布状况并不均衡，而土壤、水文条件亦千差万别，给城市规划者带来了巨大挑战，市政府和工务局人员因地制宜，在道路网、内港港口及工业区、住宅区建设等方面取得一些成果。而随着海珠铁桥的落成和岛上多条马路的通车，原先发展基础较好的河南西北部开始被纳入广州城市道路的总交通网，河南岛上这一地区成为广州城区的一个组成部分。岛上初步形成西部工业地带和东、南部农业地带，内港与工业区相辅相成。随之带来了全市人口的逐年激增，例如1930

---

① 程天固：《广州市工务之实施计划》，第185~186页。
② 《工务局拟增辟河南公园》，《广州市政府市政公报》第425期，1933年。
③ 梁溥：《河南岛聚落地理》，《勷勤大学季刊》第1卷第1期，1935年。
④ 《广州市城市设计概要草案》，《广州市政府市政公报》第401期，1932年。

年广州市人口为85万，仅过了两年，这个数字就超过了112万。① 岛上居民也开始摆脱轮渡这种单一的出行方式，通过更加多元、便利的交通方式融入广州的城市生活中。

这一时期，军阀陈济棠以广州为大本营，建立半独立的军事政权，与南京的中央政权分庭抗礼。掌粤期间，陈根据孙中山的建国方略精神，提出了一套建设新广东的设想与思路，主持制定和实施了三年施政计划，在广东的现代化建设方面取得了可观的成效。② 有学者认为这种由军阀策划的工业建设有其内在缺陷，反而阻碍了地方经济的进一步发展。③ 而且在大建设的实际过程中，由于河南岛上原有的双重权力格局，加上广州市与番禺县之间不可调和的分歧，广州市的市政范围始终未能扩展至河南岛全境，除开辟南岸马路和南华路警界外，市政厅几乎没能取得任何成果，一些学者甚至认为这些因素都是大开发计划失败的重要原因。④

同时，众多的贫民阶层也在此次大建设中受到冲击。如以船为家、数量庞大的疍民，活跃在广州省河及各条支流中，而大建设的规划未将其考虑在内，原先由疍艇构建起的水上生活空间也遭到瓦解。1933年，疍民登陆聚居的大沙头一带被规划为商业区，其搭建的茅寮木屋，限定一个月内全部拆迁，倘再违延，定即饬警督拆。⑤

尽管如此，从整体上来讲，河南岛大建设对于广州城市发展的作用难以抹杀，不仅为广州近代工业发展奠定了基础，促进了居住人口的迁移，更为城市的后续发展预留了更多可利用空间。⑥ 河南岛大建设是近代中国历史上突破城市发展瓶颈的经典案例，经此，广州逐渐成为当时中国市政建设的一个标杆，还一度被誉为"模范城市"。除此之外，当时珠江北岸的市政建设亦颇有成效，市府合署、中山纪念堂等大型建筑如雨后春笋般

---

① 陈代光：《广州城市发展史》，第122~141页。
② 张晓辉、丁媛媛：《陈济棠和广州早期现代化交通建设》，《贵州大学学报》（社会科学版）2010年第2期。
③ 连浩鋈：《陈济棠主粤时期（1929~1936年）广州地区的工业发展及其启示》，《中国社会经济史研究》2004年第1期。
④ 黄素娟：《从省城到城市：近代广州土地产权与城市空间变迁》，第284页。
⑤ 《限令疍民拆迁大沙头木屋茅寮》，《广东省政府公报》第228期，1933年。
⑥ 直到20世纪50年代，广州城市建设用地依旧主要向东、南两个方向发展，建成区面积由1949年的36平方公里扩大到1954年的56.2平方公里，市区城镇人口由1949年的103.9万发展到1957年的168.9万。详见《广州市志》卷3，第71页。

出现，西村工业区与东山住宅区也相继崛起，这些新动向都深刻地影响着此后广州城市的发展走向与格局。

作者：刘赫宇，中国人民大学历史学院、日本爱知大学中国研究科

（编辑：王丽）

乡村城镇化：近代焦作发展路径及其启示[*]

葛风涛

内容提要：焦作以煤城著称，前身为西焦作村。清末英商福公司在此地开矿建厂，开启城镇化历程。近代焦作城镇化不仅源于煤矿的推力，而且赖于铁路的拉力。近代煤矿推进产业升级，吸纳人口聚集。道清铁路横贯豫北，与京汉、津浦等路联运，将焦作连入国内铁路交通网，拓展了本地资源的外部市场，带动了人员流动和商品流通。煤矿与铁路的结合，促进工商业发展，进一步增强本地人口承载能力，推动焦作城镇化进程。焦作矿路合力、工商并进的城镇化路径，本质是产业与交通内外相联动。

关键词：焦作　煤城　铁路交通网　道清铁路　乡村城镇化

焦作地处豫北，素以煤城著称，现为河南省地级市。20世纪以前，此地为怀庆府修武县辖境的乡间村落，西焦作、东焦作比邻而居，上白作、下白作、前靳作、后靳作、耿作、马作等散布周边。清末英商福公司取得怀庆地区矿权后，于此开矿建厂，修筑铁路，设立焦作火车站。西焦作村处在矿厂和车站之间，成为人口聚集、人员流动的中心。1910年，清政府以西焦作村为中心设焦作镇，焦作由乡村向城镇转变，到1925年有"焦作市"之称。民国时期，焦作声名日盛，成为豫北工商重镇，奠定了解放后焦作市发展的基础。

焦作从乡村走向城镇，起于煤矿开发，辅以铁路交通，继之人口剧

---

[*] 本文系教育部人文社会科学研究青年基金项目（批准号：16YJC770005）、河南省高等学校哲学社会科学创新团队支持计划（项目编号：2019 – CXTD – 02）阶段性成果。

增,终成工商重镇,呈现近代乡村城镇化的典型历程。关于近代焦作的城镇化,已有研究从资源、资本、铁路等方面进行分析,① 揭示出焦作城镇化的不同因素。不过着眼某一方面,有难窥全豹之感,尚存综合考察之空间。亦有学者指出近代焦作与唐山的相似之处,将其归入"唐山模式",② 只是限于主题,未及展开细节描绘,留有专题分析之余地。因此,笔者不揣浅陋,拟借前贤之肩,对近代焦作由乡村向城镇转变之路径略陈管见。

一 煤矿开发与产业升级

焦作周边许多以"作"为名的村落,是明清时期当地作坊较多的反映。当地富藏煤炭,有上千年开采史。清光绪年间,焦作周边采煤业兴旺,有小煤窑100多家,土窑800多个。③ 小煤窑长期沿用祖辈相传的土法开采,晚清时期尚未因势改变,产业规模有限。福公司的到来,改变了这种局面。

焦作煤炭产业的近代化转变从英商福公司的进入开始。该公司实力雄厚,"资本总额英金1242822镑,纯系英国商人投资,总公司设于北平"。④ 1898年,福公司通过签订《河南开矿制铁以及转运各色矿产章程》,取得了"专办怀庆左右、黄河以北诸山各矿"⑤ 的特权。义和团运动平息后,福公司在修武县焦作地区购买民地,修造房屋,运置机器,招募工人,钻探打井,开矿建厂。这片采煤基地用福公司总董之名称为哲美森厂。

开矿活动从哲美森厂不断向外伸展。福公司经与地方政府多次谈判,将矿区扩展到60多方里,横跨数十个村落。依托强大的实力,福公司在焦作煤矿投入巨资,引进技术,开启了煤炭产业的新阶段。"用新法以开采

---

① 参见王敬平《英商福公司与焦作近代煤炭工业城市的形成》[《焦作工学院学报》(社会科学版)2000年第2期]、陈康《道清铁路对焦作近代社会经济影响初探》[《河南理工大学学报》(社会科学版)2010年第1期]、马义平《道清铁路与豫北地区城镇体系变动》[《华北水利水电学院学报》(社科版)2011年第6期]、郝媛媛《因煤而兴:焦作城市空间的形成与扩展(1898~1956)》(硕士学位论文,天津师范大学,2018)等。
② 参见熊亚平《铁路与华北乡村社会变迁(1880~1937)》,人民出版社,2011,第277页。
③ 河南省总工会工运史研究室编《焦作煤矿工人运动史资料选编》,河南人民出版社,1984,第384页。
④ 胡荣铨:《中国煤矿》,商务印书馆,1935,第331页。
⑤ 民国《修武县志》,台北,成文出版社,1976,第815页。

者，有则自英商福公司始。"① 为更快地发现煤层，福公司使用沙利文公司制造的金刚石汽力探矿钻机进行大规模的地质钻探，钻井深度、钻井数量和见煤层次都是土法难以企及的。1904年扩展矿区后，福公司又陆续开凿出四、五、六、七、八号井。几年时间，福公司在周边开凿了10余个矿井，先进机械设备起到了很大作用。据统计，当时福公司矿厂有锅炉32座，大卷扬机4座，发电机8座，大水泵1座，选煤机1部，修理厂1所，设备甚为完善。②

福公司大规模使用机械采煤，改变了当地没有机器设备、没有电力照明的传统采煤方式，提高了煤炭产量。1906年，福公司一、二、三号矿井建成投产开始出煤，最初煤炭日产量约500吨，其后四、五、六、七、八号井相继出煤。至1913年，福公司盛期日产煤炭达2000余吨。从年产量上看，1906年福公司煤炭产量逾12万吨，1912年超过54万吨，增幅显著。

福公司的扩张影响到民间土窑的生存，进而产生"鲶鱼效应"，刺激本地煤矿企业成长。为了争夺矿利，当地土窑开始仿照福公司的模式进行矿业经营调整，1906年起先后成立了凭心公司、豫泰公司和明德公司等煤矿企业，使焦作地区的矿业经营出现了一些新动向。③ 1914年，三家公司合并成立中原煤矿公司（以下简称"中原公司"），设事务所于焦作，管理上百对井口。中原公司煤炭产量日增，1914年全年出煤20万吨，逼近福公司的生产水平（见图1），形成与福公司并驾齐驱之势。1919年，中原公司煤炭产量超过83万吨，1924年达94万吨，多年超过福公司的产量。

中外两公司为了缓和竞争，于1915年采取分采合销的形式组成福中总公司。到1924年产煤约162万吨，年产量仅次于抚顺煤矿和开滦煤矿，居全国第三位，创造了近代焦作煤矿的极盛时期。1925年后，由于政治形势影响，福公司煤矿陷于停产。1932年，福公司为恢复生产，再次与中原公司合作，经过磋商和谈判，于1933年组成中福两公司联合办事处。"由福中总公司到中福两公司联合办事处，福、中两字的颠倒，客观上标出了两个不同的阶段，它意味着福公司在中国与中方合作经营煤矿的最高权力组

---

① 黄藻编《河南福公司矿案纪实》，民国印本，第6页。
② 胡荣铨：《中国煤矿》，第332页。
③ 苏全有、李长印、王守谦：《近代河南经济史（上）》，河南大学出版社，2012，第204页。

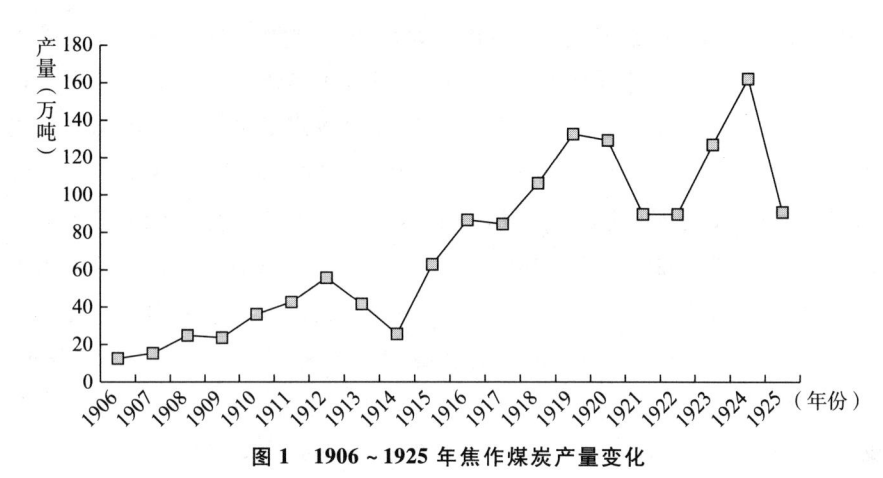

图1　1906~1925年焦作煤炭产量变化

注：1906~1914年为福公司煤炭产量，1915~1925年为福中总公司煤炭产量。

资料来源：焦作矿务局史志编纂委员会编《焦作煤矿志（1898~1985）》，河南人民出版社，1989，第165、172页；汪敬虞编《中国近代工业史资料》（第二辑上册），科学出版社，1957，第91~92页。

织中，开始由中国人占主导地位。"① 在焦作煤炭产业升级过程中，中外企业之间的关系也发生了转换。

焦作近代煤炭产业兴起，既有大量资本的投入，也有先进技术和设备的使用，还伴随着企业组织形式和管理方式的转变。产业升级提高了生产效率，推动了煤炭产量增长，并以煤矿为中心兴起许多新的部门和产业，带动经济结构和社会结构的转变，对焦作发展产生了深远影响。

首先，煤炭资源是当地重要的税源，煤炭产量的提升直接带来税收的增长。1915年中原公司与福公司组成福中总公司，在合营期间，每年上交政府国币10万元，按所得净利提5%上交河南行政官署，如净利超过10万两，则上交10%。1915年至1923年，上交政府共70万元。② 福中总公司时期，矿税分矿区税和矿产税两种，焦作煤矿每年纳矿区税22700多元，矿产税每吨0.25元，每年约15万元。③ 焦作煤炭产业的升级，使当地的税收结构发生了变化，工业产值的比重逐渐提高。

其次，随着煤炭产业发展壮大，焦作近代医疗卫生、教育文化等事业

---

① 薛毅：《英国福公司在中国》，武汉大学出版社，1992，第187页。
② 张天云主编《焦作市税务志（1898~1986）》，中州古籍出版社，1992，第28页。
③ 《焦作煤矿志（1898~1985）》，第374~375页。

生根发芽。"以焦作为中心,自焦作南通过焦作到焦作北为非矿区(无炭区)。"① 因此,办公场所和医疗教育机构多建在焦作,包括早期的福公司医院和后来的中福医院等。教育机构的兴办也以煤矿为依托。由福公司提供经费支持创办于1909年的焦作路矿学堂,是中国第一所矿业高等学府和河南第一所高等学校。② 早期的福中中学、福中小学、女子小学等,资金都出自煤矿。到1926年,福中总公司所办小学有13所。③ 新式学校为人口素质的提高奠定了基础。1931年度,中原公司对外捐助费和各种公益补助总金额达29万多元,包括焦作工学院12万余元,焦作中学3.3万余元,焦作矿区13所学校2.3万多元,中原小学1万多元。另有焦作市国术馆、修武周报社、豫北日报社等机构。④ 焦作煤矿成为推动当地社会事业发展的重要力量。

再次,煤矿产业吸纳了大量人口,改变了当地的人口结构。1902年福公司建立哲美森厂,雇用了3000名工人和25名欧洲技师。随着矿区的扩大,招纳的工人不断增加,1911年福公司煤矿工人超过8000人。1915年福中总公司成立后,焦作的煤矿工人不下万名。1924年,焦作煤矿工人保持着11000人的规模。⑤ 此外,另有技术和管理人员。煤矿从业者形成庞大的人口规模,吸引大批商贩的到来。1925年6月,焦作学生联合会举行声援"五卅运动"游行,"游行者约六七千人之多,而市民夹道观者,不下两三万人"。⑥ 西焦作村原有人口不到千人,煤炭产业发展带动人口急剧增加,远远超过了原有规模。人口以工人和商人为主,且学生、知识阶层和管理人员均有所增长,人口结构因之改变。

另外,伴随着煤炭产业升级,焦作近代工业和交通运输业兴起。为运煤方便,福公司修筑了道清铁路,以焦作车站最大,焦作成为煤炭和各种

---

① 〔日〕北支那开发株式会社调查局:《河南省焦作煤矿现况调查(1942年5月21日)》,中共焦作市委党史研究室、焦作市档案局编印《焦作百年文献(1898~2005)》第1卷,2006,第249页。
② 薛毅:《焦作煤矿史》,河南人民出版社,1986,第49页。
③ 《焦作煤矿志(1898~1985)》,第495页。
④ 《中原公司二十年度教育费各文化机关补助费党政机关补助费及公益补助费表》,河南省档案馆藏,档案号:M71-1-16。
⑤ 《焦作煤矿志(1898~1985)》,第424页。
⑥ 《焦作镇市民举行游行和公民大会》,《时报》1925年6月27日。

商品的转运点，开创了交通新局面。道清铁路将焦作连入国内交通网，拓展了本地资源的外部市场，增进了人员流动与商品流通，推进了本地商业快速发展。铁路与煤矿相互配合，内外联动，助推焦作城镇化进程。

二 铁路通行与市场拓展

福公司在焦作开办煤矿后，以"开矿不可不建铁路"为由，"禀准本省巡抚，由矿地起建筑铁路至卫河之水口（即道口码头）",① 期与水运联络，以满足运煤需要。铁路从1903年开始分段修筑，1905年道口镇三里湾码头至焦作煤矿建成通车，随之从焦作向西至清化镇，1906年干线竣工，名为道清铁路。该路总长150多公里，横贯豫北地区。焦作站在全路中占有重要地位，1907年管理铁路业务的监督局便设在焦作。1913年所拟各站等级中，焦作与修武县、获嘉县、新乡县等站为一等站。焦作站设有电信室，铁路方面有一条电话专线，只有焦作电信室至新乡车站可以用专线直接通话，新乡以东和焦作以西都需要新乡站和焦作站转接。同时，焦作车站电信室与福公司和中原公司等煤矿公司的办公室及焦作市公安局等机构的电话相连通。道清铁路总机修厂也设在焦作，可见焦作站在全路中的中枢作用。

道清铁路通车之初以货运为主。1905年有煤车100辆，至1923年有货车300多辆。② 煤炭一直是货运大宗，每年运输数量约占全部货运总量的80%。焦作煤炭除自用以外，绝大部分依赖道清铁路向外运输。煤炭以外，道清铁路运输货物还包括杂粮、铁货、竹器、煤油、豆饼、木料等，约占货物总运量的20%。③ 货物运输是双向的。自豫北向外运输煤炭、土杂等货物，从外地输入豫北食盐、煤油等。民国时期，在历年货物运输结构方面，煤炭始终是道清铁路货运中的强项，占有相当大的比重；工艺品在货运中的比重稳步上升，占据次席；农产品也异军突起，增幅明显。④ 虽然煤炭产量对铁路货运量有很大的影响，但铁路货运量变

---

① 道清铁路管理局编《道清铁路卅周年纪念刊》，1933，第1页。
② 交通铁道部交通史编纂委员会编《交通史路政编》第13册，1935，第4906页。
③ 《道清铁路卅周年纪念刊》，第186~187页。
④ 马义平：《道清铁路与豫北社会变动（1898~1937）》，博士学位论文，南开大学，2010，第60页。

化趋势并非完全取决于煤炭产量，在煤炭产量下降时，农产品和工艺品是货运的重要补充。清末民初，道清铁路货运量总体呈不断增长的趋势（见图2）。

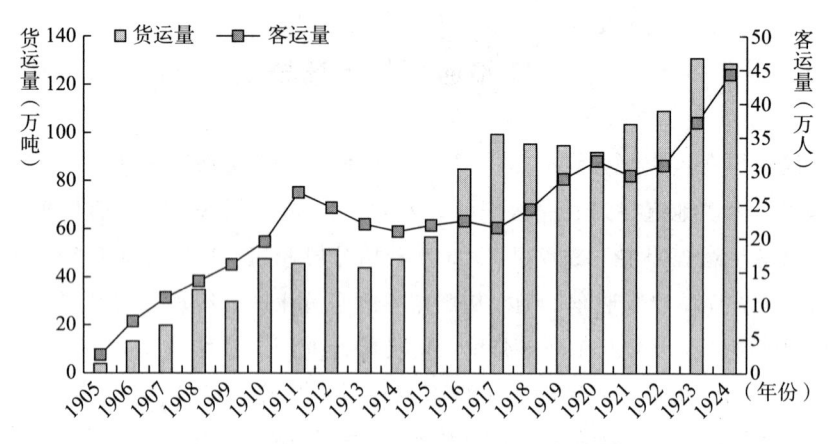

图2　1905~1924年道清铁路客、货运量趋势

资料来源：《交通史路政编》第13册，第4941~4945页。

货运以外，道清铁路还经营客运业务。起初每日开行两次客货混挂列车，随着沿线商务渐趋发达，开行车次逐渐增多，并将客车与货车分开行驶，专门开行旅客运输。① 民国初年，焦作工商业发展，铁路使长途出行更加便利，人口流动日益频繁，道清铁路客运量总体上亦呈稳步增长的趋势。

道清铁路的通行对焦作发展影响巨大。首先，拓展了本地资源的外部市场。道清铁路通车后，凡行销河北省东部及天津一带的煤炭，都先从焦作运到道口镇码头，然后装驳船沿卫河而下直达天津。② 1906年，道清铁路与京汉铁路实行车辆互通，道清铁路运货至京汉铁路由新乡接入，南至郑州、北至彰德均用道清车辆，由京汉付给道清车租。运货过彰德以北或郑州以南则由京汉铁路放空车至道清铁路各站装运，由道清付给京汉车租。③ 1921年，道清铁路与京汉、津浦、京奉、京绥、沪宁等路开始联运。④ 办理以来，商民称便。

---

① 《道清铁路卅周年纪念刊》，第28页。
② 胡荣铨：《中国煤矿》，第330页。
③ 《交通史路政编》第13册，第4910页。
④ 《交通史路政编》第13册，第4955页。

此后，焦作煤炭经过道清铁路，不仅可以东至道口码头由水路过山东达天津，也可以转新乡火车站与京汉铁路相连，向北可达北京再转东北，向南过郑州可达信阳、武汉，同时亦可在郑州沿陇海线向东经徐州站转津浦铁路达南京、上海等长江下游地区。焦作煤炭沿道清铁路、平汉铁路、津浦铁路和陇海铁路销售。① 福中总公司沿京汉、陇海铁路和卫河水路交通线，于汉口、上海等处设立经理处六处，分销处二十余家。② 中福时期，两公司实行合采合销，联合办事处下设业务处，专司煤炭运销工作，在新乡、道口、郑州、开封、上海、汉口、徐州等重要商埠设立经理处，自行推销煤炭，办理该地及附近区域营业运输和销售事宜。同时在天津、保定、洛阳、南京、镇江、苏州、杭州、西安、济南等地设立分销处，招商承办销售煤炭事宜。当时所设经理处和分销点多是铁路上的重要站点或交通方便的大商埠，焦作通过道清铁路与之联系起来。

其次，铁路通行促进了本地商业发展。道清铁路把焦作与豫北的两大商业重镇联系起来，不仅利于土产输出，而且便于外货引入。道口镇地濒卫河水运，交通便利，北达京津，南通汴洛，商贾云集，贸易繁盛，东西商货多汇于此，有"小天津"之称。③ 清化镇是豫北商业重镇，由山西南下的商品经此转销至河南各府以及山东、直隶，兼及江南、湖北。从清化北运的商品不仅有本地的粮食、药材、花炮、竹器，还有南方杂货。④ 通过道清铁路，焦作不仅借助道口和清化两翼融入区域商业网络，而且与京汉铁路线上的新乡连接起来，融入全国交通网络。煤炭、竹器、石灰等货物在焦作、清化等站装载运往沿途各站以及平汉、陇海沿线各站，回程则通过道口、白露或新乡站装载煤油、木料等货物运往焦作、清化等站。⑤ 焦作地区的煤炭、竹器及各种农副产品通过铁路大量运往外地销售，提高了本地物产的商品化程度，外地的煤油、布匹、棉纱等物品通过铁路进入本地市场，活跃了本地的商品经济。

---

① 《焦作煤矿志（1898～1985）》，第353页。
② 《焦作煤矿志（1898～1985）》，第297页。
③ 浚县地方史志编纂委员会编《浚县志》，中州古籍出版社，1990，第134页。
④ 许檀、吴志远：《明清时期豫北的商业重镇清化——以碑刻资料为中心的考察》，《史学月刊》2014年第6期，第105页。
⑤ 铁道部参事厅第四组编《铁道年鉴》第2卷，汉文正楷印书局，1935，第904页。

便利互通有无，助推商业兴盛。所谓"销路畅则利商，制造繁则利工……铁路之利，首在利民"，① 道清铁路与京汉、津浦等路联运后，人员流动频繁，商旅颇为便利。② 晋、冀商人陆续通过此路将京津杂货、苏杭丝绸运销焦作，英、美洋货亦大量涌入焦作市场，英孚、美孚和俄国的大华三大石油集团相继在焦作开店设点，招聘代办，组建商号。③ 在铁路带动下，焦作的市场网络大为拓展。"焦作镇原为豫北荒僻之区，交通极为不便，自清光绪二十八年英商福公司开采煤矿建设铁路后，地利开发，交通便利，工商发达，与时俱进，俨然为豫省西北之重镇。"④ 可见，铁路通行改善了焦作的交通状况，推动了市场发展和工商业繁荣。

三 矿路结合与工商并进

煤矿和铁路催生了焦作近代工业。1902年，英商福公司建矿时便引入了电力，配备安装发电机进行简易发电，福公司办公处已安装有几百盏电灯。每晚电灯亮起，成为一处特别的风景。英商甚至自以为傲地炫耀说，是他们给焦作带来了光明。⑤ 1904年，福公司在煤井下安装直流发电机，供矿井上下照明使用。1905年，又在原有发电机的基础上安装了3台英制立式蒸汽发电机，建造简易厂房，创立发电厂，名为"福公司焦作煤矿附设电厂"，成为河南省最早的电力工业企业。⑥ 后来电力供应范围从矿区扩大到焦作镇，居民照明迎来电力时代。焦作镇的几条主要街道，如中原大街、东马市街、西马市街和大同路等都亮起了电灯。城区照明的供电方式为电灯公司向福公司电厂趸电，再转售给居民。依托煤矿附设电厂，焦作镇在民国初期用上了电力照明，进而闪耀出异于周边传统乡村的现代之光。

焦作近代机械工业围绕铁路和煤矿展开。道清铁路几百辆客货车在此运转，有着繁重的维护任务，道清铁路机修厂应运而生。机修厂有员工百

---

① 张之洞：《请缓造津通铁路改建腹省干路折》，苑书义等主编《张之洞全集》第1册，河北人民出版社，1998，第662~663页。
② 《交通史路政编》第13册，第4955页。
③ 尤永祥：《焦作商业的起落和振兴》，《焦作文史资料》第3辑，1990，第149页。
④ 道清铁路管理局总务处文书课编《道清铁路旅行指南》第3期，1933，第160页。
⑤ 廉捷、史纪善等纂《焦作电厂志（1902~1984）》，1985，第6页。
⑥ 焦作市地方史志编纂委员会编《焦作市志》第2卷，红旗出版社，1993，第549页。

余人，是焦作近代机械工业的开端。机修厂由中国人任厂长，工程技术人员多是英国人。① 福公司在焦作利用机械化方式采煤，建矿之初便使用机器设备。随着煤炭开发规模的扩大，机器维护和维修工作量越来越大。1910年，福公司成立机械修理厂。机修厂有大小机械设备14台，里工和外工超过200人。1917年，道清铁路所属新乡木匠厂、铁匠厂、修配厂纷纷迁至焦作，工业规模得以扩大。② 中原公司成立后，附设机器修理厂。1922年初，中原公司扩大生产规模，建设为大井生产服务的中原煤矿机器厂，主要机器设备有各类车床十余部，铳床、牛头刨床、钻床、螺丝床等数十部，另有锯机、水泵、风扇、吊车、马力机等。依托铁路和煤矿，一座座工厂在焦作建立起来，标志着焦作近代工业的兴起。

福公司与附属机修厂以及发电厂等均位于焦作北部，被称为"北厂"。道清铁路机修厂靠近铁路线，在火车站旁边，与道清铁路管理局等铁路机构集中位于焦作南部，统称"南厂"。煤矿和铁路一北一南，焦作位于二者之间，居地利之便。随着物资流动与人员流动频繁，焦作形成两条连接矿区与铁路的街道，分别为西马市街、东马市街。这两条南北街道在矿厂与铁路线之间延伸铺展，吸引外地商户来此经商。街道两旁商店密布，大小店铺达百家之多，其中有明德电灯房、同兴德、协成合、豫立丰等较大商店十多家，逐渐取代了福公司矿厂哲美森街的中心地位。③ 1910年清政府以西焦作村为中心设置焦作镇，是对其商业发展和市场地位的确认。

民国时期，焦作福中大街、中原大街、中山西街、中山东街等主要街道两侧建造起商业店铺，整体样式为外洋内中。④ "有些商店，门面虽然华丽，生意亦颇畅旺，但所售大半是外货，听说每日销售化妆品很多。"⑤ 随着城区扩展，许多新修的街道发展为商业中心。"焦作繁盛街市集于中山东街，所有银行、绸缎、洋广布匹、饭馆、浴堂、妓寮、旅馆均集于是……著名之商号如钱业之同和裕，煤油业之聚源栈、中裕存，杂货业之

---

① 河南省焦作市机械工业局编《焦作机械工业志（1904~1983）》，机械工业出版社，1986，第13页。
② 韩效芳：《道清铁路的历史与工人斗争》，《工运史研究资料》1984年第4期。
③ 《焦作市志》第1卷，第208页。
④ 赵尚兴主编《焦作市建筑工程志》，河南人民出版社，1988，第77页。
⑤ 艾新斋：《小小焦作的社会现象（河南通讯）》，《新人周刊》第1卷第13期，1934年，第254页。

德兴厚、德源恒，洋货业之义盛永、豫立丰，南货茶业之稻香村、紫岩春等。其菜市则在中山西街。"① 饭店、旅馆、澡堂、照相馆等陆续出现，摊贩、作坊、修理业等穿插其间，商业街区一片繁荣。20世纪30年代，焦作迎来商业兴盛时期，德茂成、德顺祥、协成合、同兴德、同和兴、三瑞和等20余家较大商业店铺陆续建成开业，另有商业摊贩百余户以及修理业、手工业作坊等数十家。饭店营业时间比较长，平时自不必说，节庆日生意更为火爆。到元宵节，"北头搭戏台，演戏三天。火神会还有'背阁''花船''猕猴偷桃'等各种玩艺，非常的有趣，非常的热闹；街上的人，非常的多，非常的拥挤。晚上各店铺点放各类烟火，喷出来的火花，很高很好看"。② 节日的热闹，映衬出商业的繁荣景象。

依托铁路和煤矿，焦作形成新的产业体系。尤其是借助产业集聚出现商业的繁荣，焦作成为区域中心市场，推动了城镇化进程。抗战时期，焦作遭受战争破坏，但较好的工商业基础，使其在战后很快恢复。据统计，焦作市原有坐商109户，1948年发展至316户，增加207户；原有摊贩85户，1948年发展至408户。③ 到1948年底，焦作市工商户坐商和摊贩共计1002户，工商业人口7850人。④ 就焦作本身来看，其商业资本和商业人口远远超过工业资本和工业人口，呈现"商重工轻"的特征。而与周边各县相比，焦作的商业资本和工业资本均高居首位（见图3）。当时焦作辖区范围很小，其产业集聚度和城镇化水平更显优势，从而为解放后成为区域中心城市奠定了基础。

四 比较审视与路径分析

焦作从乡村向城镇发展，有煤矿的推力，也有赖铁路的拉力。焦作北靠矿区，南临铁路，既享煤矿产业之利，又借铁路交通之便，矿路结合，

---

① 《道清铁路旅行指南》第3期，第178页。
② 王定昌：《焦作新年中的种种》，《铁工阵线》第1卷第7期，1937年，第13页。
③ 太行第四专员公署：《关于初步恢复新区城市工商业工作报告》（1948年12月11日），焦作市档案馆藏，档案号：1-40-1。
④ 中共太行四地委：《焦作城市工作初步总结》（1949年1月22日），焦作市档案馆藏，档案号：1-202-7。

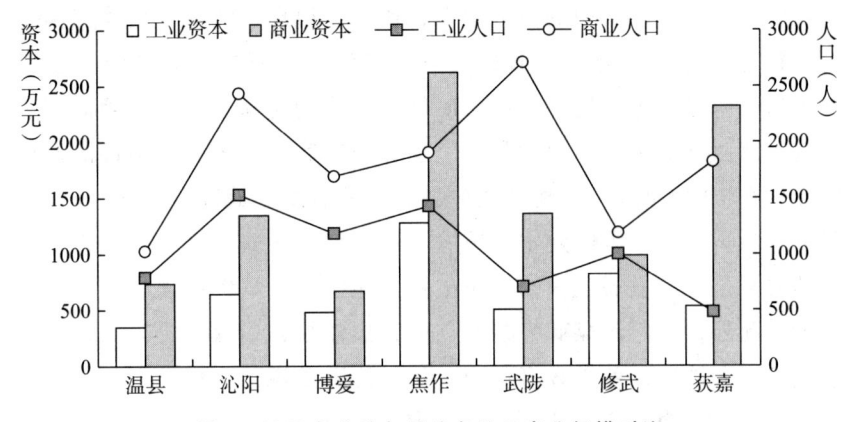

图3　1948年焦作与周边各县工商业规模对比

资料来源：《太行四专区各县工商业统计表》，焦作市档案馆藏，档案号：1-40-4。

内外联动，促进乡村转型，助推城镇勃兴。其城镇化速度和水平受煤矿产业规模和铁路交通网络的综合影响。这一特点，从其与六河沟、唐山同途殊归的历程中可以清晰显现。

六河沟与焦作颇多相似。20世纪以前，二者同为乡间村落，在京汉线以西60公里以内。六河沟近安阳，焦作近新乡，新乡与安阳一南一北，均是京汉铁路线上的站点，且城镇规模和等级相当。六河沟煤矿与焦作煤矿同一时期开办。1903年，安阳人马吉森和山东商人谭士祯集资白银2万两在六河沟开办煤矿，次年由部立案，定名"安阳六河沟机器官煤矿"。[①]1907年扩充资本，改名为六河沟煤矿股份有限公司。由于运煤需要，乃招股扩充，铺设六河沟至丰乐镇轻便铁路，并购置车辆及机器。1913年，开凿全盛、全东新井，煤矿实现提升、运输、通风、排水等机械化，同时修建观台镇至丰乐镇轻便铁路，购德国造小火车，专为运煤之用。民国时期，六河沟煤矿产量持续增长，为中国十大矿厂之一。[②] 20世纪30年代，煤炭年产量达到75万吨，职工3000余人，资本扩充至600万元。[③] 六河沟煤矿还以煤矿为基础，建立起发电厂、机修厂等近代工业。

同有煤矿和铁路，焦作从乡村走向城镇以至省辖市，而六河沟没有实

---

① 杨大金：《近代中国实业通志》下册，钟山书局，1933，第158页。
② 顾琅：《中国十大矿厂调查记》，商务印书馆，1916，总论，第4页。
③ 中国近代煤矿史编写组编《中国近代煤矿史》，煤炭工业出版社，1990，第155页。

现这种转变。当然，其中的原因很多，比如，地理上六河沟离漳河南岸的观台镇较近，商品物资等可通过既有市场供给，而且已有城镇承担了办公、生活等基础设施功能，减弱了矿区城镇化的需求。而焦作距离周边城镇较远，离西部的怀庆名镇清化镇、东部的修武县待王镇、南部的武陟县宁郭驿均在10公里以上，离怀庆府城、修武县城、武陟县城20公里有余（见图4）。实际上，焦作处于城镇的边缘，位置比较偏僻，一般来说没有近城的便利是不易发展起来的。而矿路兴起以后，反倒增强了焦作城镇化的动力。此外，六河沟煤矿为绅商创办，焦作福公司煤矿为外商创办，焦作形成外国人社区，备受政府重视。从经济上来说，有两点极为重要：一是六河沟煤矿规模小于焦作煤矿；二是六河沟煤矿所修铁路附属于煤矿，里程短，功能单一，只是运煤专线，对商业发展带动有限，难以与横贯豫北的道清铁路相比。同样依托煤矿和铁路，焦作与六河沟同途殊归，关键在于煤矿产业规模和铁路交通网络的差异。

再较之于唐山，矿路综合作用的效果更加明显。唐山原是荒僻乡村，起点与焦作相同，其设镇方式和发展阶段也与焦作相似。清末由于资源开发引起人口集聚，始设唐山镇，后称唐山市。不过，唐山城镇化水平同期高于焦作，特别是人口数量和城区范围，二者相差较大。从演进路径观察，这种差别主要源于两种因素：一是煤矿产业规模，二是铁路交通网络。

清末民初，唐山的开滦煤矿资本雄厚，技术先进，产业规模远大于焦作。其煤炭产量1913年超过200万吨，1920年跃增到440万吨，年产量一直稳居全国首位。[①] 煤矿发展带动一大批工矿企业在唐山地区兴起。除煤矿机修厂、细绵土厂外，唐山相继建立起唐山电力厂、德盛陶业厂、华新纺织厂、启新洋灰公司、启新陶瓷厂等较大企业，煤炭、电力、机械、水泥、纺织、陶瓷等工业均有所发展，工业企业达百余家。在此基础上，唐山形成以煤炭电力等能源工业为主，以水泥纺织、陶瓷机械制造等为辅的近代工业体系。[②] 唐山以煤矿为基础扩大工业规模和提高工业化水平，显现出产业集聚的特征。

铁路方面，清末唐山便建立了与京津等大城市连接的交通网。唐山开

[①] 《中国近代煤矿史》，第94页。
[②] 冯云琴：《工业化与城市化：唐山城市近代化进程研究》，天津古籍出版社，2010，第220页。

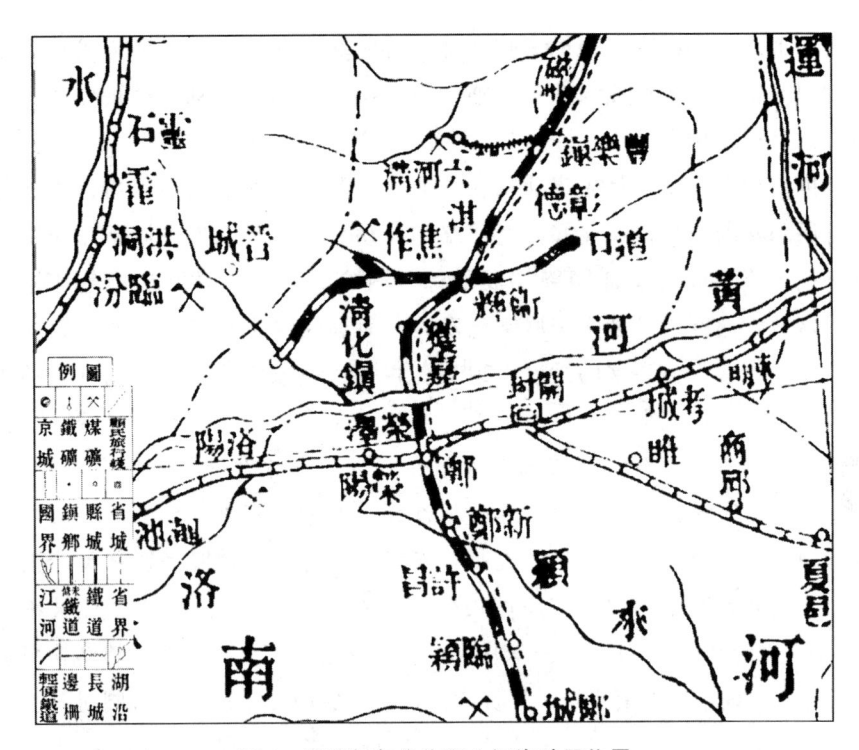

图 4　民国初年焦作和六河沟矿厂位置

资料来源：顾琅：《中国十大矿厂调查记》，插图。

矿之初修建唐胥铁路，1882 年建成唐山火车站，主要用于运煤，1888 年展筑至天津。其后，该路不断延伸，先至山海关，再至北京，1912 年通车至沈阳。至此，由唐胥铁路延展而成的铁路网跨越关内外，成为华北通往东北的大动脉。铁路打通了唐山与京津及东北地区的联系，促进了唐山工商业的发展。[①] 唐山通过铁路扩展交通网络，连接华北、东北地区中心城市，开辟出京、津、沪、穗、港等外部市场。交通网络带动市场网络，推动了唐山工商业发展。

相比而言，唐山产业规模和交通网络都优于焦作，城镇发展规模与此同步。唐山 1898 年设镇，1910 年集聚人口近 5 万人，到 1922 年人口达 8.5 万人。[②] 民国初期，唐山人口数量和城区范围约为焦作的 2 倍。二者城

---

① 闫永增：《以矿兴市：近代唐山城市发展研究（1878~1948）》，中国社会科学出版社，2009，第 51 页。

② 魏心镇、朱云成编著《唐山经济地理》，商务印书馆，1959，第 15 页。

镇化水平既受煤矿产业规模影响，也与铁路交通网络有关，即为矿路合力之作用。正是煤矿产业与铁路交通的有力结合，内外联动，推进焦作、唐山等矿区从乡村向城镇快速转型。

推而论之，煤矿代表当地特色产业，铁路连接外部交通网络，矿路合力背后隐含的是特色产业和交通网络的互动。内外联动推进城镇化，实质是特色产业集聚与交通网络扩展的综合效应。焦作、唐山有特色产业优势，借助交通网络扩展实现城镇化发展，而近代铁路站点村落的城镇化进程，亦隐含着产业集聚的过程。20世纪以前，石家庄是一个名副其实的小村落，全村百户人家，人口不足千人，并无商民足迹。随着京汉铁路和正太铁路相继通行，石家庄成为交通枢纽，带动产业发展，助推乡村转型。铁路对石家庄城市化的推动作用毋庸置疑。不过，工商业是影响城市化的直接因素，石家庄城市化与物流业、炼焦业和纺织业发展密切相关。工商业经济发展无疑是近代石家庄城市化的内在根本推动力。① 石家庄被称为"火车拉来的城市"，实际是石家庄利用铁路交通之便，将运输优势转换成资源优势，实现生产要素集聚，投资货栈业，形成商贸集散中心，同时开发本地资源，推动炼焦、纺织等工业发展，形成产业集聚，促进工商业发展。

铁路与城市化发展之间，能否利用交通优势实现产业集聚至为关键。清末民初的杨柳青是天津周边地区最早拥有铁路运输、轮船运输和公路运输的市镇之一，然而，这种交通优势对杨柳青工商业的推动作用似乎并不明显。② 郑州成为铁路枢纽之前已具备城镇基础，京汉铁路与陇海铁路在此交会后，为产业集聚发展提供了便利。"在外部流通需求和铁路运输的保障下，郑州作为区域植棉中心的地位进一步得以强化，同时也使得郑州与周边地区的经济互动关系更加密切。"③ 相比郑州，有些站点却是另一番景象。陇海铁路经过的韩庄镇车站，在1933年前后仍人烟稀少，荒凉满目，古城车站的村落状态也没改变。④ 可见，铁路并非必然兴市，煤矿亦

---

① 李惠民：《火车拉来的城市：近代石家庄城市史论丛》，商务印书馆，2018，第31页。
② 熊亚平：《铁路与华北市镇经济近代化之间关系的再审视——以杨柳青镇为例》，《理论与现代化》2013年第5期。
③ 刘晖：《铁路与郑州城市化进程研究（1905~1954）》，商务印书馆，2018，第282页。
④ 殷梦霞、李强选编《民国铁路沿线经济调查报告汇编》第7册，国家图书馆出版社，2009，第196页。

然。作为其中一个支点,如果不能实现内外联动,很难助推城镇化进程。在乡村城镇化进程中,无论是煤矿地区因产兴而通路,还是铁路站点地区因路通而兴产,特色产业集聚和交通网络扩展总是相伴而行。

五 结语

近代焦作城镇化的基础是煤矿和铁路。煤矿产业升级带动人口集聚,铁路交通网络拓展外部市场,内外联动,工商骤兴,助推城镇化进程。如果只看焦作本身,很容易留下"因矿而兴"的印象,也会产生"以路兴市"的观感。当我们把焦作与同途殊归的六河沟、唐山进行对比,就会发现煤矿并非都能兴"市"。与此相类,铁路亦然。同为铁路站点,同有火车通行,有的发展缓慢,有的迅速向城镇转变,铁路沿线城镇形成"差异化发展"。[①] 反观煤矿城镇,又何尝不是如此。我们把同途殊归的两类城镇相互对照,可以看出其城镇化历程蕴藏着产业与交通内外联动的综合作用。

当然,就城镇化而言,在产业发展和交通拓展背后,亦有地理区位、资源禀赋、人力资本甚至政策制度等多种影响因素。这些因素不可或缺,却很难测评哪一种因素起决定作用。因为"牵一发而动全身",城镇化是多种因素合力作用的结果,各种因素总是相互影响,很难把某个因素单独剥离。本文强调"产业-交通"这一主题,无意明确乡村城镇化的决定因素,而是探求产业与交通的合力机制,即在产业之外注意交通,在交通之上不忘产业,避免把影响因素孤立化或把影响因素的作用定向化。实际上,铁路通行的双重影响和煤城勃兴的多层面相已引起不少学者的思考和探讨。相信视角的转换和方法的多元,会使我们对近代城镇发展的丰富性和复杂性了解更深入、理解更深刻。

作者:葛风涛,河南师范大学历史文化学院、
复旦大学历史地理研究中心

(编辑:熊亚平)

[①] 熊亚平:《华北铁路沿线集镇的"差异化发展"(1881~1937)》,社会科学文献出版社,2018,第338页。

乡村建设背景下的区域城镇化*
——以近代北碚地区为例

李冰冰　谢　健

内容提要：近代以来，北碚因卢作孚领导的乡村建设运动而闻名。正是通过以"乡村现代化"为主旨的乡村建设运动，北碚从巴县的小场镇转变为一个"典型的乡村城市"。当然，近代北碚的城镇化，不仅是因为卢作孚发展经济、改良市政的乡村建设活动，同时也受益于抗战内迁所带来的人才、技术。简而言之，北碚的城镇化与地方政权、市政设施、经济文化、人口等因素是相互作用的。一方面，地方政权的建设、市政设施的改良促进了北碚的城镇化，另一方面，北碚的城镇化建设又吸引战时人口迁碚，经济文化得以快速发展，从而又进一步促进了北碚城镇化程度的提高。近代北碚的发展历程完整地展现了乡村建设与城镇化的结合，在近代区域史研究中具有典型个案的意义。

关键词：区域发展　乡村建设运动　北碚　卢作孚

北碚①，原是巴县嘉陵江边上的一个小场镇，因卢作孚从 1927 年开始接掌驻扎该镇的江巴璧合四县特组峡防团练局（下文简称"峡防局"），在"除清剿盗匪之外，并着重建设事业"，从而开始了其现代化历程。② 北碚

---

* 本文系国家社会科学基金重大招标项目"近代中国乡村建设资料编年整理与研究（1901~1949）"（17ZDA198）阶段性成果。

① 关于"北碚"范围的界定，一般有三种说法：一是指有街、店铺的北碚场；二是指包括北碚场和附近田地、山林在内的北碚乡；三是指包括北碚乡和沿江另外四个乡镇在内的嘉陵江三峡乡村建设实验区（即北碚管理局）。本文所指范围为第三种。

② 社会部统计处编《北碚社会概况调查》，1943，第 11 页。

地区自1927年开始的持续十余年的乡村建设活动，始终是以"赶快将这一个乡村现代化起来"为目标。① 抗战全面爆发后，迁入北碚的人口急剧膨胀，再加之以往乡村建设中致力于城镇化的努力，战时的北碚"俨然形成一中心商业区域"。② 到1948年，北碚以其"宽广的街道、各种公共建筑、市政中心"等设施成为农复会中美两国委员眼中"远非普通中国城市所可望其项背"的现代化乡村城市。③

从学术研究上看，北碚的乡村建设和城镇化是比较有代表性的。该地区的城镇化并未导致城乡二元化结构的出现，反而是相辅相成，城镇化是乡村建设的目标，而乡村建设又是城镇化或乡村现代化的主要途径。以往的相关研究大多集中于探讨卢作孚乡村建设思想或北碚当局的建设实践，而相对忽视了对北碚城镇化问题的探讨。④ 由此，笔者在已有研究的基础之上，对近代北碚的乡村建设、区域发展状况等问题进行重新审视，试图厘清"乡村现代化"理念下的乡村建设，其地方政权、市政设施、经济文化以及人口等各项因素的发展情形，进而展现出近代北碚城镇化的脉络与特征。

一 乡村建设运动与北碚行政建制的演变

一个城市的地位，首先表现在其是否为一个区域的政治、文化、经济等功能中心。在乡村建设实施的过程中，北碚从巴县的一个乡场逐渐演变为嘉陵江三峡地区的政治、文化、经济中心。随着行政级别的提高，北碚当局

---

① 卢作孚：《四川嘉陵江三峡的乡村运动》，张守广、项锦熙主编《卢作孚全集》第2卷，人民日报出版社，2016，第602页。
② 《三峡实验区北碚市场填沟筑路建房投资实施计划》，《北碚月刊》第8期，1941年。
③ 吴相湘：《晏阳初传——为全球乡村改造奋斗六十年》，岳麓书社，2001，第382页。
④ 目前学术界关于北碚的研究大多集中于卢作孚乡村建设思想、嘉陵江三峡乡村建设运动等内容，相关成果十分丰富，此处不再详细介绍。与本文直接相关的成果有：潘洵、向宗鼎《卢作孚与北碚小城镇建设》，《重庆与世界》2003年第12期；杨宇振《卢作孚的城镇建设实践和思想初探——一份近代城市史视野中的历史人物研究简报》，《华中建筑》2007年第12期；潘洵、李桂芳《卢作孚与中国近代乡村现代化的"北碚现象"》，《重庆师范大学学报》（哲学社会科学版）2011年第5期；李文泽《"嘉陵江三峡乡村建设"时期北碚的城市与建筑（1927~1949）——重庆乡村就地现代化样本研究》，硕士学位论文，重庆大学，2018。

的职权也相应增加和完善，最终达到了国民政府一等县的标准。

（一）行政级别的提高

辛亥革命以后，北碚地区的行政建制逐步提高，到抗战时期正式成立县级行政机构。但在全面抗战爆发之前，北碚这个地方并不为四川省外的大多数人所了解，其到底"是县，是区，是乡镇，还是村街"都没有太多人知晓。① 嘉陵江三峡地区早在1916年春即开始由当地士绅组织团练，设置峡防营，以应对治安问题，其时辖区范围并未有明文规定。② 1919年，江北、巴县、璧山、合川四县政府为维持峡区治安，合作设置峡防局，其经费由四县分担，兵力方面"调四县壮丁各一排，仍驻北碚"。③ 卢作孚从1927年开始接掌峡防局，但此时三峡地区仍分属江、巴、璧、合四县，峡防局也不具备地方政权的性质。④

1935年初国民政府中央势力开始进入四川，标志着川政开始走向统一，由此四川政治局势也出现极大变化，峡防局撤废成为必然。当年7月，卢作孚等人拟定了《嘉陵江三峡乡村建设实验区组织规程》及相关经费收支预算等呈报四川省政府，要求改峡防局为实验区。⑤ 次年4月，三峡实验区正式成立，下辖北碚、文星、黄桷、二岩、澄江等五乡镇，以唐瑞五、卢子英为正、副区长。⑥ 此时，三峡实验区在一定意义上算是具备了地方政权的特征，拥有辖区内的"建设、教育及普通民政等保安事项"诸多行政权。⑦

全面抗战爆发后，内迁四川的人口和机构激增，北碚接纳了大量内迁的机关和人口，特别是1939年重庆开始遭受日军大轰炸，旅居重庆的内迁人士又迁到北碚。人口和机构的增多为北碚带来了治理难题，三峡实验区

---

① 《北碚社会概况调查》，第1页。
② 民国《北碚志稿·政治编·官制志》，重庆市北碚区地方志办公室，2016，第8页。
③ 民国《北碚志稿·政治编·警卫志》，第97页。
④ 刘重来：《卢作孚与民国乡村建设运动研究》，人民出版社，2007，第75页。
⑤ 《嘉陵江三峡乡村建设实验区署第一周年大事记》，《北碚月刊》第9~10期合刊，1937年。
⑥ 在此之前的1935年10月，卢作孚升任四川省建设厅厅长，因此由卢作孚举荐，唐瑞五、卢子英分任正、副区长。张守广：《卢作孚年谱长编》（上），中国社会科学出版社，2014，第545、582~583页。
⑦ 《修正嘉陵江三峡乡村建设实验区署组织规程》，《工作月刊》第1期，1936年。

署当局完全"不能适应繁复社会之需要"。① 由此，提升行政机构级别、增强治理能力成为北碚地区基层行政的急需之务。与此同时，1939年11月四川省政府制定了《四川省县各级组织纲要实施计划》，计划次年3月起全面实施新县制。② 1940年5月又开始对省内各县市的区域进行调整，以期符合"推行新制之需要"。③ 卢子英等人以此为契机提出了对三峡实验区进行改革的建议。

1940年初，时任三峡实验区区长的卢子英以实验区署名义呈请四川省政府，要求将江北、巴县、璧山、合川等县的15个乡镇划入实验区，并将实验区改组为县。④ 虽然卢子英等人极力促成，并曾提出将改制后的县名定为"中正县"，以期得到国民政府中央的支持，但该提案遭到江北、巴县、璧山、合川等各县地方精英的反对，因而三峡实验区改县以失败告终。⑤ 几经努力，国民政府行政院和四川省政府在1942年终于同意三峡实验区以原有5个乡镇为基础，改组为北碚管理局，并于同年3月1日正式成立。⑥ 北碚管理局的成立是北碚城镇化的重要节点，标志着北碚正式进入县级行政区域时代，为后续的发展奠定了重要基础。

根据四川省政府核定的组织规程和相关训令，北碚管理局组织和人事方面设局长1人，由四川省政府"就合于荐任职资格，并富有行政及建设经验之人员荐请任命"，另设秘书1人、科长4人、指导员2人、督学2人、技士2人，其余还有科员、事务员人数不定；组织架构方面，管理局设四科一室，并有局务会议，其中局务会议由局长、秘书、科长、会计主任、警察所长、卫生所长、其他经局长指定人员等组成。⑦ 1942年4月，

---

① 《为拟具三峡实验区应改设县治意见书仰祈鉴核示遵由》（1941年1月8日），重庆市档案馆藏，档案号：0055-0003-00211。
② 四川省政府民政厅秘书室编《总裁兼理川政一年来之民政工作纪要》，1940，第1页；周开庆编著《民国川事纪要（1937—1950年）》，台北，四川文献研究社，1972，第84页。
③ 《四川省政府民一字第11777号训令》（1940年5月），重庆市档案馆藏，档案号：0055-0003-00311。
④ 《三峡实验区改县之拟议》（1940年），重庆市档案馆藏，档案号：0081-0004-01045。
⑤ 谢健：《地方利益博弈与国民政府的基层治理困境——战时三峡实验区改县事件研究》，《抗日战争研究》2017年第3期。
⑥ 《为三峡实验区自三月一日起改组北碚管理局令仰执照并饬属知照由》（1942年2月），重庆市档案馆藏，档案号：0055-0002-00021。
⑦ 《四川省北碚管理局组织规程》（1942年2月），重庆市档案馆藏，档案号：0055-0002-00021。

管理局呈报四川省政府，要求增设室科和办事员名额，增设教育科、建设科、粮政科，并"拟请将编制表酌予增列科员及事务员共六人"。①

（二）地方政权职能的扩大

如前所述，峡防局及此前的驻北碚机关都是临时性质的，其活动都是以剿匪、维持治安为主，"局长有剿匪捕匪之权责，除拒捕追逃格毙外，所获匪犯就地段所属，函交该县知事处理"，很少有涉及其他职权的情形。②

1936年成立的三峡实验区虽然"直隶该管专员公署，与其他各县同一待遇"，但主要目的是"就乡村建设事业上之各个问题，作初步之实验，举其效果以供各县之采择"，因此，其设置"属暂时性质，非为永久行政区划"。③ 就职权而言，三峡实验区有施行教育、建设及普通民政之权而无税收、司法等权。但事实上，在某种意义上实验区也有税收权和司法权。实验区的经费来源主要是四川省政府每月拨发的5000元，各方事业补助费每月500元，一年共计66000元。④ 收入总数虽然少于支出，但实验区尚有另外的财政来源以弥补不足，其可征收除赋税、盐税等之外的杂税，如实验区署征收各类杂捐，甚至可自行制定标准。⑤ 司法方面，民国时期的司法在实践上较为混乱，特别是在基层有兼理军法制度，实验区署虽无一般司法权，但有军法审判权，即由区长兼理军法，审理包括烟毒、盗匪、反革命等刑事案件。⑥ 由此可以看出，三峡实验区署在一定意义上已经具备了县政府的职能。

---

① 《为事务繁剧恳请修正本局规程以资设室科增加人员而利事务推进由》（1942年4月4日），重庆市档案馆藏，档案号：0055-0002-00021。
② 《江巴璧合四县特组峡防团练局章程》（1923年11月），重庆市档案馆藏，档案号：0081-0001-00488。
③ 《四川省政府训令》，《工作月刊》第1期，1936年。
④ 庄泽宣：《陇蜀之游》，中华书局，1937，第152页。
⑤ 如对于广告捐的征收，实验区署制定的规则着重强调了对广告收捐的规定，也说明其有征收权。《嘉陵江三峡乡村建设实验区署管理广告规则》（1939年9月），重庆市档案馆藏，档案号：0081-0003-00309。
⑥ 1936年10月，四川省政府授予三峡实验区区长执行军法审判的权力，为执行该项审判权，实验区设置了军法室。李纲：《军法室工作概况》，《北碚月刊》第9~10期合刊，1937年。

1942年北碚管理局成立之后，其职权进一步扩充，拥有了一般县政府的法定职权。北碚管理局的成立主要在于服务抗战、安定后方社会，这从北碚地区的发展规划中即可看出。此外，从北碚管理局的发展定位也可以看出其职能定位。早在1940年制定发展规划时，三峡实验区署就意识到虽然战时有大量机构、人口迁入，但仍不足以使北碚成为长久的区域政治中心，因而将北碚地区的发展定位为"建立一适合于居住之优美区域"，在这一定位之下，建设"优美之风景与住宅"，定能维持"因重庆之繁荣而繁荣"的情形。①

北碚管理局的另一个职能就是加强社会治理。根据管理局的组织规程，设立北碚管理局的主要目的在于"促进北碚及其附近乡镇之建设，并谋切实推行各项行政及自治事务"，以此为出发点，在"不抵触上级政府法令范围内，得发布局令并制定单行法规"，②这从实质上看即在于维护地方秩序，提高社会治理能力。

二 乡村现代化过程中的市政规划与建设

在峡防局时代，驻守北碚的机关"所负治安责任三十余乡镇"。③从"上以控制华蓥山脉之匪患，下以屏蔽江巴峡区各场之治安"的表述可以看出，峡防局的大致范围为合川沿嘉陵江至巴县磁器口一带。④实验区署成立后，其辖区为5个乡镇，1941年实验区署对辖区内行政建制进行调整，"依照十进制改编为一百三十六保"。⑤北碚管理局成立后，又对辖区进行调整，最终在1950年形成"8个乡镇124个保1425个甲"的格局。⑥就城镇化的发展情况来看，市政规划与建设的活动主要集中在北碚镇（或

---

① 《嘉陵江三峡乡村建设实验区划分市区计划纲要》，《北碚月刊》第6期，1940年。
② 《四川省北碚管理局组织规程》（1942年2月），重庆市档案馆藏，档案号：0055-0002-00021。
③ 《查勘三峡实验区改县应划各县镇乡之意见书》（1941年1月），重庆市档案馆藏，档案号：0055-0003-00211。
④ 《为拟请将合川所属草街镇划为实验区俾资形成整个范围而利工作恳予核转一案》（1936年7月16日），重庆市档案馆藏，档案号：0081-0001-00091。
⑤ 《嘉陵江三峡乡村建设实验区各乡镇三十年度工作计划》，《北碚月刊》第8期，1940年。
⑥ 《北碚概况报告书》（1950年），重庆市档案馆藏，档案号：0081-0006-00762。

称朝阳镇)。

(一) 北碚市政建设的规划

北碚的市政建设与管理，早在卢作孚主持峡防局时期即有简单的规划，全面抗战爆发后三峡实验区更着手加以整顿。

第一，对区内建筑进行整顿。1938年实验区署颁布布告，要求"在场内建筑房屋者，未经报请公安队勘定许可，不得兴工"，同时规定在一些特定区域亦不能建筑房屋，如北温马路一带，"所有该路线挨边北碚市场一带，亦禁新有建筑"。[①] 除了这类零星布告禁令外，实验区署还颁布单行法规对建筑物进行统一规范，规定北碚"市区内建筑物，有构造不妥，或其他妨碍市政情形者"，应予取缔。[②] 同时制定相应法规，对市区内各建筑进行检查，"应予取缔之建筑，依其安全、观瞻、卫生、消防及适合规章各点，可分为限期拆除、限期修理及限期修理否则拆除三项"。[③] 1945年，北碚管理局颁布《北碚管理局建筑管理规则》，至此，北碚管理局对建筑管理形成了较为成熟的体系。

第二，对市政建设进行规划。北碚原来自然发展形成的街道、房屋"非惟市容不整，对于管理发展，障碍亦多"，因而三峡实验区逐步拟定了各项市区建设计划，"逐项实施，以期合乎现代化之市镇"。[④] 对于实验区内的建设规划，区署一方面聘请市政专家考察并提出规划意见，如1938年中国银行建筑课长张谦受即在受邀考察后提出了促进北碚发展的两方面意见：一是宏观的北碚市街测量、规划、改造、兴建；二是清洁、饮水、下水道等具体设计。[⑤] 另一方面则是根据实际情形，自行拟定建设计划。三峡实验区署的自主规划主要分为三个部分：一是对北碚市区的总体分区规划，对整个北碚市区，根据"本区已成之形势"分为三大类，即"住宅

---

① 《嘉陵江三峡乡村建设实验区署布告》(1938年8月17日)，重庆市档案馆藏，档案号：0081-0003-00306。
② 《三峡实验区北碚市区建筑规则》，《北碚月刊》第8期，1940年。
③ 《检查市区应行取缔建筑说明》(1941年1月)，重庆市档案馆藏，档案号：0081-0004-00889。
④ 《三峡实验区北碚市场填沟筑路建房投资实施计划》，《北碚月刊》第8期，1941年。
⑤ 《市政专家张谦受先生来北碚考察后对北碚市政指示之意见》(1938年9月)，重庆市档案馆藏，档案号：0081-0003-00438。

区、工商区与公共及半公共建筑区",分别进行规划建设;① 二是北碚市区商业街道的整理,1941年制定了《北碚商业区街道整理计划》来整理街区,除了对建筑的整理外,更涉及下水道、公共厕所、街道清洁、垃圾处理等项内容;② 三是拓展居住区域,1938年将"自北碚河边沿嘉陵江下行,经毛背沱、龙虎溪、龙虎桥,沿溪到天生桥,经黄木沟,沿山溪到悬峰岩、鹰嘴石、观音堂,绕金刚碑,后直出大沱口,沿江下抵北碚止"划为住宅区的范围,迁入北碚的人士可以在该范围内购买、租佃土地来修建住宅。③

除了由三峡实验区署做出的规划外,北碚市场整理委员会的工作计划中亦有对市政建设或市政改造的规划。如在1939年8月拟定的工作计划中,北碚市场整理委员会将工作分为11个部分,其中与市政建设密切相关的有改建全市道路、改建房屋、改修下水道、另建新式公厕、规划市场、制定路标号牌、添置卫生设备、建筑管理等。④

(二) 市政建设的组织与实施

为了主持各项建设事宜,北碚地区很早就有市场整理机构的设置,如峡防局时期选择合适人员与队丁组成特务队对北碚市场进行整理。⑤ 随着北碚地区建制的完善,各种市政建设规则和组织也逐步增多。1939年,三峡实验区筹备设立市政委员会,但被四川省政府以北碚"情形尚非都市可比,原组织简章妄用'市政'名词,并无法令依据"驳回。⑥ 此后,三峡实验区署将原有的市场管理委员会改组为市场整理委员会,并颁布《嘉陵江三峡乡村建设实验区市场整理委员会组织规程》。⑦ 该委员会以"整理市场,促进市民公共福利"为宗旨,由联保主任、公安队长、公益士绅等组

---

① 《嘉陵江三峡乡村建设实验区划分市区计划纲要》,《北碚月刊》第6期,1940年。
② 《北碚商业区街道整理计划》,《北碚月刊》第8期,1941年。
③ 《扩大北碚住宅区办法》(1938年),重庆市档案馆藏,档案号:0081-0002-00172。
④ 《嘉陵江三峡乡村建设实验区北碚市场整理委员会工作计划大纲》(1939年8月30日),重庆市档案馆藏,档案号:0081-0003-00309。
⑤ 《江巴璧合特组峡防团务局协助北碚整理市场办法大纲》(1930年),重庆市档案馆藏,档案号:0081-0003-00026。
⑥ 《前据该署呈请组设市政委员会一案奉令转仰遵照由》(1939年3月),重庆市档案馆藏,档案号:0081-0003-00309。
⑦ 《为令发本区市场整理委员会组织规程仰遵照办理由》(1939年9月15日),重庆市档案馆藏,档案号:0081-0003-00309。

成,负责对市区市场的整理。① 此外,在各项市政建设实施过程中,还有各种专门建设委员会。如1942年修筑澄江至北温泉公路时成立的澄温公路建设委员会,该委员会设立于澄江镇,并在温泉公园设置办事处。②

正是在这一系列市政建设组织的领导之下,北碚的市政建设与改良得以有序展开。就市政建设的实际内容而言,内容复杂,名目繁多,其中战时北碚的市政建设与改良活动最为突出,主要有填沟防洪、市场整顿、建筑改造等方面。

一是填沟防洪。由于北碚地处嘉陵江边,夏季洪水泛滥时北碚街道很容易被淹,因而填沟防洪成为市政建设的重点。对于填沟防洪,战前北碚地区以发动民众参与为主,但限于人力、财力都未能大规模兴办。1941年实验区署趁川康水利委员会到北碚兴办水利之机,计划以贷款办法"借款填沟,并增高南京路"。③ 从1943年初开始,北碚管理局进行了大规模地"运取市郊一公里以内可取之泥土"来填沟造街的工程,该工程一直持续到抗战胜利之后,最终"填成街道四条,填方约四万七千立方米"。④

二是市场秩序的整顿。其中最为突出的就是整顿贸易秩序,一方面要求各种商品"斟酌情形,指定地点,分开设立,不得仍前混杂一隅或自由随地售卖",⑤ 同时对商铺广告进行规范,将广告分为墙壁广告、路旁广告、游行广告、普通广告四类,在规定地点设置,不得影响市容;⑥ 另一方面是重视市场及商品的清洁和卫生,除了由实验区署颁布法规整顿饮食店、食品小摊、理发店、屠宰场、旅店等公共场所的卫生外,⑦ 还制定市

---

① 《嘉陵江三峡乡村建设实验区市场整理委员会组织规程》(1939年9月),重庆市档案馆藏,档案号:0081-0003-00309。
② 《北碚管理局澄温公路建设委员会简章》(1942年),重庆市档案馆藏,档案号:0081-0004-01577。
③ 《北碚填沟防洪工程意见书》,《北碚月刊》第8期,1941年。
④ 北碚管理局编印《北碚概况》,1949,第27~29页。
⑤ 《为饬将该镇鸡鸭猪菜米肉杂粮等市指定地点分开设立以壮市容而重卫生由》(1939年11月6日),重庆市档案馆藏,档案号:0081-0003-00309。
⑥ 《为布告公布实施管理广告规则一案由》(1939年9月)、《嘉陵江三峡乡村建设实验区署管理广告规则》(1939年9月),重庆市档案馆藏,档案号:0081-0003-00309。
⑦ 实验区署颁布的相关规则有:《嘉陵江三峡乡村建设实验区署管理饮食店规则》《嘉陵江三峡乡村建设实验区署取缔食品小贩规则》《嘉陵江三峡乡村建设实验区署管理理发业规则》《嘉陵江三峡乡村建设实验区署屠宰场检查规则》《嘉陵江三峡乡村建设实验区署旅店规则》。参见《北碚月刊》第5期,1940年。

场环境改善计划,加强对饮用水来源、污水处理、垃圾处理、害虫防治、卫生检查等问题进行规范。①

三是对市场建筑的整理。这方面的内容与其他市政建设密切相关,其中多涉及对建筑物、街道、公共设施的规范。如对于沿街搭设的凉棚,实验区署多次要求取缔,特别是冬季时节,取缔凉棚"以防灯烛而利安防"。② 截止到1949年,北碚管理局对所属5个乡镇的下水道、街道、公共建筑等设施进行了全面整理,取得了良好的成效。

四是防空与建筑改造。由于迁入北碚的人口和机构增多,同时北碚又是日军"敌机袭渝必经之道",因此应对日军轰炸也是战时市政建设的重点。③ 一方面是拆除火巷,由于北碚"人烟稠密,房屋鳞比",因而"撤除火巷,势不容缓",④ 由此三峡实验区署制定了相关办法,要求火巷拆除后,受损房屋由受益人和区署共同负担赔偿,其中"直接受益人家担负十分之六","间接受益人家担负十分之四";⑤ 另一方面则是对新建筑的范围进行规范,以防建筑物过于集中而敌机便于轰炸,如规定自1938年开始,"自马鞍溪经新桥、悬峰岩、水岚垭、月亮田、龙虎溪到毛背沱一带地方","禁止私人在该处建筑房屋"。⑥

三 经济文化发展与区域城镇化

北碚的乡村建设活动是从经济领域开始的,随后拓展到教育文化、卫生医疗、市政建设等领域,从一开始便综合推进"治安、文化、交通、生产、游览,各种事业之建设"。⑦ 全面抗战爆发后各种机关迁驻北碚,使得

---

① 《北碚市场环境卫生改善计划》,《北碚月刊》第8期,1941年。
② 《为令饬于文到三日内将市街凉棚一律取消由》(1939年1月30日),重庆市档案馆藏,档案号:0081-0003-00309。
③ 《北碚防空工作概况》,《北碚月刊》第3期,1940年。
④ 《为呈报拆除火巷办理情形恳予检核示遵由》(1939年6月28日),重庆市档案馆藏,档案号:0081-0002-00177。
⑤ 《北碚市街拆除火巷赔偿办法》(1939年6月),重庆市档案馆藏,档案号:0081-0002-00177。
⑥ 《嘉陵江三峡乡村建设实验区署布告》(1939年5月13日),重庆市档案馆藏,档案号:0081-0003-00306。
⑦ 黄子裳、刘选青:《嘉陵江三峡乡村十年来之经济建设》,《北碚月刊》第5期,1937年。

其原有的经济、文化事业更为繁盛。据不完全统计，其间迁至北碚的重要机构有中央党政机关29个、各类工厂9个、学校及文化单位30个。① 这些机构和以往的成就一起构成了战时北碚繁荣的基础，到抗战中期，"自交通、经济、文化各方面观察"，北碚"业已形成附近纵横百里之外重心"。②

（一）工商业与金融业的发展

由于地形限制，北碚可农耕的土地很少，按20世纪80年代的测算，适合农业发展的面积仅为18平方公里，占总面积的4.81%。③ 然而正是由于山多地少，峡区各种自然资源异常丰富，以煤矿为例，早在明清时期该地区已经有开采煤矿的活动，到民国初年已极为繁盛。④ 卢作孚出任峡防局局长后，首先着意于峡区经济的开发与建设。全面抗战爆发后，迁入北碚的企业增多，北碚的工业得到了进一步的发展，1938年国民政府还试图在北碚建立"四川之新工业区"。⑤ 兹就北碚在经济方面的发展分述于下。

第一，以煤矿业为主的重工业。实验区内及附近各镇"为重要资源地带，煤铁硝矿等，除已开发者外，其余有待开发者尚多"。⑥ 在相关估算中，峡区的煤矿"至少可供全川需用三四十年"。⑦ 全面抗战爆发前，天府煤矿年产原煤数就基本达到了10万吨。⑧ 战时出于对能源的需要而加快了对峡区煤矿的开发，当时"陪都一带月需煤焦五万余吨，均赖峡区供给"，由此除天府、宝源、燧川等大型煤矿公司外，"其余小规模之煤厂，到处皆是"。⑨

---

① 何建廷主编《抗日战争时期的北碚》，北碚三峡印刷厂，1992，第2~5页。
② 《周宪民、陈季云关于考察三峡实验区改县的签呈》（1941年2月5日），重庆市档案馆藏，档案号：0081-0004-00047。
③ 重庆市北碚区地方志编纂委员会编《重庆市北碚区志·总述》，科学技术文献出版社重庆分社，1989，第40页。
④ 程宗阳：《四年来之天府煤矿（附表）》，《矿冶》复刊号，1942年。
⑤ 《关于提示东阳镇下坝购地建厂事宜属中央迁厂委员会主持办理的函》（1938年4月7日），重庆市档案馆藏，档案号：0081-0003-00433。
⑥ 《三峡实验区改设县治勘查报告及划县办法》（1941年3月4日），重庆市档案馆藏，档案号：0055-0003-00211。
⑦ 李元靖：《嘉陵江峡区煤矿产销概况》，《四川月报》第5期，1937年。
⑧ 重庆市地方志编纂委员会编《重庆市志·第四卷》（上），重庆出版社，1999，第58页。
⑨ 《三峡实验区改设县治勘查报告及划县办法》（1941年3月4日），重庆市档案馆藏，档案号：0055-0003-00211。

煤炭业的发展,使得北碚成为战时重庆出产煤炭的"能源基地",① 同时给当地的城镇化带来了明显的影响,如"白庙子为煤的出产码头,商贾辐辏,日趋繁荣",1940 年被单独划出,"增设白庙乡"。②

第二,维系民生与支援战争并重的轻工业。从 1927 年开始,卢作孚等人在北碚建立了一系列民生企业,其中涉及纺织、化工、电气、冶炼等各个行业,重要的有三峡染织工厂、洪济造冰厂、利华玻璃厂、广益化学工业厂、自然电池厂等。③ 全面抗战爆发后,内迁到北碚的企业涉及纺织、印刷等行业,到 1942 年共有 11 家企业迁驻北碚。④ 其中一些企业与当地工厂合并改组,成立新的公司。如 1938 年成立的大明纺织染公司,就是常州大成纺织染公司、三峡染织工厂、湖北隆昌染厂合并改组而成的。⑤ 这些轻工业的迁入,一方面为抗战提供了一定的支持,另一方面则解决了北碚及重庆市郊的民生与物资问题,同时也促进了北碚工业的发展。⑥

第三,商业与金融的发展。战前北碚的商业"与普通场市无异,不过与普通场市所不同者,兼为水路过道码头,江边之饮食店及客栈稍多耳"。⑦ 1938 年北碚还只有一家百货商店,"下江商店为北碚唯一之百货店,内容包括书籍、文具、化妆品、服用品等应有尽有"。⑧ 到 1943 年,北碚有包括银行业、百货业、服饰业、饮食业、五金业等在内的各种商业场所 223 家,纯营利额为 30827557 元。⑨ 金融方面同样在战时得到了飞速发展,早在 1928 年峡防局就成立了北碚农村银行,其主要目标在于"服

---

① 根据统计数据,1945 年仅天府煤矿所产出的煤炭就为重庆地区的电力业、兵工业、航运业、纺织业等行业提供了其使用燃料的 50% 以上。文集成、章体功:《官僚资本主义的天府煤矿》,《四川文史资料选辑》第 9 辑,1963,第 122 页。
② 《北碚社会概况调查》,第 13 页。
③ 黄子裳、刘选青:《嘉陵江三峡乡村十年来之经济建设》,《北碚月刊》第 5 期,1937 年。
④ 《北碚管理局工厂矿场等调查表》(1942 年 7 月),重庆市档案馆藏,档案号:0081 - 0004 - 01514。
⑤ 《大明纺织染公司概况》(1945 年 5 月),重庆市档案馆藏,档案号:0288 - 0001 - 00160。
⑥ 《重庆市北碚区志》,第 195 页。
⑦ 张守广编《北碚城镇化变迁:北碚志九篇及相关资料汇编》,人民日报出版社,2017,第 222 页。
⑧ 《为不再使尊夫人恼恨起见》,《嘉陵江日报》1938 年 3 月 22 日,第 3 版。
⑨ 《北碚管理局商业业务报告表(民国三十二年)》(1943 年),重庆市档案馆藏,档案号:0055 - 0002 - 00544。

务农村社会,发展农村经济,提倡农村合作",对商业经济支持不多。① 自1939年开始,四联总处、中央银行、中国银行、中国农民银行、中央信托局等陆续在北碚设立分处,用以构建大后方金融网络。这些机构为北碚当地工矿企业的发展带来了金融支持,如为支援煤矿业的发展,各大金融机构积极提供放款服务,仅四联总处1941年至1942年就向全济公司累计放款115万元,1941年至1943年向宝源公司累计放款100万元。②

(二)科教文化的发展与繁盛

北碚地区科教文化的发展起源于乡村建设运动中的扫盲教育和职业教育。卢作孚在乡村现代化的思维下,将文化教育看作乡村建设工作的重点工作,以期将北碚建设成一个"文化区域"。③ 就实际成绩而言,战前实验区内即成立有兼善中学、中国西部科学院、嘉陵江日报社、世界佛学院汉藏教理院等文化单位。随着全面抗战爆发后大量人口和机构的迁入,北碚出现名人汇集、文化繁盛的景象,1942年《嘉陵江日报》即在报道中称"据确认,全区专家至少在两千人以上",除成、渝两市外,"此地荟萃人才最多"。④ 由此,后世民间尚有"三千名流汇北碚"之说。⑤

在乡村建设活动之初,卢作孚就重视自然科学的发展。1930年赴东北考察时,卢作孚"深惊日人在我东北之经营",发现日本人在满蒙地区对资源的收集和研究,"无一非以我东北为对象",想到西南物产丰富,"且与东北有同等之价值",由此而设立科学研究机关——中国西部科学院,"从事于科学之探讨,以为四川未来开发宝藏,富裕民生之预备"。⑥ 全面抗战爆发后,内迁北碚的学术机构增多,使得北碚当地科学得到极大发展,更为重要的是,这些内迁学术机构与前述企业一样,也在北碚实现了

---

① 江巴璧合四县特组峡防团务局编《峡区事业纪要》,重庆新民印书馆,1935,第53、55页。
② 《四联总处北碚支处第十四至二十八次会议记录》,重庆市档案馆藏,档案号:0287-0001-05397;《关于办理宝源企业公司借款事宜的代电》,重庆市档案馆藏,档案号:0285-0001-00670。
③ 刘重来:《卢作孚与民国乡村建设运动研究》,第104页。
④ 《峡区人才荟萃,专家在两千人以上》,《嘉陵江日报》1942年9月24日,第2版。
⑤ 根据1950年的报告,战时"全国各学术研究机关约90%以上迁建北碚,专家学者住居3000余人,颇极一时之盛",这一说法应当是"三千名流汇北碚"的来源。《北碚概况报告书》(1950年),重庆市档案馆藏,档案号:0081-0006-00762。
⑥ 《峡区事业纪要》,第1页。

在地化。以中国地理研究所为例,该所不仅是内迁后在北碚成立的重要学术机构,而且还将科学研究集中于本地,"考察工作多围绕四川、重庆及周边地区进行"。[①]

除自然科学外,教育迅速发展也是战时北碚文化繁盛的重要特征。战时先后迁入北碚的高校有复旦大学、江苏医学院、国术体育师范专科学校等近10所,由此构成了北碚文化繁荣的基础。这些高等院校不仅在北碚复学,同时也出现了本地化的趋势。以1940年在晏阳初倡导下成立的私立乡村建设学院为例,该校不仅在北碚办学,更将学生实习区域延伸到巴县、璧山、合川等地。[②] 与之类似,私立相辉文法学院也是内迁机构在地化的产物,1946年复旦大学复员之后,卢作孚等人在其旧址之上成立了该校。[③] 到1950年,北碚尚存高等院校5所,包括私立相辉文法学院、私立勉仁文学院、世界佛学院汉藏教理院等。[④] 除高等教育外,中等教育、初等教育、社会教育等在战时也有极大发展,以至于战时北碚的夏坝与成都的华西坝、重庆的沙坪坝、江津的白沙坝合称"文化四坝",名扬一时。[⑤]

全面抗战爆发后北碚经济文化的迅猛发展,使得原来的乡村场镇一跃而成为一个具有现代化气息的"乡村城市"。正如1940年12月三峡实验区署拟定建设计划时所言,北碚"因了水陆交通的便利,人口的繁盛,已形成了一个小型的都市"。[⑥]

四 人口数量与结构中的城镇化特征

除了行政建制、市政建设以及经济文化的发展外,最能够体现地区城镇化水平的就是常住人口的情况。在档案文书中,对于战时北碚接纳内迁

---

① 李鹏、常静:《学术史视野下的北碚中国地理研究所(1940~1947)》,《中国历史地理论丛》2014年第2辑。
② 王先明:《从社会运动到学科建设的转向——试论"私立乡村建设学院"与民国乡建运动》,《安徽史学》2018年第2期。
③ 黄蓉生、许增纮主编《西南大学史》第4卷,西南师范大学出版社,2016,第336页。
④ 《北碚概况报告书》(1950年),重庆市档案馆藏,档案号:0081-0006-00762。
⑤ 余子侠、冉春:《抗日战争时期中国教育研究》,团结出版社,2015,第162页。
⑥ 《设立电气事业意见书》(1940年12月),重庆市档案馆藏,档案号:0081-0004-00784。

人口、机构的情形，我们常能见到这样的表述："三峡实验区密迩行都，迁建事业日益发展"，"事业发达，人口繁盛"。① 但是战时北碚的人口规模及人口结构究竟如何，并没有详细的分析。1940 年，国民政府统计局在北碚"举行精密之户口普查实验"，以后北碚管理局每年更正数据。② 因此，以该调查为基础，对战时北碚人口情况进行分析，可以窥其城镇化特征。

（一）北碚的人口规模

20 世纪 20 年代中期，北碚当地约有 200 户，1000 余口。③ 其时，北碚人口流动规模极小，甚至到 1939 年以前也不大，但从 1939 年开始，北碚人口呈"剧速增加之趋势"。④ 关于战时迁入北碚的人口数量，各类文书中都有大体的描述，如卢子英在请求拨款修筑新村时即提到迁入北碚的人口概数，"至于疏散到区之住民，亦近四千户以上"。⑤ 这些描述虽不精确，但能给人以大致概念。就具体数字而言，从 1939 年开始，北碚地区的人口数量因战争原因而出现大幅波动，详细如表 1。

表 1　1936～1950 年北碚保甲人口数

年份	保数（保）	甲数（甲）	户数（户）	总人口数（人）	备注
1936	100	1055	12671	65284	4 月统计。另据统计，有 1055 甲 12477 户 65284 人
1937	100	1020	12862	66264	7 月统计
1938	100	1009	13123	67243	1 月统计。另据统计，有常住人口 11689 户 63972 人
1939	100	1006	14422	74123	7 月统计
1940	100	1024	19771	97349	3 月统计

---

① 《为奉转签具三峡实验区改县意见以凭核转电仰遵照办理由》（1940 年 5 月），重庆市档案馆藏，档案号：0055 - 0003 - 00311。
② 《北碚概况》，1949，第 2 页。
③ 童少生：《回忆民生轮船公司》，周永林、凌耀伦主编《卢作孚追思录》，重庆出版社，2001，第 189 页。
④ 国民政府主计处统计局：《北碚人口志》，《地理》第 3～4 期合刊，1945 年，第 4 页。
⑤ 《卢子英关于拨款兴建北碚新村致张群的函》（1938 年），重庆市档案馆藏，档案号：0081 - 0003 - 00744。

续表

年份	保数（保）	甲数（甲）	户数（户）	总人口数（人）	备注
1941	130	1245	15564	85343	3月统计
1942	130	1400	16299	87544	1月统计。另据12月统计，有1391甲17523户87897人
1943	128	1389	17181	86158	5月统计
1944	130	1434	18163	93285	5月统计
1945	130	1429	18229	90217	7月统计
1948	124	1415	20136	124569	8月统计。含常住人口、矿工、学生等
1949	124	1425	21256	107574	
1950	124	1425	21816	114259	年初统计

注：因资料缺乏，本表缺少1946年和1947年的统计数据。

资料来源：（1）国民政府主计处统计局：《北碚人口志》，《地理》第3～4期合刊，1945年；（2）《北碚概况表》（1942年），重庆市档案馆藏，档案号：0055-0002-00021；（3）《北碚概况》，1948，第2页；（4）《北碚概况》，1949，第2页；（5）《北碚概况报告书》（1950年），重庆市档案馆藏，档案号：0081-0006-00762；（6）赵仲舒：《嘉陵江实验区署一年来之工作》，《北碚月刊》第9～10期，1937年；（7）北碚月刊社编《嘉陵江三峡乡村建设实验区概况》，1938，第7、10页；（8）北碚管理局统计室编《四川省北碚管理局民国三十二年度统计总报告》，1944，第19、33页。

表1所列数字统计的范围存在一定的差异，无业者（含学生、流浪者、囚犯等）经常未被纳入统计范围，因而出现连续年份间相差过大的情形，但总体来看，1939年之后北碚地区的人口变动较大。实际上，北碚作为重庆市的卫星城，战时"接受了大量来自战区的移民人口"，其1937年至1948年的人口年均增长率高达3.75%，比作为省府的成都市更高，仅次于作为陪都的重庆市。① 从具体数字上看，1936年春"同区域内只有65284人，六年之间增加了22260人，约当百分之三十四"，其中各乡镇中人口增加最多的是朝阳镇，共增加10500人。② 从横向比较的角度看，截止到1950年初北碚人口已经超过11万人，与同属沿江的自贡、泸州、南充等县人口相当。③

---

① 何景熙：《民国时期（1912～1949）四川的人口变动及其原因》，《四川大学学报》（哲学社会科学版）1992年第1期。
② 《北碚社会概况调查》，第34页。
③ 田永秀：《近代四川沿江中小城市研究》，博士学位论文，四川大学，1999，第23页。应当指出的是，该文并未明确指明其所列人口是仅算城镇人口还是辖区总人口，因此，此处仅供参考。

此外，根据1940年的统计数字，战时北碚"全区常住人口密度为每方公里一百九十三人以上；现住人口密度为一百九十四人以上"，其人口集中程度"远在全省一般县市之上"。① 正是由于内迁后北碚人口的增多，其城镇化特征才更加突出。

（二）战时北碚人口结构

人口数量的激增仅能说明内迁给北碚地区带来了市场繁荣，而人口受教育状况、职业结构等因素则更能说明北碚地区的城镇化特征。

第一，北碚地区人口受教育情况。根据1937年的调查，三峡实验区人口受教育水平还比较低，其中"识字者占全人口百分之十六"，学龄儿童"一万一千余"中"失学者占四分之三"，此外，"曾受中等教育者有一六五人，受高等教育者仅大学十五人，高中二十六人"。② 随着战时迁碚学校的增加和当局对成人教育的重视，北碚地区的识字率有所提升。到1940年调查时，总人口97349人中有24949人识字，识字率约为25.6%，其中儿童（6~12岁）识字率为37.4%；识字者受教育程度分布为私塾10712人、小学8097人、中学3622人、大学1901人，此外还有学历不详者617人。③ 总的来看，北碚地区的人口识字率较高，特别是受高等教育者人数明显多于其他地区。

就受教育者数量而言，到1950年初北碚地区的受教育人数大致分为三类：一是高等教育，有高等学校5所，学生人数分布为私立相辉文法学院1883人、私立勉仁文学院153人、世界佛学院汉藏教理院74人、立信高级会计职业学校201人、健生艺专校41人；二是中等教育，国立女师院附中580人，实验中学329人，兼善中学721人，勉仁中学108人，私立三峡中学350人；三是初等教育，中心国民学校17所，保国民学校47所，私立小学5所，幼稚园4所，共计教师578人，学生11450人。④

第二，北碚人口的职业结构。由于北碚地区农业发展缺乏先天条件，因此当地居民多以参与手工业或工业生产谋生。在1940年的社会调查中，

---

① 国民政府主计处统计局：《北碚人口志》，《地理》第3~4期合刊，1945年。
② 《周年的检讨》，《北碚月刊》第9~10期，1937年。
③ 国民政府主计处统计局：《北碚人口志》，《地理》第3~4期合刊，1945年。
④ 《北碚概况报告书》（1950年），重庆市档案馆藏，档案号：0081-0006-00762。

北碚的户口被分为四类：一是普通户，"指同居共灶共同生活者，住户和店铺都属这一类"，共计 72465 人；二是船户，"以在陆上无一定住所而系以船为家者"，共 413 人；三是寺庙户，"凡寺、庵、观、宫、庙、禅林、洞、刹、教堂、教会、清真寺等"供职者，共 235 人；四是在公共处所，如公署、兵营、监狱、习艺所、学校、工厂、医院、祠堂、会馆、公所、合作社、银行、金库、堆栈等供职者，共 14431 人。[①]

就职业划分而言，根据 1940 年的调查，当时北碚地区有职业的人口已经达到 41% 以上，其中职业分布为"农矿并重，且两者地位相等"，其次为工业、商业、交通运输业，同一时期的"欧美各国经济事业发达，有正当职业人口，即从职业可以得到工资、薪水之人口，通常均占百分之五十左右"。[②] 由此可见，北碚地区在此时已经达到相当程度的城镇化水平。就具体职业分布而言，1940 年北碚各行业从业人数如表 2 所示。

表 2　1940 年北碚人口职业分布

单位：人，%

职业类别	男性		女性		总计	
	人数	百分比	人数	百分比	人数	百分比
农业	7941	21.3	277	8.7	8218	20.9
矿业	8078	21.6	43	1.4	8121	20.0
工业	5279	14.1	662	20.8	5941	14.7
商业	4247	11.4	322	10.1	4569	11.2
交通运输业	5271	14.2	92	2.8	5363	13.2
公务人员	3282	8.8	139	4.4	3421	8.4
自由职业	1550	4.2	372	11.7	1922	4.7
人事服务	1087	2.9	1209	37.0	2296	5.7
不详	590	1.5	74	2.2	664	1.2
总计	37325	100	3190	100	40515	100

资料来源：《北碚社会概况调查》，第 45、49 页。

---

① 《北碚社会概况调查》，第 33~34 页。
② 国民政府主计处统计局：《北碚人口志》，《地理》第 3~4 期合刊，1945 年。

从表 2 可以看出，1940 年北碚人口的职业分布以农业和矿业为主，其次为工业、商业与交通运输业。其中矿业主要为煤矿，"从事煤矿人口达八千余人，其中矿工至少七千五百人"；工业类"以土木制造业人数最多，纺织业次之，建筑公厕及服用品制造业再次之"；商业类"以贩卖业人数最多，生产供应业次之，生活供应业包括旅馆饭铺、理发店、茶社等，故人数也多"；交通运输业"人数最高的是挑挽业……其次为水运业，多系江上船夫"；公务人员"包括党政军三界，但北碚党务工作人员为数甚少，政务人员及军警各约一千五百余人"；自由职业中"以教育及学术研究人员最多，次为医生，再次为宗教事业者"；人事服务者"包括不受资薪的家庭妇女，系仅指侍从佣役而言"。① 此外，结合 1940 年的人口总数可知，当年北碚地区无业人口有 56834 人，包括学生 7635 人，不事生产者 48543 人，慈善机构收容者 656 人。②

五 结语

1940 年夏，林语堂携家人回国短暂居留，其女儿林如斯在前往北碚前写道："我们去的城是很著名的。等在我们前面的是什么样的生活，我们还不能晓得，但一定是使人兴奋和觉得伟大的。"③ 林如斯留下的文字应当说是代表了当时大多数旅碚人士对北碚的印象，因为此时的北碚已经成为环绕陪都重庆的城镇中最为有名的"小型都市"。④ 当然，北碚之所以有"昔称野蛮之地，今称文化之乡"的转变，主要是因为卢作孚"以一人之力"而进行的乡村建设活动。⑤

北碚虽然仅是嘉陵江边的一个小乡场，但其乡村建设和城镇化都有天然优势。一者是"距陪都陆路绕青木关，仅八十公里，水路沿嘉陵江，不过六十公里"⑥ 的地利之便，二者是"煤矿蕴藏极多，其他如铁、矾、硝

---

① 《北碚社会概况调查》，第 45 页。
② 国民政府主计处统计局：《北碚人口志》，《地理》第 3~4 期合刊，1945 年，第 20 页。
③ 林如斯等：《重庆风光》，林平译，大公书店，1942，第 17 页。
④ 董镜桂：《特写陪都》，青年图书社，1944，第 108 页。
⑤ 杜重远：《别后》，生活书店编译所编《锦绣河山》，生活书店，1937，第 35 页。
⑥ 《三峡实验区北碚市场填沟筑路建房投资实施计划》，《北碚月刊》第 8 期，1941 年。

矿、石灰、草纸等出产亦丰"的自然资源。① 基于这种优势，全面抗战爆发前，北碚近十年的乡村建设运动都围绕着开发自然资源、构建现代化城镇的目标展开。② 抗日战争全面爆发后北碚的人口与机构激增，这一方面为北碚的发展带来了人才、技术和资本，另一方面也促使北碚地区行政级别提升，市政建设和社会治理向现代化转型。战后，北碚的发展也并未停滞，1950年西南军政委员会将川东行署迁驻北碚，次年又将北碚行政管理处升格为北碚市，北碚一跃而成为川东十余县的行政中心。③ 此后，西南师范学院、西南农学院等高校又陆续迁至北碚，北碚成为名副其实的"都市后花园"。

随着人口、经济的增长，区域城镇化在全国范围内都是必然趋势，而且从规模上看，即便是战后的北碚仍只是一个超出一定规模的大型城镇。那么，北碚作为区域城镇化典型案例的意义何在？实际上，我们探讨北碚的城镇化，更看重其乡村建设过程中乡村的人、物的"现代化"。无论是战前还是战时，北碚的发展方向和主要特征都是趋于城镇化和现代化。这种特征既是战时大量内迁人口移居北碚，形成"咸欲在新村范围内，购地建修房屋"④ 景象的重要原因，也是区别于近代以来其他区域乡镇发展情形的本质内容。总之，北碚的发展因乡村建设而起，以城镇化而终，其不仅是中国近代历史上乡村建设的重要个案，也是区域城镇化的重要个案。

作者：李冰冰，西南大学历史文化学院
谢健，西南大学马克思主义学院

（编辑：熊亚平）

---

① 《查勘三峡实验区改县应划各县镇乡之意见书》（1941年1月），重庆市档案馆藏，档案号：0055-0003-00211。
② 刘重来：《卢作孚与民国乡村建设运动研究》，第234~238、328~338页。
③ 《重庆市北碚区志》，第84页。
④ 《为扩大新村范围以应各方需要测绘图说赍请察核示遵由》（1938年7月），重庆市档案馆藏，档案号：0081-0017-00010。

城市空间的异托邦呈现[*]
——以傅家甸为中心的考察

刘明明 盛 昕

内容提要：城市空间文化是中国近代文化的重要组成部分。傅家甸作为社会族群保留集体记忆实践的重要场域，其"历史城市"的表征不单来自单一的纵向历史，而且是由城市内不同形式的文化空间和环境空间所组成的地方整体意象。检视20世纪初傅家甸所呈现的空间营造过程，在不同权力定位与经济定位的转换中，对应的空间与环境的历史性呈现出文化冲突与交融的共时想象，无形中创造出独特的"空间个性"。以空间-历史-社会的框架视之，傅家甸的空间营造亦诠释出一种特殊历史时期的空间文化框架，对空间及其文化形式的关注，社会学和地理学在此框架中达成了某种妥协。

关键词：城市空间理论学说 列斐伏尔 索雅 傅家甸 哈尔滨

一 引论

在人类社会发展中，有关空间的意识与讨论大约是从19世纪初开始的。[①] 从20世纪60年代至今，跨学科的广泛讨论持续引发空间与社会理论的对话，对话的共识在于城市空间具有历史的社会动能，同时具有积累

---

* 本文为国家社会科学基金项目"慢生活的文化社会学研究"（19BSH096）、黑龙江省社科规划项目"黑龙江省企业家精神的历史社会学研究"（18SHC232）、黑龙江省历史文化工程项目"近代哈尔滨城市社会生活史研究"（08YB2003）的阶段性成果。

① 柴彦威等：《空间行为与行为空间》，东南大学出版社，2014，第7~11页。

族群记忆的功能,甚至形成特殊的空间文化形式。地域性(locality)成就了城市空间的独特性,包括"感觉的外部地景"提供的行为特质与"心灵的内部地景"提供的意象特质,[1] 而特定城市空间作为"文化记忆"的场所,也已成为城市的性格基础。亨利·列斐伏尔(Henri Lefebvre)对城市空间的研究始于1968年"五月风暴"运动中发表的《接近城市的权利》(Le Droita la Ville)一文,在列氏的论述中,空间概念是一种社会产物与使用价值的综合解读,"空间的生产"(the production of space)中,空间架构分为三个层次,第一层次为空间的实践(spatial practice),第二层次为空间的再现(representations of space),第三层次为再现的空间(representational space)。列氏认为空间是一种社会关系,也是历史的产物,在生产规划、财务规划与时空规划(spatio-temporal)三个向度中,城市空间是集中呈现的场所。[2]

列氏于1991年离世后,美国后现代学者爱德华·索雅(Edward W. Soja)对其观点加以诠释丰富。他将列氏的空间区分为空间的三元性,第一空间(first-space)为真实的空间,第二空间(second-space)为想象的空间,第三空间(third-space)则是源于第一空间和第二空间双元性的同情性解构与启发式重构,由此建构出空间性、历史性及社会性的三元辩证(trialectics of spatility-historicality-sociality)。[3] 第三空间指涉的"他者"(an-other)又与福柯的"异托邦"(heterotopology)[4] 形成一种有趣的对话关系。在福柯的空间学说中,"异托邦"指真实存在的,但需要通过文化想象来找寻的异质空间,企图以空间性思维重新建构历史与社会生活,特别是阐释权力关系与运作以及知识谱系与空间的关联。索雅在解释回应福柯的异质空间观时,将第三空间观与异质空间做了连接,他认为在所有文化、所有人类族群里,都可以找到异质空间,但它们的形式多变,没有绝对的普遍模型;异质空间会依据它所在文化的共时状态(synchrony),随时间改换功能和意义;异质空间可以在一个真实地方里并置几个不同空

---

[1] 夏铸九编译《空间的文化形式与社会理论读本》,台北,明文书局,1988,序言。
[2] 〔法〕亨利·列斐伏尔:《空间与政治》,李春译,上海人民出版社,2015,第26~34页。
[3] Edward W. Soja:《第三空间——去往洛杉矶和其他真实和想象地方的旅程》,陆扬等译,上海教育出版社,2005,第67~89页。
[4] Foucault M., "Of Other Spaces," *Estud Av*, 1 (1986): 5.

间；异质空间会连系于异质时间（heterochronies），空间和时间会出现交叉变化；异质空间预设了开放和关闭的系统，让这些空间既是孤立的，又是可以穿透的。① 尽管福柯没有建立本体论意义上的空间理论，② "异托邦"的"异"也只停留在表达"异质空间并存"的内涵上，但是其空间理论为反思当代城市空间及其文化提供了一个全新的切入点，特别是深化社会理论对于历史、权力和空间的阐释具有重要意义。③ 如霍米·巴巴（Homi K. Bhabha）将"异托邦"和后殖民理论结合，用"文化杂交"与"间性空间"等核心概念延展福柯的"异托邦"内涵，从而为解读具有殖民色彩的都市空间提供了新的视角。综合福柯及其批评者的阐释，文题中的"异托邦"意指拥有深厚殖民文化与本土文化的城市，在其空间生成中游移在"自我"和"他者"两种文化过程中构成的异质性城市空间，以空间性思维建构历史与社会生活、文化的谱系与空间的关联。

城市空间文化是中国近代文化的重要组成部分，不同国家、不同民族和不同区域的城市空间存在不同的关系性表现，从而形成不同的空间认知文化，且在政治意义、文化感知、符号特性等方面存在巨大的文化异质性。这种异质性体现了每一个城市空间结构及与之相适应的生活方式特点，也是城市文化特质的集中表现之一。近代哈尔滨中西文化交融史是近代中国中西文化交融史的一部分，后发外生型的现代化使这座城市极具独特个性，其现代化转型的最主要促动因素为开埠通商，这一开放方式为不平等条约下的"条约式开放"，而清属松花江一带，在中东铁路修建之前，已有了傅家店、岗家店、四家子等多个半农半渔的聚落及"渡口型"集

---

① 黄继刚：《空间的迷误与反思：爱德华·索雅的空间思想研究》，武汉大学出版社，2016，第56~62页。
② 对福柯空间学说的批评来自多个方面，戈温德林·莱特认为福柯并没有站出来建立一个一般化的权力理论，也没有暗指一个一般化的空间理论；列斐伏尔认为福柯陶醉于个人主义但没有对集体性的主体给予研究，他使用大量游移不定的空间比喻，使社会空间性的具体政治内涵变得模糊；索雅认为福柯的空间理论建构从未进入一种相当自觉的状态，他很少把自己的空间政治变成明确的社会行动纲领。参见包亚明主编《后现代性与地理学的政治》，上海教育出版社，2001，第29~39页；戈温德林·莱特、保罗·雷比诺《权力的空间化——米修·福寇作品的讨论》，陈志梧译，夏铸九编译《空间的文化形式与社会理论读本》，第201~210页。
③ 福柯的空间学说在认识论意义之外，更具有政治意义，目的在于颠覆以往的知识观和权力观，重新认识社会生活历史，并由此发展出独特的、富有洞察力的知识观和权力观，即知识和权力的空间化。参见包亚明主编《后现代性与地理学的政治》，第1~28页。

镇,这一区域在外力作用力下被动"自行开放"。傅家甸[①]作为长期与中东铁路附属地并驾齐驱的一个城区,在不同政治力量的影响下,其社会结构、人口构成、文化认同、社会风尚都呈现明显的文化融合特征。哈尔滨被称为"东方莫斯科""东方巴黎",傅家甸在20世纪前半叶的发展过程则集中体现了哈尔滨这座城市中"东方"特色与"西方"的融合。当两种异质文化相互接触时,首先发生碰撞,进而相互交融,促成文化重构时其嬗变首先发生在器物层面,然后在制度层面展开,最后才触及深层的精神层面。如果把近代哈尔滨作为一个整体的文化体系细加剖析,从借力"整体约开"到"渐次自开"的傅家甸地区(今哈尔滨市道外区)是这座城市个性的集中体现,其多元文化个性的生成在三个层面相互渗透、相互制约,形成一个有机的整体,即器物层面的空间嬗变,制度层面的经济、社会嬗变,精神层面的文化嬗变。本文综合空间理论学说,以列斐伏尔、索雅的空间研究为方法论基础,探讨城市空间是如何在区隔的过程中逐步与外来移植相碰撞(空间的区隔),因应特定历史时期经济社会融合的需求(空间的表达),创造出虚与实相对应的一种特殊空间文化(空间的意象)。将三者整合到对历史与社会的分析当中,以"空间—文化—社会"三元阐释为基础,结合真实空间再造历史场景,即"真实空间"如何在区隔中发展,"社会(经济)空间"如何在融合中进行空间营造,"心灵空间"如何在城市地景中进行文化表达。

二 空间的区隔:权力与社会生产的互构

如果将空间视为社会的产物,我们就比较容易理解空间文化的意义,城市空间反映出时代的社会生活、生活本质及文化,所以空间的概念与再现,就不能脱离其时社会文化的脉络而被独立出来。如果以一种反映投射来解释,可能是另一种诠释的概念,空间文化其实是通过物质文化直接展示社群的文化。从空间的层次来解读,近代哈尔滨的城建史是以铁路附属地中心化的空间性作为轴线的主体,诠释殖民政权的霸权理念,犹如列斐

---

① 1908年,滨江厅江防同知何厚琦将"店"改为"甸"。文中"傅家店"与"傅家甸"称谓有1908年前后之别,后文不再标注。

伏尔提出的空间概念理论——空间的实践（spatial practice），一种空间生产的直接关系。清末民初时期国人治理的傅家甸地区成了附属地的"附属地"，其城市空间的实践，同时印证了索雅第三空间呈现经验的空间关系。傅家甸在20世纪前叶，行政上区隔于西方文明之外，但文明不受政治边界影响，其融合过程以经济为起点扩大到整个社会生活范畴。城市的营造就是城市空间生产的过程，空间生产不仅包括空间结构的改变，也包括空间关系的调整。在进行城市规划时，除关注城市建筑、基础设施和城市面貌外，更要关注城市空间关系。哈尔滨城市空间营造的过程，显示了历史是如何孕育在城市的纹理之中，在这个意义上，"城市不是在历史之中，城市本身就是历史"。[1] 近代哈尔滨城市空间的生产，包含了殖民社会的形构和权力运作的轨迹，换言之，作为一个清末民初的"边塞之地"与殖民者"处女地"象征符号，哈尔滨也成了统治者为其定位和命名的霸权彰显之处及社会资源运作的场域，更是一种政治符号的社会动员。

（一）边缘空间的生产：从傅家店到傅家甸

如果把18世纪中后期关内人口在松花江南北岸开始形成村落聚居作为哈尔滨的起源，那么城市的历史迄今不过一个半世纪。光绪初年的哈尔滨，"傅家店、秦家岗、马家沟、田家烧锅、东井子、新立屯、三姓屯、四方台、薛家屯、双口商等地隶属于阿勒楚喀副都统所属的双城厅管辖"。[2] 而如果把中东铁路动工之时（1898）视为城市起源，那么城市空间的历史仅有120余年。自沙俄修筑中东铁路以后，这一区划完全被打乱，哈尔滨地区的中心地带被强行分割成两部分，其中新市区（今南岗区）、埠头区（今道里区）属中东铁路附属地，归中东铁路局管辖，而紧邻埠头区的傅家店（今道外区）则归清政府吉林将军管辖。直至1926年民国政府收回行政权力，成立"哈尔滨特别市"，接管新市区、埠头区，才结束了哈尔滨城市的华洋分治格局。清政府及后来的民国政府先后在傅家甸设置了滨江关道、滨江厅、滨江县以及滨江市政筹备处，这些变化都与哈尔滨、东北乃至全国的政治、经济、军事等形势的变化有着密切的联系。滨

---

[1] Checkland, G. S., "The Urban Question: A Marxist Approach," *Urban Studies*, 3 (1978): 357-358.

[2] 高恩林：《黑龙江政区沿革纪略》，黑龙江人民出版社，1990，第57页。

江关道、滨江厅、滨江县及后来的滨江市政筹备处，基本上是以傅家店为主要辖区，署理的也多是地方上的事情。边缘的地理位置和良好的交通条件使得哈尔滨城市的形成和发展不同于近代许多其他通商开埠城市。在这一背景下，铁路附属地以外的傅家甸，其城市空间就有独特的发展过程。城市空间的发展所经历的历史阶段被集中压缩在二三十年间，本土边缘区位的移民文化和西洋文化的交融共存使城市空间生产呈现出多元和复杂的内涵与外在形式（见图1）。

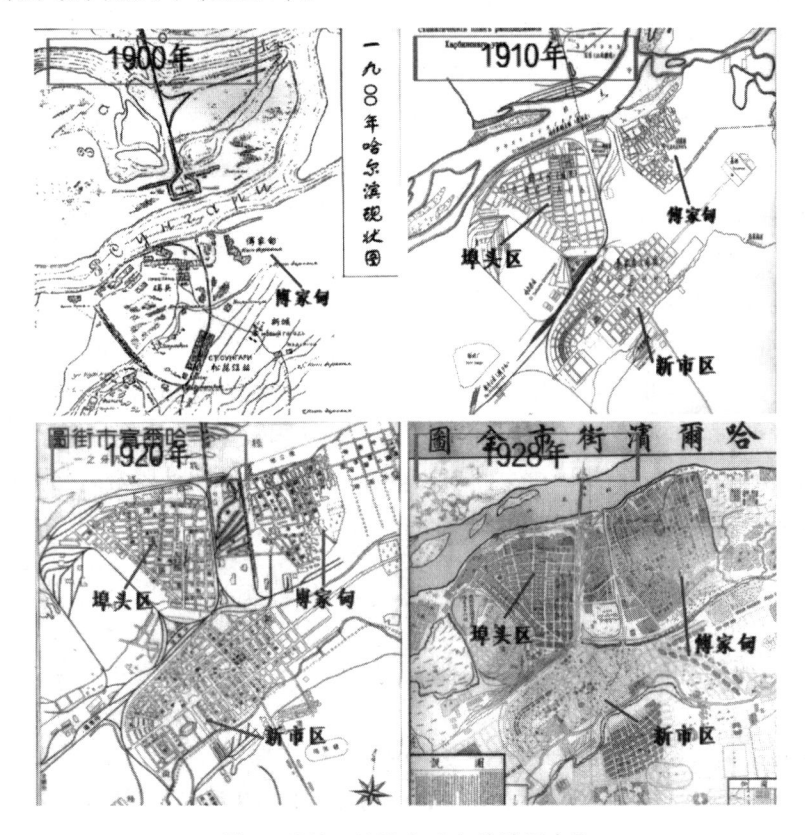

图1　1900～1928年哈尔滨城区变化
资料来源：哈尔滨城市规划馆。

地方行政机构的设置，是由政治、经济、军事、人口等因素所决定的。1898年以前，现道外区是放牧的草场和捕鱼的滩头，散点分布着岗家店、傅家店、四家子等村落。从中东铁路动工到1902年，哈尔滨人口增长的状况无具体记载。钱单士厘女士1903年6月将傅家店描述为"傅家店者，昔年不过数椽之野屋，近民居约万户，华人谋生于铁路者夜居于此"。① 1904年日俄战争爆发，哈尔滨成为沙俄的战争后方基地，为满足前线的供应，"哈尔滨的工商业急剧增长，人口骤增至25万（其中傅家店15万人）"。② 这一数据虽属估计，但反映了当时人口机械增长之快。光绪三十一年（1905），工商界人士发起组成"傅家店办事公所委员会"，进行地方自治管理。同年，吉林将军达桂会同黑龙江巡抚程德全，联合奏准在傅家店设置了"吉林滨江关道"。光绪三十三年（1907），清政府批准在傅家店设立"滨江厅江防同知"，治理傅家店、岗家店、四家子等村落。③ 次年，滨江厅江防同知何厚琦认为傅家店的"店"字意义狭窄，将"店"改为"甸"。从此，傅家甸便成为道外城区最早的区划名称。④ 其后数年，随着傅家甸地区中国民族工商业的发展，加之关内各省连年灾荒兵燹，大量人口移民到此，此地人口持续增长，"傅家甸人数之增多，今春由关里来哈谋生者纷纷不绝，各客栈、伙房几无立足之地，据警界消息，今较去冬人数增有13000余名之多"。⑤ 在这一行政区划不断变动与人口急剧增长的过程中，社会经济与城市空间呈现出半殖民地化的发展趋势，傅家甸区域城市空间发展的历史在彷徨、剧变中走进复杂、多元的20世纪上叶。"傅家甸"的演变是空间结构发展的反映，其空间结构受到两个方面的制约与引导，即无意识的自然生成及有意识的权力控制，二者交替作用构成城市空间的不同形态与成长阶段。

（二）邻近空间的区隔：中西文明的交界点

空间的文明形式，意指城市空间具有承载文化象征意涵的功能，空间的"作者"与"读者"在其认知过程中，可以感知体验并辨别出城市空间明确的文化属性。对于空间属性的探讨，福柯主张国家或社会的支配阶层对于公共领域"空间权力"的表征，使得被支配阶层强烈感知到空间权力

---

① 钱单士厘：《癸卯旅行记·归潜记》，杨坚校点，湖南人民出版社，1981，第49页。
② 李述笑编著《哈尔滨历史编年（1896~1949）》，哈尔滨市人民政府地方志编纂办公室，1986，第21页。
③ 黑龙江地方志编审委员会办公室、黑龙江省人民政府办公厅史志办公室编《黑龙江政权沿革》，1986，第30~36页。
④ 李士良等：《哈尔滨史略（上篇）》，黑龙江人民出版社，1994，第127页。
⑤ 《关内来人骤增》，《远东报》1917年3月31日。

的符号系统,从而达成社会关系再生城市空间的目的。由此,我们可以用更深入及不同的角度来看待城市空间文化形式的属性议题,其延伸出来的观点、诠释及辩证,是促使族群文化得到认同的重要因素,间接形成独有的空间文化。1926年胡适途经哈尔滨去往欧洲,在回忆这次旅行时,以《中西文化的分界线》为题说道:"我到了哈尔滨,看了道里与道外的区别,忍不住叹口气,自己想道:这不是东方文明与西方文明的交界点吗?"① 这片"新大陆",正像所有城市规划者梦寐以求的玉璞。俄人试图将他们的故乡移植到这片荒漠中,风靡欧洲的"新艺术运动"理念改变着这里的地貌。与此同时,傅家甸作为既有地理空间中的文明异质空间,则在权力的运作下成为邻近空间的"他者"(an-other)空间。

在统治权彰显之余,体制的支配与宰制就会干预空间形构的政策、规划与形式发展,使得空间流转在权力意识形态下化为实体的过程也成为一种意识形态的空间实践。1898年,沙俄开始了哈尔滨的"创城纪"。沿着建设中的铁路线,哈尔滨松花江沿岸地区被一分为二:埠头区和傅家店。哈尔滨本地人和中国移民,居住在傅家店一带,外国人则多居住在埠头区和新市区。沙俄对铁路附属地的"新城"采用近代欧洲城市规划方法,功能分区明确,整体布局紧凑。干道两侧及中心广场周围布置铁路管理机构及大型公共建筑。规划的居住区街坊沿周边安排独立式住宅,商业区布局紧凑。新城还分割开行政区、商业区、居民区和公园绿地,住宅则是欧洲流行的庭园住宅。② 在新城和埠头区建设的同时,傅家店也随着铁路的建设、航运的发展、流动人口的大量涌入而逐渐发展起来。光绪二十七年(1901),根据东省铁路建设工程局制定的《哈尔滨铁路附属地规划》划定铁路附属地,其范围是西起何家沟、西河沟、白旗窝棚、王兆屯,南至现香坊火车站,东到马家沟老机场西部,北包括现滨江站、承德街与景阳街以西至江畔部分。华人聚居的傅家店范围是现景阳街、承德街以东,现滨江火车站以北,十四道街以西,北至松花江南岸。从傅家甸到埠头区,要从现今的新闻电影院附近越过壕沟直奔盐仓(现北马路),从盐仓开始,这条路又分成了南北两条岔道。顺着北岔道往前走,不远就是"三十六

---

① 何卓恩编《胡适文集·自述卷》,长春出版社,2013,第21页。
② 哈尔滨市地方志编委会编《哈尔滨市志·城市规划 土地 市政公用建设》,黑龙江人民出版社,1998,第429~435页。

蹬"（因为路基较高，两旁各修了三十六蹬阶梯，便于行人上下）。走下"三十六蹬"即到现今兆麟公园一带，这就是傅家甸通往埠头区的唯一道路。空间脱离不开政治，而空间规划在本质上就是一个政治影响的过程。近代哈尔滨城市的生产，正反映了其文化地景规划所揭示的社会族群区隔，"傅家甸西面自桃花巷以至沿江俄界地址，多有为华人房屋侵及之处……饬行滨江县饬警拆退……将界址让出以清权限"。① 在"毗连性"、"并置性"和"同时性"的空间特征并存的同一地理空间内所造就的关系中，不同的空间权属之间存在的矛盾和差异，使它们具有异质性和冲突性，人与空间所形成的规则之间的矛盾、不同空间因其差异性而造成的矛盾，变得复杂和尖锐。

三 空间的营造：结构与形态的想象表达

空间的想象源于空间的再现（representations of space），代表一个抽象空间的孕育过程，是指计划、法令、政府机构等规划设计出来的空间，因此它的"生产关系紧密联系着这些机制所安置的'秩序'（order），紧系于知识、符号"。② 空间的想象象征支配性知识和符号的生产，因此虽然是抽象的空间，却交织着知识与权力，往往借由一种符号或意识形态建构的方式嵌入空间营造脉络中，具有实质且强大的作用。傅家甸区域之"空间的想象"是借由对邻近"城市空间"的认知而产生的，这种"想象"对其自身城市空间的结构与形态的营造有着强烈的影响，由"想象"的影响而产生新的"事实空间"。两者之间由于始终存在时间差、人为差，亦由于认知的角度与方式不同，进而产生新的"空间"，如此反复，就营造出不断变化的城市空间，在这种循环往复中，精神性与社会性不断整合，从而带来空间经验的变化。

（一）空间结构：商品经济引领的克隆与传播

土地利用结构是城市职能在城市地域（urban area）上空间使用结果的反映，构成城市内部空间结构的物质骨架，从外部表象观察的景观论方法

---

① 《侵占租界者饬令退出》，《远东报》1916年9月20日。
② Henri Lefebvre, *The Production of Space*, trans. by Donald Nicholson-Smith, New Jersey: Wiley-Blackwelll, 1991, pp. 30–33.

可以分析作为人类活动空间结果的空间功能结构本身。1905年的傅家店"商贾云集，行旅杂沓，华洋错处"，晚清政府为"振兴华界"，先后在此处设置了滨江厅江防同知（1907）、双城府滨江厅分防同知（1909）、吉林分巡西北路兵备道（1910）。在这一时期，傅家甸并无正规管理市政工作的机构，城区建设呈现无序与混乱的状态，道路不规整、房屋侵占路基。至1913年滨江县设立后，当局制定了滨江商埠规划，开始整顿傅家甸"旧区"（现景阳街、承德街至十四道街等路段），陆续设立土地清丈（清查）、商埠、实业、马路工程、卫生等机构，着手建设地方市政工程。清丈后，地方政商两界立即着手在傅家甸内择地建立市场以兴市面，国人与外商纷纷来此组织分号银行及公司，傅家甸迅速聚集众多商家，人口不断增加，进而导致房屋不敷使用，新建筑楼房数量不断增加，仅1916年10~11月新建楼房达80余栋。[①] 随着道外商业经济的发展和人口日渐增多，街道修筑的重要性日益凸显，"傅家甸市面商情日见发达，交通亦宜求便利"，[②] 马路工程事务所应运而生。其勘察当地交通状况，模仿铁路附属地，做出调整与规划，街道空间层次呈"主街—辅街—巷道—院落"的网络式结构，街道之间的联系逐渐清晰，辅街与主街基本垂直。开埠以后，哈尔滨特殊的行政管理体制下所衍生出的城市土地经济策略，结构性地促成了以铁路附属地为主体的城市空间生产。这一城市空间的生产，基于租界土地资源的有限性和对区域文化意象的消费来实现：透过土地经济收益的权衡，经由房地产业中介，促进附属地城市建成区的不断拓展。傅家甸地区作为附属地的"附属地"，开始模仿一街之隔的埠头区之规划。在这一过程中，对西方文化意象的想象一直或明或暗地主导着城市空间生产的路径。

尽管在傅家甸区域的空间形成初期显露出的是传统街巷空间的本土化印记，但对西方文化意象的想象一直主宰着20世纪前20余年整个区域城市空间的生产过程与生产路径，并成为刻画该区域空间个性的主要方式。1903年中东铁路建成后，在客观上为黑龙江地区移民的迁徙带来了便利条件；1904年日俄战争使得哈尔滨成为战需后方，刺激了粮食加工、酿造、纺织等产业的快速发展，为移民提供了大量的谋生机会。这些移民来到哈

[①] 《傅家甸新造房间确数》，《远东报》1916年10月20日；《添修房屋之数》，《远东报》1916年11月28日。

[②] 《傅家甸新开之街道》，《远东报》1916年11月18日。

尔滨后首先选择的落脚点几乎都在傅家甸，从事商业活动的移民也选择在此起步，这里很快就成为大量华人移民聚居的地方。1907年，滨江厅辖区人口骤增至25000余人，1922年仅傅家甸常住人口就增至105562人，[1] 城镇空间规划的重要性随之迅速增长。规划形制模仿铁路附属地，以正阳街（现靖宇街）、许公路（现景阳街）为主道路骨架，派生出众多的辅街和巷道，主次街道层次等级分明，形成纵横交织的网络状街巷空间结构，反映出当时北满地区所特有的空间肌理。1910年前，傅家甸地区的房屋建设无人管理，移民来到此处后可任意选址修筑，以土坯房、草棚房居多。1910年10月，傅家甸巡警局拟定修造章程，规定凡修造房屋户，必须先报巡警局，由巡警局勘丈并发给执照后方准修盖，传统的工官体系未在此地发挥作用。1916年，滨江土地清丈局着手清丈土地、街基，由于警察局不准建草屋，平民的房屋结构发生了变化，以楼房、瓦房、洋铁盖房居多，该年增修房1630间。[2] 1917年，由于东四家子街基出放，兴起了购地建房的热潮，随之数家股份制房屋建筑公司应运而生，此时期的房屋均由商贾巨富承建，多作为商号、剧院、饭店、妓院或公寓出租之用。在傅家甸的空间演化过程中，城市系统的结构在西方城建文化的作用和商品经济的刺激下发生着变异和转化，即城市空间结构演化的"自组织"和"他者作用"之过程短促而激烈，纵向的历史发展进程退隐，横向的克隆与传播尽显。

（二）空间形态：现代与传统的"混血"表里

空间形态是城市结构生成过程中城市生活和社会经济发展的空间表达，是各空间要素通过结构关系形成整体后所呈现的形式和意义。它不但包括空间的位置、构筑方式，还包括生活方式、文化观念等居民对空间的认知以及由此而产生的主观空间形态。随着近代大量华北移民涌入傅家甸，汉文化中的许多空间文化核心内容，包括居住习俗、建筑习俗等被直接带到了这里，一街之隔的中东铁路附属地的西方文化又在不断影响着此一地域。在傅家甸"鱼骨状"主街—辅街—巷道空间结构的下一层面，是以"一进院落"为主要单元，并有二合院、三合院、四合院和多进院几种

---

[1] 哈尔滨市道外区地方志编纂委员会编《道外区志》，中国大百科全书出版社，1995，第81页。
[2] 《道外区志》，第115页。

城市空间的异托邦呈现

形态的院落空间形态，沿南北纵轴方向叠加生长，形成前店后宅、自发生长的独特群组的"一表一里"式空间肌理：一"里"是指符合传统中国建筑样式的以"间"为单位组成的院落模式，一"表"是指关内移民基于对新艺术运动式西洋建筑的理解而造就的"中华巴洛克"建筑外观（见图2）。街道空间的建筑立面上以西式构图为主，并部分加入了中式改造，内部居住空间在模式上仍为传统居住习俗，即华北地区常见的合院式布局。西式风格的外部体现了西方文化传入的显性关联，中式风格的内部体现了传统文化基因的隐性关联，显性关联强调的是以文化交融为承载的连接力，隐性关联强调的是以文化传承为根基的内聚力，向心的内聚和向外的辐射实现关联效应。这种独特的空间形态是一种复杂的商品经济、文化认知的空间生产结果，在特定的历史时期和社会发展阶段中，生活在此间的时人通过各种方式去认识、感知并反映城市整体的意象，反映了比"形状"和"结构"更广泛的空间表达，即移民社会的文化景观及其体现的文化认同心理。

图 2 "中华巴洛克"建筑的外部与内部
资料来源：哈尔滨规划展览馆及笔者拍摄。

作为一种空间生存策略，活跃在20世纪初的大量关内移民从傅家甸开始他们的空间生产，相对于此时哈尔滨的主流西方文化，他们是处于铁路附属地社会和文化边缘的"少数"族裔，在民族文化的冲突和融合中寻找着一种特殊的空间形态表达。空间的文化形式持续不断地处在混杂性的过程中，混杂性之重要并不在于能够追溯两种文化的本源，而在于"在文化过程中，打开一片'间质空间'（interstitial space）"。① 它并非抗争性的立场位置的结合，相反，它存在于不同文明的边缘位置，没有后殖民批判的空间历史叙事特征，在这个空间中，不同的文明不再处于对峙状态。傅家甸空间形式所体现的文化融合过程体现在两种趋势上，即区划的非确定性和身份的模糊性：前者和政治有关，民国政府成立之前，傅家甸地区虽有行政设置，但无空间规划，街巷是商业发展和移民涌入后由商民自发建设的，其管理则由1901年成立的"滨江公益会"② 自行管理，该会比学界认为的中国第一个商会"上海商业会议公所"早一年成立；后者则与移民有关，傅家甸处于传统儒家文化的边缘之地，以华北地区为主体的因战乱或生计聚集于此地的居民，处于传统伦理道德失范与新式伦理道德未建的转型阶段。除了模糊性和临界状态以外，这一过程对于构建新的文化和身份政治的意义体现在城市空间的营造形式上，即文化的"混血"。

四 空间的意象：身心地景的多元呈现

当地域性（locality）作为空间独特性格的分析域时，空间的意象特征可以整合为两个方面：一是包括了对"感觉的外部地景"提供空间与行为的分析，二是包括了对"心灵的内部地景"提供意象的调查。③ 当人定居下来后，他置身于空间中，同时暴露于某种环境特性中，这两种相关的精神更可能被称为"方向感"（orientation）和"认同感"（identification），④ 想要获得一个存在的立足点，人必须有辨别方向的能力，须知晓自己身在何处，同时在环境中认同自己，即明白自身和某个空间场所的关系。辨别方向与认同自我是个人重要的心灵依靠，也是空间与人的互动关系重要的依据。当空间的层次慢慢地区分出地区、文化、族群、宗教及时间性，由这几个元素串连成的傅家甸地区的日常生活之空间地景，在多元文化脉络下，就成为透过公共空间的体认达成文化追索的分析域。

---

① Homi K. Bhabha, "The Location of Culture," *Routledge Classics*, 3 (1996): 368-372.
② 石方：《黑龙江区域社会史研究（1912~1931年）》，黑龙江人民出版社，2009，第98页。
③ 夏铸九编译《空间的文化形式与社会理论读本》，第3~4页。
④ 夏铸九：《理论建筑——朝向空间实践的理论建构》，台北，唐山出版社，2009，第20~49页。

（一）宗教场所：心灵的公共空间营造

"公共性"作为公共领域理论概念的内核，它的吸引力与暧昧性是一体两面的。公共领域是一种有争议性的理论范畴，它经常以公/私二元对立的形式被论及。在生活世界与统治系统之间，常被作为市民社会的重要集体想象之一。在传统专制王朝体制下，百姓的公共聚会场所有限，能够交流的庙宇是其中之一，遇有祭祀庆典或时令更替，人们可以在庙宇中自由交流，因此庙宇可视为近代市民共享的场所。作为一种表征的空间，庙宇属人们所感知的、生活的公共空间。所谓庙宇，并不限于佛道，而是泛指其时所有宗教信仰祭祀场所。傅家甸地区的华北移民带着原生空间的记忆或想象而来，其在邻近的西方文明主导的铁路附属地映照下，陌生感骤然增加，既不是本土人，又不是西方人，处于"两个世界之外"的边缘地带，正如鲍曼在论述民族文化与异质文化相碰撞时所说的："陌生的异类者与现代秩序建构的冲动之间凸显的不可化约的紧张。"[①] 在多种文化互相交流与碰撞融合的特殊时期，与传统意义上宗教场所依人群居住地而选择场地不同，傅家甸地区的宗教场所分布体现的仍是多元文化并存的特质。在1929年1月国民政府滨江市政筹备处成立前的二十余年间，此区域内兴建的宗教场所涵盖佛教、道教、伊斯兰教、基督教、天主教及在理教等民间教派（见表1）。

表1　1929年前傅家甸地区主要宗教场所

	名称	始建时间	兴建人/首任	原址
佛教	镇江寺	1910年	界空	北二十道街
	慈善念佛堂	1912年	李益亭等	北十二道街
	永安寺	1922年	仁志	南勋十道街
道教	正阳宫（娘娘庙）	1902年	赵静悟	五柳街30号
	关圣祖师庙	1903年	不详	南勋十一道街
	龙王庙	1906年	不详	北二十道街
	城隍庙	1918年	任诚普	太古十五道街
	武圣庙	1919年	叶从端	太古十八道街

---

① 〔英〕齐格蒙·鲍曼：《后现代性及其缺憾》，郇建立等译，学林出版社，2002，第18页。

续表

	名称	始建时间	兴建人/首任	原址
天主教	天主堂	1901年	莫司铎（约瑟芬）	南勋六道街
	巴黎外方传教会	1910年	哈茨	南勋六、七道街两侧
	方济各修女会	1911年	阿尼拉	六道街
基督教	浸信会	1902年	不详	北六道街
	丹麦路德会	1912年	马德良	南二道街
	美国浸信会	1920年	杨美斋	大水晶街
伊斯兰教	清真东寺	1901年	张二阿訇	南十三道街
	清真西寺	1908年	马朝真阿訇	北头道街
其他	在理教（一善堂）	1924年	张姓（名不详）	北十九道街
	真耶稣教会	1925年	梁金中等	北八道街

资料来源：《道外区志》，第709~711页；哈尔滨市地方志编委会编《哈尔滨市志·宗教 方言》，黑龙江人民出版社，1998，第12~170页。

将"洋教"与本土文化之间的冲突置于日常的地方性的语境中，可以呈现"洋教"与中国社会复杂关系的一个侧面。① 傅家甸之宗教场所的空间布局在展现世俗—宗教二元性的同时，亦呈现了它在文化交融中的内涵与表征，如基督教和天主教于这二十余年间在传教的同时创办了数份报刊，除刊登宗教文章外，还发表一些非宗教的简讯及新闻，这些报刊所传达的内容渗入教民的日常生活中。② 在这样一个正在产生"现代性"的社会空间中，宗教场所的公共性质仍然维持着其巨大的惯性，为"淘金者"和"逃难者"提供了跨越异文化边界的可能。以基督教路德会在傅家甸一隅内十余年的"教案"为例，可见宗教所体现的空间心灵地景，其内涵与表征本身即表现了这一时期傅家甸的民众对于秩序更替的反应，是这一时期社会文化变革的重要基础性分析架构之一。1912年，基督教路德会的场地为租用民房，在教会内办起英文、俄文2个讲习班，次年武百祥与赵禅

---

① 孙江：《作为他者的"洋教"——关于基督教与晚清社会关系的新阐释》，《江海学刊》2008年第1期。
② 据黑龙江日报社新闻志编辑室所编的《新闻史料》：基督教于1922~1923年创办《教会通报》《真理之声》《信仰的旗帜》，1925~1928年创办《基督教青年会会刊》，1926~1928年创办《基督教卫斯理教派》；天主教于1921年创办《基督教的世界观》，1927~1928年创办月刊《十字路》。

堂等当时傅家甸地区最有实力的民族资本家相继入教；1915年，武百祥经营的同记、大罗新两商场的店员及其所属工厂的工人，每逢星期日放假半日，列队进入礼拜堂做礼拜。因礼拜堂容纳不下所有人员，便积极择新址改建大礼拜堂，耗资银洋8万余元。1925年，路德会经东北大会决议改称"信义会"。1927年，华人信徒发起自立运动，"脱离丹麦信义会，走中国人自办教会的道路"，① 于7月3日正式成立哈尔滨市自发的一派"哈尔滨西门脸中华基督教会"（自立会），推荐李毓麟为教会主任牧师，武百祥任执事长。这个时空架构不仅从一个侧面阐释了近现代早期西方宗教在傅家甸公共空间的扩展特征，亦反映了这一时期文化冲突与交融的内在发展机理。

（二）消闲场所：异质文化影响下的社会风尚

公共消闲娱乐生活关乎一个城市的集体记忆，到公共空间中参与娱乐生活，则是市民生活方式的一种具象表达。傅家甸地区人口密集，商业、手工业较发达，在清末已出现演出曲艺、戏曲的茶园，活动设施之多，在当时的哈尔滨居于首位。至民国时期，傅家甸各种茶园、舞台的建立达到鼎盛，影响较大的茶园就有数十家之多，数量与规模上都相当可观，有"独冠关东"② 之称。作为集体经验、共同兴趣或文化价值的消闲空间，其在傅家甸一隅二十余年间的变化体现出异质文化的强烈影响，除承载起构建新型"市民"身份认同的功能之外，也成为跨文化和跨阶层交往的有效空间媒介，并形成本土/异质文化交融的话语场。消闲空间的形式与业态，在此场域内发生了深刻的变革。

由于铁路附属地以"租界多有贫而失业之华民布散街衢，实于地方秩序有大碍"③ 为由对华人设限，生活在傅家甸的人可以进入埠头区或新市区，但不能在其中生活，夜晚降临要返回"边缘"。这样的边缘生活使得时人形成一种独特的"观看"方式，既从外面向里看，又从里面往外看，在去傅家甸的茶馆或是戏院听戏曲的同时，又好奇着铁路附属地中旋转的舞池或是电光幻影的移动荧幕。这种双向"观看"从电影院在傅家甸的发展变化可见一斑：1898年哈尔滨开埠至1929年傅家甸地区成立滨江市政

---

① 《哈尔滨市志·宗教 方言》，第101~103页。
② 《道外区志》，第141页。
③ 《道里查圈贫民》，《远东报》1916年6月10日。

筹备处期间，由俄、美、法、意、日等国人在铁路附属地兴办的影院为33家，而傅家甸由华人兴办的影院达20余家，现有据可考的有15家①（见表2）。自1915年傅家甸地区第一家电影院开张不过15年的时间，观影场所如雨后春笋般遍布此地，"至道外之电影院，则专映国产影片……（票价）楼座均八角，池座均六角，学生则均四角……每日观者拥挤，惟恐或后"。② 低廉的票价使得普通人有能力走进影院，"专映国产影片"则因附属地"皆系外国影片，华人渐不感兴趣"，进而推动了华人本土电影公司（松江电影公司，1928年）和电影制片厂（寒光制片股份有限公司，1932年）的成立。③ 时人在傅家甸与铁路附属地之间的生存处于对边缘与主流文化的不断体认过程中，在"拒斥"和"好奇"的双重作用下，"边缘"不再固处于"整体"的外围，"边缘"自生出一个"整体"。傅家甸地区消闲空间的形成过程，是不同民族文化和异域文化相互融合的过程，代表传统娱乐的茶馆、戏楼和代表西式娱乐的影院、舞厅在这一文化错杂空间中共生。在这一时空中，民族性、地域性以及其他文化因素的固有形态都被提取出来，为迎合国人观戏饮茶之习惯，"道外吉江茶社开业后，其营业颇佳，盖因该社所演之电影纯系新片，且于二层楼上设茶食店，极为清雅，故中外人士往观者络绎不绝"。④ 文化符号及其意义失去了封闭性和稳定性，处在不间断的对话和调和中，消闲空间成为一种随着文化历史语境的变化而改变着外观和意义的复杂关联域。

表2　傅家甸地区1930年前的电影放映场所

序号	名称	成立时间	原址
1	王佩萱电影院	1915年	不详
2	吉江电影茶社	1916年	升平二道街
3	五云阁电影戏园	1916年	北三道街
4	新世界消遣场股份有限公司	1917年	北二道街

---

① 此一时期的影院，部分为单间放映且不对公众开放售票，具体数量尚待考证。
② 辽左散人（刘静严）：《滨江尘嚣录》，张颐青、杨镰整理，中国青年出版社，2012，第125页。
③ 姜东豪编著《哈尔滨电影志》，哈尔滨出版社，2003，第29~30页。
④ 《电影园之营业观》，《远东报》1916年12月15日。

续表

序号	名称	成立时间	原址
5	南四电影院	1917年	南四道街
6	新世界电影院	1918年	十六道街
7	耀华影园	1921年	三道街路西
8	华洋俱乐部电影院	1921年	北十四道街路西
9	光明电影社	1923年	正阳十五道街
10	神州电影院	1926年	升平街
11	广和成流电楼	1927年	正阳大街
12	东北大戏院	1928年	十六道街
13	华乐电影院	1929年	十六道街
14	中央大戏院	1929年	景阳街口
15	第一电影院	1929年	升平街

资料来源：姜东豪编著《哈尔滨电影志》，第35~37页。

五 结语

哈尔滨作为一座历史不过百余年的城市，百年前以一个荒芜封闭的村落被骤然抛进现代化的洪流之中，其"历史城市"的表征不仅来自单一的纵向历史，而且是由城市内不同形式的文化空间和环境空间所组成的地方整体意象，从空间视角唤醒历史的记忆呼应了当今群体如何记忆过去并保护历史街区的文化诉求，历史街区提供给了人们重要的回忆依据，由此，傅家甸成为社会族群保留集体记忆实践的重要场域。检视20世纪初傅家甸所呈现的空间营造过程，在不同权力定位与经济定位的转换中，对应的空间与环境的历史性呈现出文化冲突与交融的共时想象，历经百年的空间文化已成为超越"物"的价值，无形中创造出独特的"空间个性"。以空间—历史—社会的框架视之，傅家甸的空间营造亦诠释出一种特殊历史时期的空间文化框架，对空间及其文化形式的关注，社会学和地理学在此框架中达成了某种妥协。

在福柯和列斐伏尔切入社会权力机制及对权力进行历史分析之前，社会学与人文地理学之间总是保持着一种谨慎的距离，社会空间和地理空间在各自学科领域内互为点缀。从异质空间的理论视角出发，从空间性的维度审视近代哈尔滨文化多元中的傅家甸之文化生成和空间变位，这一探讨或许可以暂时告一段落，但空间性维度的阐释在近现代中国城市社会的研究中还有诸多问题有待探索。在历史性和社会性的传统联姻中注入新的人文地理思考和解释模式，有助于我们重新审视社会、历史和空间的共时性及其复杂性和相互依赖性。这样一种取自空间分析视角的社会历史文化取向，为社会科学的城市研究提供了一种新的视角、一种新的叙事或有效理解历史社会或历史城市的范式，提醒研究者关注城市、地理、社会与文化之间的深刻关联。与此同时，在接续研究中，可尝试加入意识形态的影响，与人文地理及文学空间批评领域结合，以期获得更大的理论延伸。

作者：刘明明，南开大学社会学系、
黑龙江省社会科学院社会学研究所
盛昕，黑龙江省社会科学院社会学研究所

（编辑：王静）

·景观与社会生活·

汉代敦煌的边城景观和地理意象

黎镜明

内容提要：汉时中原王朝曾经利用使节参访路线、朝会礼仪、汉式建筑以及都城的公共空间等景观向周边族群确认和宣告统治权威。敦煌作为华夏文明的窗口，承担着教化本地族群和向周边区域"示汉富强"的使命，其地名、城市、学校和邮驿系统等景观蕴含着汉帝国自我形象建构的意味。汉代时人心中的敦煌地理意象经历了一个由"蛮夷之地"到"华夏之区"的转变过程，这种意象的转换也使得当时乃至后世的中原人士始终以保家卫国的自觉保卫敦煌。

关键词：敦煌　边城景观　地理意象　边疆经略

"景观学强调无论是图像还是语言文字对于景观的描述，都是人们对他们所感知到的景观的一种再现和想象，有各种社会文化的象征性暗示和表达自身历史的手段。"① 黄菲以清代云南省东川府的景观变迁为例，指出当清政府对东川府及其所在的滇东北地区进行军事征服，实行改土归流之际，各类新兴城池建筑实体自然不可避免地突破当地原有景观格局，此外亦透过各种口承、文本和图像话语建构出满足从帝国视角观看和想象的地方景观。② 余压芳认为中国的文化传统中，以自身内部某一地区为核心进行辐射式划分和描述，"以我为主，其余次之，我即文明，其余皆荒"是

---

① Denis E. Cosgrove, *Social Formation and Symbolic Landscape*: *With a New Introduction*, Wisconsin: University of Wisconsin Press, 1998, p.6.
② 黄菲：《移建文昌宫——清代云南东川府的景观再造与空间争夺》，《历史人类学学刊》第11卷第1期，2013年。

自古以来从未断绝的观念。① 故而当中原帝国势力进入边陲时，原有的当地景观格局往往会被视作落后的象征而被改写，换言之，可以将边地景观的重塑视作中原帝国改造和统治边地的物质证据。敦煌原处"蛮夷"之区而后跻身华夏郡县，汉时被纳入版图，其景观的"华化"是强力而持久的，作为几大文明板块"榫卯"的区位，② 又使得其景观建设的潜在"观众"并不限于本地族群，还承担着向周边地区"示汉富强"的使命，从这个意义上说，敦煌作为华夏文明的展示窗口而与汉帝国的边疆经略体系产生联结。

一 "威戎夸狄"：汉帝国对周边族群的"景观攻势"

《战国策·赵策二》言："中国者，聪明睿智之所居也，万物财用之所聚也，贤圣之所教也，仁义之所施也，诗书礼乐之所用也，异敏技艺之所试也，远方之所观赴也，蛮夷之所义行也。"阎步克先生据此指出："早在先秦时代，中国已被认为是一个文明古国，'礼乐之邦'了。"③ 其中"远方云所观赴""蛮夷云所义行"体现的是一种华夏相对于"蛮夷"的文化心理，也是中原王朝向周边展示文化软实力的心理基础。④ 具体到汉代，"汉兴至于孝武，事征四夷，广威德，而张骞始开西域之际"。⑤ 可见"征四夷"与"广威德"是相互形构的一体两面，"凿空"之处，汉与西域互为认识盲区，在帝国的其他方向，这种知识遮蔽也不同程度地存在，而了解是密切关系、深入嵌套的前提，据此，汉帝国面向周边族群开展了一系列

---

① 余压芳：《景观视野下的西南传统聚落保护——生态博物馆的探索》，同济大学出版社，2012，第 50 页。
② 李大龙先生指出："从中国疆域自然凝聚的最终结果而言，河西的定位更像是个'榫卯'，它将南部的青藏高原、北部的草原、东部的中原、西部的西域'卯'在了一起。"参见王剑利、蔺海鲲《共学互鉴、推动形成思想共识："从走廊发现中国·河西走廊篇"专题研讨会综述》，《中国民族报》2018 年 5 月 11 日，第 1 版。
③ 阎步克：《儒·师·教——中国早期知识分子与"政统""道统"关系的来源》，《战略与管理》1994 年第 2 期。
④ 方铁、黄禾雨论述了"文化软实力"对中原王朝治理边疆的作用，其所言"文化软实力"包含文化、意识形态和制度安排方面的影响力等。参见方铁、黄禾雨《论中原王朝治边的文化软实力》，《中国边疆史地研究》2013 年第 2 期。
⑤ 《汉书》卷 96 上《西域传上》，第 3873 页。

的形象构建工作。

史载张骞为联络月氏而第一次出使西域,大月氏"地肥饶,少寇,志安乐,又自以远汉,殊无报胡之心"。① 张骞最终不能得其要领,其中一个深层次的原因当是西域诸国对汉缺乏了解。斯蒂芬·沃尔特认为国家之所以结盟主要是为了制衡威胁,而影响威胁的因素则有综合实力、地缘的毗邻性、进攻实力和侵略意图等。② 要对付近在咫尺的强敌匈奴,西域诸国须承担巨大的战争风险,汉廷为达成结盟的目的须释放出足够的实力、诚意和信心。有鉴于此,二使西域时,"(天子)拜骞为中郎将,将三百人,马各二匹,牛羊以万数,赍金币帛直数千巨万,多持节副使,道可使,使遗之他旁国"。"骞与乌孙遣使数十人,马数十匹报谢,因令窥汉,知其广大。"从结果来看,"乌孙使既见汉人众富厚,归报其国,其国乃益重汉"。③

从史料来看,武帝时,汉廷对这种文化工程的建设可谓不遗余力:

> 西国使更来更去,天子每巡狩海上,悉从外国客,大都、多人则过之,散财帛以赏赐,厚具以饶给之,以览示汉富厚焉。大角抵,出奇戏、诸怪物,多聚观者。行赏赐,酒池肉林,令外国客遍观名仓库府藏之积,见汉之广大,倾骇之。大宛左右多蒲萄,可以为酒;多苜蓿,天马嗜之;汉使采其实以来,天子种之于离宫别观旁,极望。④

此处透露了一个重要信息,即"外国客"的参观路线应是精心设计的,"景点"选取倾向于大都会、人烟稠密之处,故而我们有理由相信,使节往返必经之地的景观有较多人为选取乃至塑造的成分,即必定要符合汉帝国的自我期待。史书中"(彭)宠父宏为渔阳太守,姿貌出众,单于来朝时当道两千石皆选容貌饮食者,徙为云中太守"⑤ 等记载也可为侧证。当然,其背后应有更深层次的用意,此事发生的元狩六年(前117)正值

---

① 《史记》卷123《大宛列传》,第3158页。
② 〔美〕斯蒂芬·沃尔特:《联盟的起源》,周丕启译,北京大学出版社,2007,第16~31页。
③ 《史记》卷123《大宛列传》,第3168、3169页。
④ 《资治通鉴》卷21,"汉武帝元狩六年"条,第697页。
⑤ 《东观汉记》卷8《彭宠传》,第134页。

汉廷开边的高峰时期，此前汉廷在河西、漠北之战中取得了辉煌胜利，但也酿成巨大的财政危机。元狩四年武帝遣长汤造皮币和白金三品，又委任东郭咸阳和孔仅为大农丞，实行盐铁官营，同年又加征算缗钱和口赋钱，鼓励豪族、富商输财助边。"遍观名仓库府藏之积"当是向天下臣民尤其是周边使节宣示汉廷有持续对匈作战的能力，汉简中又有"兵以马为本，马以食为命"等记载，离宫别馆周围苜蓿"极望"的景象似乎是在向使节暗示汉廷战马充足、骑兵强大。

汉廷的这一心理还体现在对都城长安的建筑设计上，武帝时汉使郭吉讽告匈奴乌维单于曰："南越王头已悬于汉北阙之下。"① 阙下为西汉长安重要的公共空间，朝廷常在此处发布诏令，司马贞《史记索隐》有所谓"记列教令当于此门阙"。② 巫蛊之乱时，戾太子与丞相军数万人即战于长乐西阙下，可见阙下的人口容纳能力之强。诸阙中北阙又尤为重要，"人们从外地要进入未央宫，多数还是从宣平门或横门入城，经横门大街南下进未央宫北阙，或者再经安门大街南下进未央宫东阙"。③ 如果说悬"蛮夷"酋首于北阙的受众目标主要是长安民众的话，藁街则无疑具有更清晰的指向，其地在汉时长安城南门内，为属国、使节馆舍所在之地，汉廷时常在此悬挂叛乱"蛮夷"的首级示众，及至后世，"系颈蛮邸，悬首藁街"④ 成为中原王朝夸耀边功的表述。汉廷此举无疑是出于令"蛮夷"畏威怀德。

"礼"因其突出的展演性而成为汉廷重要的形象构建工具，宣帝甘露二年（前52），"匈奴呼韩邪单于款五原塞，愿奉国珍朝三年正月"。⑤ 自汉初就为患北部边疆的匈奴终于以称臣姿态正式表示降顺，汉廷的反应可谓欣喜若狂，宣帝为此而"幸甘泉，郊泰畤"，告于神灵的背后当有告成天下的意味。⑥ 更重要的是此年正月的朝会礼仪极尽铺陈，《汉书》详细记

---

① 《史记》卷110《匈奴列传》，第2912页。
② 转引自王子今《西汉长安的公共空间》，《中国历史地理论丛》2012年第1期。
③ 杨宽：《中国古代都城制度史研究》，上海人民出版社，2003，第114页。
④ 《梁书》卷20《褚缉传》，第315页。
⑤ 《汉书》卷8《宣帝纪》，第274页。
⑥ 参见朱玉麒《从告于庙社到告成天下——清代西北边疆平定的礼仪重建》，东方学研究论集刊行会主编《高田时雄教授退休纪念：东方学研究论集》（中文分册），东京，临川书店，2014，第397~411页。

载了其细节:

> 匈奴呼韩邪单于稽侯㹶来朝,赞谒称藩臣而不名。赐以玺绶、冠带、衣裳、安车、驷马、黄金、锦绣、缯絮。使有司道单于先行就邸长安,宿长平。上自甘泉宿池阳宫。上登长平阪,诏单于毋谒。其左右当户之群皆列观,蛮夷君长王侯迎者数万人,夹道陈。上登渭桥,咸称万岁。单于就邸。置酒建章宫,飨赐单于,观以珍宝。①

朝会是汉帝国最盛大的年度性活动,班固在《东都赋》中描述正旦朝会的场景为:"春王三朝,会同汉京。是日也,天子受四海之图籍,膺万国之贡珍,内抚诸夏,外绥百蛮。"其间伴以歌舞、宴乐、杂耍等,营造出一派祥和的盛世景象,而其特征之一,就是"四夷闲奏,德广所及,僸佅兜离,罔不具集"。② 由前引"蛮夷君长王侯迎者数万人,夹道陈"诸语可知在长安的周边族群代表参与了此次盛会,值得推敲的是,此处单于看似是观礼的贵宾,实则在"蛮夷"君长们看来,其也是礼仪舞台上的主演之一。史载单于降汉前内部曾有争议,异议主要在"(匈奴)故有威名于百蛮"。"今兄弟争国,不在兄则在弟,虽死犹有威名,子孙常长诸国。汉虽强,犹不能兼并匈奴,奈何乱先古之制,臣事于汉,卑辱先单于,为诸国所笑!虽如是而安,何以复长百蛮!"③ 此处单于作为臣服者对汉天子称臣朝觐,实际体现了东亚政治秩序的重大变化。"蛮夷"君长见此,似也不得不重新思考自己在这一秩序中的定位。

又考求汉史,单于历次朝觐皆宿于上林苑长平观,前贤似未留意长平观作为政治景观的功能,在此略做考释。《汉书》载:"二世委任赵高,专权自恣,壅蔽大臣,终有阎乐望夷之祸。"④ 郑氏注曰:"望夷,秦宫名也。"应劭曰:"秦二世斋于望夷之宫,阎乐以兵杀二世也。"颜师古则注曰:"博物志云宫在长陵西北,长平观道东,临泾水,作之以

---

① 《汉书》卷8《宣帝纪》,第271页。
② 《后汉书》卷40《班固传》,第1364页。
③ 《汉书》卷94下《匈奴下传》,第3797页。
④ 《汉书》卷36《楚元王交传》,第248页。

望北夷。"① 可知西汉长平观建于或毗邻秦望夷宫,② 宣元诸帝选此处作为单于入朝的常规居所可能是因循秦代望夷宫"望北夷"的功能。扬雄曾言:"唯北狄为不然,真中国之坚敌也,三垂比之悬矣,前世重之兹甚,未易可轻也。"③ 匈奴自秦以来即是中原王朝百年难制之敌,选择此处作为单于入朝时的居所,应是为了夸耀前朝、慰灵宗庙,同样有告成天下的用意。

东汉时期,这种面向"蛮夷"的文化景观增添了新的内容,《汉官仪》曰:"古不墓祭。秦始皇起寝于墓侧,汉因而不改。"④ 至明帝永平元年(58),首次汇聚皇帝以下百官在光武帝原陵前举行大规模元会,而此前元会的举办地一直在宫里。从元会的一贯传统来看,百蛮君长当在受邀之列,而灵帝时祭光武原陵之时尚有匈奴单于、西域侍子陪同的史事也可为佐证。鹤间和幸认为:"东汉帝陵较朴素,但皇帝帅……匈奴单于、三十六国侍子前往陵墓行上陵之礼是重要的政治行为。"⑤ 事实上,陵墓和祭墓礼仪与"蛮夷"的关系在西安即已显露端倪。史载霍去病死后,武帝"为冢象祁连山",其上及周边散布石熊、石猪、石蛙等和著名的"马踏匈奴"雕像。马孟龙先生将之称为景观构件,以其为祁连山景观的组成部分,"这些散布的石马、石兽,与封土共同结合为'祁连山',足以令任何一个参观者印象深刻"。⑥ 霍去病陵的"纪念碑性"当然主要是针对那些胸怀"丈夫一为卫、霍,将十万众骑驰沙漠,驱戎狄,立功建号耳,何能作博士耶"⑦ 的远大志向的中原青年,但从其陵墓建造的主力是"属国玄甲兵"来看,武帝不无"敲打""夷狄"的考虑。

---

① 颜师古以为此说不可取,因为"胡亥葬于宜春苑,苑不在渭北也",然而死所与葬地不一是秦汉社会乃至今日丧葬常态,秦二世葬宜春苑并不能否定其死于望夷宫。
② 又《东观汉记》载:"蒙宗不幸兮,平城颠荒。"其下注:"'蒙宗',犹言'蒙氏',指蒙恬、蒙毅。秦始皇尊宠蒙氏,蒙恬任外事,多年统兵在外,居上郡,威震匈奴;蒙毅在内位至上卿,出则骖乘,入则御前。始皇死,胡亥、赵高处死蒙恬、蒙毅。'蒙宗不幸',即指此。事详《史记·蒙恬列传》。'平城颠荒',指秦二世胡亥被赵高、阎乐困杀于望夷宫。因望夷宫在长陵西北平城观道东故亭处,故云'平城颠荒'。事详《史记·秦始皇本纪》。"详见刘珍等撰《东观汉记校注》卷15《梁竦传》,中华书局,2008,第611页。
③ 《汉书》卷94《匈奴传》,第3814页。
④ 《后汉书》卷2《明帝纪》注引,第99页。
⑤ 〔日〕鹤间和幸:《始皇帝的遗产:秦汉帝国》,马彪译,广西师范大学出版社,2014,第377页。
⑥ 马孟龙:《秦汉石像为纪念还是用作装饰?》,《解放日报》2016年6月14日,第12版。
⑦ 《三国志》卷9《魏书·曹彰传》,第555页。

武帝在兼并周边政权后，烧造带有"大并天下"铭文的瓦当和"海内皆臣"铭文的地砖，用于装饰宫殿。① 对留居长安的诸国侍子来说，这些装饰无疑是华夷秩序的一种可视化表达。其实不惟如此，位于今俄罗斯哈卡斯自治州首府阿巴坎以南南西伯利亚地区的汉代匈奴遗址号称最北方的汉式宫殿，其中出土了带有"天子千秋万岁常乐未央"文字的瓦当。② 关于内蒙古出土的汉时"单于天降"瓦当，魏坚先生认为"降"应作"归降"而非"降落"理解。③ 楼兰出土东汉织绣"望四海贵富寿为国庆"、新莽铜镜"王氏作镜四夷服"等字样都可视作一种权力话语，又汉时朝廷赐予中原诸侯王、列侯的印绶为龟形，而"外国"国王则为骆驼、羊、蛇等形状。④ 这类细小的物件本身虽不构成景观，但配合着象征等级秩序的宫殿，或者册封、贡赐等政治手段，实际上确认和宣告了汉帝国对边疆地区的统治权威。

　　揆诸往史，汉廷的此类文化工程产生了较为明显的效果。以西域为例，昝涛先生指出，"在751年前的一千年中，华夏文明在西域几乎没有碰到过堪与匹敌的文明－政治力量，西域人了解中原的强盛和繁荣，莫不仰慕华夏文明"。⑤ 这一判断在汉代是恰如其分的，史载宣帝元康元年（前65），龟兹王绛宾来朝，此后"龟兹王乐汉衣服制度，归国治宫室，作徼道周卫，出入传呼，撞钟鼓，如汉家仪"。⑥ 即便是对此讥讽过的周边族群，也多数珍视汉物、认同汉制。⑦ 尽管自20世纪80年代以来新文化史学者在解释"文化接触"问题时，并不满足于传播者所建构的权力话语，而是强调相遇过程中的互动、沟通和妥协，⑧ 但囿于汉世史料的稀缺及史

---

① 马孟龙：《秦汉石像为纪念还是用作装饰?》，《解放日报》2016年6月14日，第12版。
② 参见〔苏〕吉谢列夫《南西伯利亚古代史》下册，莫润先译，新疆社会科学院民族研究所，1985，第80页。
③ 此观点源于魏坚先生2019年7月18日于陕西师范大学"西部大讲堂·历史学论坛"活动所做题为"河套地区战国秦汉塞防研究"的讲座。
④ 〔日〕鹤间和幸：《始皇帝的遗产：秦汉帝国》，第391页。
⑤ 昝涛：《华夏文明与伊斯兰文明交织的中亚》，2019年6月10日，搜狐网，https://www.sohu.com/a/318064254_788167，最后访问时间：2020年5月14日。
⑥ 《汉纪》孝宣皇帝纪二卷第十八，第316页。
⑦ 如《新唐书》卷221上《西域传上》（第6235页）载于阗国"自汉武帝以来，中国诏书符节，其王相以传授"。
⑧ 相关讨论参见黄菲《祀真武或祭龙神——清初云南东川府的信仰空间交叠与景观再造》，《新史学》第23卷第4期，2012年。

书作者的书写立场，同时考虑到其时世界各文明的发展进程，笔者认为其时中原相对周边区域处在一个较高的"文化势位",① 汉式景观也因此时常成为汉帝国向周边地区展示文化软实力的工具。

二 敦煌边城地理景观的构成

前已指出，武帝时"外国客"的参访路线与停留地点实际经过了汉廷的精心布置，实际是以"蛮夷"为他者进行形象建构。而汉简载："（敦煌）郡当西域空道，案厩置九所，传马员三百六十匹计，以来死者"，"三百六十八匹，过员八匹"。② 地当丝绸之路冲要，又为西域使者入境首站，或有契合其"国门"地位的景观建设，在此略做分析。

地名通常被视作一种景观或者景观的构成要素，③ 有关"敦煌"一名的讨论为数众多。④《汉书·地理志》所谓"敦，大也。煌，盛也"以及《元和郡县图志》中"敦，大也，以其广开西域，故以盛名"的解释诚然犯了以词害意、望文生义的错误，但其地名学意义并非单纯词源学所能涵盖。史家早已指出，作为学科的历史既包括历史真实（historical reality），也包括历史记忆（historical memory），"狭义上是指历史事件的亲身经历者或目击者对历史事件的记录和回忆"。⑤ 史载元狩二年（前121）河西之战后浑邪王降汉，"而金城、河西西并南山至盐泽空无匈奴"。⑥ 故而在河西经略的进程中，人口替换和文化覆盖是同步进行的。从这一角度来说，河西地名的变易也是边地"华化"的表征。无论其词源为何，重要的是通过汉廷整齐划一的命名，边地河西与汉廷建立了一种"直接"的联系："武威"彰显的无疑是汉帝国的军威；"张国臂掖"伸张的无疑是汉朝的臂掖；

---

① 有关"文化势位"的阐述，参见周振鹤主编，朱学勤等撰《中华文化通志·中外文化交流典》，上海人民出版社，1998，第49~55页。
② 郝树声、张德芳：《悬泉汉简研究》，甘肃文化出版社，2009，第21页。
③ 相关研究参见李凡《明清以来佛山城市文化景观演变研究》，中山大学出版社，2014，第214~216页。
④ 姚大力：《敦煌为什么叫敦煌？——兼谈吐鲁番及相关地名的来源》，《文汇学人》2018年9月14日。
⑤ 张荣明：《历史真实与历史记忆》，《学术研究》2010年第10期。
⑥ 《史记》卷123《大宛列传》，第3167页。

"敦煌"无疑也不同于其原始语义"坚固的城堡"这种依据自然地理特征、缺乏感情色彩的描述性命名,①而表现出"属汉"意识的增强和美好愿景的寄托。汉时的中西文明交流方式使我们有理由相信,当西来的使节、商人通过译者听到"敦煌"一名时,所了解的应当包含其汉语语意。

城市素来是景观学研究的主要对象,边地城市又有相较腹地更为丰富的内涵。周长山先生指出:"城郭本身成为'大一统'政权下法与秩序的象征,《史记》《汉书》及其他文献中,在涉及异民族生活方式之处,均以城郭有无作为判定文明程度的基准。"②尾形勇将汉代新疆域的开拓过程总结为:先建设一两个城,划出一定的区域置郡,然后在郡内陆续修筑新城,进行屯田,设置郡县。③所起的区隔华"夷"的作用似乎不仅限于军事,也体现在文化上。汉代敦煌县(郡治所在)城址位于今敦煌县城正西约2千米,"因被洪水冲淹,城址已成为农田,仅残存西北角墩及一段约20米长的城垣。……城的西南角残存一段城垣,夯层厚8~10厘米。城垣残高6米,长15米、宽7米"。④郡治原貌难以复原,但从考古工作者所绘汉敦煌所属冥安、宜禾、渊泉、龙勒城址平面图来看,⑤诸县城结构均较简单,多呈单城形态,近似方形,部分可见角墩、马面,军事色彩较浓。而"在边疆地区,出于军事防卫上的考虑,居住在城市中的人口比例应该更高"。⑥集中居住使得权力能够更好地集中和有效运作。汉代尤其东汉时敦煌对西域能起到与其人口、兵员规模不成比例的巨大作用,或与这种景观分布形态有关。

又李并成先生指出,"县一级城址多为方形或近似方形,每边长度多为200~300米,周长一般为1000~1400米。设县之处均是发展农业生产

---

① 如姚大力先生以为"西汉置四郡于兹,郡名恐怕都属于用汉字记音的当地地名"。参见姚大力《敦煌为什么叫敦煌?——兼谈吐鲁番及相关地名的来源》,《文汇学人》2018年9月14日。
② 周长山:《汉代的城郭》,《考古与文物》2003年第2期。
③ 〔日〕尾形勇:《汉代屯田制的几个问题——以武帝、昭帝时期为中心》,吕宗力译,中国社会科学院历史研究所战国秦汉史研究室编《简牍研究译丛》第1辑,中国社会科学出版社,1983,第289页。
④ 岳邦湖、钟圣祖:《疏勒河流域汉代长城考察报告》,文物出版社,2001,第98~99页。
⑤ 分别见岳邦湖、钟圣祖《疏勒河流域汉代长城考察报告》,第90、92、98页。
⑥ 周长山:《汉代城市研究》,人民出版社,2001,第123页。

自然条件优越,特别是水资源丰盈的地方"。① 而"敦煌郡治以及敦煌县治位于党河绿洲中心位置,环境良好,用水充沛,有利于集聚人口和组织农业生产,延续性和传承性更强。其他县治基本位于汉代绿洲的边缘或接近边缘位置,稳定性和传承性相对较差"。② 这种"绿洲面积—城市规模"的密切对应关系使得最大的城市(郡治)能够提供最多的可供交易的农产品以及交易市场。同时,郡城作为区域政治中心,通常来说具有最好的安全保障条件,郡城中的达官显贵又最具消费能力,久而久之,郡城便成为边地的交易中心,吸引了大量牧区需要交换生产物资的民众和远道而来贩运奢侈品的商贾。《华阳国志》载,因开僰道、青衣道失败而遭处死的僰道令在临刑前感慨"忝官益土,恨不见成都市"。热闹富庶的成都是西南边陲百姓憧憬的乐土,与之相对的,则是敦煌在东汉成为"华戎所交一都会也"。③

汉代敦煌另一突出的地域景观则是完善、密集的邮驿网络。张德芳先生考证出这九处厩置从西到东依次是渊泉置、冥安置、广至置、鱼离置、悬泉置、遮要置、龙勒置、玉门置以及一处尚不知名的置,从渊泉往西,到敦煌郡最西部的广武隧,直线距离 300 千米。④ 遍布敦煌全境的邮驿系统除负责文书传递外,还承担迎送、接待外国使节的任务。从悬泉汉简《过长罗侯费用簿》等来看,一次接待所消耗的酒、羊、鸡、牛、鱼的数量颇多。又汉简载"……送精绝王诸国客凡四百七十人(Ⅱ0115①:114)"。⑤ 此等接待规格和规模无疑不是出于敦煌"小郡"的内在需求。⑥ 悬泉汉简又有"建始二年八月丙辰朔壬申,敦煌太守延、守部候疆行长史事、丞义谓县:羌胡众数遣在道、马谷使外国,今少恐乏调给仓谷大司农□□□……(Ⅱ90DXT0114②:291)"诸语,李永平先生解释其意为"羌人正在被'遣'的路上,马和粮谷许多用于对外事务,因此给大司农谷仓

---

① 李并成:《河西走廊历史地理》,甘肃人民出版社,1995,第 152 页。
② 冯斌、陈晓键、王录仓:《汉敦煌郡文化空间体系的构成及其历史环境的整体性解析》,《干旱区资源与环境》2019 年第 11 期。
③ 《后汉书》卷 23《郡国志五》引《耆旧传》,第 3521 页。
④ 张德芳:《丝路畅通、汉国保障——汉帝国政权在政治、军事上对丝绸之路交通体系的支撑》,原载《"丝绸之路:长安—天山廊道的路网"甘肃五处文化遗产成功列入〈世界遗产名录〉大会论文集》,2014。后收入《丝绸之路》2014 年第 15 期。
⑤ 胡平生、张德芳编撰《敦煌悬泉汉简释粹》,上海古籍出版社,2001,第 114 页。
⑥ 史载成帝时"敦煌、酒泉小郡及南道八国,给使者往来人马驴橐驼食,皆苦"。《汉书》卷 96 上《西域传上》,第 3893 页。

汉代敦煌的边城景观和地理意象

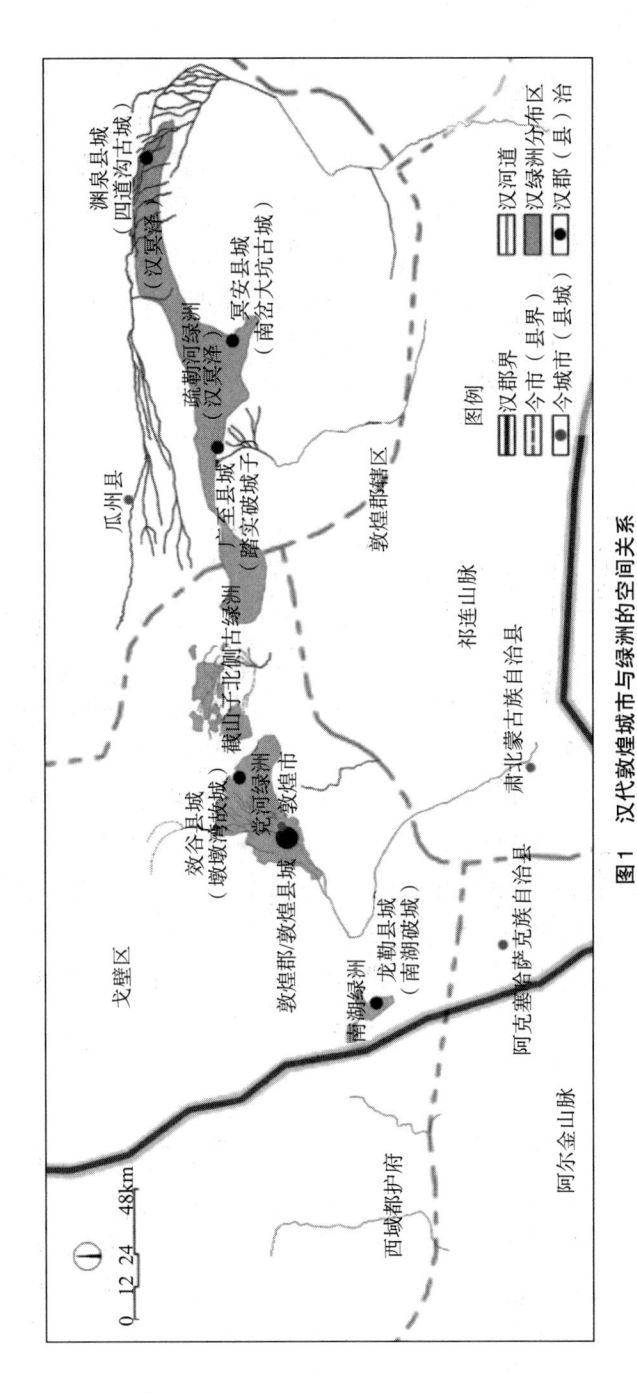

图 1　汉代敦煌城市与绿洲的空间关系

资料来源：冯斌、陈晓键、王录仓《汉敦煌郡文化空间体系的构成及其历史环境的整体性解析》，《干旱区资源与环境》2019年第11期。

所调的恐怕很少了",并言"上举关于太守延的简说明延任太守时期敦煌的粮食也是紧张的,遣送羌胡,接待往来宾客,供应牲畜是非常重要的原因"。① 又贾丛江先生研究发现,"据已经刊布的悬泉汉简,有五简明确记载东来入朝的西域、西羌属部,都是十一月抵达敦煌的……之所以在最寒冷的十一月入关,正是为了在新年前赶到京师。正月旦大朝会,成为西汉中后期属部朝觐的主要形式"。② 我们或可据此推想,敦煌郡作为正月旦朝会这一盛事的迎宾前站,在接待环节当不会过分寒酸。事实上,简文也确有敦煌郡为迎接西域客人,要求所属各职能部门"各缮治道桥谨过军书邮书吏常居亭署毋令有遗毋忽如律令(V90DXT309④:40A)"的记载。③ 事实上,从简"不可作事者冗食于仓"等可知,敦煌存在冗官就食的财政压力。故而敦煌的相关举措只能是出于汉廷整体的经边规划,换言之,敦煌邮驿日常运作的一个重要内容,就是在"蛮夷"面前展示汉廷"富厚"的形象。

《汉书》载:"(文翁)修起学官于成都市中,招下县子弟以为学官弟子……每出行县,益从学官诸生明经饬行者与俱,使传教令。"④ 此为汉代边地兴学之始。"至武帝时,乃令天下郡国皆立学校官,自文翁为之始云。"⑤ 河西入汉较晚,万事待举,故而教育起步较晚。然而元帝时,郡国学校之制已在河西推行。⑥ 平帝元始三年(3),时为安汉公的王莽奏立学官,"郡国曰学,县、道、邑、侯国曰校,校、学置经师一人;乡曰庠,聚曰序,庠、序置《孝经》师一人"。⑦ 关于敦煌学校的设立情况史无明文,然而敦煌汉简418(A)有"建明堂,立辟雍,设学、校、详〔庠〕、序之官,兴礼、乐以风天下诸生,庶民翕然响应"字样,⑧ 建武初年,武威太守任延"造立校官"。居延汉简也有"前为县校弟子,未尝为吏,贫困毋以具皂单衣冠,鞍马。(E. P. T59:58)"的记载。又陈直先生认为武威

---

① 李永平:《汉简所见西汉敦煌太守及相关事迹考》,李均明主编《出土文献研究》第8辑,上海古籍出版社,2007,第375、379页。
② 贾丛江:《西汉属部朝贡制度》,《西域研究》2003年第4期。
③ 甘肃省文物考古研究所:《敦煌悬泉汉简释文选》,《文物》2000年第5期。
④ 《汉书》卷89《文翁传》,第3626页。
⑤ 《汉书》卷89《文翁传》,第3626页。
⑥ 高荣等:《汉化与胡化:汉唐时期河西的民族融合》,第84页。
⑦ 《汉书》卷12《平帝纪》,第355页。
⑧ 吴礽骧等释校《敦煌汉简释文》,甘肃人民出版社,1991,第49页。

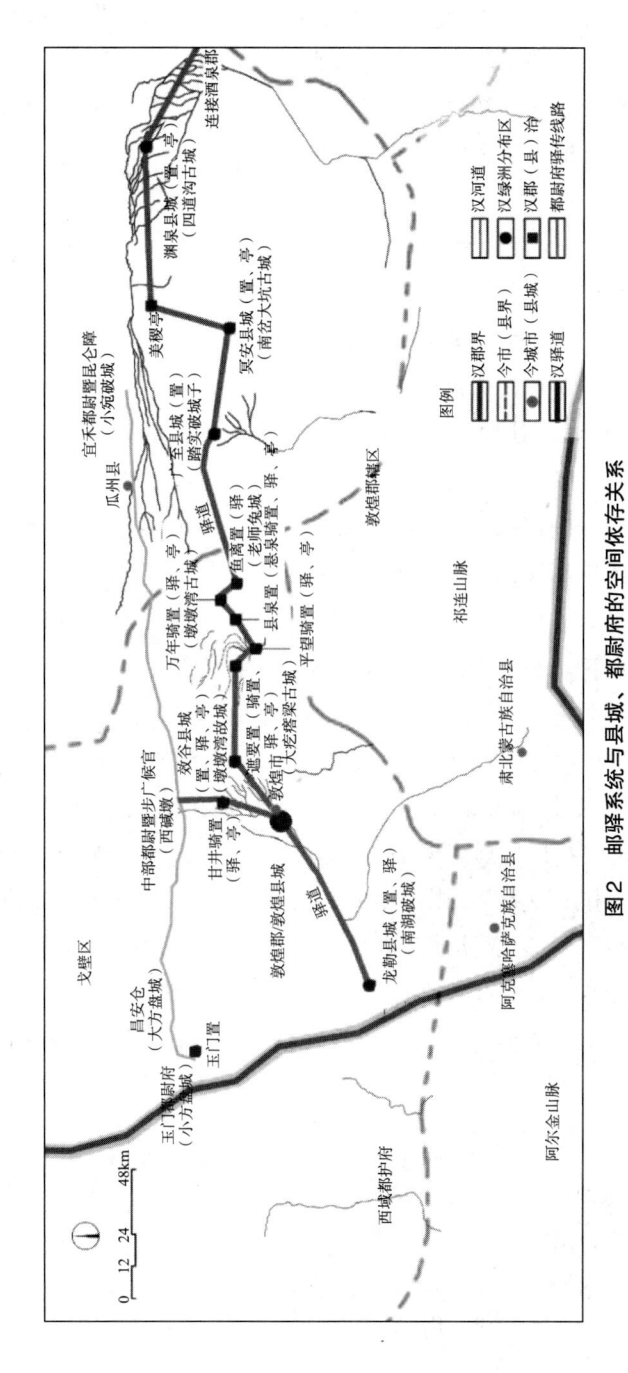

图 2 邮驿系统与县城、都尉府的空间依存关系

资料来源：冯斌、陈晓键、王录仓《汉敦煌郡文化空间体系的构成及其历史环境的整体性解析》，《干旱区资源与环境》2019年第11期。

磨嘴子6号汉墓的主人应为西汉末年武威郡之文学官，① 既然设校政令已颁行至敦煌，且周边郡县均已落实此举，则敦煌当不能自外。

史书明言文翁办学的初衷为"见蜀地僻陋有蛮夷风，文翁欲诱进之"，综览史书，汉世边地兴学大致基于一种类似的情境：

> （宋）均以父任为郎，时年十五，好经书……至二十余，调补辰阳长。其俗少学者而信巫鬼，均为立学校，禁绝淫祀，人皆安之。②
>
> （李）忠以丹阳越俗不好学，嫁娶礼仪衰于中国；乃为起学校，习礼容，春秋乡饮，选用明经。郡中向慕之。③
>
> （乐巴）四迁桂阳太守，以郡处南垂，不闲典训，为吏人定婚姻丧纪之礼，兴立学校以奖进之。④
>
> （卫飒）迁桂阳太守。郡与交州接境，颇染其俗，不知礼则。飒下车，修庠序之教，设婚姻之礼，期年间，邦俗从化。⑤
>
> 光武中兴，锡光为交址，任延守九真。于是教其耕稼，制为冠履，初设媒聘，始知姻娶，建立学校，导之礼义。⑥

至于河西，史载建武初年，武威太守任延"造立校官，自掾吏子孙，皆令诣校授业，复其徭役。章句既通，悉显拔荣进之，郡遂有儒雅之士"。⑦ 而此前任延于九真太守任上大兴文教，迁官武威时，史书又载"郡北当匈奴，南接种羌"。则河西兴教也是基于"去蛮夷化"的考虑。

吕思勉先生尝言："汉儒居官者，多不废教授。"⑧ 东汉和帝也说："抚接夷狄，以人为本。其令缘边郡口十万以上岁举孝廉一人，不满十万二岁举一人，五万以下三岁举一人。"⑨ 汉代尤其东汉边郡长吏多有以儒学任之

---

① 陈直：《文史考古论丛》，天津古籍出版社，1988，第282~283页。
② 《后汉书》卷41《宋均传》，第1411页。
③ 《后汉书》卷21《李忠传》，第756页。
④ 《后汉书》卷57《乐巴传》，第1841页。
⑤ 《后汉书》卷76《循吏列传·卫飒》，第2459页。
⑥ 《后汉书》卷86《南蛮西南夷列传》，第2836页。
⑦ 《后汉书》卷76《循吏列传·任延》，第2463页。
⑧ 吕思勉：《秦汉史》下册，上海古籍出版社，1983，第699页。
⑨ 《后汉书》卷47《和帝纪》，第189页。

者，其使命来自政统和道统两个方面，既包括对"汉地"的"守"，也包括对"蛮夷"的"化"。故而在包括敦煌在内的边地守令看来，设立学校既能为国家培养人才，也是对"蛮夷之地"的文化改造，而学校本身也成为寄托文运兴盛美好愿望的景观。

三　汉代经边心态与敦煌地理意象的转换

"地理意象，就其实质而言乃是诗人的心像，经过诗人精心选择、组织并灌注于主观情感的意象，不仅仅是主体地理观念、环境认知和伦理判断的理性显现物，而且是个人感性生命需要的艺术承载体。"① 黄菲将英文"Landscape"译为"景观"，"观"字本身便体现了正是由于人的理解、阐释、寄托，客观实在的自然物才得以成"景"。② 这种理解、阐释、寄托当然不是某个群体或某个职业的专利。据此，生成"地理意象"的主体不应被狭隘地理解成诗人，或者说，当人的身体或思想路过某地而产生了一种"意象"时，他就是诗人。敦煌自汉时被纳入中原王朝版图，中原人士对其地理意象的生成与转变肇始于此。

张骞第一次出使西域的主要目标之一是招诱大月氏"东居故地"。武帝元狩四年（前119），"天子数问骞大夏之属"，张骞在介绍了乌孙的情况后谏言："今诚以此时而厚币赂乌孙，招以益东，居故浑邪之地，与汉结昆弟，其势宜听。"③ 甚至当河西之战汉廷取得决定性胜利，浑邪王降汉，"而金城、河西并南山至盐泽，空无匈奴"后，"乌孙王既不肯东还，汉乃于浑邪王故地置酒泉郡，稍发徙民以充实之"。④ 据此，汉廷最初并没有在河西设郡的想法，中原人士对包括敦煌在内的河西的地理意象还停留在月氏、乌孙"故地"的层面，其关注点更多在于该地的自然风貌、族群状况等客观存在。

关于西汉中期广开边郡之举，汉廷出现了针锋相对的两种观点，其分

---

① 周晓琳、刘玉平：《空间与审美——文化地理视域中的中国古代文学》，人民出版社，2009，第120页。
② 黄菲：《重塑边疆景观：十八世纪的东川》，澎湃新闻，2018年3月21日。
③ 《史记》卷123《大宛列传》，第3168页。
④ 《资治通鉴》卷20，"武帝元狩二年"条，第658页。

歧集中体现在昭帝时的盐铁会议上,史载其时"文学曰:(武帝)苦师劳众以略无用之地,立郡沙石之间,民不能自守"。① "文学曰:边郡山居谷处,阴阳不和,寒冻裂地,冲风飘卤,沙石凝积,地势无所宜。中国,天地之中,阴阳之际也……含众和之气,产育庶物。今去而侵边,多斥不毛寒苦之地。"② "御史曰:内郡人众,水泉荐草不能相赡,地势温湿,不宜牛马……是以百姓贫苦而衣食不足……孝武皇帝平百越以为园圃,却羌胡以为苑囿。……匹夫莫不乘坚良,而民间厌橘柚。由此观之,边郡之利亦饶矣。"③ 故而敦煌等边郡立郡之初,朝野对其地的意象主要在于其占领价值和维持成本,多是从利益角度考虑其与中原的关系。

然而不管朝廷本意如何,边郡设立之后必然伴随着筑城、移民、屯田等,中原与边郡间的人口流动持续不断,经济交往日益频繁,而边郡士人也积极与中原名士、硕儒互动交流,久而久之,边郡与中原的心理距离被逐渐拉近。对此,鲁西奇先生精辟地指出:

> 汉、唐、清三朝强盛之时,在东北、北、西北及西南诸边广泛设置边城,直接动因固然是为了据城以守,构建边疆防御体系,却无不以此作为华夏王化及王朝权威之象征的意味……在边地筑起城郭,移民筑守之后,其地即入于汉,其民即为华夏之民。④

由于边郡接收了大量来自中原的移民,且政治制度和生计方式与中原有较强的同质性,时人对边郡作为"国土"的感觉普遍增强。薛小林先生指出,"西州"在西汉末年已经成为帝国不可或缺的旧疆。⑤ 而包括敦煌在内的河西更被史家誉为"风雨时节,谷籴常贱,少盗贼,有和气之应,贤于内郡",⑥ 显然已被中原人士视同一体,中原战乱时更被视为华夏的遗种之地。⑦ 这种对敦煌等地心理上的接纳还反映在当时的学术和意识形态上,

---

① 桓宽:《盐铁论校注》卷8《结和》,王利器校注,中华书局,1992,第480页。
② 桓宽:《盐铁论校注》卷3《轻重》,第180页。
③ 桓宽:《盐铁论校注》卷3《未通》,第190页。
④ 鲁西奇:《中国历史的空间结构》,广西师范大学出版社,2014,第328页。
⑤ 薛小林:《西州与东汉政权的建立》,《史学月刊》2015年第1期。
⑥ 《汉书》卷28下《地理志下》,第1645页。
⑦ 《后汉书》卷23《窦融传》,第796页。

牛敬飞先生认为"西汉后期随着古文经学的兴盛,古学家致力于发明新义,他们将《禹贡》地名安置在河西新拓领土之上,并逐渐为官方认可。这样便制造出河西山川自古即属华夏政权的地理印象,为朝廷开疆拓土提供了合理性与合法性"。①

周边族群的反应也可作为敦煌地理意象转换的旁证,史载西汉平帝时,"去胡来王"唐兜与大种赤水羌争胜,在都护但钦未及时救助的情况下"东守玉门关。玉门关不内,即将妻子人民千余人亡降匈奴"。② 又东汉初年西域诸国请求复置都护未获准许,"诸国闻都护不出,而侍子皆还,大忧恐,乃与敦煌太守檄,愿留侍子以示莎车,言侍子见留,都护寻出,冀且息其兵"。③ 在东汉消极经略西域的相当长一段时期内,西域诸国"倚汉与倚天等""乐慕属汉"的希望通常被寄托在敦煌身上,敦煌对诸国而言意味着安定、信任和责任。在这一意义上,地处边陲的敦煌与帝国中心产生了一种"直接"的联系,延光二年(123)陈忠所谓"河西既危,不得不救……敦煌孤危,远来告急,复不辅助,内无以慰劳吏民,外无以威示百蛮"④ 即是明证。正是由于这种心理上的认同和身份上的接纳,此后敦煌与中原的差异只是"远"和"近",而不再是"内"与"外"。⑤

四 结语

杨志强先生认为传统中华世界存在两条相互交缠的边界,"这两条边界一是'王化'边界,也可称为构成中华世界的政治边界或外边界,主要

---

① 牛敬飞:《论汉代西部边疆上的〈禹贡〉地名》,《学术月刊》2018年第3期。
② 《汉书》卷96下《西域传下》,第3925页。
③ 《后汉书》卷88《西域传》,第2924页。
④ 《后汉书》卷88《西域传》,第2912页。
⑤ 有关后世中原人士对敦煌地理意象的描述,唐代敦煌遗书《儿郎伟》(第3270页)中有"河西是汉家旧地,中隘狁犹安居"等语,可视作汉时河西"国土"意识的延续和发展。成书于明末清初的顾炎武《肇域志》于"陕西行都司"下述及河西走廊的情形时,先引旧《图册》称"土人穴居野外,采猎为生",复引《新志》云"大抵河西之俗,在夕……自人皇明……故地虽边境,俗同内郡"。《西域土地人物图》在称"燉煌,亦西域地也"之后,又指出:"方政教行时,其贤才辈出,与三辅无异,可以西戎言耶?盖人之心性本同,使所业又同,政教又同,则其贤才之出,何独不然?若夫匈奴与我,谋食既殊,其心必异,殆犹矢人与函人然,亦胡能同之哉?是故先王尝外之于西戎,则施以政教,此即叙之绩所由底也。"

指的是以皇权为顶点,由中央王朝直接或间接控制的区域,其构成了广袤的'疆域'和'版图'的空间。二是'教化'边界,也可称为文化边界或内边界,主要指以汉人为主体的内地。历史上中原王朝对周边地区的整合,往往先是通过'王化'构建其模糊的政治空间,形成外边界,再通过'教化'徐徐扩展其内边界范围"。① 如果说汉代拓边西北的政治军事手段可视作"王化",作为帝国最西部的边郡,敦煌郡的边城景观和地理意象则更多体现出"教化"的色彩。

汉时中原王朝曾经利用使节参访路线、朝会礼仪、汉式建筑以及都城的公共空间等景观向周边地区确认和宣告统治权威。敦煌作为华夏文明的窗口,承担着教化本地"蛮夷"和向周边区域"示汉富强"的使命,其地名、城市、学校和邮驿系统等景观蕴含着汉帝国自我形象建构的意味。作为这一构建行为的直接后果,汉代时人心中的敦煌地理意象逐渐由"蛮夷之地"转变为"华夏之区"。

清人赵翼以为:"并有秦所本无而新辟之者,西北则酒泉、敦煌等郡,南则九真、日南等郡,西南则益州等郡……其余所增地,永为中国四至,千万年皆食其利。"② "永为中国四至"诸语,实际上是对敦煌"华夏"身份的确认。也正是由于这种地理意象的转换,当时乃至后世的中原人士才愿意以保家卫国的自觉来保卫敦煌。③

作者:黎镜明,西北大学文化遗产学院

(编辑:范瑛)

---

① 杨志强:《"苗疆":"国家化"进程中的中国西南少数民族社会》,《中国民族报》2018年1月25日,第8版。
② 赵翼:《廿二史札记校证》卷2《汉书武帝纪赞不言武功》,王树民校证,中华书局,2013,第35页。
③ 对于包括敦煌在内的汉代凉州地域风土民情,史书中多见"皆迫近羌胡,民俗修习战备,高上气力鞍马骑射"等表述。又《后汉书》卷70《郑太传》载:"关西诸郡,颇习兵事,自顷以来,数与羌战,妇女犹戴戟操矛。"(第2258页)《三国志》卷16《魏书·郑浑传》裴松之注引张璠《汉纪》云:"关西诸郡,北接上党、太原、冯翊、扶风、安定,自顷以来,数与胡战,妇女载戟挟戈,弦弓负矢,况其悍夫。"(第510页)凉州妇女尚且持戈守土,可见对其地的珍视。而究其原因,《后汉书》卷58《虞诩传》总结道:"其土人所以推锋执锐,无反顾之心者,为臣属于汉故也。"(第1866页)"属汉"意识对保卫边土的作用可见一斑。

公元 1049 年成都游娱时空研究*

——以田况《成都遨乐诗》为中心

刘桂海

内容提要：本文主要以时间地理学为视角，依据田况的《成都遨乐诗》及相关史料对公元 1049 年成都游娱活动的时空特征及制约因素进行探讨。宋代成都游娱成风印象的形成，是历史积淀与时代塑造共同作用的结果；民众的游娱活动整体上与成都的岁时节日、风土民俗契合，呈现出游娱有时、游娱有地、特定时空中游娱内容固定、官方引领以及以大众群游为主等特征；游娱活动受身份等级、经济能力、社会习俗等影响，不同游娱主体的时空行为表现出明显的差异性。

关键词：成都　田况　宋代　民众游娱活动

一　引言

成都平原上最耀眼的明珠——成都，是我国历史上唯一历 2000 多年城址未变、城名未改的城市。成都具有重要的战略地位，一直是西南地区的政治、经济、文化、军事重镇，唐宋时期的成都的发展在其城市发展史上更是有其特殊的地位。中唐之后，"（扬州）与成都号为天下繁侈"，[1]"扬一益二"的美誉逐渐散播开来；宋代蜀地为王朝命脉，"蜀之顺逆系中国

---

* 本文系重庆市人文社会科学重点研究基地项目"唐宋四川社会地理研究"（14SKB060）阶段性成果。

[1] 缪荃孙辑《元和郡县志阙卷逸文》卷 2，李吉甫：《元和郡县志》，中华书局，1983，第 1071 页。

盛衰也",① 而"自庆历以来天下又安，成都雄富，既甲诸帅府"。② 由于物质基础雄厚、社会相对安定及历史传统的熏染，宋代成都民众积极参与众多游娱活动，整个城市充满无限活力。

当前，学界对宋代成都游娱活动进行了不少有益的探讨，③ 游娱活动的特点及盛行原因也日渐清晰，但多数研究一直在着重强调游娱活动营造了成都闲适的社会风气，这虽与当前社会提倡的休闲生活方式契合，却容易遮蔽历史时期民众游娱行为的时空性。无序地纵情于闲适游乐是否代表宋代成都民众游娱的全貌，仍值得进一步省思。笔者在翻阅史料时发现，公元1049年时任成都知府田况与地方文士唱和留下的组诗《成都遨乐诗》对于认识宋代成都民众游娱活动的真实概貌颇具意义。

《成都遨乐诗》的作者田况，字元均，冀州信都人，自天圣八年（1030）高中进士后，历任多地地方长官，政绩突出，遂受到朝廷重用，嘉祐三年（1058）擢升枢密使。田况为人品行刚正，"宽厚明敏，有文武材"。④ 时人叶清臣赞扬道："今辅翊之臣……临大事能断者，莫如田况。"⑤ 在田况的仕宦生涯中，蜀地占据重要地位，庆历八年（1048）四月至皇祐二年（1050）十一月，田况知益州，充蜀、梓、利、夔路兵马钤辖。田况入蜀时正值西南夷经常侵扰边境，他运用合理的战略，"严兵惮之"的同时又"诱以恩信"，各族首领"即皆稽颡"，⑥ 有效缓解了蜀地的军事困境。此时成都的情形并不乐观，李顺、王均等起义后，成都社会环境尤为复杂，地方官员施政时往往"便宜决

---

① 张俞：《送张安道赴成都序》，袁说友等编《成都文类》卷22，赵晓兰整理，中华书局，2011，第459页。
② 叶梦得：《石林燕语》卷7，宇文绍奕考异，侯忠义校，中华书局，1984，第100页。
③ 参见张学君、张莉红《成都城市史》，成都出版社，1993；陈世松《宋代成都游乐之风的历史考察》，《四川文物》1998年第3期；谢元鲁《成都：唐宋城市公共空间的变迁》，《中国唐史学会第十届年会暨唐代国家与地域社会国际学术研讨会论文集》，上海古籍出版社，2008；詹子林《宋代成都文化地理专题研究》，硕士学位论文，暨南大学，2011；成都通史编纂委员会主编《成都通史·五代（前后蜀）两宋时期》，四川人民出版社，2011；何一民《休闲之都：成都游乐文化的历史成因与特点》，《中华文化论坛》2012年第2期；魏华仙《宋代官府力量与成都节日市场》，《四川师范大学学报》（社会科学版）2013年第1期。
④ 脱脱等：《宋史》卷292《田况传》，中华书局，1977，第9783页。
⑤ 脱脱等：《宋史》卷295《叶清臣传》，第9853页。
⑥ 脱脱等：《宋史》卷292《田况传》，第9783页。

事，多擅杀以为威，虽小罪，犹并妻子徙出蜀，至有流离死道路者"，① 造成了社会上人心涣散。田况体恤民情，一改严刑峻法，开始以教化为主，"至有甚恶，然后绳以法"，遇"岁大凶，宽赋减徭发稟以救之，而无饿者"，遂留下"蜀人爱公"的记载。② 经过田况的苦心经营，成都社会日渐恢复了生机，进入稳步发展中。

田况仕宦成都的 31 个月中，除处理日常政务外，也积极融入当地社会，参与了众多游娱活动。公元 1049 年，从元旦至冬至的每一个重要时节，田况每与地方文士游玩，总会留下唱和诗篇，其后将 21 首诗篇按时序整理，题为《成都遨乐诗》。田况文采极佳，王安石曾称其"为文章，得纸笔立成，而闳博辨丽称天下"，③ 由此可推及《成都遨乐诗》绝不是附庸风雅之作，应是笔下生花之篇。其实，《成都遨乐诗》的创作带有极强的目的性，田况出于纠正"四方咸传蜀人好游嬉无时"的偏见而作，所以其对于成都游娱活动的记载具有强烈的时间性、空间性，可以说是据实再现了当时的游娱情况。故本文试图以《成都遨乐诗》为中心，借鉴时间地理学、历史地理学的方法，对公元1049年成都的游娱时空进行考察，以求更为客观地呈现出宋代成都民众的游娱风貌。

二 游娱成风：关于宋代成都的固有形象

关于宋代成都，不论是在官修史志还是文人笔记中，多半被描绘得一片繁荣，游娱成风也成为外界对于成都的一种印象。如《宋史·地理志》记载："（成都）地狭而腴，民勤耕作，无寸土之旷，岁三四收。其所获多为遨游之费，踏青、药市之集尤盛焉，动至连月。好音乐，少愁苦，尚奢靡，性轻扬，喜虚称。"④ 费著《岁华纪丽谱》载："（成都）游赏之盛，甲于西蜀，盖地大物繁而俗好娱乐。"⑤ 李良臣《东园记》亦写道："成都，西南大都会，素号繁丽。万井云错，百货川委。高车大马，决骤乎通达；

---

① 脱脱等：《宋史》卷 292《田况传》，第 9783 页。
② 王安石：《临川先生文集》卷 91《太子太傅致仕田公墓志铭》，中华书局，1959，第 942 页。
③ 王安石：《临川先生文集》卷 91《太子太傅致仕田公墓志铭》，第 941 页。
④ 脱脱等：《宋史》卷 89《地理志五》，第 2230 页。
⑤ 《岁华纪丽谱等九种校释》，谢元鲁校，巴蜀书社，1988，第 99 页。

层楼复阁，荡摩乎半空。绮谷昼容，弦索夜声。倡优歌舞，娥媌靡曼，裾联袂属。奇物异产，瑰琦错落，列肆而班市。黄尘涨天，东西冥冥。穷朝极夕，颠迷醉昏。此成都所有也。"① 通过文人的不断强调，成都民众追求闲情逸趣、游娱成风的形象日渐固化。

其实，这一固有形象的形成既有历史因素的影响，也与时代环境息息相关。成都民众喜爱游乐、追求闲适的传统，可追溯到巴国、蜀国时期。巴人以能歌善舞著称，蜀人尤偏好音乐。巴人、蜀人通过歌舞祭祀祖先、沟通神灵，歌舞遂成为百姓乐于使用的表达方式。在这种表现形式影响下，民众的生活态度开始出现休闲化趋向。时至汉代，正如《汉书·地理志》所述：巴蜀"江水沃野，山林竹木疏食果食之饶……民食稻鱼，亡凶年忧，俗不愁苦"。② 蜀地依赖独特的地理环境与物质基础，"地沃人骄，奢侈颇异，人情物态，别是一方"。③ 衣食无忧的民众渐染奢侈之风，逐渐习惯了自由的生活方式。

《隋书·地理志》再次强调了成都游娱成风现象，"（成都）其地四塞，山川重阻，水陆所凑，货殖所萃，盖一都之会也……多溺于逸乐，少从宦之士，或至耆年白首，不离乡邑。人多工巧，绫锦雕镂之妙，殆侔于上国。贫家不务储蓄，富室专于趋利。其处家室，则女勤作业，而士多自闲，聚会宴饮，尤足意钱之戏"。④ 在某种程度上，这些官方史书所塑造的成都形象影响了此后的文人史家，他们在书写成都时不自觉地便会陷入这种先入为主的情境中。

良好的物质基础也促进了成都休闲娱乐之风的盛行。宋代"海内之蕃域号为至重者，举莫若吾之全蜀，壤土衍沃，民俗丰夥"。⑤ 作为全蜀重心的成都更是繁盛至极，"蜀之都会。厥土沃腴，厥民阜繁，百姓浩丽，见谓天府。缣缕之赋，数路取赡。势严望伟，卓越他郡"。⑥ 这些为民众的游娱活动提供了充足的物质保障。

此外，唐宋社会文化的转向对成都民众游娱成风起推动作用。中唐以后社

---

① 李良臣：《东园记》，袁说友等编《成都文类》卷28，第557页。
② 《汉书》卷28下，中华书局，1962，第1645页。
③ 乐史：《太平寰宇记》卷72引《汉书》，中华书局，2007，第1461页。
④ 《隋书》卷29，中华书局，1973，第830页。
⑤ 文同：《新刻石室先生丹渊集》卷26《送赵大资再任成都府诗序》，线装书局，2004，第246页。
⑥ 范百禄：《成都古今集记序》，傅增湘编《宋代蜀文辑存》，北京图书馆出版社，2005，第539页。

会世俗化趋势日益加深,伴随城市经济发展,市民文化勃兴,平民群体的社会参与度逐步提高。民众的生活旨趣不再只关注收成丰歉,也愿在农闲之时更多地投入游娱活动。如田况所载:"自岁旦涉孟夏,农工未盛作时,观者填溢郊郭。"① 百姓通过游娱,放松了久经劳累的身躯,舒展了身心;士人则在其中追求闲情逸趣,宴饮集会;社会各阶层尽享闲游之乐。

值得注意的是,官府力量尤其是成都知府在游娱活动中往往发挥着"上行下效"的引领作用。"凡太守岁时宴集,骑从杂沓,车服鲜华,倡优鼓吹,出入拥导,四方奇技幻怪,百变序进于前,以从民乐,岁率有期,谓之故事。"② 知府开风气之先,民众多会效仿,知府与民遨游逐渐成为成都的风俗习惯。张咏任成都知府时,知道蜀人尚侈好游乐,便"从其俗,凡一岁之内,游观之所与夫饮馔之品,皆着为常法。后人谨而从之则治,违之则人情不安"。③

综上,宋代成都游娱成风固有形象的形成,是历史积淀与时代塑造共同作用的结果,此中既直接受到成都经济繁盛和社会稳步发展的影响,又与社会世俗化趋势加深、官府力量引导息息相关,同时也与史家及文人墨客书写时的不断强调不无关系。

三 游娱有时:田况的切身体验

宋代成都民众游娱成风的形象,一方面向外界呈现出了民众喜爱闲适的精神风貌;另一方面也容易误导时人,产生成都民众的游娱活动是时序模糊的认识。其实,这种误解在当时社会中是普遍存在的,如初到成都的田况便深受这一误解影响,对成都颇有成见,其在《成都遨乐诗》自序中对此有着清楚的交代:

> 四方咸传蜀人好游娱无时,予始亦信然之。逮忝命守益,枳辕阅月,即及春游。每与民共乐,则作一诗以纪其事。自岁元徂景至,止得古律、长调、短韵共二十一章,其间上元灯夕、清明、重九、七

---

① 田况:《浣花亭记》,袁说友等编《成都文类》卷43,第837页。
② 《岁华纪丽谱等九种校释》,第99页。
③ 韩琦:《安阳集》卷50《故枢密直学士礼部尚书赠左仆射张公神道碑铭》,线装书局,2004,第615页。

夕、岁至之类，又皆天下之所共，岂曰无时哉？传之者过矣！蜀之士君子欲予诗闻于四方，使知其俗，故复序以见怀。①

由上可见，田况对"蜀人好游娱无时"的认识，已从"信然之"转变为"传之者过矣"。其实，这一认识的转变既是田况切身生活体验的结果，也得益于其与当地文人的交游唱和。中唐以后，唱和之风日盛，官员与地方士人均愿参与其中，一方面"地方士人与地方官在衙署内外的宴集唱和，是其结交或攀援地方官的重要途径；另一方面地方官与地方士人徜徉于山水、庭园之间，亦是地方官增进与地方士人联系，形成彼此认同，进而融入地方社会的过程"。②故每到重要时节，田况都会与成都文士围绕共同主题进行酬唱，并"作一诗以纪其事"，这促使他们在成都游娱风气的认知上产生了更多共鸣。诚如前文所述，田况文采出众，所以成都士人希望通过田况诗歌的广泛传播，使他处之人能够重新认识到蜀地风俗，了解到蜀人虽好游乐但是有时间节奏，并非是无节制盲目的。

由于田况《成都遨乐诗》的写作承载着蜀地士人的寄予，诗篇中充分展现了成都游娱活动的时空特征，这无疑增添了以此建立时空序列的合理性与可行性。"时间地理学作为一种表现并解释时空间过程中人类空间行为与客观制约之间关系的方法论"，③借鉴时间地理学的理论方法可以在时空中更为客观地认识到成都民众的游娱行为。本文以《成都遨乐诗》为基本史料支撑，空间尺度上选择成都，时间尺度上选择年路径——公元1049年，对象尺度上选择田况。

（一）田况的游娱路径

路径分析是时间地理学的基本方法，所谓路径就是人在时空轴上一系列活动的轨迹。对路径进行复原，需要将路径生成中的诸要素串联成一种连续性轨迹。首先根据《成都遨乐诗》的内容，结合其他史实及既有成果，将公元1049年田况游娱活动中涉及的时间、地点、事件等要素列于表1。

---

① 田况：《成都遨游诗》序，袁说友等编《成都文类》卷9，第177页。
② 高柯立：《宋代地方官与士人的唱和往来——以苏州为中心》，《国学学刊》2017年第4期。
③ 柴彦威等：《融入生命历程理论、面向长期空间行为的时间地理学再思考》，《人文地理》2013年第2期。

表 1　公元 1049 年田况游娱情况

出行日期	出行地点	游娱内容	出行距离（以衙署为基点）
元日	安福寺	郊游、登塔、游寺	5 里
正月初二	东郊	郊游、祭祀	8 里
正月初五	南门蚕市	贸易、观市、宴会	6 里
上元灯夕	城内	观灯、观街	2.5 里
正月二十三	圣寿寺前蚕市	贸易、祭蚕丛	4 里
正月二十八	生禄祠、净众寺	拜谒、游寺	4 里、4 里
二月二日	锦江、宝历寺	游江、游寺、宴会	6 里、8 里
二月八日	大慈寺前蚕市	贸易、观街	4 里
寒食	城郊	郊游	7.5 里
寒食节后	西园	游园、宴会	1.5 里
三月三日	学射山	登山、射箭、宴会	15 里
三月九日	大慈寺前蚕市	贸易、观市	4 里
三月十四日	大慈寺	游寺、庆建道场	4 里
三月二十一日	海云山	游山、游寺	15 里
乾元节		庆祝圣节	
四月十九日	浣花溪	泛舟游江、宴会	10 里
伏日	江渎池	泛舟避暑、宴会	5 里
七月六日晚	大慈寺雪锦楼	观夜市	4 里
七月十八日	大慈寺	观施盂兰盆、游寺	4 里
重阳日	南门药市	贸易、观市	6 里
冬至	天庆观、大慈寺	朝拜天庆观、宴会	4 里

注：表中出行距离里数为约值；某些地点的具体位置不可考，采用折中估算的办法；天庆观位置今无可考。

表 1 是以田况居住的成都府署为轨迹生成基点，即田况每次游娱活动的出发地，主要是因为自宋初成都知府张咏"因孟氏文明厅为设厅廊，有看楼，厅后起堂……平僭伪之迹，合州郡之制"① 后，成都府治衙署的位置基本固定下来。府署位置明确可考，"在罗城西北，直至明清未改，在今正府街"，② 以此地为原点，既符合历史事实，也便于对田况的出行距离

---

① 张咏：《张乖崖集》卷 8《益州重修公署记》，张其凡整理，中华书局，2000，第 79 页。
② 四川省人民政府文史研究馆：《成都城坊古迹考》（修订本），成都时代出版社，2006，第 84 页。

进行计算。结合表1，将田况的空间移动轨迹中的诸要素放在一个连续的时空轴上，便形成了公元1049年田况游娱活动的路径，见图1。

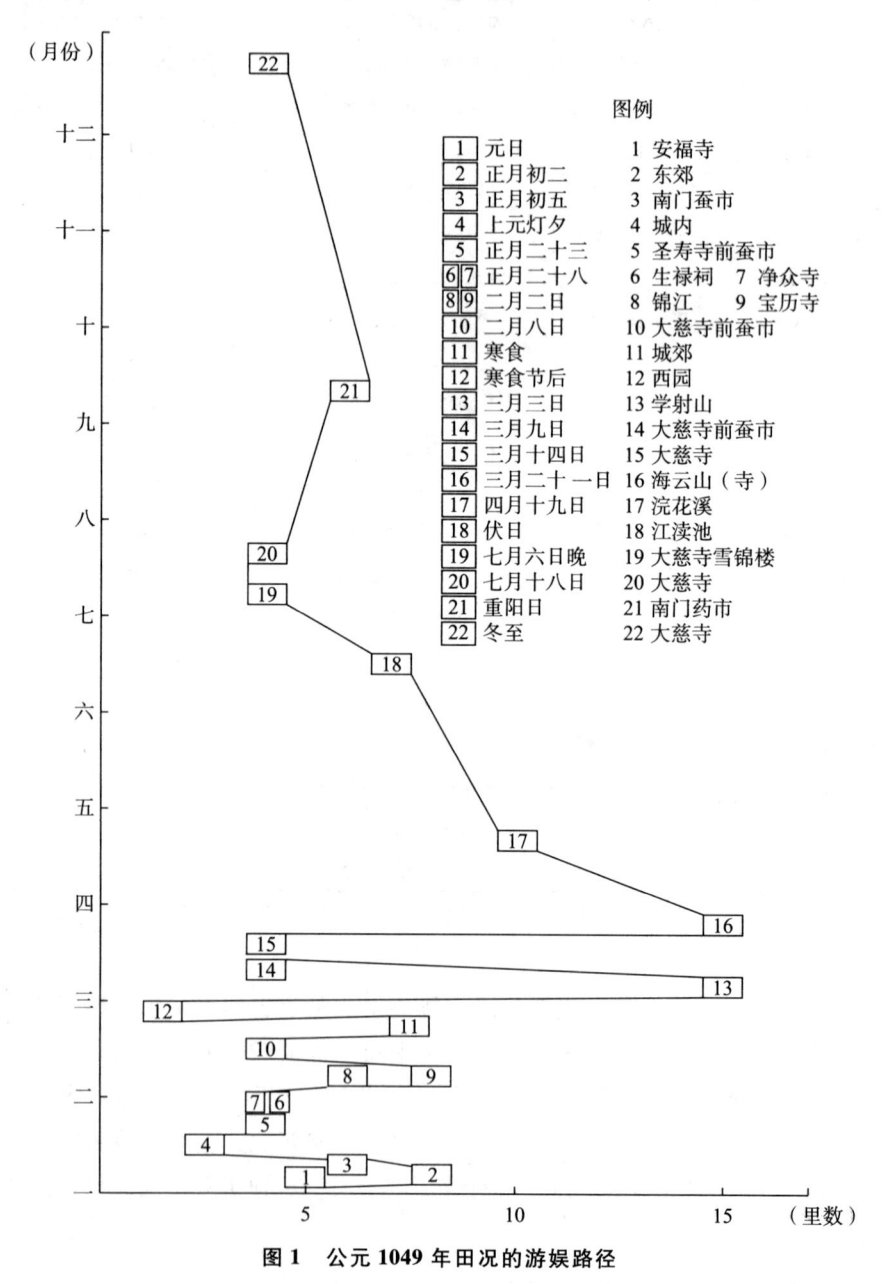

图例

时间	地点
1 元日	1 安福寺
2 正月初二	2 东郊
3 正月初五	3 南门蚕市
4 上元灯夕	4 城内
5 正月二十三	5 圣寿寺前蚕市
6 7 正月二十八	6 生禄祠　7 净众寺
8 9 二月二日	8 锦江　9 宝历寺
10 二月八日	10 大慈寺前蚕市
11 寒食	11 城郊
12 寒食节后	12 西园
13 三月三日	13 学射山
14 三月九日	14 大慈寺前蚕市
15 三月十四日	15 大慈寺
16 三月二十一日	16 海云山（寺）
17 四月十九日	17 浣花溪
18 伏日	18 江渎池
19 七月六日晚	19 大慈寺雪锦楼
20 七月十八日	20 大慈寺
21 重阳日	21 南门药市
22 冬至	22 大慈寺

图1　公元1049年田况的游娱路径

（二）公元1049年成都游娱活动的时空特征

田况的游娱路径为考察公元1049年成都的游娱情况提供了重要的切入点。根据表1、图1制成图2、图3，通过这些图表可以清楚看到成都游娱活动的时空特征。

1. 游娱有时

田况的出游时间虽存在不均衡现象，但总体上呈现出游娱有时的特征。通过图2可以观察到田况的游娱时间在月份及季节分布上的不均衡性，一月出行日数多达6天，占全年出行总日数的28.6%，而十二月仅出行了1天。田况的出行以春、冬为主，占到全年出行比重的71.4%。就具体节点而言，田况的出游时间与岁时节日高度吻合，具有较强的时令性与规律性。从表1可以看到，元日、元夕、清明、七夕、盂兰盆节、中秋、重阳、冬至等，田况均有出行活动安排，可以说节令性出游占绝大比例。另外，根据成都的风土民情，一些特殊的时间节点亦有出游活动，如三月三日，"每岁至是日，倾城士庶，四邑居民，咸诣仙观祈乞田蚕。时当春煦，花木甚盛，州主与郡寮将妓乐出城，至其地，车马人物阗噎"；① 三月二十一日，民众则"游城东海云寺，摸石于池中，以为求子之祥"。② 由此可见，田况在游娱时间的选择上并不是无序、随时的，而是多与岁时节日及民俗相关，呈现出游娱有时的特征。

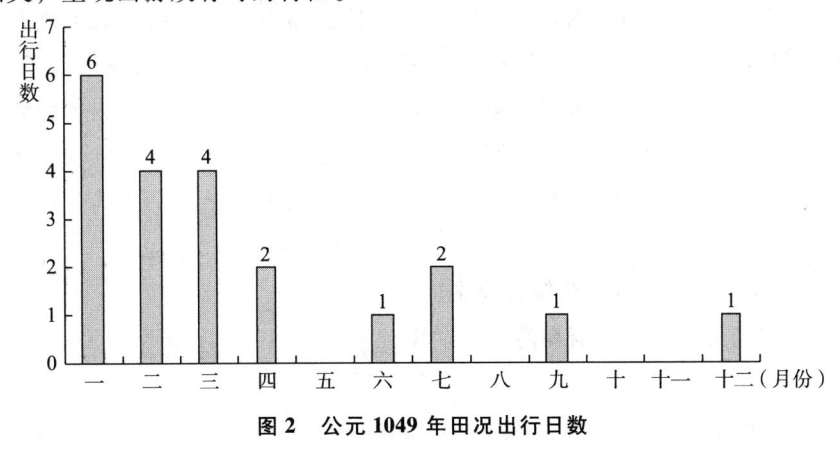

图2　公元1049年田况出行日数

① 黄休复：《茅亭客话》卷5，李梦生校，上海古籍出版社，2012，第121页。
② 田况：《二十一日游海云山》，袁说友等编《成都文类》卷9，第181页。

2. 游娱有地

田况出行时在游娱场所的选择上虽呈多元化，但"游娱有地"的特征依然十分显著。从表1、图1、图3可以看出田况的出行范围大致为0~15里，涉及安福寺、东郊、南门、圣寿寺、生禄祠、净众寺、宝历寺、大慈寺、西园、学射山、海云寺、浣花溪、江渎池、天庆观等城内外19个地点，除天庆观的具体位置今无可考外，其中5里之内8处，5~10里7处，10里以外3处。整体而言，田况出行以10里之内为主，成都城内是其游娱的主要区域。如大慈寺既是佛门圣地，也是此时成都最为繁华的地方，"四方之人至于此者，徒见游手末技，憧憧凑集，珍货奇巧，罗陈如市"，[①] 此地经常可以看到田况的身影。在郊外游娱中，田况较为频繁地选择东郊、南郊作为目的地。具体到某一时间节点，由于受到风土民俗的影响，游娱有地的特征尤其突出，如元日赴安福寺、三月三日登学射山、三月二十一日去海云寺、四月十九日游浣花溪、盂兰盆节赴大慈寺、重阳节游药市等，这些则成为田况在特定时日的固定安排。

3. 特定时空中游娱内容固定

宋代成都的游娱内容丰富多彩，但特定时空中游娱内容呈现出固定化趋势。从表1可以观察到，田况的游娱内容包括郊游、登塔、游寺、祭祀、观市、宴会、观灯、观街、游江、游园、登山、射箭、泛舟等。不同时间会选择不同的游娱内容，每个月份、季节均会存在一定差异。但某些特定时间、空间的游娱内容则较为固定，如元日安福寺登塔祈福、上元节大慈寺前观灯、三月三日登学射山射箭、三月二十一日海云寺摸石祈子、四月十九日浣花溪中泛舟、重阳节南门观药市[②]。这些特定时节游娱内容的固定化，逐渐成了成都民众的日常习惯。时至南宋，有些内容仍然继续保留，如陈元靓编的《岁时广记》中便记载了九月九日成都民众在玉局观前观药市的情景，"是日早，士人尽入市中，相传以为吸药气愈疾，令人康宁"。[③]

4. 官方引领，以大众群游为主

正如前文所及，知府在游娱活动中往往发挥着"上行下效"的引领作

---

① 李之纯：《大圣慈寺画记》，曾枣庄等编《全宋文》第11册，巴蜀书社，1991，第210页。
② 北宋成都重阳节药市主要聚集在成都子城南门外的玉局观附近，参见许凯翔《唐宋时期蜀地的庙市》，博士学位论文，台湾清华大学历史研究所，2016。
③ 陈元靓编《岁时广记》卷36《吸药气》，中华书局，1985，第399页。

公元1049年成都游娱时空研究

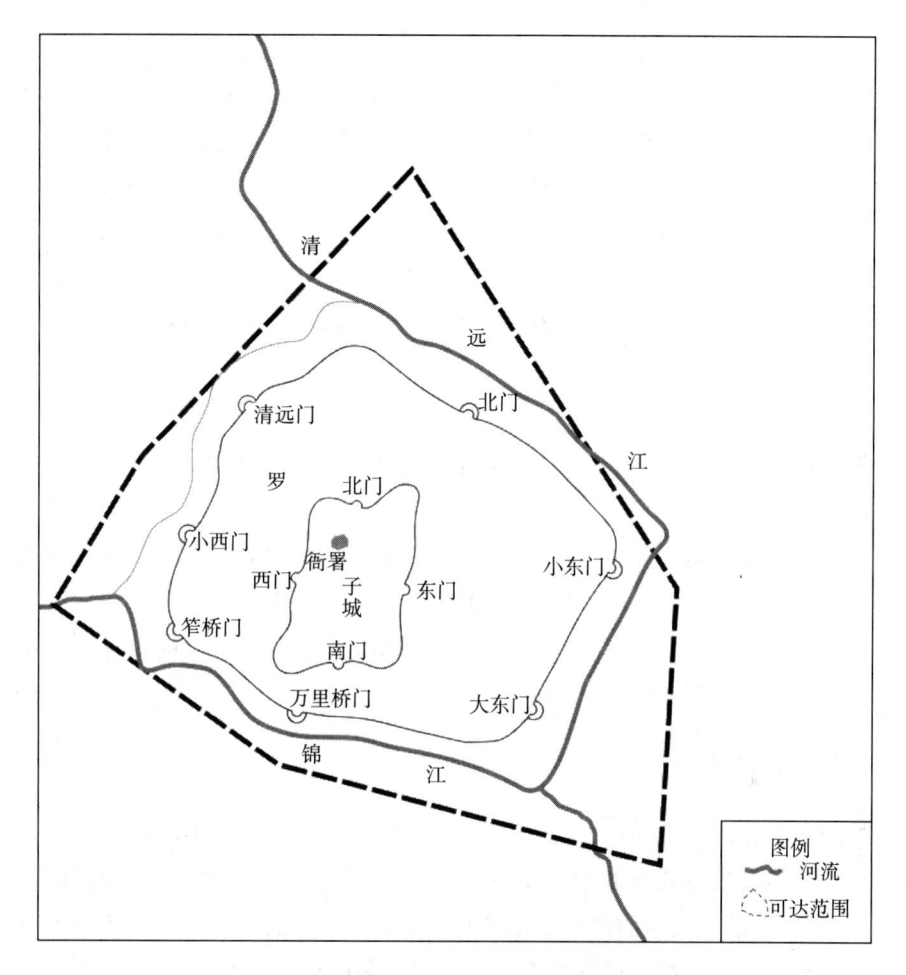

图 3　公元 1049 年田况游娱活动可达范围

说明：依据《成都城坊古迹考》中《宋元罗城与子城图》改绘；田况游娱活动可达范围边界的确定，则根据表 1 内容所绘，北面以学射山为最远到达处，西面以安福寺，西南以浣花溪，南面以宝历寺，东南以海云山，大致呈现出可达区域。

用。田况的游娱活动多践行"与民同乐"的理念，以结伴出行、大众群游为主。如《元日登安福寺塔》诗中写道："邀赏空闲巷，竭来喧稚耄。人物事都闲，车马拥行道。"①《二十一日游海云山》中载："春山缥翠一溪清，满路游人语笑声。自愧非才无异绩，止随风俗顺民情。"② 这种群游在

---

① 田况：《元日登安福寺塔》，袁说友等编《成都文类》卷 9，第 177 页。
② 田况：《二十一日游海云山》，袁说友等编《成都文类》卷 9，第 181 页。

"随风俗顺民情"中既形成了官民的良性互动,也增强了民众参与度,游娱主体更为大众化。此外,祈子、祈福、礼佛等内容与百姓的日常诉求高度契合,游娱活动更加贴近民众。正如田况所言:"人之情,久居劳苦则体廛而事怠,过佚则志荒而功废,此必然之理也。善为劝者,节其劳佚,使之谨治其业,而不失休游和乐之适,斯有方矣。近世治蜀者,以行乐为郡务之一端……岁时出入燕敖,必盛骑从,鼓铙歌,优杂伎,以悦民观赏,慰其劳苦。"① 民众在闲游中得到休整、慰藉、放松,游娱俨然已融入其日常生活。

四 公元1049年成都游娱活动的制约因素

时间地理学尤为注重分析人类空间行为中的制约因素,公元1049年成都民众的游娱活动在不同程度上受到能力制约、组合制约、权威制约等影响。因此,游娱活动中不同游娱主体的空间行为呈现出明显的差异性,这深刻影响着成都民众游娱活动的时空特征。

(一) 能力制约

游娱主体的社会地位、经济能力等方面的差异,使得不同层级的社会群体在休闲娱乐方式及游娱时空的选择上受到"能力制约"的影响颇多。公元1049年成都民众的游娱活动虽呈现出大众化趋势,与民同乐也是整个成都社会追求的目标,但在社会中亦可看到一些受到"能力制约"影响而出现的差别现象。

田况《伏日会江渎池》一诗曾载:"长空赤日真可畏,三庚遇火气伏藏。温风渳涩郁不开,流背汗洽思清凉。江渎祠前有流水,灌注蓄泄为池塘。"夏日时节,江渎池成为官僚士人避暑泛舟的好去处,但寻常百姓可就无福消受了。每次田况外出游娱时多会择地宴饮,如游浣花亭"则即其地,幪以席幕,为馔宾之所",② 普通人家很难有这样的安排。另外,平民百姓受农事及经济能力制约,在游娱时间选择上存在一定局限性。如田况

---

① 田况:《浣花亭记》,袁说友等编《成都文类》卷43,第837页。
② 田况:《浣花亭记》,袁说友等编《成都文类》卷43,第837页。

所言："自岁旦涉孟夏，农工未盛作时，观者填溢郊郭。过浣花之游，则各就其业。"① 百姓在四月浣花游后便需投入繁忙的生产劳作中，因此游娱时间才出现了季节、月份上的分布不均衡现象。

（二）组合制约

公元1049年成都的游娱活动亦受到"组合制约"的影响。"与民同乐"的游娱目标，把百姓和官员聚焦在同一场所中。这种"聚焦"容易导致游娱活动中出现明显的等级界限、性别隔离等现象。如西园是成都民众游娱的重要场所，"每春月花时，大帅置酒高会于其下五日，纵民游观，宴嬉西园，以为岁事"。西园中的西楼乃"成都楼观之盛，登览殆遍。独西楼直府寝之北，谨严邃静，非参僚宾客不得辄上"。② 百姓虽可游览西园，登西楼却不易，等级差别影响了游娱主体的空间选择。

值得注意的是，同一时空下的游娱活动存在空间分异现象。西园赏戏为时人津津乐道，"初开园日，酒坊两户各求优人之善者，较艺于府会……自旦至暮，唯杂戏一色，坐于阅武场，环庭皆府官宅看棚。棚外始作高橙（按：凳），庶民男左女右，立于其上如山"。观看西园的杂戏表演时，官僚居于看棚之中，百姓则站在高凳之上。同时，又因性别之差，庶民中呈现出"男左女右"的空间隔离。四月十九日的浣花游江中也存在类似现象，"夹道作棚为五七层，人立其上以观，但见其首，谓之'人头山'，亦分男左女右"。③ 可见，受传统社会伦理影响，处于同一时空下的男女出现空间分异，看似"自由"的空间蒙上了一些被束缚的阴影。但从另一方面考虑，这种空间分异却在某种程度上维持了游娱活动的安全有序。

（三）权威制约

成都游娱活动受到"权威制约"影响亦多。蜀地民众喜好游乐的风尚逐渐演化成潜移默化的行为规范，无论贫富均乐于游娱，哪怕借贷也要参与。苏轼曾记："蜀人衣食常苦艰，蜀人游乐不知还。千人耕种万人食，

---

① 田况：《浣花亭记》，袁说友等编《成都文类》卷43，第837页。
② 吴师孟：《重修西楼记》，杨慎编《全蜀艺文志》卷34，线装书局，2003，第929页。
③ 庄绰：《鸡肋编》，萧鲁阳校，中华书局，1983，第20~21页。

一年辛苦一春闲。闲时尚以蚕为市，共忘辛苦逐欣欢。"① 任正一曾言："自旁郡观者，虽负贩刍荛之人，至相与称贷，易资为一饱之具，以从事穷日之游。"② 这种内化成习俗的游娱活动可能会让贫民短暂地乐在其中，但借贷游娱并非理性、务实之举。在一定程度上，这些贫民的游娱活动似乎更多流露出被习俗裹挟的痕迹。

成都游娱活动也受到朝廷权威及律法的制约。庆历年间便有官僚上言："益州每年旧例，知州以下，五次出游江并山寺，排当从民邀乐，去城稍遥，窃以军费、甲仗、钱帛、军器、法从以至粮食、草场等库藏，须借官员在城管勾。欲乞下本州，今后遇此筵，设更牙常输通判职官各一员在州照管，及提举监官专防守仓库。"③ 朝廷要求知府在参加游江等活动时必须制定相应措施来保障成都的社会秩序。另外，朝廷对蜀地官员的游乐之风多有警告，如宋祁仕宦成都期间多喜游娱，遭到了包拯的严厉批评。

五 结语

田况因受成都游娱成风固有形象的影响，初到成都之时便产生了蜀人"游嬉无时"的误解，经过切身体验，认识到"岂曰无时哉？传之者过矣！"虽然成都游娱成风现象是真实存在的，但游娱并非随时无序、盲目的行为，而是多与岁时节日、风土民俗契合，呈现出游娱有时、游嬉有地、特定时空中游娱内容固定、官方引领以群游为主等特征。同时，成都的游娱活动受到能力制约、组合制约、权威制约等影响，不同游娱主体的时空行为呈现出显著差异。

本文以田况的《成都邀乐诗》为核心文本，考察了公元1049年成都游娱活动的时空特征，这一研究进路提示我们如下几方面内容。第一，既往城市史研究忽视的诗歌也是值得深挖的史料。为避免史料单一，在发挥"以诗证史""诗史互证"的同时，需要征引多种类型史料加以补充。第二，小时间尺度（年、季度、季节、月、日）也可以推进城市史微观研究。本文呈现了1049年这一时间剖面下成都的游娱情况，若能够选择几个

---

① 苏轼：《苏东坡全集》卷1《和子由蚕市》，邓立勋编校，黄山书社，1997，第21页。
② 田况：《游浣花记》，袁说友等编《成都文类》卷46，第881页。
③ 徐松辑《宋会要辑稿》第7册，中华书局，1957，第6508页。

有代表性的时间节点，形成连续性时空剖面，便能在过程中形成对成都游娱活动的多元认知。第三，时间地理学的路径分析也可运用到城市史研究中。尝试分析"人"在时空轴上的活动轨迹及其制约因素，或许能够便于我们更好地认识、理解城市社会中"人"的行为模式。

作者：刘桂海，安徽师范大学历史学院、日本爱知大学

（编辑：杨楠）

边城欢哨:全面抗战时期贵阳的国民体育与公共生活

孟 浩

内容提要:抗战时期,体育受到国民政府前所未有的重视,其"国家文化"的特征愈发明晰。普及国民体育作为一项中央政令,也被黔省政府提上了议事日程。在此背景下,贵阳的不同群体都在根据自身需求积极参与体育事务,或是为寻觅商机,或是为筹募款项,或是为炫耀政绩,而这些复杂的动机都在"提倡国民体育"的伟大旗帜下变得合理化。国民体育所呈现出的丰富而鲜活的形象从侧面反映出地方社会与这一国家文化之间合作共赢的关系。

关键词:全面抗战时期 国民体育 地方社会 贵阳

1924 年,"第三届全国运动会"于武昌举行,大会筹备期间发生了一个插曲:当年 3 月,会方函请贵州省政府派员参赛,但当时入主黔政的滇系军阀无心体育事务,遂对邀请置之不理。滇系军阀的态度激起了在鄂黔籍学生的不满,最终,他们在本省桐梓系军阀的资助下组建了一支九人代表队。全运会期间,贵州队仅参加了篮球比赛,但首战便以 3∶97 的巨大差距败给了马尼拉华侨队。[1] 这个略显悲壮的故事反映出民初黔省体育的薄弱以及地方政府对这项新兴事业的淡漠。然而这些学生或许意想不到,十多年后,国民体育的浪潮会席卷他们封闭的家乡。

抗战期间,中国体育人才向大后方云集,官方亦给予体育前所未有的

---

[1] Andrew D. Morris, *Marrow of the Nation: A History of Sports and Physical Culture in Republican China* (Berkeley: University of California Press, 2004), p. 79.

重视。在此背景下，贵州体育事业迎来了"黄金时代"：体育行政不断完善，体育设施大量兴建，体育竞赛接连举办。体育活动愈来愈常见于贵阳的城市生活，"提倡国民体育"经过反复宣扬也成为省会民众耳熟能详的口号。毋庸赘言，体育文化的兴盛是大后方城市史研究领域值得探讨的议题。学界关于抗战时期体育史的论著数量颇多。从研究对象来看，有学者将目光聚焦于陕甘宁边区的"红色体育",① 有学者关注川渝等国统区的体育发展,② 还有学者对国共两党主导下的体育事业进行对比研究,③ 但鲜有学术成果涉及战时的贵州体育。④ 从研究取向来看，多数学者着重史实的梳理与重构，旨在还原历史原貌；也有少数文章力图发掘形而上的体育精神，从话语层面考察战时中国体育的流变。⑤ 总之，既有研究成果的基本关注点是体育本身，而本文则希望透过体育这面棱镜观察国家文化与地方社会的互动。

---

① 参见李万来《抗日战争时期党领导的体育运动》，《成都体育学院学报》1986 年第 1 期；袁合《抗日战争时期太岳区部队的体育运动》，《成都体育学院学报》1988 年第 3 期；王晋林《抗战时期陕甘宁边区的体育》，《甘肃社会科学》1995 年第 3 期；唐永干《旨在全面抗战的陕甘宁边区体育》，《南京体育学院学报》1998 年第 3 期；宗有智《抗战时期陕甘宁边区的体育》，《体育文化导刊》2009 年第 4 期；赵薇、朱汉国《论中共体育工作的政治化——以农村群众体育工作为中心（1927~1965）》，《甘肃社会科学》2013 年第 6 期；翟小巧《陕甘宁边区体育发展的历史价值及其对当代体育发展的启迪》，《南京体育学院学报》2016 年第 4 期。

② 参见李光泉《抗战时期成都市全民体育健康教育探微》，《成都体育学院学报》2008 年第 6 期；李延武《"北碚复旦"体育考》，《体育文化导刊》2017 年第 7 期；陈彩祥、马廉祯《论抗战期间国民政府的国防体育政策》，《体育文化导刊》2007 年第 12 期；王宏江、刘潇《抗战时期陪都重庆体育报刊出版的历史考察》，《体育与科学》2015 年第 3 期；王慧勇《抗战时期迁滇高校体育名流对云南体育事业的影响》，《体育文化导刊》2015 年第 9 期；陈明辉《体育救国：抗战时期中华全国体育协进会体育活动概述》，《体育科技》2016 年第 6 期；陈明辉、孙健《中华全国体育协进会体育慈善活动述论》，《武汉体育学院学报》2018 年第 1 期。涉及该议题的英文著作有 Andrew D. Morris, *Marrow of the Nation: A History of Sports and Physical Culture in Republican China*。

③ 参见张爱红《民族救亡与体育转型：对抗日战争时期我国体育发展的历史审视》，《体育科学》2016 年第 8 期；邓彩兰、陈玉忠《抗日战争时期陕甘宁边区和国统区体育发展述略》，《青海师范大学学报》（哲学社会科学版）2016 年第 4 期。

④ 有关民国时期贵州体育史的论著，参见唐书明《民国时期贵州体育运动会研究》，硕士学位论文，贵州师范大学，2019。

⑤ 参见戴伟谦《抗战时期民族精神教育体育思想之初始》，台北《体育学会体育学报》1992 年第 14 辑；戴伟谦《民族精神教育体育思想之形成（1937~1945）》，台北《体育学会体育学报》1991 年第 13 辑。

吉尔兹（Clifford Geertz）以后的人类学家在有关国家文化的研究上投入了不少心力。① 20世纪末大众文化研究在西方史学界兴起后，作为其对立面的国家文化自然也受到史学家的关注。② 王笛对于国家文化有过清楚的阐释，他认为此概念至少包含三个要素：由国家权力提倡和推动，有利于中央集权，有一个全国统一的模式。③ 由此观之，在国家文化的分析框架内讨论战时官方主导的国民体育无疑是一个恰当的切入点。若辅以城市社会史的视角，则更能丰富我们对这一国家议程在实践层面的认识。

一 国民体育：一种国家文化的兴起

1937年抗战的全面爆发震荡了中国体育界，面对空前的民族危机，体育的普及化逐渐凝聚为最广泛的共识。这一主张于20世纪早期就已显露端倪，但在救亡图存的时代话语之下，其实践之必要性尤为突出。体育的普及化有诸多表述，如国民体育、全民体育等，宗旨都是要让体育惠及大众，摒弃战前体育囿于学校、学校体育只注重选手训练的弊病。④ 著名体育教育家程登科认为"吾人提倡体育，应以全民为施教对象，不应再有贵贱之分、老幼之别"，因此他从年龄、性质、职业、性别四方面对"国民体育"的范围进行了界定，形成了当时最权威的论述。⑤ 国民体育思潮兴盛于战时，自然具有浓厚的民族主义色彩，尤其强调体育与国防的内在逻辑：民族是个体的集合，有了健全的个体才有强盛的民族，只有健全的民族才能抵御强寇的侵略。⑥ 从学理上看，大后方的体育专家淡化了英美民主国家体育理论中的"娱乐主义"与"公民训练倾向"，转向从德意日等

---

① 参见谢世忠《神话解析与国家文化：中国少数民族神话诠释的社会主义意识形态》，中国神话与传说学术研讨会，台北，1995年。
② David Johnson, *Popular Culture in Late Imperial China* (Berkeley: University of California Press, 1985); Perry Link, Richard Madsen, Paul G. Pickowicz, eds., *Unofficial China: Popular Culture and Thought in the People's Republic* (Boulder: Westview Press, 1990).
③ 王笛：《茶馆：成都的公共生活和微观世界（1900~1950）》，社会科学文献出版社，2010，中文版序言，第3页。
④ 朱守训：《改进我国体育之意见》，《湖北省党政军学体育促进委员会会刊》第2卷第1期，1937年。
⑤ 程登科：《国民体育》，中央训练团党政训练班印制，1939，第4~7页。
⑥ 萧忠国：《战时国民体育》，《国民体育季刊》第1卷第1期，1941年。

集权国家的"国防本位"体育史中探索一条富国强兵之道。①

正如体育界人士所乐见的,重庆国民政府也意识到普及体育已刻不容缓。全面抗战期间,重庆当局曾多次召开会议商讨战时体育工作,其中以1940年的"全国国民体育会议"意义最为重大,体育界的思潮直接影响了官方的体育行政。会议历时6天,提案200件,与会者共计135人,不仅包含重庆政府的高级官员,还有各大专院校的体育及教育专家。② 体育的普及化是这次会议的中心议题,涉及兴建县市公共体育场、鼓励民众体育团体、编订国民体育教材等内容。③ 会议的纲领性文件《全国国民体育会议宣言》明确写道:"国民体育之实施,绝非仅以少数个人为对象,而实无时无地不以全国国民为对象。换言之,乃以全民族为对象也。"④ 可见,普及国民体育已成为官方体育行政的既定方针。部分专家提请修正《国民体育法》并制定《战时国民体育实施方案》,以适应时代需要。⑤ 一年后,《修正国民体育法》《国民体育实施方针》先后颁布,两项法案不仅把国民体育列为"重要施政纲领",要求中央与地方设专职办理,而且还将体育经费列入各级政府预算。⑥ 从某种意义上讲,国民体育的普及有了法理依据,其国家文化特质愈发清晰。

国家文化向地方社会的渗透通常取道于科层化的官僚体系,国民体育的普及亦不例外。名义上,全国体育行政由各级教育主管机关负责,教育部设"体育委员会"、社会教育司主管科、体育督学,各省教育厅应设"全省体育委员会"及相关科室。⑦ 1935年中央势力入主黔政之初,黔省教育厅组建了第三科第二股,主管包括体育在内的社会教育工作。⑧ 全面

---

① 代表性论述参见王复旦《体育上几个纷争问题的讨论》,《上海体育》第1卷第2期,1937年;萧忠国《战时国民体育》,《国民体育季刊》第1卷第1期,1941年;吴德懋《建立我国体育体系之商榷》,《教与学》第5卷第3期,1940年。
② 庄文潮:《全国国民体育会议的追述》,《福建体育通讯》第1卷第5期,1940年。
③ 王毅诚:《我对"全国国民体育会议"之观感》,《教育通讯》(汉口)第3卷第47期,1940年。
④ 《全国国民体育会议宣言》,《上海童子军教育》第1卷第2期,1940年。
⑤ 国家体委体育文史工作委员会、全国体总文史资料编审委员会编《体育史料》第16辑《中国近代体育议决案选编》,人民体育出版社,1991,第187~189页。
⑥ 《修正国民体育法》,《国民体育季刊》第1卷第1期,1941年;《国民体育实施方针》,《教育通讯》第4卷第14期,1941年。
⑦ 郝更生:《我国体育行政之展望》,《浙江体育月刊》第3卷第2期,1935年。
⑧ 贵州省地方志编委会编《贵州省志·体育志》,贵州人民出版社,2001,第413页。

抗战时期，第三科下属的省立贵阳民众教育馆（以下简称"民教馆"）在倡导业余体育方面颇有建树，主办、协办了一系列大众赛事。1941年底，重庆政府教育部体育委员会更名为"国民体育委员会"，黔省教育厅也随即成立"贵州省国民体育委员会"（以下简称"省体委会"）。根据相关法令之规定，省体委会应掌理《国民体育法》之执行、地方体育经费审查、地方体育比赛之管理等六项事务。① 但事实上，该机构并非常设机关，委员亦多系兼职，因此它在实际事务中发挥的作用有限。不过，省体委会的设立再度明确了教育厅在地方体育行政中的领导角色，这有助于督促相关政令的落实。例如在体育基础设施建设方面，截至1944年，贵州已建成县立体育场48所、乡镇简易体育场492所，其中遵义、安顺两县体育馆规模宏大、设备完善。② 而这些成果在全面抗战之初还并不存在。

就在体育行政建制逐步健全的同时，一些标准化、制度化的体育普及措施也开始在贵州推行。首先，官方希望通过统一的公共活动彰显对国民体育的倡导，并形成一种示范效应。1940年，教育部颁布了《各省市县运动会举行办法大纲》，原则上将各级行政区按时举办运动会作为一项定制。根据该大纲要求，各省每年应举办省级运动会1次、县（市）级运动会1~2次，并呈报教育部备案。③ 随后，《三十年度各县（市）举行民众体育竞赛办法要点》和《民众体育竞赛会各项比赛规则》相继出台，对各地运动会的细节问题进行了规定。④ 截至1944年10月，黔省2/3的区已经举办了运动会。⑤ 值得注意的是，贵州于1943年举办了首届真正意义上的全省运动大会，参赛队伍58支，男女运动员953人，均由各县市选拔。报纸形容开幕当天整个贵阳城"万人空巷"，⑥ 其盛况可见一斑。其次，国家设立了体育专属节日，试图将体育嵌入大众的时间观念中。1942年教育部制定

---

① 《各省市国民体育委员会组织通则》，重庆市体育运动委员会、重庆市志总编室编《抗战时期陪都体育史料》，重庆出版社，1989，第79页。
② 《黔省积极推动国民体育》，《中央日报》（贵阳版）1944年10月18日，第3版。
③ 《各省市县运动会举行办法大纲》，《国民体育季刊》第1卷第1期，1941年。
④ 《三十年度各县（市）举行民众体育竞赛办法要点》，《国民体育季刊》第1卷第1期，1941年；《民众体育竞赛会各项比赛规则》，《国民体育季刊》第1卷第1期，1941年。
⑤ 区是介于省与县之间的一级行政单位，又称专属。《黔省积极推动国民体育》，《中央日报》（贵阳版）1944年10月18日，第3版。
⑥ 《运动大会昨揭幕，万人空巷企仰健儿》，《贵州日报》1943年10月11日，第3版。

《体育节（九月九日）举行办法要点》，正式将每年的九月九日确定为体育节，取"重九登高"之意，同时纪念孙中山首次起义。① 按照规定，各级教育机关须在节前一周动员学生赴民间宣传，并于节日当天发起体育活动。② 1942年贵阳首届体育节庆祝大会在城外团坡竞马场举行，领袖操、竞马、舞龙、足球等项目吸引了上万人观看。③ 此后，盛大的体育活动会在重九这天如期举行，体育拥有了独立的"仪式时间"（ritual time）④。

作为一种国家文化，国民体育具备配套的权力体系与运作模式。但经过制定法规、设立节日、召开会议等一系列政府行为，"国民体育"逐渐升华为兼具合法性与神圣感的政治符号，对它的竞逐无疑有助于赢得官方认可与社会声誉，从而赚取"象征资本"（symbolic capital）⑤。这在很大程度上鼓励地方教育机关之外的机构和团体也积极参与体育事务，并在此过程中形成了有别于国家自上而下之"正统"倡导模式的社会行为。

二 集体愉悦：业余体育中的乐趣与商机

全面抗战时期，官方延续了对学校体育的关注。1939年的"第三次全国教育会议"与1940年的"全国国民体育会议"均通过了《体育改进案》，对学校体育的师资、经费、管理等做出了规定。⑥ 根据中央的要求，黔省教育厅也于1941年颁布了相关政令：①在全省中等以上学校统一设立体育处或体育卫生组，主持学校体育工作；②各中学制订切实可行的体育

---

① 教育部教育年鉴编纂委员会编《第二次中国教育年鉴》，商务印书馆，1948，第1299页。
② 《体育节（九月九日）举行办法要点》，《教育部公报》第18卷第8期，1946年。
③ 《昨纪念体育节大会及表演皆热烈举行》，《贵州日报》1942年9月10日，第3版。
④ 英国人类学家莫里斯·布洛赫认为时间有两种形式，一种用于常规化、普遍化的活动［陈蕴茜教授译为"日常时间"（practical time）］；另一种则是特定文化系统的产物，即仪式时间（ritual time）。参见 Maurice Bloch, "The Past and the Present in the Present," *Man*, New Series, Vol. 12, No. 2 (Aug., 1977)；陈蕴茜《时间、仪式维度中的"总理纪念周"》，《开放时代》2005年第4期。
⑤ 布迪厄认为资本分为三种基本形式，即经济资本（economic capital）、文化资本（cultural capital）、社会资本（social capital），而这三种资本产生的符号价值和意义即"象征资本"（symbolic capital），通过声誉、威望等抽象感知表现出来。参见 P. Bourdieu, "The Forms of Capital," in J. Richardson, ed., *Handbook of Theory and Research for the Sociology of Education* (New York: Greenwood Press, 1986), pp. 241–258。
⑥ 《体育史料》第16辑《中国近代体育议决案选编》，第133~136、162~164页。

计划、规则,并呈报教育厅;③限时完成所有学校体育场之修建;④将体育经费一律列入学校经费预算内开支。① 尽管这些烦琐的条文并未完全兑现,但体育的确在当时的校园里受到了相当的重视。贵州大学将体育课程分为每周两小时的正课及每天下午的课外活动,以期"人人参加运动,个个均为选手";② 清华中学则规定,学生若体育成绩不及格或游泳成绩不过关,就无法取得毕业证书。③ 1939年贵阳遭遇空袭后,城内绝大多数学校疏散到了远郊。在远离市井喧嚣的环境中,参与体育活动成为学生们为数不多的消遣方式,政府与校方对体育的大力倡导客观上给学生的校园生活增添了乐趣。当然,学生也很会顺应潮流,他们乘势组建起体育会、球队等课余组织,于校园里、校际开展各类竞赛。④ 在"提倡国民体育"的旗帜下,个人兴趣爱好得到了最大限度的发挥,严肃的体育教育呈现出日常娱乐的面相。

在体育走出校园的号召下,政府机关、新式企业中的公余体育也逐渐兴起。1938年,蒋介石发表了关于"正当娱乐"的演说,他倡导大众以古代"射御"作为娱乐参照,积极投身各类体育运动,以强健体魄、振奋精神。⑤ 于是各省纷纷开启了公职人员业余生活的美化工作。1939年,国民党贵州省党部提出:"各项国民体育运动,以所在地人民团体会员及公务人员为推行主要对象。"⑥ 同年,贵州新生活运动促进会(以下简称"新运会")特函省会各机关,要求发起公务员"正当娱乐"之组织,"包括歌咏、体育、径赛等项目,每人至少参加二组",⑦ 随后贵阳的官办企业也陆续响应。职工友谊赛、锦标赛甚至运动会开始在休息日频繁举行。恰如文

---

① 贵州省地方志编纂委员会编《贵州省志·教育志》,贵州人民出版社,1990,第213~214页。
② 欧阳震:《国立贵州大学体育运动简介》,中国人民政治协商会议贵州省贵阳市委员会文史资料研究委员会编印《贵阳文史资料选辑》第15辑,1985,第104页。
③ 钱存浩:《贵阳清华中学创始人——周贻春》,李守明主编《贵阳文史》第3辑,1997,第48页。
④ 国立贵州大学教务处出版组编《国立贵州大学概况》,国立贵州大学教务处出版组,1945,第35~36页;黄威廉:《拂晓钟声》,贵州金泉实业有限公司印务分公司,2006,第89页。
⑤ 蒋介石:《提倡正当娱乐与振作国民精神》,《黄埔》(重庆)第1卷第17期,1939年。
⑥ 王漱芳:《各级党部推行国民体育运动要点》,《工作检讨》第4期,1939年。
⑦ 《公务员正当娱乐》,《中央日报》(贵阳版)1939年7月15日,第3版。

化史家乔治·维嘉雷洛（Georges Vigarello）所言：体育被当成了一种"劳动补偿"，有助于将大众从日常紧张的生活中解脱出来，从而帮助他们更好地恢复和运用体力。① 西南公路局的内刊向我们展示了"同仁业余运动"是如何被组织起来的。该局"体育组"不仅仔细统计员工体育爱好，还给予参赛者奖励，同时按需调整运动项目及设施，并让干事"热心拉拢"，从而吸纳更多员工参与锻炼。因此该局常规球赛多达四种，且"各项运动极为活跃"。② 这一生动的案例反映出，"提倡正当娱乐""普及国民体育"等多少有些生硬的政治话语在实践中被改造成了富有亲和力的福利事业。

欣欣向荣的学校体育和职工体育又推动了更大规模的体育活动。在全面抗战时期的贵阳，省、市两级体育竞赛十分活跃，其内容除涵盖球类、田径、游泳、自行车、体操等新式运动外，还包括放风筝、爬山、赛马等颇具民间色彩的项目，而学校、机关、企业通常就是这些活动的主要发起者和参与者。

星期球会是全面抗战时期贵阳最成功的市级体育赛事，也是民教馆等官方机构在普及国民体育方面的一项杰作，它不仅促进了当地球类运动的发展，而且创造性地将体育竞赛经营成了一门"生意"。星期球会由民教馆、省党部与中央日报社于1939年联合发起，各机关、学校、企业球队在每周末轮流进行比赛，故得此名。在官方宣传中，星期球会被塑造为"倡导业余运动、发扬竞取精神"③的典范；体育教育家王健吾也曾有些夸张地称赞道："贵阳唯一的动的娱乐场所，在省立民众教育馆；贵阳唯一的娱乐运动的中心为省会星期球会。"④ 足见其影响力。舆论之外，星期球会的确引领着贵阳城的体育热潮，越来越多的市民乐于看球。⑤ 报纸上、电影院时常可见球迷打出的助威广告，一些球队甚至拥有了"赞助会员"，

---

① 〔法〕乔治·维嘉雷洛：《从古老的游戏到体育表演：一个神话的诞生》，乔咪加译，中国人民大学出版社，2007，第62页。
② 《新运近讯》，《西南公路》第96期，1940年；《新运近讯》，《西南公路》第134期，1941年；《新运体育组近讯》，《西南公路》第261期，1943年。
③ 《何辑五题词》，《中央日报》（贵阳版）1942年4月18日，第4版。
④ 王健吾：《动的娱乐在贵阳——星期球会》，《中央日报》（贵阳版）1942年4月18日，第4版。
⑤ 霍本田：《逃亡流浪、流浪逃亡：抗日战争时期大后方生活纪实》，太白文艺出版社，2008，第123页。

每逢比赛会为其志愿提供后勤服务。① 看球、追球俨然成为一种新兴的流行文化。但星期球会自诞生起就带有营利色彩，因为市民看球必须购买门票。1939年球赛门票价格为0.05元，1941年为0.2元，1943年则涨至2元。② 虽然票价逐年上调，但看球一直是贵阳较为廉价的娱乐活动。③ 便宜的门票以及20世纪三四十年代大众对篮球运动的追捧保证了星期球会的收入。④ 1939年3月19日，由防空学校对阵特务团的首场球赛就吸引了近千名观众，门票收入45.1元。到当年5月，这个数字已突破千元。⑤ 球会原则上能支配部分运作费用，其余上缴国家，《中央日报》负责向大众公布收支。⑥ 不过这种自我监督并未持续太久，随着时间的推移，球会收入状况愈来愈缺乏透明度。尽管如此，星期球会依旧是一项两全其美的创造，它既呼应了轰轰烈烈的国民体育运动，又将大众对体育的热爱化作了一笔笔可观的收益。

当然，体育竞赛带来的利益不仅反映在最传统的门票收入中，同时还以更多样的形式表现出来。例如邮政部门曾经在"全省运动会"⑦ 的赛场设置临时邮局，办理邮寄业务。经临时邮局寄出的邮件，会加盖运动会的特别纪念邮戳，从而赋予邮件明信片的性质。此项新奇的业务受到部分民众的青睐，首次尝试就寄出超过400封邮件。⑧ 体育赛事的频繁举办也让贵阳的客运行业从中获利。1945年市立体育场落成以前，贵阳城内缺少宽阔场地，大型比赛几乎都在城郊的南厂、团坡、花溪举行。所以每逢赛

---

① 王汝含：《国魂业余体育会简介》，中国人民政治协商会议贵州省贵阳市委员会文史资料研究委员会编《贵阳文史资料选辑》第15辑（体育专辑），1985，第122~123页。
② 门票价格参见《星期球会今比赛时间自下午二时起》，《中央日报》（贵阳版）1939年3月26日，第3版；《星期球会筹修太平门一座》，《贵州日报》1941年5月15日，第3版；《星期球会继举行》，《贵州日报》1943年10月25日，第3版。
③ 相比之下看电影就要昂贵不少，相同的年份，影院门票的平均售价分别为0.48元、1.4元、11元，该数据根据《革命日报》、《贵州日报》、《中央日报》（贵阳版）相关资料统计而成。
④ 20世纪三四十年代的"篮球热"是一种全国性的现象，一位东北中学的校友回忆道："那个时代篮球风靡全国，似乎谈到运动，只有篮球。机关、学校、军队都有篮球队。"参见霍本田《逃亡流浪、流浪逃亡：抗日战争时期大后方生活纪实》，第117~118页。
⑤ 《星球篮球会门票收入》，《中央日报》（贵阳版）1939年4月4日，第3版；《星期球会已收入千余元》，《中央日报》（贵阳版）1939年5月1日，第3版。
⑥ 《星球篮球会门票收入》，《中央日报》（贵阳版）1939年4月4日，第3版。
⑦ 名义上的"全省运动会"，其实参赛队伍主要来自贵阳，贵州真正意义上的全省运动会出现在1943年，参赛者来自省内各县市。
⑧ 庆民：《贵州省运会临时邮局记略》，《甲戌邮刊》第4卷第10期，1937年。

期，马车公会与公路局就通过开辟专线、提供包车、打折等手段，承揽城市与赛场间的客运业务。[①]

不过，能为商家提供广告平台才是体育竞赛最重要的商业价值所在。官方在举办大型赛事前，通常会公开征集奖品。该举措一方面是为扩大声势，营造一种社会各界共同倡导国民体育的氛围，另一方面则大大节省了主办方的经费开支，可谓一举两得。对于商家而言，这是一个自我营销的绝好机会，因为赞助者的信息不仅会通过报纸公之于众，而且赞助的奖品还能得到公开展览。另外，赞助体育竞赛和传统广告的区别在于，赞助者会收获热心公益的美誉。这些因素促使商人们纷纷慷慨解囊。比如1941年由三青团、贵州企业公司、西南公路管理处等十二机关联合发起的"贵州省第三届游泳比赛"，收到了包括汽车行、照相馆、饭店、茶馆甚至澡堂在内的诸多商家赠送的奖品。[②] 有趣的是，当冠生园公司宣布为大赛免费提供1000份西点之后，它的竞争对手生生园茶楼也随即表示将赞助相同数量的点心，并加赠锦旗一面，颇有暗中较劲的意味。[③] 而在1942年一场以"激励抗敌情绪、提倡户外运动"为名发起的"歼敌探索运动"中，[④] 赞助商的热情达到了前所未有的高潮，500多户商家纷纷献上自己的招牌货品。从上海旧货公司的名贵手表，到南京板鸭店的琵琶鸭，再到新星西药厂的自制补药，[⑤] 琳琅满目的奖品将用于陈列的玻璃橱窗填得满满当当，

[①] 客运业在赛事期间的运营，参见《自行车赛裁判人员已聘定，路局特开花溪游览车》，《贵州日报》1941年3月11日，第3版；《自行车竞赛今日召开谈话会》，《贵州日报》1941年3月14日，第3版；《三届骑赛会将发售胜马票券》，《贵州日报》1941年12月29日，第3版；《看骑赛会车价，马车公会八折优待》，《贵州日报》1942年10月8日，第3版；《足球义赛明日起在南厂举行》，《中央日报》（贵阳版）1943年9月24日，第3版；《赛马会明晨开幕》，《贵州日报》1945年7月21日，第3版；等等。

[②] 《游泳比赛会续收奖品两件》，《贵州日报》1941年7月30日，第3版；《游泳比赛大会续收奖品数件》，《贵州日报》1941年8月2日，第3版；《游泳比赛会续收奖品》，《贵州日报》1941年8月5日，第3版；《游泳比赛会昨续收奖品》，《贵州日报》1941年8月10日，第3版。

[③] 《游泳比赛大会续收奖品数件》，《贵州日报》1941年8月2日；《游泳比赛增活擒倭奴节目，生生园经理赠西点千份》，《贵州日报》1941年8月3日，第3版。

[④] 欧元怀：《三育并重与歼敌探索运动》，《贵州日报》1943年1月2日，第4版。

[⑤] 《歼敌探索运动新星西药厂厂门捐补药》，《贵州日报》1942年12月15日，第3版；《歼敌探索运动获奖品五百件，正编列奖次中》，《贵州日报》1942年12月23日，第3版；《上海旧货公司赠探索运动奖品》，《贵州日报》1942年12月30日，第3版。

引来无数路人驻足参观。① 奖品展示摇身一变成了商品博览，倡导国民体育的理念与推销商品的策略交织于赞助行为之中。

三 以公之名：募捐球赛中的名与利

20世纪30年代末，当星期球会风靡黔垣之际，作为舶来品的"募捐球赛"也同时出现在贵阳，二者最大的区别在于后者通常在前者并不具备的"公益"名义下进行。1939年，从上海内迁而来的大夏大学联合江苏医学院、特务团、缉私总队等八支球队发起了一场"还债篮球赛"，旨在响应重庆政府为吸纳社会游资而推行的"节约建国储金运动"。② 主办者将门票分为2元的"欢迎券"和1角的"入场券"，由民教馆对外发售。同时大夏大学教授吴泽霖特捐赠纪念杯一尊，用于现场义卖。③ 持续几日的比赛吸引了数千名球迷观看，门票与义卖收入共计1100余元。④ 这场球赛成了经典范例，此后形形色色的义赛通告开始陆续刊登在地方报纸的醒目位置。

战时贵阳的募捐球赛名目繁多，其中很大部分与抗战或救济密切相关。劳军是当时后方政治生活中的一项重要内容，因此贵阳的机关、学校与社团时常以慰劳前线将士为名发起球类义赛，门票收入用于为部队购置寒衣、被褥、鞋袜等必需品。自1939年起，每年元旦和春节前后，贵阳均会举办劳军球赛。组织者希望在辞旧迎新、阖家团圆之际传递一种家国情怀，而购票看球也逐渐成为黔垣民众在新春时节的一项娱乐选择。不仅如此，每逢部队出征或凯旋，劳军球赛同样会作为一种庆典出现在公众视野。⑤ 值得注意的是，在大后方如火如荼的"献机运动中"，球赛也常常被当作集资的手段。例如1941年5月，驻贵阳各部队的特别党部、政治部筹划发起一场捐献"军党号""政工号"战机的活动，为此它们连续举办了包括篮球、排球、足球在内的多场义赛，最终与其他募捐活动一起为军队

---

① 《各界热烈捐赠奖品，赞助歼敌探索运动》，《贵州日报》1942年12月26日，第3版。
② 《大夏大学发起还债篮球赛》，《中央日报》（贵阳版）1939年1月8日，第3版。
③ 《篮球赛收入充建国用》，《中央日报》（贵阳版）1939年1月15日，第2版。
④ 《大夏大学生主办之篮球赛成绩良好》，《中央日报》（贵阳版）1939年1月31日，第3版。
⑤ 《劳军篮球赛》，《贵州日报》1941年10月20日，第3版。

贡献了 7 万多法币。① 另外，战乱与灾害遗留的救济问题往往使政府疲于应付，吸纳民间资源参与救济显得尤为必要，所以"赈灾球赛"应时而生。1939 年 2 月 4 日，18 架日机突袭贵阳，造成重大人员伤亡和财产损失。② 赈济灾民、重建城市成为地方政府面临的棘手问题。遭遇浩劫十几天后，国民党贵州省党部、新运会和中央日报社便以救济灾民、振兴体育为名，共同策划了贵阳首场赈灾球赛。③ 体育与慈善相结合的尝试初显成效，三天的比赛共筹得法币 500 多元。④ 在此后几年里，贵阳各界效仿该法举办了一系列针对河北、山东、浙江、福建的赈灾球赛，社会影响十分广泛。⑤

除此之外，许多机构与社团也愈来愈频繁地利用球赛募集资金，从而缓解自身面临的经费短缺问题。1940 年 11 月，贵阳一所刚成立不久的私立图书馆在《贵州日报》上刊登了一则公告："贵山民众图书馆为筹资购买书报，特发起征募书报篮球比赛，定本星期日假民教馆体育场举行。明日开始售票，票价每张五角，全部收入作购书之用。"⑥ 这场球赛得到了本地华南、国魂、合群、华新等多支球队的支持，他们最终为该馆募得购书款 600 多元。⑦ 事实上，这类看似琐碎的"内务"时常成为发起募捐球赛的理由，譬如大夏大学成立学生自治会，基督教青年会筑造体育馆，贵阳师范学院等四校为贫寒学生募集奖学金，特务团等军事机关修建"中山室"等等，均以球赛方式募款。⑧ 不过，募捐球赛偶尔也服务于大型工程

---

① 《军党、政工号》，《贵州日报》1941 年 9 月 13 日，第 3 版。
② 静园：《轰炸后之贵阳》，《抗战与交通》第 16 期，1939 年；《政院轸念黔垣灾民，特令赈会拨十万元赶办救济》，《中央日报》（贵阳版）1939 年 2 月 7 日，第 3 版。
③ 《篮球慈善赛的筹备》，《中央日报》（贵阳版）1939 年 2 月 26 日，第 4 版。
④ 《筑救灾球赛收入已清算》，《中央日报》（贵阳版）1939 年 2 月 28 日，第 3 版。
⑤ 慈善球赛情况，参见《冀鲁筹赈会慈善球赛今揭幕》，《中央日报》（贵阳版）1940 年 6 月 16 日，第 3 版；《筑救济浙灾球赛今开始举行节目精彩》，《中央日报》（贵阳版）1943 年 2 月 5 日，第 3 版；《筹赈闽灾球赛昨日圆满闭幕》，《贵州日报》1943 年 6 月 15 日，第 3 版等报道。
⑥ 《贵山图书馆发起募捐篮球赛》，《贵州日报》1940 年 11 月 2 日，第 3 版。
⑦ 《贵山图书馆昨举行募书球类赛》，《贵州日报》1940 年 11 月 4 日，第 3 版。
⑧ 参见《大夏学生会篮球义赛，今比赛四场》，《中央日报》（贵阳版）1944 年 5 月 20 日，第 3 版；《青年会昨茶会，商建体育馆义赛》，《贵州日报》1943 年 8 月 7 日，第 3 版；《贵师等四院校球类义赛，募清寒生奖金》，《中央日报》（贵阳版）1943 年 12 月 16 日，第 3 版；《三团体球类义赛，明为最后一场》，《中央日报》（贵阳版）1943 年 9 月 4 日，第 3 版。

的建设，市立贵阳体育场的捐建便是一个极好的案例。1945 年，酷爱体育的新任省主席杨森决定扩建六广门外的合群体育场，并将其改造成一座规模宏大、设施完善的现代化体育场，但庞大的建设经费却让地方当局十分为难。于是省政府秘书处与贵阳市政府决定发挥体育界的优势，邀请著名的汽车四营篮球队与本地球队进行对决，又以杨森赠送的奖杯作为锦标，将全部收入用于建造体育场的看台、篮球场及露天剧场。①

募捐球赛在贵阳的盛行从侧面反映出其极大的创收潜力，而这往往离不开主办者的精心设计。首先，受邀参赛的球队通常是省内外劲旅，"豪华"的阵容保证了充足的客源。如陪都"常胜军"黑队篮球队曾于 1942 年远征贵阳，以响应献机运动。初赛门票一个半小时内即告售罄，观众多达 4000 余人，一些无法入场的球迷甚至爬上四周的树木和屋顶。② 而在次日的比赛中，源源涌入的观众甚至压塌了球场的木质看台。③ 这便是募捐球赛盛况的一个缩影。其次，募捐球赛的门票价格相对高昂。所谓"义赛"的目标终究在于集资，因此主办者会在保证观众数量的情况下设法提高门票价格。1943 年 2 月，黔省政府为救济浙赣会战中的难民，特召集大夏、浙大、贵医、企联（贵州企业公司）等多支强队举办了一场大型募捐球赛。门票价格定为每张 5 元，是当时星期球赛的一倍多，最终募得法币 4 万多元。④ 同年 9 月，桂林东方足球队北上参赛途经贵阳，特务团借机发起劳军球赛。尽管初赛票价已高达 20 元，但仍创造了前所未有的观赛热潮；决赛门票更涨至每张 50 元，⑤ 相当于当时一位中学教员一个礼拜的收入。⑥ 最后，球场义卖亦能筹集不少款项。这一颇有仪式感的环节在决赛结束后进行，通常由一位优雅的女士主持，义卖物品基本是比赛用球或锦标。义卖场俨然是达官贵人、富商名流的舞台，他们通过高价竞买的方式展示自己对于公共事务的关切。义卖款在球赛总收入中占有很高比例，如 1939 年 1

---

① 《筑体育界□赛捐建球场看台》，《中央日报》（贵阳版）1945 年 6 月 29 日，第 3 版。
② 《黑队征筑小纪》，《贵州日报》1942 年 8 月 10 日，第 3 版。
③ 《献机球赛，黑队特务奏捷》，《中央日报》（贵阳版）1942 年 8 月 10 日，第 3 版。
④ 《救济浙灾球赛，实得赈款四万余元》，《中央日报》（贵阳版）1943 年 2 月 11 日，第 3 版。
⑤ 《筑足球义赛盛况》，《中央日报》（贵阳版）1943 年 9 月 28 日，第 3 版。
⑥ 根据贵州省教育厅制定的标准，一位普通高中教师一个月的薪金为 240 元，实际情况不及该数。参见《黔中等学校教职员待遇》，《中央日报》（贵阳版）1944 年 1 月 1 日，第 3 版。

月的"还债篮球赛",义卖所得为200元,接近球赛总收入的1/5;①一个月后举行的救灾球赛共收入545元,其中义卖款就占150元。②

然而,当以球赛募捐的形式逐渐泛化之后,问题也随之而来。尽管募捐球赛创造的收入十分可观,但相应的财务监督机制却很薄弱。主办方常见的做法是将球赛所得通过报纸公之于众,但这无法涵盖对于募捐款项最终用途的监督。更为重要的是,球迷在欣赏完一场场精彩绝伦的比赛后,甚少关心他们贡献的善款流向何处,因此公益与私利之间的界限有时会变得模糊不清。1944年5月,贵阳两大主流报纸同时公布了教育部制定的一项法规:"举行运动比赛,原系推行国民体育之一种有效方法,惟每以管理欠周,致有利用运动比赛或体育表演发售高额门票,籍以敛财情事,殊悖提倡运动比赛之本旨,嗣后应切实管制,并注意下列二点:(甲)凡发售门票之运动比赛或表演,应对其售款用途及票价,加以审核及限制;(乙)举行运动比赛,不得以现金作奖励。"③尽管该法规并非为贵州专设,但其中提到的体育竞赛售卖高额门票、收入管理欠妥的现象在贵阳的确存在。例如1943年10月,贵阳市政府以募集中正中学建校基金为由发起了一场大型足球义赛,由于名声赫赫的东方球队受邀参赛,门票价格高达每张50元。④但吊诡的是,球赛闭幕后主办方并未在报纸上公示收支状况,而所谓的"中正中学"直至1949年也未见落成。此种不了了之的结局透露了提倡国民体育的初衷与地方社会实践之间的张力。

四 形象政治:作为展示技术的体育

如果竞技性是体育赛事的外在特征,那么展示性或许就是其内在价值,尤其是在一些官办的大型体育竞赛中,权力无时不在传递某种精神内涵。邵勤在关于民初南通的研究中,特别对新式学校里的体育活动进行了考察。她认为地方士绅试图通过体育向参访者彰显其倡导的现代化理念与

---

① 《大夏大学生主办之篮球赛成绩良好》,《中央日报》(贵阳版)1939年1月31日,第3版。
② 《筑救灾篮球赛,收入已算清》,《中央日报》(贵阳版)1939年2月28日,第3版。
③ 《体育表演门票将加严密管制》,《中央日报》(贵阳版)1944年5月14日,第3版;《教部电令管制利用运动比赛敛财》,《贵州日报》1944年5月14日,第3版。
④ 《募中正中学基金,定下月举行球赛》,《中央日报》(贵阳版)1943年9月25日,第3版。

文明观，并以此塑造南通的进步形象。① 在战时的贵阳，体育有着相似的用途，不过被展示的不仅仅是现代化图景，还包括一系列极富时代烙印与地方特色的主题。

对于远离硝烟的黔省官民而言，体育似乎能将他们与国家命运相连。因为强身健体被国家引申为抗敌御侮的必要准备，所以举办特定体育竞赛（表演）既能展现大众的抵抗意志与爱国主义，也能反映地方对中央文化政令的贯彻执行。1940年秋，"贵州省第一届国防体育运动大会"引起了各路媒体的兴趣。这场被誉为"国内首创"的运动会由特务团、民教馆、新运会、中央日报社等六机关发起，其创新之处在于将军事元素融入体育竞赛，设置了防毒面具赛跑、五千米武装跑、武装越野跑、手榴弹掷远等项目。② 参赛者既有士兵，也有学生和机关人员，每日观众多达万人。③ 为了获得外部世界的关注，主办方不但邀请中外记者观赛，还特意向当时正在召开的"国民体育会议"发去贺电。④ 显然，组织者试图通过这样一场充满"战争想象"的运动会传达出：贵州军民并未在安稳的环境中沉沦，相反，他们是一支训练有素的后备力量。正如沈艾娣（Henrietta Harrison）所言，阅兵式与运动会有助于将公民"刻画"成一支随时准备为保卫国家而战斗的武装。⑤国防体育运动大会只是一个生动的个案，每逢国庆日、国耻日、总理逝世纪念日等重要仪式时节，贵阳均会举办盛大的体育活动，通过这一特殊的"政治表演"，空洞的爱国情怀与抗战信念转化成了可视化的身体实践。

另外，官方还善于利用运动会来展示地方社会的新风貌。从后军阀时代的第一位省主席吴忠信开始，每一位地方领袖都保持着在任内举办至少一场大型运动会的记录。运动会无疑是竞技体育的大会师，同时也近似戈夫曼（Erving Goffman）表演理论中所谓的"前台"（front）。⑥ 它由地方政

---

① Qin Shao, *Culturing Modernity: The Nantong Model, 1890 – 1930* (California: Stanford University Press, 2003), pp. 162 – 168.
② 《国防体育运动大会定九一八举行》，《贵州日报》1940年8月4日，第3版。
③ 《贵州省国防体育会》，《东方画刊》第3卷第10期，1941年。
④ 《国防体育会电贺国民体育会》，《贵州日报》1940年10月9日，第3版。
⑤ Henrietta Harrison, *The Making of the Republican Citizen: Political Ceremonies and Symbols in China, 1911 – 1929* (New York: Oxford University Press, 2000), p. 109.
⑥ 参见〔美〕欧文·戈夫曼《日常生活中的自我呈现》，冯爱华等译，浙江人民出版社，1989。

府精心搭建,用以强化观看者对于整个社会状况的特定印象。尽管这些印象并不完全真实,却能塑造官方统治的合法性。

首先,社会的进步总是伴随着人的变化。"黔人体弱"是外界对贵州最普遍的印象之一,为此,吴鼎昌和杨森都试图从改善卫生、禁烟、开展军训与体育等方面提升贵州的人口素质。① 如此浩大的社会实验显然难以被公众观瞻,但赛场上健硕的身躯与朝气蓬勃的面孔却是对地方政府施政理念及其成果的完美演绎。开幕式无疑是最能展现运动员风采的时刻,他们通常需要绕场一周接受政府官员检阅,因此组织者对其着装、步伐、队列都有严格要求。② 经由媒体的渲染、传播,舆论与现实共同刻画了运动员及其所代表的无数同胞的健康形象。其次,发展体育事业是历任地方长官宣扬的现代性目标,所以体育的普及也成为运动会试图透露的讯息。在市级运动会中,各类城市人群往往被动员参赛,尤其是除军警、公务员、学生之外的普通市民,从而塑造全民体育的表象。省级运动会的选手则力求涵盖各区县,这不仅是省政府"影响力版图"的体现,③ 而且象征体育在基层社会的推广。譬如,1943 年,贵州七成以上的县参加了该年省运会,其中关岭、玉屏、册亨等偏远小县首次参赛,报纸盛赞"其不远千里而来,实已达提倡体育之目的矣"。④ 最后,地方现代化图景也将在运动会中有所呈现。20 世纪 30 年代末,广播、摄影、汽车等行业开始服务于黔垣运动会,这些现代技术的运用有助于让大众看到贵州的进步,同时也预示着一种乐观的未来。例如 1945 年的省运会,科技就给人们带来了非同寻常的摩登体验。省运会在崭新的现代化体育场举行,开幕当天杨森站在广播前发表了热情洋溢的讲话,他的声音通过电流传向四方。就在此时,一架飞机出现在会场上空,并从司令台前低飞划过,引得万众雷动;比赛过程中,会场中心的音乐亭还不断传出雄壮的军乐。⑤ 这一切无不象征着物

---

① 吴鼎昌:《花溪闲笔》,1940,第 16~23 页;杨森:《建设新贵州之理论与实践》,贵州省政府秘书处,1946,第 63~82 页。
② 《绕场一周办法》,《大中华民国三十四年贵州全省运动大会纪念册》,1945,第 12 页。
③ 吴鼎昌主政贵州后,大力推行新县制,而新县制的重要目标之一就是加强省政府对县一级政府的控制,因此,省运动会参加县份的多少,在一定程度上也代表了省府对县府控制的强弱。
④ 《冒雨巡视会场记》,《贵州日报》1943 年 10 月 13 日,第 3 版。
⑤ 《黔省运动会开幕》,《中央日报》(贵阳版)1945 年 7 月 11 日,第 3 版。

质文明的进步。

除爱国主义和社会风貌等抽象概念外,具象的市政工程也能通过体育竞赛加以展示。抗战期间,贵阳的市政建设在官方主导下快速推进:古老的城墙上开辟出了更多城门,狭窄、起伏不平的街道被重新拓宽和平整,充满现代感的公共建筑如雨后春笋般在城中出现。这时的地方政府比以往任何时候都希望人们看到贵阳的成就,而体育恰好创造了一种独特的观看视角。

例如在战时兴起的越野赛跑中,贵阳的城市空间就得到了充分的展示。越野赛跑具有专业性弱、参与性强的特点,因此被官方视作普及国民体育的极好项目。① 自1939年起贵阳几乎每年都会举办越野赛跑,尽管名为越野,但比赛其实都在城内及城垣附近进行,② 类似今天的城市马拉松。官方将比赛放在闹市自然是想"风声所播而蔚成一般风气",③ 但也不乏更周密的考量。考察历届比赛路线可以发现,它们无一例外涵盖了中华路与中山路系统,以及二者交会形成的"大十字"商业圈。这些地段正是贵阳的繁华所在,亦为地方政府城市改造的佳作。因此,当选手和观众穿越、驻足于贵阳最摩登的街区时,日新月异的城市进步便化作了一种切身体验。自1941年抗战阵亡将士纪念塔落成以后,④ 这处新的城市地标连续三年成为越野赛跑的必经之地。可见,赛线的规划的确与城市建设进程息息相关,从某种意义上说,越野赛跑更像是一年一度的城市巡礼。

与此同时,体育竞赛还是观赏公园、体育场等模范工程的窗口。1941年3月,具有政府背景的中正公园董事会联合贵州日报社发起了黔省第一届自行车赛,成千上万的市民见证了这一历史性的时刻。比赛起点位于城中心的大十字,而终点恰好设在当时刚落成不久的中正公园。该公园是民国时期贵阳最大的市政公园,由何应钦与吴鼎昌倡导兴辟,颇有取悦蒋介石之意。⑤ 公园坐落的花溪还是地方政府多年营建的风景区和示范农村,

---

① 《三十年度各县(市)举行民众体育竞赛办法要点》,《国民体育季刊》第1卷第1期,1941年。
② 根据《革命日报》、《贵州日报》、《中央日报》(贵阳版)相关报道统计得出。
③ 《短评:今天的动》,《中央日报》(贵阳版)1939年2月19日,第3版。
④ 《抗战阵亡将士纪念塔已落成》,《中央日报》(贵阳版)1941年5月27日,第3版。
⑤ 贵阳市政府编《贵阳市指南》,文通书局,1942,第102页。

因此它既是自行车赛的终点,也是政绩展览的起点。为了吸引民众前往花溪观赛、游览,公路局特别开通了专线班车,贵州日报社则配合出版了介绍花溪景色和建设情况的专刊。① 不仅如此,当车队抵达终点后,盛大的苗舞会、风筝比赛相继上演,游客达万人之多。② 名义上自行车赛的宗旨是"提倡户外运动,养成蓬勃朝气",③ 但其真正意义在于:以一种灵动且时髦的方式将大众的目光聚焦到了当局的"试验田",并象征性地弥合了城市与郊野公园的空间距离,从而凸显了市政成就的可及性。在此后的几年里,河滨公园、市立体育场等模范工程相继落成,体育竞赛同样为它们制造了不错的宣传效果。一如社会学者迪安·麦坎内尔（Dean MacCannell）在观光行为研究中所指出的那样,吸引力来源于游人、景观与标识（关于景观的信息）三者之间的辩证关系。④ 举办体育竞赛其实就是为市政景观制造标识的过程,它的目的在于吸引大众共同鉴赏官方主导下的建设成就。

结　语

>贵州高居大后方,手扶百粤,目瞰三湘。千万健儿好身手,要励志,要图强,保国保家乡!⑤

这是1943年贵州省运动会会歌的一段,歌词豪情万丈、鼓舞人心,体育救国的理想跃然纸上。然而正如台湾学者游鉴明所言,体育口号可以被不断呐喊和复制,但表达与实践往往貌合神离。⑥ 在抗战时期中国民族危机日益深化的背景下,重庆国民政府与知识精英阶层都在很大程度上对体

---

① 《自行车赛裁判人员已聘定,路局特开花溪游览车》,《贵州日报》1941年3月11日,第3版;《自行车竞赛,今日召开谈话会》,《贵州日报》1941年3月14日,第3版。
② 《花溪是贵阳的西湖》,《贵州日报》1941年3月19日,第3版。
③ 《贵阳至花溪自行车长途竞赛》,《贵州日报》1941年3月7日,第3版。
④ Dean MacCannell, *The Tourist: A New Theory of the Leisure Class* (Berkeley: University of California Press, 1999), p.41.
⑤ 蓝泽众:《音乐家应尚能在贵阳》,中国人民政治协商会议贵阳市南明区委员会文史办公室编印《南明文史资料选辑》第5辑,1987,第148页。
⑥ 游鉴明:《运动场内外:近代华东地区的女子体育（1895~1937）》,台北,中研院近代史研究所,2009,第5页。

育事业寄予了保种强国、御侮图存的厚望。在官方的持续主导下，国民体育具备了专属的权力机构、法律法规、仪式化活动甚至法定节日，其国家文化色彩得到不断强化，并时刻凸显着正统性与神圣感。不过，若将国民体育运动置于城市社会史的脉络中进行考察，我们还能看到它更加鲜活与丰富的面相。在抗战时期的贵阳，体育在城市生活中更多地意味着日常娱乐、商业契机、集资手段以及公共展示，而这些角色似乎都游离于国民体育的崇高使命之外。

在有关国家文化与地方社会的研究中存在这样一种认知倾向，即两者之间的关系时常出现疏离甚至紧张的状况。[①] 这固然是对以往缺乏地方视角的宏大历史叙事的修正，但并不完整。国民体育在贵阳的传播就为我们描绘了一幅既和谐又微妙的历史画面：城市中的不同群体都在根据自身需求积极参与体育事务，或是为愉悦身心，或是为寻觅商机，或是为筹募款项，或是为炫耀政绩，然而这一切复杂的动机都在"提倡国民体育"的伟大旗帜下变得合理化。这一个案很好地反映出，地方社会在面对强势的国家文化时，并非只有被动接受或全然抗拒，而是也能选择主动利用、合作共赢。古往今来，国家向民间"文化输出"的轨迹清晰可见，地方群体的"能动性"也同样发挥着持续性作用。换言之，在国家文化试图改良地方社会的同时，其自身或许也将经历在地化的过程。

作者：孟浩，华东师范大学历史学系

（编辑：张弛）

[①] 如陈蕴茜在关于孙中山符号建构与传播的研究中指出，国民党所推广的孙中山崇拜运动有悖于乡土中国的生活方式、宗教信仰与大众文化，因而未能真正被民间社会接纳；王笛则向我们展示了20世纪上半叶的成都在国家权力深入城市社区的过程中，以茶馆为代表的地方文化如何竭力对抗现代化所推广的国家文化的同一模式。参见陈蕴茜《崇拜与记忆：孙中山符号的建构与传播》，南京大学出版社，2009；王笛《茶馆：成都的公共生活和微观世界（1900~1950）》。

平民法律扶助与国民政府时期社会治理的运行机制

——以天津律师公会为例

王 静

内容提要：南京国民政府时期，平民法律扶助制度是由政府主导，以律师公会为主体推行的一种司法救助制度，是政府实施基层社会治理与建设政纲的重要内容之一。通过政府赋权，天津律师公会利用其官方与民间的双重身份，组织律师会员成立平民法律扶助会，参与并助推基层社会治理。律师公会不仅承担辩护、解释义务，促成民间纠纷解决，而且与政府、民间各机构、组织建立互动联结，形成了一套风险预防和纠纷解决体系，从而发挥了在多元解纷机制中的特殊作用。由于政局与战局的影响，天津律师公会平民法律扶助的作用发挥有限，但其在基层社会治理中的运行机制却值得探讨与总结，并为当今的法律援助借鉴。

关键词：基层司法建设　法律扶助　天津律师公会

一　引言

关于国民政府时期的基层司法建设与社会治理的关系，目前学界研究成果颇多，或侧重于司法制度与社会治理的关系，认为基层司法公正是关系政府社会控制能力、公众对国家权力认同程度的重要因素，[1] 以及在"现代化法治国家"的建设过程中，国民政府既表现出对地方秩序的规范

---

[1] 张仁善：《司法腐败与社会失控（1928~1949）》，社会科学文献出版社，2005。

意志，又表现出控制力度的松弛；① 或侧重于从司法机关运作机制的角度，分析国民政府时期审判机制、监督机制以及解纷机制与社会治理的关系，② 认为以法治为核心的"行政现代化精神"的缺失是地方治理异化的重要原因，③ 不过乡镇调解制度的实行，则在一定程度上促进了基层社会稳定，缓解了基层司法资源短缺压力。④ 综合来看，学界主要还是从官方构建的司法体系角度分析司法制度改革和司法机构运行机制与社会治理的关系，对民间社团，尤其对作为全体律师代表的律师公会关注不够，因此也未能揭示作为基层司法建设的主体力量之一——律师公会在城市社会治理中的运行机制。所谓基层司法建设主要是直接针对"范围既广，人数又繁"⑤ 的社会民众，以解决民众社会矛盾及利益纠纷为目的而进行的相关法治建设。

  国民政府建立后，官方开始意识到针对基层"无资力"平民的法律扶助是"解决社会问题的一重要方策"，⑥ 律师因"最与民众接近，所以对于推行法治，所负的责任也就最为重大"，⑦ 自然成为地方司法建设的主体力量之一。在统一的国家法律体系运行机制下，以律师公会为主体的平民法律扶助，与高等以下各级法院民刑诉讼程序询问处（简称"询问处"）、公设辩护制共同构成了互为补充的法律扶助体系。其中，地方司法部门依靠律师公会将法治规则与理念延伸至基层社会，律师公会则借助官方力量构建了第三方法律扶助机制，助推了地方法治的发展。从这一方面讲，梳理国民政府时期天津律师公会法律扶助的相关问题，可在当前"依法治国"、推进社会治理法治化的问题导向下，洞察国民政府"以法治国"的意义与不足，于今而言具有一定的借鉴意义。

---

① 吴燕：《南京国民政府初期的基层司法实践问题——对四川南充地区诉讼案例的分析》，《近代史研究》2006 年第 3 期。
② 谢冬慧：《纠纷解决与机制选择：民国时期民事纠纷解决机制研究》，法律出版社，2013。
③ 黄雪垠：《政府史视野下南京国民政府地方治理的异化与原因》，《福建论坛》（人文社会科学版）2017 年第 12 期。
④ 毕连芳：《南京国民政府时期乡镇调解制度初探》，《江西社会科学》2019 年第 7 期。
⑤ 《蒋主席元旦致词补志》，《大公报》（天津版）1947 年 1 月 3 日，第 2 版。
⑥ 余知止：《善哉贫民法律扶助会之组织》，《法治周报》第 2 卷第 8 期，1934 年，第 1~4 页。
⑦ 《律师的使命》，《法律知识》第 1 卷第 4 期，1947 年，第 1 页。

二 "半正式治理体系"中的法律扶助制度

准确认识基层政权性质和社会治理的逻辑是理解基层治理的关键。国民政府秉承孙中山建国大纲,以县为自治单位,作为实施宪政之基础。所以地方社会治理遵循的逻辑是提高县政效能,"使才智聪明之士,皆能深入民间,为政府发扬德意"。① 体现在司法治理上,即强调对基层社会的法律解释与执行。② 鉴于"今日一般(人民)普遍轻视法治的现象",③ 在近代追求社会治理现代性的时代诉求影响下,考虑到中央权力对地方渗透的差异,国民政府希望在国家正式机构治理之外,赋予民间社会组织准官方身份,利用其官方与民间的双重身份,形成一种国家与社会协调合作、良好互动的治理机制。于政府而言,在节制官僚体系和节约社会治理成本的同时,亦可通过"合作型"合法途径治理基层社会。这一治理机制与黄宗智提出的"半正式行政"治理方法颇为类似:由政府发起,赋予参与社会治理的民间社团准官员身份,但属于未给职,即任职不带薪酬,而政府机构仅在纠纷发生时介入。④ 因此,国民政府以律师公会为主体推行平民法律扶助,并将其纳入国家统一法律体系之下,是旨在借助律师公会的链条作用,形成绞合正式诉讼体系与非正式民间调解的秩序衔接机制,达到"低投入、低负担,且高效率"的社会治理效能。

首先,作为一种司法救助制度,推行平民法律扶助契合国民政府标榜的"尊司法,轻讼累,以重人民生命财产之权"⑤ 的司法精神。

法律扶助作为一种社会慈善行为起源于英国,1495年英王亨利七世规定"根据正义原则任命的律师同样地为贫苦人服务",⑥ 确定穷人享有免付

---

① 《社评 行政改革与县政实验》,《大公报》(天津版)1933年9月4日,第2版。
② 《庞德谈我司法》,《大公报》(天津版)1946年11月15日,第2版。
③ 章泽渊:《星期论文为法治请命》,《大公报》(天津版)1947年11月16日,第2版。
④ 黄宗智:《集权的简约治理——中国以准官员和纠纷解决为主的半正式基层行政》,《开放时代》2008年第2期。
⑤ 荣孟源:《中国国民党历次代表大会及中央全会资料》(下),光明日报出版社,1985,第297页。
⑥ 杨正万:《刑事被害人问题研究 从诉讼角度的观察》,中国人民公安大学出版社,2002,第375页。

诉讼费的权利，期望律师无偿服务贫民。20世纪20年代以后，"无论资本主义国家、社会主义国家，莫不有贫民法律扶助制度"。① 二战后，资本主义国家逐渐把法律扶助纳入国家福利制度，由国家统一管理。受西方司法制度影响，清末法制改革曾试图将法律扶助思想引入司法改革，"若遇重大案件，则由国家拨予律师，贫民或由救助会派律师代伸权利，不取报酬，补助于公私之交，实非浅鲜"。② 但是这种由国家指定律师辩护和律师免费服务的法律扶助思想并未得到垂暮清廷的认可。

民国建立后，北京政府承袭了清末指定辩护的思想，针对不懂法律又无资力聘请律师辩护的刑事被告，规定"律师无正当理由不得辞法院所命之职务"，并以《核准指定辩护人办法令》的形式将指定辩护设为制度，由律师公会选派会员以贯之。律师公会为公平起见，规定由所有会员轮流充任指定辩护律师。因该法令不具有强制力，所以经常会出现律师"拒不收受，甚至一案指定四五律师之多，辗转送达终无收受者。虽其中不无正当理由之可言，然究嫌烦琐。托故推诿者，在所不免"③ 的现象。随着"刑举指定辩护事件日渐增多"，④ 律师公会以"轮流指定义务反不平均"为由，拟选聘专职律师以应政府指定之需，不过最终还需以会员自愿为原则。就目前资料来看，北京政府的指定辩护制度并未得到律师的积极响应，而且终其统治，北京政府也未出台有关律师法律扶助的法令。所以北洋时期的法律扶助只能是律师个人慈善行为，不可能广泛开展。

在实际操作中，制度的设计能否落在实处还要靠人来执行。但就求助与应助关系的双方来讲，与制度设计者的初衷尚有不小差距。一方面贫民对律师缺乏信任感。法律扶助的对象是既无法律知识又无经济能力聘请律师的贫民。对于贫民而言，除了是否有律师可求助的问题之外，"中央司法人员逃走四方，法院停顿，律师职务自然亦陷于不能执行之困境"。⑤ 另一方面贫民缺乏可信赖的律师去求助，这种情况一直延续到国民政府后

---

① 刘端：《贫民法律扶助制度》，《广播周报》第29期，1935年，第28~29页。
② 《修订法律大臣沈家本等奏进呈诉讼法拟请先行试办折》，西南政法学院法制史教研室编《中国法制史参考资料汇编》第2辑，西南政法学院法制史教研室，1982，第65页。
③ 《指定律师不得拒绝》，《大公报》（天津版）1922年8月19日，第10版。
④ 《律师公会消息二则》，《大公报》（天津版）1924年4月20日，第6版。
⑤ 《关于律师登录事项》，天津市档案馆藏，档案号：J45-1-1-1076。

期。比如一些律师对求助贫民抱有偏见和污名，"若与中下等人见面，第一句应说什么话，我还不知道"。① 而"穷人似乎被认为天生的犯罪者"② 的观念也根深蒂固，"做律师要与中下级人们来往，他们可以为你介绍讼案"，③甚至律师间相互勾结损害当事人利益的也有之，"商等自诉律师，因律师均念同业不肯受委任，且杨律师手眼通天，商等请示因另案所委任律师亦多不敢指示法条"。④

鉴于以上原因，本着简化程序以及时解决民刑纠纷的司法原则，国民政府逐渐将律师个人慈善行为制度化，并以平民法律扶助的形式与官方公设辩护制、询问处相互补充，既解决了"无资力负担律师酬金"⑤ 平民的诉讼请求，又在为人民谋求诉讼救济并解答法律疑问的同时，"促进了司法效率，增加了司法威信"。⑥

其次，以律师公会为主体推行法律扶助是国民政府实施基层社会治理的重要内容。20世纪三四十年代，国民政府试图通过对基层社会的改造与重构，构建管理型社会治理模式，⑦ 并重塑统治权威。一如梁漱溟所强调的，这个"权威不是实力，而是指某一社会中人群所同意信守的生活方式和原则"。⑧ 虽然现实始终存在"大多数律师都给金钱迷惑了，贫苦的人痛苦日益加深，连气也喘不过来，闹得乌烟瘴气，国家祸乱也与日俱深，稍有头脑的人莫不痛恨与不平"⑨ 的现象，不过就当时的主张来看，已有了争取权利与法治的呼声。表现在管理型行政中，民众所应信奉的生活方式和原则就是法治，也是"宪法赋予的民权"，⑩ 即保障人民生命、财产及一切合法权利是宪政实施的根本，是人民的权利。而律师制度本为保护人权

---

① 赵凤喈：《忏悔录之三昆明律师（二）》，《周论》第1卷第23期，1948年，第8~9页。
② 项心水：《一个律师的自述》，《两仪》第3卷第1期，1943年，第63~64页。
③ 赵凤喈：《忏悔录之三昆明律师（二）》，《周论》第1卷第23期，1948年，第8~9页。
④ 《杨寿怡、周泽凟职罪案》，天津市档案馆藏，档案号：J44-2-11-8061。
⑤ 司法行政部：《律师公会平民法律扶助实施办法大纲（三十年九月十二日公布）》，《司法公报》第484~489号，1941年，第7页。
⑥ 司法行政部编印《战时司法纪要》，南京，1948，"处理民刑事件之督导"，第11页。
⑦ 黄雪垠：《政府史视野下南京国民政府地方治理的异化与原因》，《福建论坛》（人文社会科学版）2017年第12期。
⑧ 梁漱溟：《树立信用力求合作》，《大公报》（重庆版）1947年3月2日，第2版。
⑨ 路健：《假如我是律师》，《开明少年》第41期，1948年，第35~36页。
⑩ 李朋：《为人民权利自由而呼吁》，《大公报》（上海版）1947年2月9日，第2版。

所设,"律师界素有维护人权服务社会之精神,自然不能因为贫富阶级之不同,就有所歧视",①况且在 1934 年,全国律师组织——中华民国律师协会就以协会名义号召各地律师公会组织贫民法律扶助会,希望"各律师公会征求各该公会同情于本会宗旨之律师",②鼓励他们免费为贫民提供解释法律疑问、证明法律关系以及办理正当之诉讼事务等服务。"基于良心上之驱策",③部分律师已经以个人名义加入贫民法律扶助会,对贫苦民众无偿进行法律扶助。顺势之下,建立以律师为主体的法律扶助组织,既有前期组织和人员上的基础,一定程度上缓解了法院"经费均感不敷,而事务增繁,员额复感不足"④的困境,又可借助律师专业知识防范并化解社会矛盾。

1941 年 9 月,司法行政部公布《律师公会平民法律扶助实施办法大纲》,正式从制度上将律师个人扶助行为确定为法定义务。如此一来,一方面通过律师的扶助行为,可以将社会矛盾的解决导入法律途径,恢复民众对司法的信任;另一方面,"不日即开始的义务救助事业"⑤也让民众获得了真正的实惠。为保证该制度落到实处,避免某些律师出现推脱延误现象,《律师公会平民法律扶助实施办法大纳》要求律师公会"规定每日办公时间,由理事轮流值日处理各项事务",规定"监事会应每月对理事会报告书审核列表,呈报地方法院首席检察官转呈司法行政部",同时规定"承办平民扶助事项优异者,由司法行政部给予奖状;其不力者,由地方法院首席检察官送请惩戒"。⑥之后司法行政部四次发布训令,颁行细则样本,督促各地律师公会尽快制定实施细则。1942~1947 年,湖南、江西、天津等 15 个省市 81 个律师公会制定了《平民法律扶助实施细则》,平民

---

① 《青岛市贫民法律扶助会成立会主席牟绍周演词》,《法学丛刊》第 3 卷第 1 期,1935 年,第 3~7 页。
② 陈霆锐、沈钧儒、王维桢:《律师公会附设贫民法律扶助会暂行规则》,《上海律师公会报告书》第 33 期,1935 年,第 78 页。
③ 刘陆民:《律师职务之社会化与世界法律扶助制度》,《法学丛刊》第 2 卷第 5 期,1934 年,第 25~40 页。
④ 曾代伟:《抗战大后方司法改革与实践研究:以战时首都重庆为中心的考察》,重庆出版社,2015,第 145 页。
⑤ 《桂林律师公会》,《大公报》(桂林版)1944 年 1 月 8 日,第 3 版。
⑥ 司法行政部:《律师公会平民法律扶助实施办法大纲(三十年九月十二日公布)》,《司法公报》第 484~489 号,1941 年,第 7 页。

法律扶助在全国逐步展开。

最后，平民法律扶助制度有助于弥补政府公共法律扶助司法体系的不足。相对于公设辩护制和询问处等国家法律扶助机关，平民法律扶助有如下特点。第一，平民法律扶助的对象涉及民刑诉讼案及非讼事件，并承担法律解答义务，[①] 这与单纯以扶助无资力刑事被告的公设辩护制以及解答诉讼程序的询问处是不同的。第二，平民法律扶助受理案件"简单迅速"。[②] 律师公会一接到扶助请求即进入扶助程序，且公会成员天然是扶助会员，较强的业务水平既能够准确解决询问者问题，又能缩短请求人等待的时间。相反，询问处按照程序流程，询问人应将询问事项简明填写，并依格式将姓名等项逐一列明，或者由询问处办事员代写，按指印确认。负责人接受询问单后，应立即查明案件系属及询问事项性质，分别送承办推事、庭长或公设辩护人批答，之后负责案件相关人即速批答，但批答语句应简明并注意不产生歧义。最后由院长核阅，再行发给询问人，询问程序烦琐冗长。第三，由律师公会组织律师会员承担部分刑事辩护和解释义务，可在一定程度上缓解因公设机关不足造成的案件积压，像广西、福建、贵州、云南、北京以及上海等十多个省市仅设一处公设辩护人，甚至浙江省一处未设。[③] 在减轻公设辩护人工作量的同时，"三十有五年，综计本会会员担任指定辩护案件1200起"，也可避免出现辩护人"公然在神圣之法庭上而为'本辩护人无意见'之（消极）陈述"。[④]

基层社会是国家治理的基础，"凡是国家或社会，要使其有秩序有进步，须有一定规则以范围地方"，而参与其中的法律主体"对于法律要有精确的研究，明了国家社会的状况，始可使社会秩序相安无事"。[⑤] 律师熟稔当地民情与法律，因此以律师公会为主体，组织律师会员推行平民法律扶助可谓政府顺势而为之举。不过在实际操作中，民众对法律扶助的质疑声音也始终没有停止过。担心律师"如平日受法庭选任辩护时之敷衍塞

[①] 《无钱打官司　律师尽义务　律师公会商订办法中》，《大公报》（上海版）1947年1月16日，第4版。
[②] 《司法行政新猷》，《大公报》（重庆版）1943年2月23日，第2版。
[③] 周正云：《论民国时期的法律援助制度》，《湖南省政法管理干部学院学报》2002年第5期。
[④] 夏勤：《论公设辩护人制度》，《中华法学杂志》新编1第1期，1936年，第55~58页。
[⑤] 《王宠惠就职记》，《大公报》（天津版）1927年7月24日，第6版。

责",① 民众利益无法保障。比如"平民法律扶助之必要费用由律师公会负担之"。律师本身是自由职业,主要依靠律师个人公费维持生活。如果国民政府只强调形式奖励而忽视必要的实际投入,当律师公会出现"经费开销因受近来物价高涨影响,入不敷出"的情况时,公会为维持"公务活跃"就必须增加会员入会费和经常费,无形中会削弱律师投入法律扶助的时间和精力,②"人人都能够保其人权"自然也就成为空话。政策制定上也存在一定漏洞。平民法律扶助是"以贫无资力之诉讼案件为限",事实上,当一些无经济来源的家庭主妇请求扶助时,律师公会通常会以夫家有一定的经济实力为由表示爱莫能助。③

从国民政府依托于平民法律援助的社会治理而言,其设计初衷是好的,但无论从宏观还是微观而言,制度都是由人来执行。对平民法律扶助是如何落实到基层,基层之人又是如何理解并执行这一制度,就需要借助微观视角来观察。下文将借助天津律师公会分析在半正式治理模式下,律师公会是如何组织会员开展平民法律扶助活动,以及如何参与到基层社会治理的运行机制中,并在地方司法建设中发挥作用。

三 天津律师公会的第三方法律扶助实践

20世纪30年代是社会改良思想纷呈的时代,也是各社会力量发展的时代。律师等自由职业团体日渐成熟,他们在坚持职业精神的同时开始目光向下,从社会大众的角度去思考司法改良与基层社会治理的关系。因此早在30年代,天津律师公会就响应全国律师协会号召创办了贫民法律扶助会。该扶助会创办之初,天津律师公会发现司法不公正是导致司法改良"绩效不彰"的关键因素,而司法不公正既有大众对法律的无知,"人民缺少道德观念,智识浅薄,无社会公共思想,致法律与人情各不相谋,成为畸形状态";也有资产者对法律的漠视,"大多数律师都给金钱迷惑了,给

---

① 《律师界的两种运动》,《大公报》(天津版) 1935年4月2日,第2版。
② 《法院关于呈报律师调查表及律师公会各事项》,天津市档案馆藏,档案号:J44-3-288-1130。
③ 《天津律师公会章程记录》,天津市档案馆藏,档案号:J45-1-1-1047。

势力吓倒了。他们反而给有钱有势的人加了一层保障"。① 因此与"一般资产阶级对于本身权利之维护,自然周密,即或偶遇侵害,亦不难依法排除"相比,大多数"贫苦无力者应享之权利,每因苦于经济,不能运用法律之故,遇诉讼事件往往被人玩弄,冤莫由伸,甚或连带更受意外之牺牲"。社会秩序的维持赖于"社会人类必须同享其(国家法律)保障",如果基层民众被丢弃在法律保障之外,那么"社会组织之良善,人群利益之增进"也就无从谈起,"当前政治经济危机日甚一日,人民生活困苦不断加深,如何去解救危机,收拾民心,更非切实地从下层做起不可"。② 因此到1946年,天津律师公会遵照国民政府《律师公会平民法律扶助实施办法大纲》制定了《平民法律扶助实施办法细则》十四条,以及《修正天津律师公会平民法律扶助细则》二十五条。③

平民法律扶助是政府赋予律师公会的法定义务。依《平民法律扶助实施办法细则》,天津律师公会的平民法律扶助组织下设部长一人、副部长二人,公会会员皆为部员,具体扶助各事项则由部长与副部长会同各部员履行扶助义务。部员承办扶助事项期间,应受律师公会理事会监督并遵守律师法和公会会则。理事会每月需将报告书送交监事会审核,监事会则需每月将报告书之要点送交地方法院首席检察官,由其转呈司法行政部,司法行政部根据成绩进行奖励或惩戒。

根据公会制定的细则,每日轮值的公会理事(除星期例假外,每日下午三时至五时为办公时间。理事如遇有事故,应转托其他理事代为轮值)接到平民法律扶助请求后,就意味着公会启动了扶助的流程。如果请求事务为平民口头提出的法律疑问,或者是时间性较强的请求,轮值理事可自行处理,随时承办。但必须在三日内将所办情形报告理事会备查,审核后交还请求人;如果平民请求扶助的民刑诉讼案件或非讼事件显无理由,值日理事可拒绝承办;如果遇到案情严重的请求,则轮值理事集中送交理事会集体讨论后,理事会根据受理案件性质分配给各会员处理。尤其是处理案情复杂且涉及各方利益纠葛的扶助请求,需要律师公会在与国家司法机关、社会组织的互动中预防和化解社会矛盾。

---

① 路健:《假如我是律师》,《开明少年》第41期,1948年,第35~36页。
② 《如何革新基层政治》,《大公报》(香港版)1948年7月15日,第2版。
③ 《天津律师公会章程记录》,天津市档案馆藏,档案号:J45-1-1-1085。

如何切实发挥法律扶助的效能,除了克服政局与战争的影响外,天津律师公会作为连接政府与民众的纽带,以第三方法律扶助的身份嵌入基层社会解纷机制中。所谓第三方法律扶助模式,是律师公会在国民政府的管理下,通过政府赋权以第三方的身份帮助、促成纠纷双方当事人进行和解,消除争议。

经由律师参与的调解,律师可以第三方法律扶助身份与法院调解、民间调解产生交搭,发挥司法对社会关系的协调功能。虽然平民法律扶助的范围包括代理民刑诉讼,事实上经由律师公会扶助的案件,尤其是民事案件很少以诉讼方式解决,主要是由"承办该案之会员试行调解"。①律师主要通过两种方式予以调解:其一,借助中间人力量,以提供法律分析以及解决方案等形式协助中间人调解纠纷。如1947年家住河东的张王氏因不堪夫家虐待痛打,欲起诉离婚。在妇协苦痛委员的建议下,张王氏向律师公会提出法律扶助请求。律师公会推荐荆律师会同妇协商议,提出两条解决办法,以便妇协顺利解决纠纷,最后双方签字和平了结。还有王王氏被夫弃置店内,导致生活无着。为解决王王氏的经济问题,谷满律师通过夫妻双方的亲属予以调解,最终以夫方支付一定赡养费完结。在这两起纠纷中,律师、当事人以及"妇协""亲属"等中间人构成了纠纷调解网络,如此一来,律师的法律扶助也就在自行处理与民间调解间有了实际的存在意义。

律师亦可以中立客观的身份主导纠纷调解,而非仅局限于协助调解的地位。天津光复后房产纠纷日渐增多,求助案件占总案件的比重达到了55%。1947年,房客李某与房东张某因增租问题发生纠纷,房东要求李某即日腾房。李某因无处安身且不认同法院处理意见,于是求助律师公会。接到扶助请求后,律师公会以直接调解员的身份派律师代表从中主持或主导调解。律师针对李某与房东租金支付的问题,提出取黄金官价与黑市价的折中为标准,以法币支付的解决方法。考虑到房东因收入问题与社会局强纳房捐之间的纠纷,律师虽为李某代理人,却客观地分析了房东、李某与社会局三方利益,从而提出合理的解决方案。按照衣食物价指数订立合

---

① 《平民法律扶助》,天津市档案馆藏,档案号:J45-1-1-1085。此部分凡涉及公会扶助案件,如未特殊注明,皆为此出处。

理租金，解决房东与房客纠纷；李某租房问题解决后，房东可按房捐新法缴纳，避免因社会局强迫担负房捐而造成社会事件。同时为体恤生活困苦之多数租户，律师与社会局沟通并建议，应依照现时生活水平限定租金上涨范围，后该条例得以通过施行。从这一方面也可看出，律师的专业性是为国家机关所认可的，律师以主导的身份介入纠纷调解也是为官方所认可的。也因此，律师作为绞合官方与地方的链条得以形成。

律师不只是充当事后救火员的角色，他们亦通过解答法律疑问避免形成诉讼。据天津律师公会平民法律扶助工作统计，抗战后平民法律扶助多集中于财产继承、婚姻关系解除、房屋买卖以及赡养等问题。比如1948年某女士重病欲将其婚前财产留给子女，律师认为，因民法规定，妻之原有财产以及所生孳息的财产所有权属于其夫，该财产由于已混入大家庭所用，故无法由子女继承。不过律师建议，因为法律规定配偶有互相继承之权，所以子女可以通过继承其父财产而保护自己的利益。[①] 律师也可以在政府法规出台之前以及过程中介入，如下文将提到的李于氏之夫保释案件的处理，当事人在律师的引导和扶助下最终得以提前被保释。可以说，南京国民政府时期，律师的第三方调解在地方司法建设、基层社会治理体制中扮演着重要角色。

为推进纠纷解决，律师公会也会借助政府力量进行干预。在前例李某与房东的纠纷中，双方经律师调解订立新约，为避免一方故意拖延，律师借助警察局和社会局的强制力判决与执行，告诫双方遵守约定。再比如李于氏之夫因犯侵占罪经法院提起公诉，后经调查冤情得以昭雪。然而适逢国家大赦在即，所有案件一律停止审理，李某因无法保释而被羁押日久。李于氏转而请求律师公会，希望公会能够向法院请求准予保释，以维贫民之安度而资骨肉团聚。为解决李某一案，承办律师向法院提出阅卷申请，同时与公设辩护人沟通案情，之后向法院提出保释申请，其间双方往来函件多达十余件，最后法院承诺"中央正式命令及详细办法尚未到津，但为免使按大赦令规定应予赦免各犯多受羁押之苦起见，高地两院即开始办理使彼等先行取保开释手续"。[②]

---

① 《法律解答》，《大公报》（天津版）1932年9月27日，第11版。
② 《关于大赦问题》，《大公报》（天津版）1947年1月10日，第5版。

值得注意的是，律师公会参与法律扶助并非被动等待请求发生，而是主动参与到扶助活动中。律师公会以义务法律扶助为原则，引导当事人直接申请律师扶助，"倘有被告人全家被害无人代为请求，会员有知其事者可自动扶助"，① 从而发挥律师在多元解纷机制中的特殊作用。比如，法律扶助部的律师会员经常担任商会、行业公会以及同乡会等社会组织的法律顾问，所以一旦出现法律纠纷，律师通常会主动出面承担法律扶助义务。1945年，山东同乡会一日照同乡在码头充当苦力时不幸被张某汽车压断腿骨。商翔九律师听闻后，以同乡身份义务代理，向法院起诉赔偿。后经法院判决，张某赔偿受伤同乡洋500元。还有一会员以饲养鱼鹰为生，但被人抢夺，生活无着，也是在商翔九律师的帮助下得到了应有的赔偿。这种示范效应是不言而喻的，据山东同乡会会议记录，诸如车夫、小贩、客居津城无力返乡的贫民以及失孤老人和被遗弃的妇女都依靠律师的帮助解决了问题。

在天津律师公会看来，以"平民"代替"贫民"，表面为一字之差，实质上是国民政府推行传统保甲制，"平民提出法律扶助应有保甲长之证明书"② 与现代地方自治和民权诉求结合的产物。虽然此举凸显了政府对现代政治的追求，却忽视了诸如乞丐以及那些因故无法获得邻居或保甲长证明书的群体。基于此，除了正常的平民请求外，律师公会也会承办乞丐、游民等特殊群体的扶助案件，虽然当局以其"有碍观瞻，又有害秩序"③ 为由加以取缔，但当律师公会接到美兵淹毙女乞丐胡小妹的请求后，也并未因其没有证明书而放弃扶助，而是通过市政府外事局与美方进行严肃交涉，以保障民命。诸如对乞丐、游民的扶助案件，公会一般月平均受理四件。同样当会员提出，倘有被告人全家被害而无人代为请求，会员有知其事者可否自动扶助时，律师公会同样给予支持，允许会员自动开展扶助工作。可以说，天津律师公会的自我赋能客观上延伸了国家对地方的法治建设，有助于提升民众对司法的信心。

20世纪30年代，天津贫民法律扶助会成立伊始，律师公会就接到请

---

① 《天津律师公会章程记录》，天津市档案馆藏，档案号：J45-1-1-1047。
② 司法行政部：《律师公会平民法律扶助实施办法大纲》（三十年九月十二日公布），《司法公报》第484~489号，1941年，第7页。
③ 《取缔乞丐》，《大公报》（天津版）1948年3月31日，第5版。

求扶助案件 2000 余起，① 40 年代的平民法律扶助组织则在居中调解、法律解释、法规制定以及参与执行等方面与政府、民间的互动广为外界所关注。可以说，无论是中央与地方还是国家与社会，天津律师公会的第三方解纷机制对于解决地方矛盾纠纷、推动国民政府时期地方社会治理法治化都具有重要意义。需要提及的是，在社会各界的积极推动下，本应惠及民众的法律扶助制度却屡遭人们质疑，"上层颁下法令多如牛毛，下层仍是弄得一团糟"。② 即使是由天津律师公会推动的法律扶助，也曾遭到"望诸会员勿尚空谈，实际去作"③ 的怀疑。

四　律师公会的第三方扶助机制与城市社会治理

20 世纪三四十年代针对无资力平民的法律扶助制度的兴起，既蕴含着国民政府司法建设的时代诉求，也浸染着律师专业群体目光向下，致力于与民众产生联系，秉持以"倡办公共事业为怀"④ 的职业伦理道德。其中，律师因与"民众接近，所以对于推行法治，其所负的责任也就最为重大"。事实上，律师公会在国民政府时期的法律援助中确实处于举足轻重的地位。而除却这些具体职能的发展变化，更重要的是，在国家半正式治理模式下，去思考律师公会的第三方法律扶助在基层社会治理中的运行机制及其在地方治理中的作用。

国民政府的平民法律扶助政策出台于抗战时期，主要是为了配合司法行政部解决因诉讼拖延和案件积压而造成的舆论压力。抗战胜利后，基于"全国政治、经济、教育、社会各方面一切的措施与戡乱军事相配合"⑤ 的政策，国民政府的社会建设几乎都是围绕控制基层社会而展开，平民法律扶助自然也是以此为中心展开工作，并构成了地方司法制度的重要内容。

其一，平民法律扶助是国民政府宪政建设的内容之一。抗战结束后，以三民主义立国的南京国民政府，"最高之理想，即为情理法之调和，乃

---

① 《贫民法律扶助会昨日开会》，《益世报》1936 年 5 月 11 日，第 5 版。
② 《如何革新基层政治》，《大公报》（香港版）1948 年 7 月 15 日，第 2 版。
③ 《贫民法律扶助会》，《大公报》（天津版）1935 年 4 月 1 日，第 6 版。
④ 《贫民法律扶助会》，《大公报》（天津版）1935 年 4 月 1 日，第 6 版。
⑤ 《蒋总统演词全文》，《大公报》（天津版）1948 年 5 月 21 日，第 2 版。

能造成美满理想之社会"。① 一般情况下,司法权力机关对于诉讼事件的审判,或者对非诉事件的处理是基于不告不理的原则。所以法院行使司法权,只能被动执行法律。律师公会则不同,首先,履行扶助义务的律师非国家任命之官吏,属于主动自行办理相关调解工作;其次,律师处理的虽非国家事务,但仍享有一定的司法权力;再者,"法官虽可凭其专门知识经验解释法律,认定事实理由为裁判基础,但缺乏与外界密切来往,对于社会上的世俗人情,没有接近了解的机会,他们对于事件的认识,或流于皮相之见,或抱敷衍态度妄加姑息,或是对被告缺乏同情心,有严刑峻法以彰其能的倾向。……司法官囿于成文,保持旧态,难免不与动的社会背道而驰,更和民众的正义观念失其协调"。所以与法官相比,律师不仅了解审判程序和适用法律,而且贴近社会,能够"代表时代的道德观念,以救济顽固迷信法律条文者的缺点,使法律不单凭命令的强制性,而能与人们的正义心理相协调",② 不会致使法律威信徒具躯壳。

其二,战后政府基层合法性的丧失导致地方治理内卷化,平民法律扶助可为纾解基层纠纷提供另一条解纷路径。抗战胜利后,天津市政府面对一个社会秩序混乱、各种矛盾纠纷不断发生和激化的局面,尤其是住房问题,到1948年底,房荒已成为"无法救济之问题,房东租户纠纷,实为市民生活中之大病"。③ 一方面各种纠纷不断;另一方面政府要么迟迟未能推出相关法令,比如《天津市房屋租赁纠纷调处办法》酝酿时间长达两年,要么中央与地方各行其是,法规重叠,在实行上障碍重重。传统正式治理规制力量的缺失使得保长、甲长、自治员、义务警察等扮演了民间"调解员"的角色,比如裕德里的住户由保长出面调解,得以续租一年。④ 如此一来,国家利用非正式人员嵌入基层社会治理,实现了对城市社会的半正式治理。

律师公会的法律扶助之所以可为平民提供另一条解纷路径,原因在于它的组织建制使之能够与政府、民间各机构、组织建立互动联结,并形成

---

① 《实施宪政建设法治国家:全国司法行政检讨会议主席训词》,《北平行辕公报》第1卷第8期,1947年,第7页。
② 彭年鹤:《地方自治与司法》,《政治前线》第1卷第4~5期,1946年,第27~30页。
③ 《议会第一届第一次大会宣言》,《大公报》(天津版)1948年7月17日,第5版。
④ 《广告 紧要声明》,《大公报》(天津版)1946年11月20日,第1版。

一套风险预防和纠纷解决体系。于政府层面,它与政府序列的公设辩护制、询问处以及保甲制等相对应,律师公会可以较为方便地与其对接,从程序上推动案件解决。李某保释一案,就在于承办律师利用向法院提出阅卷申请的权利,同时与公设辩护人沟通案情,利用国民政府战后大赦的契机得以解决。同样在解决租房纠纷中,律师公会可以在相关法律未出台的情况下,利用其在法规解释、制定方面的权力向社会局建议,以推动双方矛盾的解决。于地方层面,律师公会可以社会团体的身份与其他社团组织建立对接,以调解促成和解。在"法律解决等于战争,凡事须先讲情,后讲理,最后才诉之法律"[①]的司法背景下,尤其涉及平民日常纠纷案件,纠纷处理的传统因素具有重要影响力。律师公会熟稔地方情况,且与商会、同业公会、工会以及同乡会均有往来,李俊元律师处理山东同乡腾房纠纷一案时,在调解中主动将同乡会会董、邻人、租房中人等不同层面的调解资源融入案件的处理,既避免了诉讼的形成,又使双方达成和解,化解了矛盾纠纷。

质言之,平民法律扶助是国民政府加强地方控制、推行基层司法建设的内容之一。在政府行为和律师公会行为的双重作用下,律师以第三方扶助身份积极化解社会法律纠纷,一定程度上助推了基层社会治理。然而受政局与战局的影响,不论是国民政府还是社会大众,"对于法治只不过偶而在口头上作为口号喊喊而已,对之实在没有多大的注意力",[②]因此平民法律扶助的作用发挥有限,但其在基层社会治理中的运行机制却值得探讨与总结,并为当今的法律援助借鉴。

作者:王静,天津社会科学院历史研究所

(编辑:张利民)

[①] 然:《史良律师怎样处理案子》,《大公报》(天津版)1947年2月18日,第6版。
[②] 章泽渊:《为法治请命》,《大公报》(天津版)1947年11月16日,第2版。

家庭变革、社会变迁与文本分析：
城市史研究的新可能

——从《巴金〈家〉中的历史》到《法国大革命时期的家庭罗曼史》

范 瑛　茹志威

内容提要：家庭是社会的基本构成单位，同时也投射着不同历史时期政治、经济和社会变迁的轨迹，是观察城市社会的绝佳视角之一。本文分析并比较了司昆仑《巴金〈家〉中的历史：1920年代的成都社会》和林·亨特《法国大革命时期的家庭罗曼史》两种不同的家庭史与社会变迁研究著作，以及两者对小说的文本分析和不同运用，论述从家庭史角度介入近代中国城市史研究尤其是城市社会研究的重要意义和价值。对家庭变革及其隐含意义的理解，在一定程度上无疑有助于对宏观社会结构变化的把握及其转型逻辑的具体洞察和体认，而家庭中的个人行为及微观生活描绘，亦可为政治动荡与社会剧变的宏大场景补充人性化的生活经验和生动的历史细节。相对于将家庭作为一种研究对象，将家庭当作一种研究社会变迁的切入点和观察路径，可能会更有成效和新意。

关键词：城市史　家庭变革　社会变迁

家庭是社会的细胞和缩影，是一种微观的社会组织，是社会这一有机体的基本构成单位，同时也投射着不同历史时期政治、经济和社会变迁的轨迹。它体现着社会关系，受社会规范影响，亦反作用于社会；它上与宏观社会结构相关，下与微观个人情感相连，是观察城市社会的绝佳视角之一。然而，在学术研究中，家庭史与城市史的观察却极少产生交集。

自20世纪70年代以来，家庭史研究成了西方历史学和社会学等学科共同关注的领域。一些学者把家庭史与社会变迁结合起来考察，尤其研究家庭演变与近现代社会形成的关系，从家庭变革的内部探讨社会发展的动力，形成了"家庭周期"论、"生命进程"论、"家庭策略"论及"原始工业化"论等理论模式和研究流派。[1] 伴随着研究视角从人口学、经济学侧重家庭结构的传统分析向侧重家庭内部情感和关系的解释路径的转变，工业革命导致"主干式家庭"向"核心家庭"过渡的假说被打破，传统家庭与现代家庭的变革性分野被延续性取代，[2] 构成了西方家庭史与社会变迁研究成熟的认识体系。

由于史料种类、性质和研究视野的不同，中国的家庭史研究与西方有很大的不同。明清以来大量地方家谱与碑传为追溯中国家庭的历史演变提供了丰富的资料，使中国家庭史的研究更多地着力于家庭的结构和功能，[3] 或在传统与现代的主流框架下探讨家庭变革的历史脉络，或在区域社会史研究中透射地域文化特征的延续与嬗变。无论是城市史视野中的家庭研究，还是家庭史视角下的城市社会分析，均极为少见。这种情况随着近年一些新的历史研究成果的出现而有所改变，受到新文化史注重日常生活、情感和微观视角的影响，从家庭史角度切入城市社会成为可能。

一 家庭变革与社会变迁

西方学界关注中国内陆传统城市的相对较少，纽约州立大学历史系教授、哈佛大学历史学博士司昆仑（Kristin Stapleton）是其中之一。成都的传统性正是她选择研究成都的原因，"因为我想了解没有外国人的清末的成都是怎么利用一些西方的方法进行新政的"。[4] 2000年，她完成了她的

---

[1] 张永健：《家庭与社会变迁——当代西方家庭史研究的新动向》，《社会学研究》1993年第2期；张婷婷：《透视社会的家庭：关于家庭研究的范式转换》，《学理论》2014年第8期。
[2] 傅新球：《变迁还是延续——欧美学者关于英国社会转型时期的家庭史研究》，《世界历史》2006年第2期。
[3] 邢铁：《二十世纪国内中国家庭史研究述评》，《中国史研究动态》2003年第4期；余华林：《近二十年来中国家庭史研究》，《中州学刊》2005年第2期。
[4] 司昆仑（Kristin Stapleton）：《我有一个任务，就是让世界更深入了解成都》，豆瓣读书，2020年6月18日，https://book.douban.com/review/12668151/。

博士论文 Civilizing Chengdu: Chinese Urban Reform, 1895-1937[①]（《新政之后：警察、军阀与文明进程中的成都（1895~1937）》）。她十分看重成都的文化底蕴，广泛阅读关于成都的小说，尤其是巴金和李劼人的作品，由此促成了她关于成都的第二部著作 Fact in Fiction: 1920s China and Ba Jin's Family（《巴金〈家〉中的历史：1920年代的成都社会》）[②]，从家庭和文学角度切入近代成都社会，为城市史研究打开了新的窗户。

《巴金〈家〉中的历史》围绕巴金的小说展开组织史料，展现了近代城市社会的诸多面相。作者从小说中具体人物的经历扩展到特定群体在城市中的生活，从这些不同人物的日常生活和活动空间，切入内陆传统城市成都的地方社会和城市生活，将城市的经济状况、文化生活、政治局势和不同社会阶层都串联起来，描绘了20世纪20年代一幅生动的城市图景。从家庭里的婢女到城市中婢女的生活，从父权制的代表老太爷和叔辈到士绅的生活，以及他们在城市社会中发挥的作用；从孙辈大家庭长子觉新的工作到成都的经济生活；从佣人、轿夫、乞丐、演员和妓女的生活到城市底层民众的生活，以及城市存在的包括卫生和人员流动性等问题；从上新式学堂的觉慧到新式学生群体与军阀和军队的矛盾，乃至战争对城市的影响；从以琴表妹为代表的"新女性"对未来的憧憬，到城市中上流社会女性的教育、婚姻、生育、职业和公共生活；从以觉慧为代表的向往改革的青年到近代成都城市的革命、改良和发展；等等。在结尾，作者论述了20世纪中国革命中的家庭与城市，在她看来，巴金小说中人物的生活经历不仅唤起了人们对像成都这样的内陆城市的关注，还解释了巴金那一代改革青年的思想是如何从专注家庭改革向城市发展转变的。

近代社会变迁下家庭内部的关系、批判传统大家长制是巴金小说的核心。事实上，民国时期知识分子对传统家庭制度的猛烈批判在巴金小说中得到了充分的体现。从辛亥革命期间的"家庭革命论"到五四新文化期间

[①] Kristin Stapleton, Civilizing Chengdu: Chinese Urban Reform, 1895-1937, Harvard University Press, 2000. 〔美〕司昆仑：《新政之后：警察、军阀与文明进程中的成都（1895~1937）》，王莹译，四川文艺出版社，2020。

[②] Kristin Stapleton, Fact in Fiction: 1920s China and Ba Jin's Family, Stanford University Press 2016. 〔美〕司昆仑：《巴金〈家〉中的历史：1920年代的成都社会》，何芳译，四川文艺出版社，2019。

的"家庭革新论",近代知识分子关于"大家庭小家庭孰美"的争论激烈展开,虽然对于如何进行家庭改制持有不同的看法,但是欧美流行的小家庭制最终成为新文化知识分子憧憬和重构中国现代家庭制度的基本共识。①

"激流三部曲"围绕传统大家庭展开并将家庭问题作为中国社会的核心问题,司昆仑对此有所论述,但重点并不在于此,她提示我们将家庭改革与城市改革在近代知识分子的思想追求中并列联系起来。巴金小说中近代的各种革命理念和新兴群体对传统家庭造成了冲击,报纸杂志也纷纷出现反抗家庭、女性出走等文章,但大部分家庭并没有被变革影响,战争带来的动荡和经济上的贫困是家庭需要应对的更为严重的问题。司昆仑在该书结尾强调,"虽然'激流三部曲'中的城市环境阴暗压抑,但在现实生活中,自1920年代到1930年代的每个中国城市都有雄心勃勃的改良计划的目标",② 她把家庭改革与城市改革进行了比较,发现城市变革更加符合近代中国抵抗帝国主义侵略、寻求富强、建立现代国家的目标,关于城市改革的一些具体措施,包括建设街道、建立警察机构、保持城市卫生等的实际操作性较强,成效更加明显,进步性体现得更加直接,家庭改革则因为传统的根深蒂固、经济水平的限制和农村的衰落等相对难以开展。同时城市统治者追求秩序、规范和稳定,传统家庭恰恰可以提供保证,于是传统家庭体制与近代城市改革在近代社会实现了共存。例如,婢女在传统大家庭中拥有一个明确且稳定的位置,解放婢女可能带来的问题是她们成为城市流民,继而扰乱城市秩序,政府缺乏足够的财力提供生活保障,缺乏足够的人力稳定秩序;随着农村人口向城市的迁移,城市会出现一个新的流动阶层,他们需要获得容身之处,婢女家仆的工作则提供了机会,传统家庭制度一定程度上帮助城市管理者解决了城市管理的问题。直到1949年后,中国家庭制度由于执政党派、政治局势和国家政策的变化历经改变。司昆仑指出,"'激流三部曲'将家庭作为中国社会的核心问题,但这使我们忽视了在1920年代到1930年代间许多巴金的同辈人认为拯救中国应着眼于城市并为之奋斗的努力"。③ 可以看到近代中国社会变迁的过程中家庭

---

① 耿达:《"大家庭"与"小家庭"之争:民国时期家庭改制研究》,《湖北社会科学》2017年第3期。
② 〔美〕司昆仑:《巴金〈家〉中的历史:1920年代的成都社会》,第228页。
③ 〔美〕司昆仑:《巴金〈家〉中的历史:1920年代的成都社会》,第232页。

变革难以落实，传统家庭的生命力十分顽强，家庭改革在近代曾经被知识分子当作社会变迁的重点又被城市改革取代，传统家庭体制在近现代的城市改革中得以维持。

司昆仑的这一观点，与林·亨特在《法国大革命时期的家庭罗曼史》一书中的家庭史研究形成了有趣的对照。林·亨特将"家庭罗曼史"视为构成法国大革命政治理念的某种集体而无意识的家庭秩序想象，既是对社会趋势的预示和反映，从中也可以窥见当时人们的普遍遭遇与危机。大部分18世纪的欧洲人均视其统治者为父，视其国为家，这种家庭模式在有意无意中运行。在法国大革命过程中，伴随着国王和王后的消失，社会上产生了一种新的家庭形态，家庭中的双亲消失了，取而代之的是拥有自主权利的孩子，兄弟之间的关系变得重要起来。林·亨特追溯了革命过程中父亲、兄弟、母亲角色的变化以及家庭政治的理想，指出随着革命的深入，以及新的政治制度的确立，家庭逐渐复兴，不过这种复兴和重建并非回归过往，而是意味着重建和重新塑造。父亲仍然是一家之主，不过经过对父权的攻击，父亲不再是暴君而是扮演养育者和指导者的新角色；女人仍然限于母职，但被共和国赋予更高的价值，这种被赋予的更高的价值是对母亲的新的压制和束缚；由于父母角色的重新定位，儿童则随之成为新社会的代表性人物。林·亨特在结语"过去式的家长制？"中指出，伴随着革命的进行，社会释放出了焦虑感和新能量，在这两者之中是个人革命观点的冲突，关于个人，在光谱一端是对集体意志和共产主义的坚持，另一端是对自我本位、享乐主义的追求。个人和社会之间存在张力，人们可能反对君主、贵族甚至宗教，但他们仍然要结婚生子，要过家庭生活，家庭在革命激情退散后仍然需要维护和恢复。①

法国大革命时期的家庭罗曼史与领袖特质和政治时间感两个范畴相连，之前神圣性建立在国王身上，现在被领袖特质取代，表现在革命者的兄弟友爱上，革命发生后新的月历建立了新的政治时间，两者的转型在短时期内造成了最激进、最来势汹涌的革命，使得法国与过去完全割裂，建构了一种新的神圣模型，即兄弟共享父亲的神圣地位，父权成为历史。家庭罗曼史是政治生活的暗喻，是一种推动革命进程的暗喻。革命者反抗的

---

① 〔美〕林·亨特：《法国大革命时期的家庭罗曼史》，郑明萱、陈瑛译，商务印书馆，2008。

是父权,而非家长权,在革命过程中又形成了新的兄弟父权,当政治领域中父权的特殊地位被贬斥时则潜入家庭领域,父权并没有被驱逐,而是巧妙转型成为现代持续排挤女性的机制。作者从家庭视角向读者展开近代历史的进程,做出新的诠释,我们从中可以看到近代法国家庭、男性角色、女性地位的转变和社会变迁的密切联系。林·亨特对家庭的研究没有为社会潮流与社会变迁作注,而是充分论述了家庭内部不同身份的变革和他们之间的互动,将家庭与社会变迁联系起来考察,从家庭看到近代法国社会变迁的方向和趋势,社会变迁的大势又对家庭的摧毁与重建产生推力,分析了近代社会秩序和不同性别群体社会地位的形成原因和过程。

司昆仑通过对成都的研究,论述了近代中国社会变迁下家庭变革与城市变革的关系,家庭变革因无力实现国富民强的迫切愿望而逐渐被城市变革、城市建设取代,传统家庭制度得以在城市中继续维持;林·亨特对法国大革命的分析,将家庭与社会结合起来进行考察,家庭内部关系的变化预示着社会变迁的趋势,社会变迁推动家庭的进一步变革,在大革命的激情消退后家庭的复兴和重建成为共和国维护统治的重点。相同的是二人揭示了家庭作为人们生活的主要载体,它自身的稳定性和变革时期对社会秩序的维护作用使得其在社会变迁时期具有长久的延续性,社会动荡时期家庭会成为改革的首要目标,而传统的家庭体制也会在新的政治体制建立的过程中发挥维护社会秩序的作用,家庭体制的变革是一个长期的过程,并非与社会变迁同步进行。

林·亨特的分析无疑会让人自然联想到近代中国社会的家庭变革与家庭革命,民国很多杂志都有讲述子女反抗家庭、离开家庭及女性出走的文章,对传统父权制家庭的反抗更是成为近代很多时代小说的主题,林·亨特的路径或许可以为理解和分析近代家庭变革与社会变迁提供新的视角。事实上,巴金《家》中涉及的内容,包括觉新、觉民、觉慧三兄弟的兄弟情以及他们与其他进步青年的兄弟情,觉新和父亲、觉新和儿子的父子关系及变化,祖孙关系(高安太爷和觉新、觉民、觉慧),青年男女的爱情(觉民与琴、觉慧与鸣凤、觉新与梅),夫妻关系(觉新与瑞珏),女性之间的友情(梅与瑞珏),均可以看到近代家庭内部关系的变迁及男性之间、女性之间、男性和女性关系的变化。李劼人《暴风雨前》围绕郝家展开,主人公郝又三没去成日本留学,后娶表妹叶文婉为妻,生下儿子之后又进入新学堂读书，与一干爱国学生、革命分子产生联系，后与下莲池（贫民区）的伍大嫂发生关系，同样涉及父子关系、夫妻关系、兄弟情谊、男女关系等。可以看到，如果就小说中涉及的家庭内部的关系展开深入研究，或许可以与法国大革命的研究两相对照，对近代家庭变革与社会变迁产生新的认识和理解。林·亨特提到社会上的绝大多数人仍然生活在家庭中，他们可以反抗宗教和贵族但离不开家庭，政治侵入生活的每一个层面，家庭作为人的基本生活单位，是思考政治社会的绝佳素材。在《法国大革命时期的家庭罗曼史》中，在政治上被贬斥的父亲则侵入家庭领域，构成近代女性受压迫的新的机制，这对于我们从不同视角诠释近代中国女性社会地位形成的过程提供了新的思考方向。

二 小说文本的历史分析

后现代史学与新文化史的研究将一切视为文本，因此，史学专著与文学作品的界限在一定程度上被模糊，小说作为史料进入史学家的视野，司昆仑的书就是围绕小说展开，林·亨特的《法国大革命时期的家庭罗曼史》也借助大革命时期出版的小说来研究社会的现状和发展趋势。

司昆仑在《巴金〈家〉中的历史》一书的导语中指出，巴金的"激流三部曲"，即那些伟大小说在人们认识历史的过程中发挥了重要作用，尤其对那些非本国人民来说更是如此。小说文本可读性强的特点，使得同时代人写下的小说成为后人了解历史事件最直观的方式，或是重要史料或是公众史学的组成部分，小说文本逐渐引起史学研究者的关注。正如其标题所言，司昆仑对小说的运用致力于对"fact"的挖掘，从小说背后的历史资料中寻求事实，指出对于真实的历史来说，巴金的小说掩盖的与揭示的一样多。作者的研究一方面向我们全面描述巴金成长的城市——成都，另一方面强调"激流三部曲"在反映五四时期历史的局限性，同时将巴金的小说与李劼人的小说结合起来考察，认为李劼人对成都生活的描写和不同人物形象的刻画更为真实合理。①

《家》这本小说在司昆仑的著作中更多是作为研究20世纪20年代成

---

① 巴金：《家》，四川人民出版社，1982；李劼人：《暴风雨前》，译林出版社，2014。

家庭变革、社会变迁与文本分析：城市史研究的新可能

都社会的切入点，每章都围绕具体的小说人物展开，结合更多史料进行论述，包括日记、报纸杂志、回忆录、地方志、档案、民国图书等。同时，司昆仑还考察巴金本人的家庭环境，追溯小说作者的素材来源，对于小说的相关描述并非尽信，在依据充分的史料的基础上展开论述。如在第一章对婢女的研究中，司昆仑参考文学批评家的研究指出，巴金在"激流三部曲"中对婢女的描写多来源于《红楼梦》，接下来司昆仑就围绕真实社会中的婢女，论述了婢女的身份（可能的身份：小妾）、处境、日常生活、职责、世界观以及改革时代的命运和处境等情况。第二章"父权制：成都的上流社会"从高老太爷和觉慧的叔叔们的日常生活切入，论述了"绅士"这一群体代表的"上流阶层"的生活。她对巴金本人的家族和家庭背景进行了详细介绍，追溯小说的素材来源，同时对作为成都社会士绅代表的"五老七贤"进行了研究。第三章从大哥觉新的工作和活动范围切入，研究成都近代的经济生活，包括经济活动场所——劝业场，经济活动的参与阶层——工人、商人和经理，农业经济和农业人口，战争对经济的影响，社会关系等。第四章从小说中的穷人，包括乞讨男孩、远亲陈剑云、仆人高升、唱旦角的男演员张碧秀等为切入点，围绕社会对贫穷的态度的变化、下等阶层及鸦片、疾病、住所、卫生和流动性问题展开。可见，司昆仑对小说的使用，主要是将其作为窥探成都社会全貌的切入口，从小说刻画的人物、涉及的情节出发，挖掘相关史料，展现历史面貌。

林·亨特在《法国大革命时期的家庭罗曼史》一书中对父亲角色发生的变化进行分析时，也通过小说的数量、题材、主角、人物形象、故事情节的研究，看到父亲形象的转型（从高压治家逐渐慈眉善目）及"无父"趋势的出现，认为"正如革命前众小说及绘画作品所显示，众人早就可以想象一个没有父亲的世界"，[①] 这些文学作品都对社会面临的各种问题展开了讨论，包括女性命运、社会可能出现的混乱等。随着弑父行为在现实社会真的发生，无父世界真的实现，就要开始面对小说中提及的那些议题了。到了大革命激进时期，小说的创作逐渐衰落，除了纸张短缺的原因外，小说逐渐发展成一种与女性息息相关的存在，小说本身与腐化密切相连，可以从女性与小说的关系及小说面临的处境看到女性在大革命时期的

---

① 〔美〕林·亨特：《法国大革命时期的家庭罗曼史》，第59页。

地位。仍然还在创作的作家对由兄弟构成的家庭不太自在，他们的作品中充斥着父亲的死亡，故事里的儿童没有鲜明的个性，都是纯粹的好孩子，很少出现兄弟之间的冲突。作者竭力向大家证明一个没有父亲的世界不会制造麻烦，用想象打造出一个兄弟友爱、和平共处的世界。小说文本促进了家庭罗曼史的形成。君主和父亲死后，迫切需要解决的问题围绕女性——王后展开。很多黄色政治书刊、小册子、报纸对王后肆意进行人身攻击，排斥女性进入公共领域的任何动作，将玛丽·安托瓦内特作为完全违反共和国自由模式期许的女性代表，是坏母亲。可以看到，在林·亨特的研究中小说一方面为社会政治的变化奠定了社会文化基础，预示了方向，一方面反映了政治局势和社会环境的变化。

司昆仑的书新近才翻译为中文，国内专业书评缺乏，在一般读者的评价中不少人对小说文本的使用抱有怀疑态度，其中不乏认为此书类似小说作品的历史背景介绍、散点式背景介绍、只见主干不见红花绿叶、宽泛而缺乏深入分析和阐释、从文史互动变为单纯的以小说证史等评价。这些评价都有一定的道理，可以看到小说文本在史学研究中的使用还并不成熟，尚需史学研究者谨慎地探索和完善。然而司昆仑和林·亨特对小说文本的不同处理方式，无疑为历史研究打开了新的截然不同的两种思路，无论是将小说作为窥探近代成都城市生活的切入口，还是把握小说在历史情境中扮演的角色，对史学研究中小说文本的使用都有着借鉴意义。

从家庭史角度介入近代中国城市史研究尤其是城市社会研究，无疑有着重要的意义和价值。透过对家庭变革及其隐含意义的理解，在一定程度上无疑有助于对宏观社会结构变化的把握及其转型逻辑的具体洞察和体认，而家庭中的个人行为及微观生活描绘，亦可为政治动荡与社会剧变的宏大场景补充人性化的生活经验和生动的历史细节。相对于将家庭作为一种研究对象，将家庭当作一种研究社会变迁的切入点和观察路径，可能会更有成效和新意。德国记忆理论学家阿斯曼将小说家笔下的家庭记忆中的历史理解为通往宏大历史的私人通道，是沟通代际和历史心态分析的重要途径。① 家庭作为横贯社会结构、纵贯时代变迁的中层视角，家庭史研究

---

① 〔德〕阿莱达·阿斯曼：《记忆中的历史：从个人经历到公共演示》，袁斯乔译，南京大学出版社，2017，第52页。

关联着祖辈父辈与子孙，沟通着上层和下层，联系着宏观和微观，使得对城市社会的理性分析和生动叙事的平衡成为可能，是研究城市社会的一个独特而充满魅力的"场域"。中西方不同时代背景下社会变迁时期的家庭与社会，揭示出不同社会、不同发展道路中的共性，亦集中反映着不同的文化特征和社会发展历程。社会动荡时期家庭变革与城市社会的互动联系、家庭变革与城市变革作为近代同时期不同方向的改革诉求、家庭罗曼史下近代社会的关系、社会剧变中家庭的男女两性关系、小说等文学作品在社会和家庭研究中的使用，都是值得史学研究者继续推进和思考的方向。

作者：范瑛，四川大学历史文化学院教授
茹志威，四川大学历史文化学院硕士研究生

（编辑：张利民）

·城市文化·

五四时期的进步商业广告与城市社会动员[*]
——以《益世报》为中心的考察

李 维

内容提要：五四运动后，国民经济层面的"抵制日货"运动在城市民众中普遍兴起，与之对应的则是民族工商业界大力开展"国货运动"，因此，这一时期报刊的本土商业广告普遍呈现出进步的时代特色，配合报纸正版内容发挥了不可替代的作用。以当时天津的《益世报》为例，其所刊商业广告紧密结合社会主流舆论，植入进步爱国情感，在实现商业诉求的同时，亦促进了城市民众正向社会舆论的形成。本文试分析该报所刊进步商业广告得以形成的主客观社会原因，并归纳其对城市民众的具体社会动员作用，包括物质层面对城市国民经济从破坏到建设的思路纠偏与建设性推动，以及精神层面对中国民众从偶然到必然的爱国意识纠偏与持续性培养。

关键词：《益世报》 进步报刊 商业广告 城市社会动员

五四运动自 1919 年爆发至今已逾百年，其深远影响触及中国社会发展的各个层面，而彼时又恰逢近代中国新闻传播媒介近代化发展的开端期，各类商业广告日益见诸报端，并因为受到进步思潮的影响而产生独特的时代特点。立足于五四运动前后本土进步商业广告的研究，前人的研究视角或较为笼统，或多集中于北京、上海等地的商业性大报，其中又尤以上海的商业性大报《申报》的研究为最多；具体到五四时期天津地区的进步商

---

[*] 本文系天津市 2020 年度哲学社会科学规划项目（青年项目）"天津健全重大舆情和突发事件舆论引导机制研究"（立项编号：TJXCQN20XSX‑002）阶段性研究成果。

业广告的研究,由于此时天津具有影响力的大报《大公报》已被有亲日倾向的安福系军阀王郅隆收购,因此前人鲜有此一时期立足于此报的进步商业广告研究,而针对《益世报》所刊进步商业广告的研究,又多集中于这一时期进步商业广告的表现特色,以及进步商业广告对于民众抵制日货、支持国货运动的促进效果等层面,少有研究深入挖掘其对于城市社会民众的具体舆论动员作用。五四运动时期,《益世报》作为当时天津地区最有影响力的新闻媒体,其报刊进步舆论对于天津城市民众的社会动员作用不可小觑,而登载于其上的进步商业广告,亦是报纸以消息、评论、专栏等传统形式表达进步舆论的有力补充,配合并强化了报纸的正向社会动员作用。因此,着眼于中国近代社会五四爱国运动的宏观层面,以天津《益世报》所刊进步商业广告为核心,本文试阐释近代中国经济社会发展中进步商业广告这一媒介现象的成因及其与城市民众文化心理之间的相互作用和社会影响。

一 报刊刊登进步商业广告的社会背景

一战期间,欧洲列强无暇东顾,日本趁机加紧侵略中国。1919年初,一战的战胜国在巴黎召开和平会议,帝国主义列强无视作为战胜国的中国的合理要求,将德国在山东的权益转让给了日本,这一外交失败直接导致了以学生为代表的五四爱国运动的爆发。经过五四运动的洗礼,中国城市民众反对帝国主义侵略、反对封建军阀统治的呼声日益高涨,民族国家意识大大增强。相较于以往传统的排外主义,"近代民族主义要求牺牲个人和地方利益,超越阶级分割,把国家利益与个人荣辱关联起来"。① 国人开始打破狭隘的地域界限,摆脱传统的乡土观念,认识到国家主权的重要性,并承担起救亡图存的职责和义务。

在城市经济层面,这种民族爱国情感主要体现为"抵制日货"运动在20世纪初的普遍兴起,抗日爱国舆论成为民心所向,并逐渐形成一种广泛的社会风潮。与此同时,中国民族资本主义迎来一个短暂发展的春天,民族工业尤其是轻工业得到较快发展,配合中国民众"抵制日货"风潮,中

---

① 张献忠、刘拥华:《大众媒体、公共舆论与近代民族国家意识:以〈益世报〉对老西开事件的报道为中心》,《山东社会科学》2015年第4期。

国民族资本主义工商业展开了一场旷日持久的国货运动。与此对应，以报纸为主要载体的民族工商业广告亦在这一时期呈现出与以往截然不同的话语框架，在立足商业诉求的基础上，多与社会主流舆论结合，大力植入民族爱国情感，其作为配合报纸正版内容的一个分支，起到了对城市民众舆情的正向引导作用。

可以发现，不论是负责审定报纸广告的报人，还是选择登载报纸广告的商人，五四时期在报纸广告设计中大多认同植入抵制列强侵略、振兴民族工商业的爱国情感，以通过在经济领域提倡抵制日货、振兴国货的行为，推动民族自觉意识的进一步高涨，在一定程度上改变民族国家的命运。同时，不可否认的是，除了民族主义不断发展的感性因素，新的城市中层亦基于理性做出对应的行为选择，五四前后的现实社会背景，如报刊的主要收入来源尚未诉诸广告发行、民族资本主义发展的实际需要等，也为当时《益世报》所刊商业广告与进步舆论相结合奠定了客观的物质基础。

二 进步商业广告盛行的原因

（一）《益世报》办报人：文人的"清议"传统与内容的受众指向

根植于《益世报》中的文人"清议"传统是进步商业广告盛行于其上的主要内因之一。在西方报刊史上，存在"党人办报"与"商人办报"两种报纸经营理念。"党人办报专从政治上考虑，为党派的政治利益做宣传"，"商人办报专从经济上打算，为充实自己的钱柜做营业"，"而在中国除了商人办报和党人办报之外，还有一种书生办报"。[①] 方汉奇先生认为，文人论政自古有之，所谓文人论政，是知识分子以匡扶时世为己任，将"天下兴亡，匹夫有责"的忧患意识贯穿到言论当中，力图以言论来指引国家的走向，这是中国知识分子阶层的优良传统。[②] 近代中国饱受西方列强侵略的严酷现实、封建军阀混战的社会现状重燃了进步知识分子济世报国的热情，而封建闭塞的言论制度使知识分子们自然而然将"清议"的传

---

① 陈龙：《书生报国》，湖北人民出版社，2011，第1页。
② 《方汉奇历数香港〈大公报〉家珍》，香港《大公报》2002年6月6日。

统嫁接到报刊这一媒体上。因此,"发端于19世纪末的救亡思潮使得近代的报人们在创办报纸媒体时,很少有通过报纸媒体获取经济效益的考量;并且,由于报人或者本身就是具备一定经济实力的绅商,或者得到了某些来自各种渠道的经济支持,因此,通过经营报纸媒体获取经济利益并不是他们的主要目的,为了实现办报救国的理想,他们中的很多人甚至不惜赔本"。[1]

天津《益世报》的创办人为比利时籍天主教传教士雷鸣远,他先后聘请刘俊卿、刘豁轩等爱国知识分子担任总经理,全权负责报馆的经营活动。作为天主教报纸,报社言论受政府钳制较小,也使得报社同人能够相对自由地表达政治态度。因此,除了1925年至1928年报纸被奉系军阀控制的时期,《益世报》一直履行其社会舆论引导的媒体职能,将民主思想渗透在新闻报道中,并承担起开展平民教育的社会责任,以实现近代文人言论报国的政治理想。正如其创刊号《本报发刊辞》所言:"盖必有良社会,而后有真道德,此本报发刊之唯一宗旨也。……本报既以扶植道德为改良社会之唯一宗旨,无论利钝如何,毁誉如何,必求始终贯彻以尽吾天职而后已。……毕当折中舆论,体察群情,于事之有利于社会者,详言指导之,事之不便于社会者,直言以纠正之,革旧染而开新机,使人类享无穷之幸福;然后以智识辅道德之不逮,以道德助社会之进行。"[2] 也正是基于这一原因,五四时期的《益世报》也参与到反帝爱国运动当中。从商业广告的角度来看,《益世报》报人不仅自己不再刊登日商广告,更以号召全国报纸拒登日商广告的方式,清晰表达了其试图从商业广告层面表达进步立场、配合报纸爱国舆论的迫切愿望。

《益世报》始终坚持内容的受众指向是进步商业广告盛行于其上的主要内因之二。就《益世报》的宣传报道而言,在五四运动爆发后五个月的时间里,《益世报》相继开设十五个不同的专栏,密切关注工商学各界的爱国行动,发表多篇社论,鲜明地表达其支持学生运动的爱国主义立场,并号召民众团结起来一致对外。同时特别值得注意的一点是,与该报以往任何时期的商业广告风格不同,这一时期的报纸将爱国主义情感全面渗透

---

[1] 侯杰:《〈大公报〉与近代中国社会》,南开大学出版社,2006,第6页。
[2] 梦幻:《本报发刊辞》,《益世报》1915年10月1日,第2版。

至报纸所刊民族工商业广告当中,配合报纸消息、专栏、评论等传统形式进行整合报道。有学者认为:"报纸在政党政治报刊时代,尽管被用作政党斗争的工具,但是由于报刊本质是一种信息传播的媒介,所以传播广告信息是它生存的方式,也是它的天然职责。……仅靠发行费是无法支持报纸的生存的。既然大众化报纸不再接受政治、政党津贴,广告自然也就成为报纸生存的唯一出路。"[1] 诚然,纵观现代的报纸广告产业,在读者、广告主与广告代理公司三者中,居于核心位置的是广告代理公司。广告代理公司支付报社代理费用后占有报纸广告版面,再将其以高于代理费用的价格出售给有广告需求的企业主,从中获利。但是,就五四时期的《益世报》来说,在这三者中居于主导地位的却是读者。

近代中国经济的迅速发展大体包括两个时期:一是一战期间中国民族资本主义的短暂发展;二是1927年北伐战争之后南京国民政府统一政权的"黄金十年"。而只有到了20世纪30年代后,国家政权在形式上的统一才使统一市场成为可能,进而形成在扩大报纸发行量的基础上使广告收入逐渐占据报纸收入结构中重要地位的近代报业发展模式。同时,据当时中华教育改进社估计,中华民国每百人中有80人不识字,即全国4亿人中有32000万人不识字。[2] 因此,《益世报》的读者群定位为接受近代教育的新型知识分子与工商界人士,这个群体属于城市中有钱有闲的中产阶层,区别于近代意义上定位于最广泛的大众为读者群的商业报纸。这部分读者的经济水平决定了报纸是否可以通过销售维持生存,因此报纸与登载其上的商业广告是否符合读者的口味才是报纸能否生存的关键因素。正如报人张友渔所言:"每一报纸,大抵都有它的一种特色,特别适应一部分读者的要求之特点。所以每一报纸,除却能够笼罩一切的大报纸以外,都须具有一种特点,抓住一部分读者,做为它的基本读者,以维持它的存在。"[3] 因此,不论是现实环境的制约,还是报纸读者群的定位,都决定了五四时期《益世报》所刊登的商业广告除了维持生存外,更是为了取悦读者,也即

---

[1] 王放:《中国报纸与广告的历史姻缘》,《新闻与传播研究》1994年第3期。
[2] 喻春梅:《近代报纸与舆论——以民初长沙〈大公报〉为例》,《高校图书馆工作》2012年第1期。
[3] 张友渔:《报人生涯三十年》,重庆出版社,1982,第135~136页。

起到"作为信息服务,促进报纸销售从而赚钱"的作用。① 如前所述,中国城市民众空前高涨的民族国家意识也必然导致以读者为中心的《益世报》所刊商业广告呈现出鲜明的进步舆论特色。

(二)《益世报》广告主:商界的爱国情感与实业发展诉求

商界的普遍爱国情感是进步商业广告盛行于其上的主要外因之一。广大爱国商业人士认识到,如果中国只跟日本打军事战,中国未必能战胜日本,但中国可以利用经济战配合军事战,从经济上截断日本的财源,让其不战自败。"筹思良久,惟有抵制日货外,他无良策,盖既抵制其货,彼之财源必竭,不啻制其死命,则彼倭将不灭而自亡,不战而自灭。"② 因此,天津总商会发布以 7 月 15 日为限,各商号以后不得再订购日货的通告。同时,为了配合取缔日货的通告,总商会还要求各大商号自查日货的存量情况,颁布抵制日货规章并派专人审查各大商号的执行情况。此后,各大商户纷纷以行动积极回应号召,如旅津书业 6 月 8 日致函《益世报》,阐明其"抵制日货之办法","外交失败,全国悲愤,各界同胞纷起救国,以不用日货为消极之对待。敝业于教育用品,虽东西各货兼售,此次公愤所在,敝业亦国民一份子,宁甘化外?自即日起停止进办日货,……以后进货当重国产,如为国货所无者,暂以欧美货代之,想诸君爱国当能共谅也"。③ 这既是商界寻求爱国情感表达的一种方式,也是一种自觉或不自觉的植入广告形式,即将爱国品牌形象植入报纸新闻之中,呼应并促使进步商业广告日益盛行于其上。

商界的实业发展诉求是进步商业广告盛行于其上的主要外因之二。可以注意到的是,当时的环境亦构成了天津工商界刊登进步广告、积极抵制日货等爱国行为表现的必要条件。辛亥革命后,南京临时政府颁布奖励发展实业的相关法令,激发了民族资本家发展实业的热情;一战期间,欧洲列强无暇东顾,暂时放松了对中国的经济侵略,在客观上为中国民族资本

---

① 邓理峰:《广告主导型报刊体制的形成——19 世纪美国的工业革命、大众营销与大众化报纸的分化》,《广告大观》(理论版) 2007 年第 6 期。
② 天津市档案馆、天津社会科学院历史研究所、天津市工商业联合会编《天津商会档案汇编 (1912~1928)》(四),天津人民出版社,1992,第 4738 页。
③ 《旅津书业抵制日货之办法》,《益世报》1919 年 6 月 8 日,第 6 版。

主义的发展提供了有利的外部条件。这一时期，中国民族工商业迎来了一个短暂的发展间隙。根据当时北京政府农商部的统计，历年注册的工业公司，在1914年8月以前共有146个，资本额为41148205元；而自1914年8月至1920年6年多的时间，新注册的工业公司即达272个，资本额为117434500元。[1] 可见，迎合群众的反帝爱国思潮，借全民抵制日货之机大力发展民族经济，是中国民族工商业发展的必然要求。如前所述，《益世报》的读者群并非大众，而是城市中的社会中层，这部分人正是支撑国民经济发展的主力军。因此，广告主在报纸商业广告中植入爱国情感，利用国人对国仇家恨的共鸣，在广告的传播效果上起到加强推动国货商品购买力的作用，亦是五四时期报纸商业广告发展的必然趋势。

三 进步商业广告的城市社会动员作用

众所周知，大众传媒对于公众社会舆论的孕育生成与发展走向具有极为重要的作用，同时值得注意的是，除了大众媒介主体部分的内容，其附属内容亦可立足自身特点，弥补与完善大众传媒在社会舆论引导方面的不足之处。以《益世报》为例，除了新闻、评论、副刊等传统报道形式，登载其上的报刊广告亦紧密结合时代背景，配合报纸其他板块，对民众以"抵抗日货"为核心的爱国主义思想给予肯定，并在此基础上进一步动员城市民众支持本土工商业发展，以理性的方式长期持续地向民众渗透爱国主义思想。可以说，五四爱国运动前后的报刊广告除了立足宣传商品本身的核心诉求，还配合报刊主体内容的舆论导向对民众爱国主义思想中尚不成熟的部分进行一定程度上的纠偏。《益世报》作为在天津地区具有重大影响力的报纸，登载其上的商业广告作为承担城市社会动员作用的组成部分，具有不可替代的进步舆论引导力。

（一）号召理性抵制：从破坏到建设——民族工商业的迅速崛起

五四运动爆发后，全国各界纷纷掀起抵制日货活动，各级各类学校的学生是抵制日货活动的积极参与者。青年学生的爱国热情固然可贵，但其

---

[1] 阮湘等编辑《第一回中国年鉴》，商务印书馆，1924，第1441页。

行为中也不乏冲动不明智之举。5月13日《益世报》时评载:"天津女师范生因排斥日货,不惜拔其簪珥,弃诸泥土。"① 5月16日《益世报》本埠新闻《学生联合会会议报告》载,天津学联与北京学联互通消息并订立三项决议,其中第一条即为"抵制日货及日币,派专员与商会商洽一致进行,凡学生所有日货悉捡出,于十八日在先农坛焚毁并通知各界前往参观,如有携来同焚者尤为欢迎"。② 5月27日《益世报》专栏《内忧外患之交争记·小学生之爱国热》载广北小学教员来函,"昨敝校高等一年、国民四年两级学生知青岛问题关系中国兴亡,抵制日货尤为当时不可缓之举,乃将从前所买之色碟、色笔、茶杯等种种应用物品尽数捣毁,以示其抵制之决心"。③ 但凡涉及青年学生基于义愤捣毁日货的行为,《益世报》在充分肯定民众的爱国精神之外,更多的则是从理性抵制日货、大力发展国货的建设性角度对民众的爱国行为进行引导。

首先,自5月19日起至6月10日《益世报》连续刊登《抵制日货诸同胞注意》,"抵制日货务宜全国一致,持之久远,方为有效。且日货之行销我国名目繁多,爱国同胞恐不易分辨,兹本馆特派专员分类调查,逐日登载。兹先将日用之物品揭载,嗣后按日续登",④ 将在华所售日货分为食品类、棉纱类、布匹类等二十余种,以供爱国同胞在购买商品时可明确分辨。因此,这一时期《益世报》所刊商业广告大力配合商界兴起的国货运动和报纸的进步言论,呈现出焕然一新的精神面貌。比如,天津元隆绸缎呢布庄在广告中以大字标识"国民猛省"或"提倡国货",而以小字阐明自家产品的优良,堪与舶来品相较高下;天津北马路国货售品所利用一半广告版面写下"青岛"二字,告知读者特殊时期国货减价销售,以回馈国人爱国之热情;五洲大药房直接在广告标题上写下"敬告爱国同胞购用国货";久大精盐的广告语则是"洋盐虽好,爱国的不愿吃"。凡此种种报纸广告,具有鲜明的时代感召力,不仅将爱国主义色彩贯穿始终,更进一步引导国人购买国货,比之单纯的损毁、抵制日货,这一时期的报纸广告呈现的进步舆论引导力主要体现在为国人的爱国情感找到了理性的输出

---

① 《时评》,《益世报》1919年5月13日,第6版。
② 《本埠新闻·学生联合会会议报告》,《益世报》1919年5月16日,第6版。
③ 《内忧外患之交争记·小学生之爱国热》,《益世报》1919年5月27日,第3版。
④ 《抵制日货诸同胞注意》,《益世报》1919年5月19日,第6版。

途径。

《上海总商会月报》上《广告谈》一文有述:"近世商战之声浪,若怒涛之澎湃然,各呈其能,各炫其技,以互相角逐于世界,孰胜孰负,变在俄顷。而商人之恃以战争者,厥为广告。……广告,枪炮也。果广告而能得其逞,则枪炮锐利,可操算;反是则一无所能,拱手让人而已。"① 与此呼应,《益世报》亦认为:"抵制日货,固是良谋,振兴工艺,实为本计。全国一致,利用此机,富者投资,贫者输力。已有之业,力求改良,未兴之工,克日成立。司言论者,专事提倡,有学识者,多方擘画。工业既兴,外货自滞,时不可失,曷亟图之。"② 在抵制日货的基础上,提出只有提振本国国民经济才是强国之本。

归纳而言,《益世报》的广告效果主要体现在两个方面。第一,从消费者层面来讲,支持国货就会在一定程度上扩大本土民族工商业的市场。以天津的近代棉纺织工业为例,到1918年时,天津才有裕元及华新两家规模较大的民办纱厂先后建成投产,但是从1919年至1922年的4年间,天津却有恒源、北洋、裕大及宝成等4家规模较大的民办纱厂相继建成投产,而裕元和华新两家纱厂在此时期亦继续进行了扩建。另外,天津在此时期还建立了一批资金在万元以下的小型近代化企业,并有一批手工作坊转为近代化工厂,从而使天津变成了我国北方最大的近代化工业基地和棉纺工业中心。③ 可见,其扩大规模发展生产的黄金时代正是五四运动后国人大力提倡国货的这一历史时期。第二,从生产者层面来讲,支持国货则体现在努力提高国货的水平和质量,使之可与洋货抗衡。一般来讲,民众抵制商品多为质量问题,五四时期民众抵制日货则是中日两国交恶后的经济报复手段。孙中山先生曾有言:"一时为爱国心所激动,宁可愿意牺牲。但是这样的感情冲动,是和经济原则相反,决计不能够持久。"④ 因此,对于民族工商业者而言,只有保证国货质量,制定合理公道的价格,才能拥有持续稳定的客户群。因此,在商业广告进行支持国货宣传的同时,各大商家均想方设法提升国货的档次,以回馈国人的大力支持。同时,《益世报》

---

① 君豪:《广告谈》,《上海总商会月报》第4卷第6号,1924年。
② 《短评·发展工业之良机》,《益世报》1919年5月25日,第2版。
③ 李运华、卢景新:《试论天津近代民族工业发展的黄金时代》,《南开史学》1987年第1期。
④ 孙中山:《三民主义》,《孙中山选集》下卷,人民出版社,1956,第836页。

所刊商业广告中的进步广告词也表达了当时国货生产商愿与洋货一较高下的强烈愿望。以当时天津规模较大的棉纺织工业为例，其改变了依靠人力脚踏织布机为动力的传统方式，投入巨资引进当时较为先进的机器和动力设备进行生产，生产技术一直保持在世界先进水平，有些产品质量甚至已经超过进口棉纱。因此，完成了现代化技术更新的棉纺织业成为天津民族纺织工业乃至整个近代民族工业的重要支柱。正如天津知名品牌恒源纺纱厂蓝虎棉纱广告所说："本厂购置新式机器，选用优美棉花加工精纺蓝虎牌棉纱，颜色洁白，条股匀净，性质柔软，拉力强大，尺码则特别放长斤两，乃格外加重，以之织布异常坚牢，如染颜色尤为鲜明，行销业已数载，各界莫不赞美。"① 可以说，《益世报》的进步商业广告不仅从号召民众抵制日货到推广国货，对民众爱国行为方式加以理性引导，也在一定程度上推动了中国民族资本主义工商业的迅速崛起。

（二）坚持长期抵制：从偶然到必然——民族国家意识的发展成熟

五四运动之前，虽然由于"二十一条"的签订中日关系日趋紧张，但《益世报》所刊商业广告并没有呈现出明显的进步爱国色彩；而五四运动之后，该报所刊民族工商业广告中出现"爱国同胞""真正国货"等字样的频率大大提高，要求中国人抵制日货、提倡国货的言辞越来越醒目。同时，《益世报》所刊进步商业广告并非一时应景之举，其商业广告的进步性延伸至1919年之后的两年里，配合报纸的进步言论，向中国民众反复宣扬爱国主义思想，进而实现持续的城市社会动员作用。正如戈公振在《中国报学史》一书中指出的："广告不仅为工商界推销出品之一种手段，实质上有宣传文化与教育群众之使命也。"②

这一进步传播理念在五四运动爆发之初即体现在《益世报》副刊《益智粽》的各种评论文章中，提醒国人不要只凭一时冲动，先是损毁日货，后重新接纳，而需将爱国思想长期贯彻在日常生活当中。五四运动爆发后的5月13日，《益世报》即在其副刊刊登《谐评》一篇："我国抵制日货

---

① 《天津恒源纺纱厂蓝虎棉纱广告》，《益世报》1919年5月29日，第1版。
② 戈公振：《中国报学史》，商务印书馆，1928，第228页。

已非一次矣,每当提倡之初,基于义愤慷慨激昂不可遏止,甚至见日货而捣毁,视日货如仇雠并撼,于五分钟热气之讥,大声疾呼,相互诫勉,如此信誓,如此激烈,似可以百折不挠坚持到底矣。然终不数日,闻所捣毁者复又罗列满前矣,视为仇雠者又不可一日离矣。故每有一次之抵制,其结果不过徒耗自己之金钱,溯忆往事,能不痛心?"① 仅仅十天后,又刊登《对于抵制日货之商榷书》:"抵制非难,抵制之力历久不变斯诚难耳。设此时同胞基于义愤,抵制之烈,至于原购之日货付之一炬,曾不吝惜。比及事过情迁,乃复原态,举向日所焚者,而复购之,则吾同胞今日之举动名虽抵制日货,而实则畅其销路也。……抵制之力宜历久不懈,我中国人天性最属健忘,外人嘲我为五(分)钟的热度,是以每次人民对于外交上有所举动,外人均以游戏视之,曾不注意此次应力在此恒字上用功夫,一洗前耻。"② 三个月后,《益世报》又在其第 2 版"论评"《本报今后之使命》中系统阐述了报纸后续报道的立场与今后的职责所在,其中第四条即明确阐释了报纸将长期贯行抵制日货的经济方针:"不用日货以打破日本之经济侵掠,促彼全体民族觉悟,其政府采用武力主义之非宜。对于此事,吾人今后当以精细明透之研究方法,积极主张到底。"③

可以说,《益世报》所刊进步商业广告正是贯彻了该报从创办之日起即确立的关于扶植道德、改良社会的办报初衷,作为报纸内容的一个分支,其进步舆论引导力亦体现在对大众进行爱国主义信念的持续性输出。美国传播学者格伯纳曾提出,社会要作为一个统一的整体存在和发展下去,就需要社会成员对社会有一种"共识",也就是对客观存在的事物、重要的事物以及社会的各种事物、各个部分及其相互关系有大体一致或接近的认识,只有在这个基础上,人们的认识、判断和行为才会有共同的基准,社会生活才能实现协调。④ 而大众传媒对社会共识的形成有着巨大影响,这一影响的实现必将是一个长期的、潜移默化的、不知不觉的"培养"过程。传播者的能动性在整个舆论动员过程中起着至关重要的作用,大众媒介成为精神动员的必备工具,可以将传播者的意志放大,引导舆论,

---

① 《益智粽·谐评》,《益世报》1919 年 5 月 13 日,第 10 版。
② 《益智粽·对于抵制日货之商榷书》,《益世报》1919 年 5 月 23 日,第 10 版。
③ 《本报今后之使命》,《益世报》1919 年 8 月 10 日,第 2 版。
④ 郭庆光:《传播学教程》,中国人民大学出版社,1999,第 226 页。

让个体逐渐失去自主性，融入媒介所不断重复的主流意见中。[①] 可以推断，作为当时中国民众获取信息的主要媒介，五四时期《益世报》的商业广告以文字、图片等各种形式输出的爱国主义倾向，通过纵向时间维度上的反复宣传，不仅密切呼应了中国民众初步形成的民族国家意识，并在促进中国民众民族国家意识的全面觉醒方面起到累积性的正向传播效果。

作者：李维，南开大学滨海学院艺术系

（编辑：任吉东）

[①] 向娟、陈鹏：《近代民族企业的报刊广告在国货运动中的舆论动员——以〈申报〉为中心的考察》，《湖北经济学院学报》（人文社会科学版）2012年第1期。

近代天津曲艺改良初探*

——以艺曲改良社为中心

杨 楠 王 丽

内容提要：改良是晚清至民国时期的时代主题，戏曲与曲艺的改良也深受影响。天津紧跟时代步伐，自下而上开展了戏曲与曲艺改良运动。其中，由艺曲改良社所主导的天津曲艺改良运动在改旧曲、编新曲、演唱爱国救亡义务戏等方面成就显著，同时还以《社会教育星期报》为舆论阵地，形成了独特的曲艺文化生态场域。本文拟从艺曲改良社成立的背景以及艺曲改良社对近代天津曲艺改良运动的影响等方面展开论述，以期厘清近代天津曲艺改良的历史脉络，还原具有强烈天津地域特色的曲艺发展过程。

关键词：曲艺改良运动　艺曲改良社　天津

天津城市历史并不悠久，无法与西安、洛阳这样的千年古都相比，但天津有着极为丰富且独特的曲艺资源，历来被称为"曲艺码头"。从曲种上看，天津有本土和由外地传入本土化的曲种近60种；从曲目数量上看，传统曲目有1000多篇，创作和改编曲目有2200多篇；[①] 从曲艺艺人的情况看，天津著名的曲艺艺人对很多曲种都有奠基之功。而这些得天独厚的地域优势和丰富的文化艺术资源，并没有使天津的曲艺人停留在文化守成

---

*　本文系天津市艺术科学规划项目"近代天津鼓曲艺人群体研究"（A20002）阶段性成果。
①　从明清到20世纪60年代后期，天津曲艺先后出现了59种表演形式，见中国曲艺志全国编辑委员会、中国曲艺志·天津卷编辑委员会编《中国曲艺志·天津卷》，2009，第68~72页；传统曲目1000多篇，见《中国曲艺志·天津卷》，第340~382页；创作和改编曲目2200多篇，见《中国曲艺志·天津卷》，第384~473页。

上,而是紧跟时代步伐,不断进行创新改良的实践。其中1913年成立的艺曲改良社,是当时天津曲艺改良实践的重要平台,对天津的曲艺改良产生了比较重要的影响。

由于学术界对曲艺改良的研究重视不够,以"曲艺改良"为关键词,在中国知网上仅见到1篇涉及曲艺改良的论文《中国曲艺发展论》。① 该文作者贾振鑫将曲艺改良视为中国曲艺创新发展的有效手段,运用"改良与适应"的基本理念来解读中国的曲艺改良;同时梳理出中国曲艺改良的发展历程,即从"优孟讽谏"的雏形模式到唐代的俗讲模式,再到后来常态化的曲艺改良模式;另外,作者认为曲艺改良的基本内容主要包括曲艺的表现形式、表现手法、表现内容三个方面。该文没有提及艺曲改良社,没有涉及曲艺改良的具体实践,也没有深入探讨曲艺改良的历史文化价值。关于艺曲改良社的研究,目前仅有两篇论文有所涉及:一是何玉新的《天津相声:守传统还是闯新路?——关于天津相声发展的深度思考》,该文的研究主旨是探讨曲艺门类中的相声改良问题,而且是限定天津的相声改良,因此,作者对艺曲改良社仅仅简单提及,如艺曲改良社的成立时间、宗旨、公益活动,对艺曲改良社的主要实践活动、社会影响等相关内容未做说明;二是孙冬虎的《戏剧家韩补庵先生的生平足迹与文化贡献》,该文在重点介绍韩补庵戏剧改良活动的同时,也简单介绍了他的曲艺改良活动,包括他提出的改良曲艺唱本的主张。从以上曲艺改良研究的成果看,目前还没有关于艺曲改良社的专题研究成果,故本文的立意主旨即在补上这一缺憾,以推进天津曲艺改良研究的深入发展。②

一 清末民初的天津曲艺

天津曲艺的兴起可以追溯至明末清初,沟通南北的运河漕运促进天津

---

① 关于曲艺改良的论文,目前仅有贾振鑫的《中国曲艺发展论》(硕士学位论文,聊城大学,2016),但关于戏曲改良的论文有334篇,关于戏剧改良的论文有277篇。
② 何玉新:《天津相声:守传统还是闯新路?——关于天津相声发展的深度思考》,《"相声的传承与创新"主题调查之四》,《天津日报》2012年4月18日,第13版;孙冬虎:《戏剧家韩补庵先生的生平足迹与文化贡献》,《北京史学论丛(2016)》,中国社会科学出版社,2017。

经济迅速发展，从而吸引了众多的外来人口，人口聚集形成的五方杂处造就了天津特色的码头文化，这些都为天津曲艺的发展提供了丰厚的土壤，使天津曲艺的曲种、曲目与曲艺名家发展到全国绝无仅有的庞大规模。

刊行于乾隆六十年（1795）的《霓裳续谱》是一部俗曲总集，收录了明代的时调小曲、平话到清代的评话、"连厢词"①，以及西调、岔曲、马头调、玉沟调、北河调、番调、寄生草、扬州调、边关调、秧歌等三十余种曲艺形式。著名民俗学家李家瑞先生认为，《霓裳续谱》和道光八年（1828）的《白雪遗音》所辑录的流行于京津一带的俗曲，很多来自东南各地，主要是通过运河传播至京津地区。②

天津开埠以后，近代工业有了长足进步，城市化进程日益加快，这极大地影响了曲艺的发展。同光年间，天津的大鼓书至少已有木板大鼓、梨花大鼓、北板大鼓、西河大鼓、铁片大鼓等多种形式。在大鼓书外，还有相声、评书、荡调、八角鼓、子弟书、莲花落、什不闲、数来宝、竹板书、弦子书、联珠快书、太平歌词、时新小曲等曲种。

曲艺形式多样，曲艺艺人众多，杂耍馆林立，此时的天津曲坛一派繁荣。但在繁荣的背后，问题也日益凸显。刊印于光绪十年（1884）的《津门杂记》记载了当时天津杂耍馆的情况："津门茶肆。每于岁底新正，添设杂耍，招徕生意。"③"北方之莲花落者，谓之落子，即如南方之花鼓戏也。系妙龄女子登场度曲，虽于妓女外别树一帜，然名异实同，究属流娼，貌则诲淫，词则多亵。一日两次开演，不下十人，粉白黛绿，体态妖娆，各炫所长，动人观听。每有座客点曲，争掷缠头，是亦大伤风化。前经当道出示禁止，稍知敛迹，乃迩来复有作者，改名太平歌词云。"④

光绪二十四年（1898）的《津门纪略》记载："落子馆者，其所唱之曲名曰'莲花落'也。……其绘淫较妓女尤甚。无分昼夜开演，淫词艳曲，描头画角，尽态极妍。凡纨绔子弟，皆争先斗胜，指名点唱，多掷缠

---

① 关于"连厢词"，清人汪沆《津门杂事诗》第六十九首云："生子何须拜塾师，居奇只唱耍孩儿。清时特重三风诫，心力抛残等刻脂。"诗后注："津邑媭人子，每命习唱连厢词，一名耍孩儿。"见汪沆撰《津门杂事诗》卷1，乾隆四年（1739）刊本。后来天津人也称之为"打连厢"。
② 李家瑞编《北平俗曲略》，国立中央研究院历史语言研究所，1933，第5页。
③ 张焘：《津门杂记·卷下·杂耍馆子》，台北，文海出版社，1970，第219页。
④ 张焘：《津门杂记·卷下·唱落子》，第220页。

头。有因之而滋事者,有因之而倾家者。""自小广寒作俑以来,而接踵而起者,如晴云馆、丹桂、宝乐、海耀等更彰明较著,遍贴长红,以致登徒子辈,趋之若鹜矣。"①

从以上历史文献所呈现的情况看,天津的杂耍馆、书馆、落子馆等演艺娱乐场所可谓是一片乱象,而这正是天津从民间到官方呼吁开展曲艺改良运动的真实背景。推动天津曲艺改良运动的关键人物是韩补庵②。韩补庵作为当时著名的学者和报人,积极参与这场曲艺改良运动,并在天津曲艺改良运动中发挥了至关重要的作用。

韩补庵与严修、林默青等社会名流发起的文化艺术改良运动,首先是从戏剧着手。1907年,他们在天津成立了戏剧改良社,以改革旧戏、移风易俗为目的。戏剧改良社的参与者有名角儿汪笑侬、张黑、李吉瑞、尚和玉等,韩补庵是该社主要的编剧。至民国初年,又出现一个"正俗新剧社","社长是林兆翰(墨青)、副社长王林生,演员均为学、商两界人物,有王君石、钱伯伟、钱仲玖、王焕如、戴蕴辉、李少莲、刘燕东、黄少良、王华九等约四十余人,编剧为韩补庵(《星期报》主笔)"。③ 该社编演了《珊瑚传》《庚娘》《双鱼佩》等五十余出新戏,在当时戏剧界产生了一定的影响。

戏剧改良社这些民间组织开展的戏剧改良活动,为后来的曲艺改良奠定了坚实的基础。正是在戏剧改良社活动的影响与推动下,直隶的教育会和学务会于1913年进行了公决,决定开展曲艺界的"改良鼓词"活动。④

1913年上半年,由评书艺人刘恩庆、相声艺人"万人迷"李德钖⑤与社会贤达林默青、李仲吟、韩补庵、孙挚哉等人联合发起,经直隶都督兼民政长冯国璋批准,在天津正式成立了艺曲改良社。社址设在西马路讲演

---

① 羊城旧客:《津门纪略》,清光绪二十四年,转引自来新夏主编《天津皇会考·天津皇会考纪·津门纪略》,张守谦点校,天津古籍出版社,1988,第98页。
② 韩补庵(1877~1947),名梯云,民国时期著名戏曲家、报人。关于韩补庵先生的研究并不多,北京社会科学院孙冬虎有《戏剧家韩补庵先生的生平足迹与文化贡献》一文,对韩补庵生平做了十分细致的考证。
③ 孙冬虎:《戏剧家韩补庵先生的生平足迹与文化贡献》,《北京史学论丛(2016)》,第45~46页。
④ 《中国曲艺志·天津卷》,第17页。
⑤ 李德钖(1881~1926),北京人,被誉为"相声大王",是"相声八德"之一。

所，李仲吟、韩补庵、林默青先后任艺曲改良社社长，副社长为刘恩庆。该社设有编辑部、评书部、鼓书部、竹板部、杂艺部、瞽目部。① 1913年6月，刘宝全率其宝全堂与各落子馆的艺人于天津南市丹桂茶园演出，为艺曲改良社筹措经费。② 1915年成立的社会教育办事处，属于艺曲改良社的"上级单位"，负责组织艺曲改良社的日常活动；艺曲改良社则主管审定曲目、改编旧词、编唱新词等各项事务。凡是在天津从事曲艺活动的艺人，都可以成为艺曲改良社的成员。

1913年成立的艺曲改良社是天津第一个由爱国的进步知识分子与曲艺艺人相结合组成的民间艺术团体。同时，1913年天津还成立了改良戏曲练习所，京剧改革家汪笑侬任所长，专门培养戏曲改良人才。曲艺改良与戏曲改良同步，二者相互影响，相得益彰。

二 艺曲改良社的实践

艺曲改良社成立前后，天津成立了一批从事曲艺改良的组织，这些组织多是民间性质。但艺曲改良社的性质不同，从一开始就具有半官方的身份。艺曲改良社在社会教育办事处的领导下，从1913年成立到1937年天津沦陷为止，在这24年间进行了大量曲艺改良的实践活动，对天津的曲艺发展做出了很大贡献。

首先，艺曲改良社创作了大量新唱词。社员们十分看重曲艺的宣传教化作用，韩补庵认为："唱本的势力，到了乡间，比二十四史的势力都大。潘金莲上坟，穿的是什么，戴的是什么；罗成招亲，吃的是什么，饮的是什么，恐怕诸位看尽二十四史都不知道，惟有那乡间会唱唱本的男女都知道，可以晓得他的势力了。"③ 他主张"文人学士，闲暇无事，偶然高兴，不妨大家提倡提倡，编写合乎本地方土俗民情的唱本"，"在这里边，注意些普通知识、人伦道德，或是地方先哲的轶事，或是民情疾苦，或是本地的名山古迹，或是现在的时局，只要能够助人兴味，随时都是材料，亦是

---

① 《中国曲艺志·天津卷》，第688页。
② 钱国祯、徐元勇：《刘宝全年谱》，《中国音乐》1996年第1期。
③ 韩补庵：《说改良唱本》，《社会教育星期报》第182期，1919年。

灌输社会教育的一个勇先锋"。①

韩补庵在他的专著《补庵谈戏》中把曲艺改良的初衷论述得十分详尽："戏之为物，其体至巨，其历史亦甚悠久。使天下而公认可以无戏也，则便应革之禁之，使其名不复存在于人间。若犹未也，则焉有人世公认为可以存在之事，而无人焉董而理之，俾进而日即于良，乃一任其污垢荒秽，长此终古者。……确认戏之为物，其本质与世所视为'玩物丧志'者大异。社会间既不能一日无戏，又不能革而禁之，则必进之而使之日即于良。戏不能自良，又必有人焉，且不一人焉。各视其知能之所至，用心焉，致力焉，文学、而艺术、而教育、而娱乐、而不拘一格。改革而刷新之，夫然后戏乃能良。不此之务，而惟恶戏之不良，望望然去之，若将浼焉，待之百年，未有能济者也。"②

基于这种认识，艺曲改良社的成员们纷纷编写新曲，比如提倡男子剪发的大鼓书词《劝剪发》，反对封建迷信的拉哈调《好糊涂》，支持女性上学的大鼓书词《劝自强》，支援五卅运动的《上海惨杀记》等。其中，《上海惨杀记》的反响尤为热烈，曾在京津两地的杂耍馆和落子馆广为上演。除了编写新曲之外，艺曲改良社还开创了一种新的曲艺表演形式——相声剧，就是将相声与情景剧融合，通过戏剧的表演形式把相声的精华展示出来，其有故事情节，有人物性格，有舞台道具背景，以戏剧的生动真实反映当下的社会与家庭生活，并给观众带来笑声。相声剧的代表作是《拾金不昧》，1920年在南马路曹家胡同天津学界俱乐部推出，演出效果非常好。③ 艺曲改良社的成员们从编创新曲、新剧的实践中，深切感受到曲艺的宣传功能与社会教化作用。白云鹏④曾说："鼓吹社会，以演唱力为最大。"⑤ 一时间，编新唱新成为天津的一种文化时尚。

其次，艺曲改良社对旧曲目进行了甄选、修改和审定。社会教育办事处曾搜集天津的子弟书钞本"三百数十种，兹经两年之久，逐细检阅，凡

---

① 韩补庵：《说改良唱本》，《社会教育星期报》第182期，1919年。
② 学苑出版社编《民国京昆史料丛书》第14辑，学苑出版社，2013，第17、18页。
③ 天津市地方志编修委员会办公室、天津图书馆编《〈益世报〉天津资料点校汇编》(1)，天津社会科学院出版社，1999，第945页。
④ 白云鹏（1874~1952），白派京韵大鼓创始人。
⑤ 《法人占地拘警风潮五十五志》，天津《大公报》1916年12月15日，第7版。

有益于风化与通俗教育宗旨不相悖者,共选行百有余种,现已照录,拟而次第付印,供艺曲改良社诸社员与盲生学习演唱"。①

1919年,韩补庵在《社会教育星期报》上撰文提倡对语义古奥、字句错讹的老唱本进行合理改编。他认为,"中国所以文化隔绝的原因,都因为读书人自命太高,不肯通融",不屑于关注民间文化,从而形成了中国上层精英文化与下层民间文化之间的断裂。其实,曲艺在中国民间的势力很大,老百姓喜闻乐见,只是由于民间"小书摊上的唱本—多半字句不同,讹字连篇。此种唱本风行民间,家喻户晓,有害于民"。因此,他呼吁应对唱本实行审查、筛选、修改,"把旧时的不良唱本完全换过",并特别强调"改良唱本比改良戏本还容易而且还紧要"。②

由于艺曲改良社长期以来一直担负着审定曲目和改编旧词、编唱新词的任务,因此,天津社会教育办事处创办的盲生词曲传习所,每年对盲生传授的内容就以艺曲改良社新编写的曲词为主,这非常有效地抵制了各种艳词淫曲,在一定程度上改变了天津曲艺界流行多年的乱象。

三 艺曲改良社与义务戏

艺曲改良社在进行曲艺改良实践的同时,还形成了常年演出义务戏的传统。义务戏,是近代社会发展的产物,其开端是1905年在杭州发生的"惠兴女士殉学"③事件。惠兴女士殉学后,在北方地区引起了强烈反响,尤其是北京,社会各界都开展了为贞文女学募捐的活动。北京梨园行举办的规模空前的筹款助学活动,戏曲名家悉数到场,义演募捐非常踊跃,由此拉开了京津地区戏曲界演出义务戏的序幕。北京义演募捐活动的消息传到天津后,天津诸戏园争相引进北京排演的关于"惠兴女士殉学"的新剧,演出效果异常轰动。天津戏曲界随之开展了一系列为贞文女学募捐义演的活动,这也成为天津演出义务戏的肇始。天津曲艺界不甘落后,甚至有了后来居上的趋势,其中艺曲改良社起着至关重要的推动作用。

---

① 《中国曲艺志·天津卷》,第17页。
② 韩补庵:《说改良唱本》,《社会教育星期报》第182期,1919年。
③ 惠兴(1870~1905),满族人,杭州贞文女学创办人,以提倡女学为己任。1905年,为贞文女学办学经费奔走无门的惠兴吞服鸦片自杀,以身殉学。

艺曲改良社的义务演出有四种成例。

一是以冬赈定例为代表的社会公益性活动。1914年1月8日《大公报》报道：时届隆冬，津城民生困苦，由艺曲改良社和善堂联合会联合发起，为津城贫寒者筹款集资。要求艺曲改良社社员于本月十四、十五、十六三日早晚在丹桂茶园演唱义务戏，所得茶资全数交与善堂。① 关于这次冬赈，《大公报》随后还公示了所得款项：三天共计大洋134元，铜子41413枚；另在丹桂茶园售卖牙粉、香水、烟卷等物，聘斋行共卖大洋7元4角，广生行大洋5元2角8分，和成行大洋6元5分。② 1928年11月16日《益世报》报道："天津艺曲改良社，每年届冬令，即集合本埠剧界演唱义务戏借以补助冬赈。该社职员近以天气逐渐寒冷，此举应宜进行，特约新剧界张笑影、红牡丹全体艺员暨天祥市场新世界之杂耍，定于本月十八日在东马路讲演，所演剧筹项，其票价大人二角，童子减半云。"③ 冬赈已经成为艺曲改良社每年冬季义务演出的定例。冬赈之外，艺曲改良社还进行其他类型的义演公助活动，如专门为陕西旱灾举行义演，为山东水灾举行义演。

二是爱国救国的义演。1915年5月9日，袁世凯与日本签订丧权辱国的"二十一条"，这种卖国行径遭到民众强烈反对。天津人民发起救国储金运动，于6月6日在河北公园召开救国储金募款大会。艺曲改良社社员、天津市杂耍艺人积极响应号召，于6月19日、20日两日在南市丹桂茶园昼夜演出，所得茶资全数充作救国基金。④ 艺曲改良社瞽目部的于贵堂等人还发起了瞽目部救国储金大会，盲艺人纷纷踊跃捐款。⑤ 1919年10月，法国人强占老西开，天津市民坚持斗争四个月，迫使法国暂时放弃了对老西开的侵占。在这场斗争中，曲艺界发挥了积极的作用。众杂耍馆、落子馆都举办了募捐义演，为爱国演说团体提供了舆论宣传场所。

三是支持工人罢工的义演。1919年10月，法商企业工人以罢工反对法国强占老西开，艺曲改良社组织天津的杂耍馆、落子馆举办募捐义演全

---

① 《演戏助赈》，天津《大公报》1914年1月8日，第4版。
② 《来函》，天津《大公报》1914年1月17日，第6版。
③ 《艺曲改良社将演唱义务戏补助冬赈》，《益世报》1928年11月16日，转引自《〈益世报〉天津资料点校汇编》（1），第969页。
④ 《储金团之进行》，天津《大公报》1915年6月19日，第5版。
⑤ 《此间各界人士聚集公园中发起救国储金》，天津《大公报》1915年6月25日，第2版。

力支持。其中，艺曲改良社社员、京韵大鼓艺人白云鹏不仅参加义演，还捐出自己的演出收入，并表示"愿将中法交涉真相编成曲词，到处演唱，以尽国民天职"。① 1925年5月30日，英日两国在上海租界制造了血腥屠杀中国工人和学生的五卅惨案。6月，艺曲改良社社长林默青、副社长刘恩庆为援助上海罢工工人，特约全体社员在西马路讲演所于闰四月三十日、五月初一演艺两晚，票价每位60枚，所得统归援助沪案罢业同胞。② 同时，各落子馆、茶园以及新剧社也纷纷开展义演活动。天津各界纷纷声援，6月22日成立了演剧募捐委员会。③ 天津艺曲改良社组织天津曲艺界在西马路讲演所进行两场义演，积极声援上海的"五卅"反帝爱国斗争，大力支持上海工人罢工。

四是救济曲艺同行的义演。1920年正月初七，艺曲改良社为该社的义地义阡④整修工程筹款，在西马路讲演所举办义演，演出相声、大鼓等，还上演了新剧《拾金不昧》。⑤ 艺曲改良社用义演收入完成了义地义阡的整修工程，使外地籍演员在天津去世后有了安葬之地。这为天津的曲艺艺人营造了一个相对宽松的环境，使他们对天津产生了归属感，进而在天津安家。除了为本社义地义阡募捐外，艺人们还积极参与各种救济同行的义务戏演出。

在艺曲改良社的四种义务演出成例中，除了第一种与第四种属于曲艺行业传统性质的义演外，第二种与第三种则属于近代中国社会历史背景下与时代命运息息相关的应激反应，因为爱国救国是20世纪初中华民族的时代命题。同时，支持工人罢工的义演，则是艺曲改良基本原则最直接的体现。

四　艺曲改良社的舆论阵地
——《社会教育星期报》

艺曲改良社在天津进行曲艺改良，很大程度上得益于媒体的支持与宣

---

① 《中国曲艺志·天津卷》，第689页。
② 《中国曲艺志·天津卷》，第16页。
③ 《各界联合会进行募捐》，天津《大公报》1925年7月10日，第5版。
④ 据1920年4月4日《社会教育星期报》报道，津善堂联合会及义阡局董事李星北，特拨西营门外俗名毛太爷义地对过的义阡作为艺曲改良社义地，用以埋葬在津去世的外埠从艺人员。
⑤ 《中国曲艺志·天津卷》，第19页。

传,其中《社会教育星期报》所起作用尤其大,《社会教育星期报》实际上就是艺曲改良社的舆论阵地。《社会教育星期报》于1915年8月1日在天津创刊,由社会教育办事处主办,旨在"培养旧有道德,增进普通知识,筹划国民生计,矫正不良风俗"。① 该报后来由社会教育广智馆出版,更名为《广智星期报》。

《社会教育星期报》的总理人为林默青。在韩补庵担任主笔期间(1915年至1927年),②《社会教育星期报》所刊载的内容除了重点关注天津的社会教育外,还大力提倡曲艺改良。该报发表了韩补庵、李琴湘③、杨韵谱④等一大批进步知识分子和曲艺艺人关于曲艺改良的文章。

《社会教育星期报》特设"艺剧谈"专栏,发表了大量的新编(或改编)曲词(见表1)。

表1 《社会教育星期报·艺剧谈》发表的新曲词

年份	期数	作者	曲种	曲名
1915	第1期	李琴湘	大鼓书词	《劝自强》
1915	第2期	郝庚廉	大鼓书词	《漆室女》
1915	第4期	刘渐逵创作,严范孙先生润色	说白	《〈新茶花〉新词》
1915	第5期	不详	说白	《〈慈虐异报〉新词》
1915	第5期	杞忧生	京调大鼓(即京韵大鼓)	《前车鉴》
1915	第6期	侯绍先	大鼓书词	《劝剪发》
1915	第7期	杨韵谱原稿,天津艺剧研究社润色	大鼓书词	《孝友泪》(第6期续)
1915	第7期	直隶戏曲改良社编	历史戏曲	《将相和》
1915	第8期	直隶戏曲改良社编	历史戏曲	《将相和》(续)

---

① 《社会教育星期报》第1期,1915年。
② 孙冬虎:《戏剧家韩补庵先生的生平足迹与文化贡献》,《北京史学论丛(2016)》,第30页。
③ 即李金藻(1871~1948),字芹香(后改琴湘),天津人,教育家,晚年致力于社会教育和戏曲改良。
④ 杨韵谱(1882~1957),河北梆子艺人,艺名"还阳草"。他不仅是著名戏曲艺术家,还是戏曲教育家,对戏曲改良贡献巨大。杨韵谱创办了有史以来第一个河北梆子坤戏班奎德社,演员均为女伶。奎德社是影响最大的女子戏班,被称作"女富连成",以演时装戏闻名。

续表

年份	期数	作者	曲种	曲名
1915	第9期	尹澂甫原稿，艺剧研究社诸君润色	历史戏曲	《因祸得福》，根据《聊斋·仇大娘》编
1915	第10期	直隶戏曲改良社编	历史戏曲	《将相和之缀言》

限于篇幅，表1只摘录了《社会教育星期报》1915年"艺剧谈"栏目前十期的新编曲词。从内容与曲种来看，大鼓书词和京韵大鼓属于新编曲本；说白和历史戏曲则是对传统曲本的改编，属于老曲变新词。从作者的情况来看，新编曲词多由艺曲改良社成员，即社会名流、进步知识分子和戏曲曲艺名家编写。从社会影响来看，新编曲词抨击或影射了当时帝国主义侵略、官场黑暗、民不聊生的社会现状，呼吁移风易俗、教育平权、妇女解放、婚姻自由，尤其注重爱国主义教育，提倡科学与民主。

《社会教育星期报》作为天津社会教育办事处的机关报，使艺曲改良社社员有了发声的平台，他们的曲艺改良主张可以及时、准确地传达出去。艺曲改良社与《社会教育星期报》之间的这种良性互动，为天津的曲艺改良提供了媒体助力，取得了双赢的结果；同时，对于20世纪二三十年代天津的世风民情产生了重要的引导作用。

《社会教育星期报》是艺曲改良社主要的舆论阵地，但艺曲改良社也与其他媒体合作。因为随着天津在近代的对外开放，其新闻业日益发达，天津成为北方信息舆论中心，诸如《大公报》《益世报》《庸报》《北洋画报》等报刊，经常刊登曲艺新闻、曲艺评论和曲艺作品。以《大公报》为例，1908年第4版开设了"大曲艺会"栏目；1929年、1930年、1935年相继对李大玉、刘宝全、白云鹏等曲艺名家进行专题报道，介绍他们的艺术理念，刊登媒体的相关评论。这些报刊的曲艺报道并不局限于天津，还经常报道外埠的曲艺新闻，如《大公报》报道过北京、保定、山东等地的曲艺动态。近代传媒以迅捷的传播速度影响了天津乃至华北地区的曲艺发展舆情导向，并引领了当时的曲艺消费趋势。

结　语

20世纪初的天津曲艺改良运动是19世纪末维新运动的余绪，二者尽管都以改良、革新为宗旨，但关注的对象不同，维新运动关注国家政权、社会上层，曲艺改良运动则关注普通百姓、社会下层。同时，曲艺改良运动还直接受到辛亥革命和五四新文化运动的影响。当时文化界的文人志士都主张启迪民智、解放思想，而说唱艺术则是启迪民智最易受、最便捷、最有效的艺术形式，于是曲艺界有了曲艺改良，戏曲界有了戏曲改良。

曲艺是古老的民间口头文学与歌唱艺术、表演技能相结合，经过长期发展演变而成的一种独特艺术，在不同时代有着不同的特点。因此，曲艺改良是曲艺自身发展的客观需求和必然规律。天津艺曲改良社的出现正是基于这样的时代契机。艺曲改良社的立社宗旨是改变天津曲艺在旧时代的乱象，因而大力倡导删除淫词艳曲，去掉艺人们的"脏口""荤口"，以净化舞台风气。为此，艺曲改良社根据新的社会文化需求，创作新的曲本，并对传统曲本进行删改与修正，组织艺人学唱提倡民主科学与歌颂新生活的新曲。同时，艺曲改良社组织艺人们参演义务戏，使艺人的社会地位明显提高，艺人们也积极参与到社会慈善救济中，他们开始被关注、被尊重。此外，艺曲改良社与天津各大报刊以及电台展开的交流与互动，为该社的艺曲改良活动做推广与宣传，初步实现了互利共赢。艺曲改良社的基本宗旨与这些社会实践活动在20世纪二三十年代对天津社会风气的开放产生了一定的积极影响。

但天津艺曲改良社还存在一些问题。首先，从外部来看，艺曲改良社既没有得到官方的财政支持，也没有得到社会赞助。艺曲改良社成立之初虽经直隶都督冯国璋的批准承认，获得了半官方的身份，即社会教育办事处的背景，但仅具有官方许可的合法性而已。从其成立到1937年天津沦陷，一直没有艺曲改良社获得社会赞助的记载，这注定了艺曲改良社的归宿。其次，从内部来看，艺曲改良社自身缺乏有效的组织机制与长远的发展规划。艺曲改良社的大多数社员来自社会底层，他们与艺曲改良社仅仅是一种松散的自由联络关系，二者之间没有统属性，更没有约束力，这大大制约了艺曲改良社的发展。韩补庵很早就预见了艺曲改良社的未来，他说："凡一事之创造或改革，其最初发动者每失败凭借单薄而敌多助少也。"[①] 韩补庵所说的"助少"，实际上就是艺曲改良社缺少的内外两种助力。

---

① 《民国京昆史料丛书》第14辑，第24页。

总体来看，天津曲艺经过这一阶段的改良，开始步入鼎盛期。相声、京韵大鼓、梅花大鼓、天津时调等曲种，都涌现出里程碑式的大师级代表人物，进而将这些曲种推向艺术发展的繁荣阶段。天津也借此形成了一批极具地域特色的曲艺形式，从而聚合成天津独有的艺术文化场域——真正的曲艺码头。这既是近代中国社会转型的一个重要组成部分，也是中国近代社会文化变迁的亮点。

作者：杨楠，天津社会科学院历史研究所
王丽，天津社会科学院历史研究所

（编辑：许哲娜）

·生态与环境·

明代昆明城市景观重塑

梁苑慧

内容提要：城市环境的塑造需要一个较长的时期，影响因素也较多。明代，作为地方性中心城市的昆明在城市建设思想以及城市规划方面趋于完备，城市形制也基本成形，城市立体轮廓突出；政府在元代的基础上进一步对城市河流和滇池进行治理，城市环境更适合人们居住与生活；明代移民政策的实施导致中原人口大量迁入，昆明地区人口大幅增长，成为城市发展的生力军；教育制度的推行，使得儒学蓬勃发展，文人纷至沓来，城市人文环境改善。此时昆明的自然环境、城市功能和文化内涵已经发生巨大转变，可以说，明代奠定了清代昆明的城市基础，也成就了近现代的城市环境。

关键词：明代　城市景观　昆明

从城市环境发展历史来看，重塑（remolding）不仅指"重新建造"（reconstruction），还含有"重新规划""重新构造"的意思，[①] 从狭义上来讲，是两个时期阶段中，在前一个阶段人类与自然环境交互作用的基础上，通过接下来的一个阶段人类有组织、有计划地改变城市环境的过程。城市环境的重塑受众多因素影响，这些因素可以是城市与所处自然地理条件关系之间的变化，如气候、河流、植被的变化引起环境重塑；也可以是

---

① 英国伊恩·道格拉斯借鉴了罗森塔尔的观点，认为城市环境史研究的最后一个层面就是把建成环境作为人类社会演化于其中的物质语境的一部分，考察在人类生活中的作用的地位。城市环境重塑就是"建成环境"其中的一种表达。伊恩·道格拉斯：《城市环境史》，孙民乐译，江苏凤凰教育出版社，2016，第5页。

人类因人口、政治、经济的需求而对城市的改造及塑造，特别是在传统农业社会中，城市的建造是伴随中央集权统治而拓展的。它既是封建统治中心，也是封建官僚、贵族、地主、商人和为他们服务的劳动人民的集中地；还可以是思想意识形态对城市环境的物化表征如城市建筑的建造及城市元素的增多引起城市环境的重塑。目前学界对城市环境重塑的研究主要集中于近现代。[1] 关于明代昆明城市环境重塑的研究至今没有专文阐述，较普遍的论述集中在移民[2]、滇池水利[3]、城市建设[4]等方面。

明代昆明城市环境的塑造发生在转折时期（元代）后的又一个城市建设的上升阶段。作为边疆民族地区，昆明因地理、自然生态及经济文化的差异而独具民族和地域特点。"湖荡鱼虾晨积场，市桥灯火夜交光。油窗洞户吴商肆，罗帕封颐僰妇妆。"[5] 这是当时文人杨慎[6]对城市环境重塑后的咏唱。元代所筑土城，其范围多大，也无从得知，根据志书材料，确实可靠的是明洪武十五年（1382）修建的"云南府"城，"此后吴三桂以及清朝、民国时期，虽有增修，但也未出原有基础和范围"。[7] 可见，明代昆明城市环境的重塑奠定了清代昆明的城市基础，也成就了近现代的城市环境。本文主要着眼于描述人、自然与城市协调相互间关系引起的城市面貌变化和城市环境在传统城市聚落的肌体上所发生的一系列嬗变与调整，以期呈现出昆明城市环境史的重要阶段，并进一步探讨决定古代边疆城市环境变迁的因素。

---

[1] 任云兰：《海河的整治与近代天津城市环境的重塑》，《福建论坛》2015年第5期；张天洁、李泽：《重塑武汉——1927～1937年间的城市规划尝试述略》，《建筑学报》2011年第5期；李全宇、钟蚵：《试论江浙中小城市特色重塑——以临海市新中心区城市设计为例》，《城市规划》2002年第9期。

[2] 陆韧：《明代汉族移民与云南城镇发展》，《云南社会科学》1999年第6期；乔飞：《明代移民与昆明城市的发展》，《史学月刊》2006年第12期。

[3] 朱惠荣：《昆明古城与滇池》，云南人民出版社，2017；李波：《元明清时期滇池水利的修建与昆明城的发展》，《昆明师范高等专科学校学报》2006年第1期。

[4] 曾凡普：《文献研究昆明古代城市形态发展影响因素及特征》，硕士学位论文，昆明理工大学，2007；曹小曙、朱竑：《历史时期昆明市城区拓展及结构演变研究》，《热带地理》2000年第9期。

[5] 昆明市文化局编《历代诗人咏昆明》，云南美术出版社，2004，第10页。

[6] 《明史》卷192列传第八十："杨慎，字用修，新都人，少师廷和子也。……嘉靖三年……慎……谪戍……得云南永昌卫。"

[7] 昆明市志编纂委员会编《昆明市志长编》卷3，1984，第148页。

一 昆明城的营造

至元十三年（1276），昆明成为云南的政治、经济和文化中心，"昆明县之得名，始于元。其于昆明创立云南省治，亦自元始。元置昆明，又置云南诸路行中书省，治中庆路"。① 元代后期尽管昆明地区社会混乱，城市发展受阻，但到明代，昆明作为地区统治中心的地位没有动摇，"洪武十五年勘定南中，改中庆路为云南府；以昆明隶焉。盖剧县也"。② 据《元史·地理志》中的《昆明县》记载，"其地有昆明池，五百余里，夏潦必冒城郭"，鉴于"其西、南濒昆池，地甚卑湿，独北偏为爽垲，故卜居从之"。明洪武十五年将昆明城的位置选在"东距盘龙江，南濒滇海，西据碧鸡山，北枕螺山"的这片区域，③ 它是在元代城址的基础上将城池北移，放弃了南部大部分的湖滩，将圆通山、五华山、祖遍山、翠湖纳入城中，减少了"夏潦必冒城郭"的危害。康熙《云南府志》称其地理位置"左环金马，右拥碧鸡，列昆水以为池，枕螺峰而带郭。山川明秀，南土要津。群山四拱，秀耸郊原。一水南潆，光浮市郭。形势之佳，以斯为首"。④ 这也是继明代后，清朝地方政府依旧沿用其城郭，将昆明作为云南行政中心的重要原因。

伴随城市位置的确定，昆明城从洪武十五年开始建造到洪武十九年结束建造，历时四年完成。建成后，一座规整方正的城市呈现在人们眼前。《南诏野史》云："城广十里，三百三十四步，共一千九百六十四丈。"⑤ "府城：洪武十五年建，周围九里有奇，凡六门：东曰咸和，东北曰永清，南曰崇正，西曰广威，西南曰洪润，北曰保顺。上各有楼，其崇正门之楼则更漏在焉。前有坊：曰忠爱，曰安远，曰金马，曰碧鸡。环城有池，可通舟楫。"⑥《万历云南通志》又载："西南曰洪润，俗谓之小西门。东北

---

① 昆明市地方志编纂委员会：《续修昆明县志》，云南民族出版社，2016，第1页。
② （明）邹应龙修，李元阳纂《万历云南通志》卷5，民国22年刊本，第9页。
③ 《昆明市志长编》卷3，第75页。
④ 康熙《云南府志》卷2，第2页。
⑤ （明）杨慎：《南诏野史》卷8，台北，成文出版社，1968，第3页。
⑥ （明）邹应龙修，李元阳纂《万历云南通志》卷5，第10页。

曰永清，俗谓之小东门。"《天启滇志》补载："四隅亦各有楼，居西南之间者为钟楼，环城有河，可通舟楫，其外有重关，楼凡九，各跨衢市之隘，万历庚申巡按御史潘浚建。"① 以上描述为我们勾勒出建成后的云南府城形势，府城周长9~10里，城墙高二丈九尺二寸（约10米），城墙有六道城门，城门上修建了雄丽壮观的城门楼，"乃于十九年冬，董士卒浚湟固垒，宏大厥基，建楼于城之南门。层檐三翚，栋宇百尺，巍乎翼然"就是对南门城楼恢宏大气的真实写照，② 当时"夷人观者，莫不目骇神悸"。在东西南北正向的四道门前还分别建有牌坊，城墙外有护城河环绕，河道宽敞，可以容纳船只通行。河面铺设桥梁，作为城外和城内的交通通道，城外还建有关隘，关隘上造楼，便于管理与设防。

除了城市的总体规划之外，还有对城市功能分区的安排，以行政机构为主的官府衙署和统治阶级的居住区主要分布在城内，用街道来对城市进行划分，以布政使司为内城的中心，在布政使司北建黔府，在布政使司西南建云南府，在布政使司南建云南都指挥使司，在崇正门外建武馆。此后其他行政机关也在逐渐增添或重建，辅以文教机构，如文庙、贡院、书院、长春观，以及游乐设施如翠湖等。南城墙外较开阔的地带逐渐成了昆明最主要的市场区和居住区。据载，城南为居民区，划分为若干"里"；城外的"东关""南关"作为兵将驻守之所，在时代需求的转换更替下也发生了本质性的变化，"关"原本就是军队驻扎及军事据点之意。到明中叶，昆明已经成为云南最重要的工商业城市。万历年间，校场所在地"南关"发展成为"商民辐辏之地，乌合与阛阓错杂而居"，表明它已失去立营操兵的功能，反成为经贸杂居之所。在夏光南所著的《云南文化史》中就记载了城市关厢所在地"南关"的昌盛之景："故老传说：明清两代南关商埠之地，列市纵横，极为繁盛。"明代，南关更是繁盛，由于商业经济的发展，城市道路不仅有所扩宽，还有明确的交通规则："明时广丈余，中分之道，行之者，左仕官，右商旅，中则王公贵人。"③ 城南市场经济的兴起也带动了城内的传统贸易，位于昆明城市中心区域的三市街、东寺街、金碧路等传统商业街区的出现就是此间城市外部关厢地带发展扩大的

---

① （明）刘文徵：《天启滇志》卷5，云南教育出版社，1991，第6页。
② （明）陈文：《景泰云南图经志书》卷1，第14页。
③ 夏光南：《云南文化史》，崇文印书馆1923年影印版，第67页。

结果。

昆明城的城墙、城门、城关和护城河建造层层叠叠、环环相扣，一改元代的土城面貌，石砖砌筑的城市规模宏大、坚固美观，完全展示出昆明作为地区性防御中心城市的突出地位。而城市街道纵横，条理分明，政治机构、文教建筑、居游娱乐、经贸市场各有其所，显露出此时期在昆明的功能分区建设和规划中理性思想的运用。

二 山水景致的考量

在城市建设之初，其选址需要顺应自然地形，虽然从唐代开始昆明就处在东西北三面为山的平坝之地，但是作为山地城市来说，这块区域地势整体向南面倾斜，相比平原地区，依然是"起伏大，变化多，形态复杂"。明代将城池北移，不仅扩大了城市面积，还营造出了新的环境景观。

首先，将城池内外的山体景观作为城市环境的依托。城外群山环绕，北边有蛇山（俗称长虫山），"其高数十仞，多崖穴，卷石撮土，可刊为洞隐，可诛茅为室……其下多桃花林，共新柳碧莎，相错而成景"；① 城东是金马山，"山不甚高，而绵亘于东南数十里，有长亭，其下为关曰金马关"；城西则是"峰峦碧色，石壁如削，下瞰滇池，为诸山之最"的碧鸡山，元代西台御史张雄飞曾作诗咏叹，"北阙辞丹凤，南云看碧鸡……寄书无雁过，择木有猿啼。花映高低树，园分远近畦"；还有位于滇池西北"逶迤十余里，佛刹绕之，花木竹石可怪可愕"的玉案山。至于城内，也是山峦连绵重叠，集中于城市的中心及北部地区，主要包括"在城中，山有巨石，皆深碧色，望之蟠簇如螺髻状"的螺山，② "五华山，乔林葱菁，管领众山，咸在仙掌之上，厥土赤色，可以炼金……其山耸拔相向，取以为宝山"，③ 以及对峙伫立于五华山左边的祖遍山。城内外的山峦不仅郁郁葱葱，山色浓郁，山上还有众多名胜古迹点缀其间，文化意蕴浓厚。

其次，是对城市水文景观的整治。在元代的基础上，明代开展了对昆明地区河流的管理。城外主要是对滇池、海口河、松华坝以及六河进行治

---

① （明）刘文徵：《天启滇志》卷2，第45页。
② （明）陈文：《景泰云南图经志书》卷1，第40~41页。
③ （明）刘文徵：《天启滇志》卷2，第46页。

理，治理的目的一是增加农田，二是减少水患，维护城市安定。从洪武十四年开始，时任云南最高军事行政长官沐英发动昆明一带的军民屯户，疏浚滇池，"入渠滥川中，浚而大之，无复水患"，"明黔宁王开滇，凿山引水灌溉田亩……置石坝十七座"。① 弘治元年（1488）巡抚陈金倡修海口河，弘治十五年在海口河两岸筑旱坝15座，"以拦榭两山水冲流壅塞河道之患"，万历四十六年（1618）开始将松华坝土坝改成石坝。此外，还开始了对金汁河、银汁河和盘龙江的治理以及对横山水洞和南坝闸等的修建。这些水利工程大小繁简不一，不仅扩大了灌溉面积，滇池"不复昔日之泛滥弥浸矣"，一定程度上减少了水旱等自然灾害对社会产生的消极影响，而且涸出土地"前后约百万有奇"，均为"膏腴沃壤"之地。这些土地为当时扩大军民屯田创造了条件，促进了农业生产的发展，增加了城市周围的农田景观，塑造了边疆地区自然朴素的田园风光。

城内则开展了对湖池与河道的建设。以翠湖为例，元初没有翠湖，当时的云南行中书省平章政事赛典赤首次开始疏浚海口水利工程，降低了滇池的水位，翠湖与滇池湖面分隔，成为城外的小湖湾，多稻田、菜园、莲池，故称"菜海子"，因东北面有九股泉，汇流成池，又名"九龙池"。明初翠湖水域辽阔，在染布巷与小西门之间填建城墙，把翠湖湾变成了人工潟湖，也包入城内，从而改善了昆明城内的环境质量。最初沐英选择在翠湖西北岸大片土肥水饱草茂的地方练兵习武、牧马备战，因此翠湖也被称为"洗马河"，成为昆明城内的禁地。《天启滇志》记载了关于翠湖的具体情况："府城内有九龙池，清迥秀澈。蔬圃居其半，故又曰菜海，其平者为稻田，下者为莲地，又半之。沿五华之右贯城西南陬，入顺城桥，汇盘龙江，达滇池。世镇有别业在其上，曰柳营。"② 后对大众开放，使人们有机会一睹风采。明代诗人童昱就曾作诗《龙池秋月》："草草横塘一镜开，碧天清晓映楼台。夜凉风度钟声静，恐有蛟龙出洞来。"明代中期，九龙池内栽种了许多荷花，成为昆明城内的一大名胜。

昆明城的山水景致打造了城内"三山一池"——祖遍山、圆通山、五华山与翠湖——的山水格局。城外则是城南的滇池水满盈野，荻苇蔽天，

---

① （明）邹应龙修，李元阳纂《万历云南通志》卷2，第14页。
② （明）刘文徵：《天启滇志》卷4，第57页。

绿杨铺岸，渔火隐隐；城东，由北向南峰峦重叠，逶迤绵亘；城西，玉案山、碧鸡山等，连峰度脉暗藏深壑，秀峻挺拔苍崖万丈。昆明城可以说是坐落在"三面湖光抱城廓，四面山势锁烟霞"的优美环境中。

三 人口迁入及教育发展带来的文化空间塑造

在古代，城市人口与城市的发展密不可分，城市人口众多也就意味着城市土地规模在扩展，经济功能在增强，商业贸易繁荣，明代昆明作为云南省府城，移民众多，城市环境的重塑和当时的人口与文化环境密不可分。

明代昆明城市人口增加迅速，原因有二。其一，昆明在元末明初政权更迭中政治环境较为平和，城市人口没有因战争而有所削减。明初沐英、傅友德、蓝玉入滇，"滇城父老争出金马山，盘香拜迎王师。英入城，秋毫无犯，收梁王金印，并官府符信图籍，抚按其民……自出师至此仅百日，云南平，遣捷报于朝"，[1] 又有"（洪武）十五年正月，中庆……昆明……等官，皆诣蓝玉、沐英营降"，[2] 这说明由于明军进入昆明城时没有发生武力争斗，昆明城市人口未受影响。其二，外来移民大量迁入。明代，军事移民、罪徙移民、官府组织和自发形成的移民是入滇外来移民的主力军。据史载，洪武十四年八月，上谕在廷文武诸臣曰："'云南自昔为西南夷……在所必讨'，上于是命诸将简练士卒……凡二十四万九千一百人。"[3] "案三将军入滇，率师三十万……傅、蓝既归，将卒皆属于沐。"[4] 随着中央统治政权在昆明的确立与稳定，昆明的城市人口也在逐渐增多，明初实行屯兵制，"云南都指挥使司……隶右军都督府，其辖卫二十：云南左卫……屯军一千七百五十名；云南右卫……屯军一千一百三十二名；云南中卫……屯军一千三百五十六名；云南前卫……屯军一千二百八十七名；云南后卫……屯军五百二十六名；广南卫旧在广南府，洪武二十九年

---

[1] （明）诸葛元声：《滇史》卷19，德宏民族出版社，1994，第14页。
[2] （清）倪蜕：《滇云历年传》卷6，李埏点校，云南大学出版社，2018，第8页。
[3] 《明实录·洪武实录》卷139，台湾史语所，1962，第1页。
[4] 民国《新纂云南通志》卷5，云南人民企业股份有限公司，1949，第18页。

建，永乐元年迁建于云南府治东……屯军一千二百五名"。① 以上军事人员共计 7256 名，还没有算上随军亲属以及其他移民。明嘉靖十九年（1540）邹应龙修和李元阳编纂的《万历云南通志》记载："云南府一万四千户，实在人丁五万六千二百四十口。"② "云南府……户口，户二万九千五百五十，口十二万八千二百七十六。"③ "所以到了明朝末年，昆明境内约有十万左右人口似乎更是比较接近实际的。"④ 这些移民成为昆明城市环境重塑的建设生力军。

另外，云南全境平定后，朱元璋下令"府州县学校，宜加兴举，本处有司选保民间儒士堪为师范者，举充学官，教养子弟，使知礼仪，以美风俗"。⑤ 昆明地区的书院就有"嘉靖年间建在府治西北的五华书院，安宁州的云峰书院、州北门内的升庵书院；明隆庆年间建在府西门外文昌祠左的文昌书院、晋宁州治东的梅谷书院、昆阳州月山左麓的海春书院、旧三泊县城内的泊阳书院"，⑥共计七所，其中五华书院是三十四府较好的学士来省学习的地方。另有府学一所、州学三所、县学三所。⑦ 此外，还有设于洪武八年的社学，主要招收民间十五岁以下少年儿童入学，除读书外，还学习冠、婚、丧、祭之礼。由于政府大力提倡办学，兴学施教，还设立"提学道"机构管理全省文教事务，尽管永乐年间云南设立云南提督学校按察司比中原地区晚，但这时候"云南的人才，几乎与中原并列"。随着科举制度在此地的形成、各级学校的设立，人们的文化水平有了显著提高，出现了如孙继鲁、杨一清、严清等登上历史舞台的政治人物；也有如洪城、唐尧官、曾祺等以诗文学术自立，靠自身学识谋生的文人学子，他们在推进昆明地区文化发展和社会进步方面所起的作用是有目共睹的。

汉族人口的大量迁入以及教育制度的发展无形中促使学习儒家文化的人员日益增多，大部分地区社会风俗发生了重大变迁，以儒家文化为主导

---

① （明）邹应龙修，李元阳纂《万历云南通志》卷7，第4~7页。
② （明）邹应龙修，李元阳纂《万历云南通志》卷6，第5页。
③ （明）刘文徵：《天启滇志》卷6，第5页。
④ 《昆明市志长编》卷3，第30页。
⑤ （明）张枕：《云南机务抄黄》，《云南史料丛刊》第4卷，云南大学出版社，1998，第555页。
⑥ （明）邹应龙修，李元阳纂《万历云南通志》卷8，第3~6页。
⑦ 《昆明市志长编》卷3，第75页。

的汉文化成为云南少数民族文化风俗发展的主要内容。第一，体现在城市形制的礼制化特征明显。明代昆明城市的主轴线是商山—忠爱坊—滇池一线，这条轴线既是云南府城布局的轴线，又是云南统治阶级统治秩序的轴线，以城内五华山为界，其北为城市统治阶层的生活服务区，其南为政府统治的行政区，在南区其布局秩序从北到南、由高到低分别为黔王府、布政使司衙门、都指挥部、云南知府衙门，充分反映了中国儒家"择中而立"的城市建设思想，以及"南面为王"的封建统治思想。同时，城市中轴线的两侧，轴线以东多建有佛寺，如东边有报国寺、常宁寺、咸宁寺等，轴线以西多建有庙宇，如文庙、武庙、城隍庙、土主庙等，形成了"左寺右庙"的格局，这和《周礼·考工记》中的建城思想不谋而合。第二，城市建筑的中原化程度不断加深。如书院这类儒学建筑，选址位置优越，贡院位于帅府之北，府学在府治之南。建筑形式是汉式合院，主轴线上布置讲堂、祭祠、藏书楼，强调讲学、祭祀、藏书"三大事业"的主导地位，斋舍则分列左右或后部，围合院落，在空间上呈现出左右均等、中轴对称的格局。地形上多依山而建，层层叠进，加以庭院绿化、树木遮掩，以及亭阁点缀、山墙起伏、飞檐翘角，凸显于城市基底之上。明万历四十年建成的五华书院，"为屋百七十有二……五华之上，宫墙翼翼，而山川之胜，亦若为改观矣"，[①] 就是对当时儒学建筑在昆明立足的最好例证。第三，城市生产生活方式汉化，如纺织技术。据《天启滇志》载，云南靠内地各州县"机纤之声夜闻"。云南纺织品中的火麻布、乌帕、土锦、乌绞等，就是在当地民族原有的基础上采用中原先进的纺织技术而成为著名的地方产品。昆明还有"三月三，耍西山"的节日，每逢三月初三，昆明居民除在门上插荠菜花外，还要到城外西山游览，体现了移民受迁徙地的民族举行农业祭祀活动的影响，由于历史发展演变，汉族的节日呈现出的文化内涵已经有了较多的内容，成为一种复合形态，显然社会文化的变迁使这些节日被赋予不同时期的文化内容。[②]

城市文化是城市的灵魂，城市因文化而充满魅力，既使人城相依，又使人城共进。明代移民政策为昆明城的营造提供了人力资源，这些移民为

---

① 昆明图书馆：《历代散文品昆明》，云南美术出版社，2006，第47页。
② 沈海梅：《明清云南妇女生活研究》，云南教育出版社，2001，第146~147页。

城市注入了新的活力和文化气息。边疆与中原两种文化的交叉与互融，将昆明城市渲染成"武备既裕，文治宜兴"之地。

小 结

从唐代开始，中国的城市发展就从自由走向了有序。到了明代，各级统治中心城市都是按照中央意志进行规划，城墙、宫殿官署、宗教文化设施强调按照礼制修建，在这样一种大背景下，明代的昆明城市环境从原来的混沌逐渐走向了明晰。明代的昆明内城是向中原地区城市环境模仿传习的结果，外城也是如此。在城外出现的"关厢"地区与中原地区雷同，"南关""北关"与原来的内城及旧城比较，形状、道路系统等均不甚规则，有明显的自发倾向，只是中原地区有的城市发展到一定规模后，会用城墙将其圈围，而明代昆明则更灵活自由，并没有完全遵从中原地区的城市经济形态，反而体现出边疆民族地区开放兼容的特点。因此，城市环境的重塑不仅包含对原有城市的恢复或搬迁，也表现出对原有景观合理性的尊重，还包含对原有城市建设存在的不足的新构建和新规划，使其更具备时代性和规范性。

从昆明城市环境的塑造，我们看到它也有赖于自然和人文环境双重作用。昆明城址"三面环山，一面临水"，"三山一水"的城市形态是对自然的最好诠释。从元代的鄯阐城到明代的昆明城，城市空间两度变迁，但趋势都是向北发展，以容纳更多的青山绿水。明代云南府城从玉带河往西，有西坝河、船房河、永昌河，在玉带河以南，引盘龙江水西流，有采莲河、太家河等，从而形成密集并列的箆状水系。在河面上，先后建成了鸡鸣桥、板坝桥、柿花桥、土桥、三板桥、马蹄桥，还有三节桥、柳坝桥等，小桥流水的水乡景观突出。而山色更是明显，明代日本僧人机先称道不已的六大景观——金马朝晖、碧鸡秋色、玉案晴岚、滇池夜月、龙池跃金、螺峰拥翠，城市中山峦景观就占了四个。昆明城设计合理、布局考究，城墙高大雄伟、防卫森严，城内府衙官署、寺庙宫观、庵祠坛阁、学府园囿林立，是一座防卫牢固、生活方便、风光优美、适宜人类居住的山水园林城市。

总之，如果说元代昆明城市景观塑造还留有浓厚的少数民族地域风格，那么明代昆明城市环境的塑造则体现了中原汉族儒学文化与边疆地区自然地理风貌的完美结合，奠定了清朝及近代乃至现代昆明城市环境的基础，是昆明城市环境历史上的重要阶段。

作者：梁苑慧，昆明文理学院、云南大学

（编辑：任云兰）

公共健康与近代租界公园建设*
——以上海公共租界为例

张亦弛

内容提要：上海公共租界内公园建设与公共健康的关系显示，虽然公园这一景观形式是在欧洲产生，主要用于增强产业工人的身心健康，但其在租界内的出现则源于满足土地扩张的需要。随着租界的扩张，城市居民逐渐关注公共健康，将其与公园建设相联结，并最终使促进公共健康成为租界公园以及城市体系的一项重要职能。在这一过程中，租界公园也从扩张土地的工具演变为居民都市生活的必需品。

关键词：公园 公共健康 公共租界 上海

作为工业革命的产物，现代公园最早出现在维多利亚时期的英国，用以提升产业工人的身心健康，后又传至欧洲大陆，成为各工业市镇内不可或缺的城市景观。[①] 但由于中国并未经历工业革命，这一园林形式在中国的兴起则源于晚清时期通商口岸开辟后，欧美侨民在通商口岸租界内所进行的营建活动。

无论是国际学界还是国内学界都从各个层面对租界内的公园进行了深入的探讨。比如，周向频和陈喆华梳理了从1840年至今的上海城市公

---

* 本文系欧洲研究委员会地平线研究创新项目（No. 802070）、耶鲁大学保罗梅隆英国艺术研究中心博士后基金项目（No. 03 – 2019 – POST/46）、哈佛大学敦巴顿橡树园研究基金项目、澳大利亚国立大学中华全球研究中心图书基金项目研究成果。

① George F. Chadwick, *The Park and the Town: Public Landscape in the 19th and 20th Centuries*, Frederick A. Praeger, 1966, p. 19.

园发展历程,① 王绍增检视了上海租界内各公园的造园特色,② 张世瑛分析了公园出现后的社会反应,③ Hsiu-Ling Kuo 考察了上海公园中的东西方文化互动。④ 但是,这些研究往往简单地将租界内的公园视作欧美城市公园的复制品,却忽略了 19 世纪的通商口岸并非工业革命时期的欧洲工业城市,租界内的侨民也不是工业市镇内的产业工人,两者在政治、经济、社会及文化等方面存在巨大的差异,而这些差异则直接影响到城市景观的营建与发展。因此,我们必须从租界的社会历史背景出发对中国的近代租界公园进行探讨。

本文在中、英、美、澳、法、比等国档案馆所藏资料的基础上,以上海公共租界这一史上面积最大、最为典型、影响最深远的租界内城市公园为切入点,将租界的公园建设与侨民的日常生活相联结,检视我国租界公园健康功能的发展演变过程。这将有助于重新解读我国租界公园的其他功能,以及租界在欧美城市理念引入我国过程中所发挥的作用,进而深入理解我国的城市公园发展史,乃至东亚地区的城市建设史。

一 租界公园建设是土地扩张的工具

自 18 世纪始,中国一直实行严苛的一口通商政策⑤,但英国用炮舰轰开了中国紧闭的大门。1842 年第一次鸦片战争结束后,清廷被迫与英国政府签订《南京条约》。作为中国历史上第一个不平等条约,《南京条约》规定开放广州、上海、福州、宁波、厦门为通商口岸,并允许英商及其家人在此居住。

1843 年 11 月 8 日,英国领事巴富尔（George Balfour, 1809 – 1894）

---

① 周向频、陈喆华:《上海公园设计史略》,同济大学出版社,2009。
② 王绍增:《上海租界公园》,硕士学位论文,北京林业大学,1982。
③ 张世瑛:《晚清上海西式公园出现后的社会反应》,台北《国史馆学术集刊》第 14 期,2007 年,第 39~96 页。
④ Hsiu-Ling Kuo, *Shanghai Parks in the Second Half of the Nineteenth Century: Architectural and Cultural Exchanges Between the East and the West*, pp. 17 – 39; Ding Yannan, Maurizio Marinelli, Zhang Xiaohong, *China: A Historical Geography of the Urban*, Springer International Publishing, 2018.
⑤ 一口通商政策指自 1757 年至 1842 年,清廷规定西洋商人只可以在广东（广州）通商,但中国商民不受此令限制。

一行到达上海,并于9日后宣布上海开埠。1845年11月29日,上海道台宫慕久(1788~1848)与巴富尔签订《上海租地章程》,同意设立上海英商居留地。该章程规定,居留地的范围东至黄浦江,南临洋泾浜,北依李家厂,西达界路,总计830亩(约336公顷)土地。① 由于采用永租制,该居留地也被称为租界,这也是中国历史上首个租界。

1863年,上海英租界与美租界合并,组成上海公共租界,后又经多次扩张,直至1943年中国政府收回管理权。上海公共租界是中国租界史上开辟最早、存续时间最长、面积最大、管理机构最复杂、发展最充分的租界之一,其城市管理系统与城市建设架构则更是其他租界与华界争相借鉴的范本,影响至远。②

诚如"通商口岸"这一名称所预示的那样,通商是早期欧美侨民来华的主要目的。根据资料记载,在上海开埠后的一年内,先后有44艘商船到达上海;其中选择居留在上海的外国人共计25人,包括商人23人,牧师2人。③ 因此,商人主导了早期上海的侨民群体。他们多是抱着冒险发财的目的来到上海,希望在几年内挣上一笔快钱,回到家乡。正如其中一位英商所坦露的那样:"我希望顶多在两三年内发一笔财,然后离开。那么即使以后整个上海毁灭在火里或水里,这与我有什么关系呢?"④ 受这种思想的影响,租界早期的居民并没有强烈的意愿建设租界,自然也未对公园给予关注。

尽管如此,公园概念的引入却与对商业利益的追求有着密切联系。19世纪60年代,随着上海丝绸外贸日盛,租界内英商对于上海的物流条件也有了越来越高的要求。⑤ 但受到河道条件限制,黄浦江的航运能力难当重任,制约着租界的发展。于是,上海英租界的管理机构工部局决定整治河道系统以提升航运能力,并于1864年委任工程师约翰·克拉克(John Clark)负责制订整治方案(见图1)。在调查河岸沿线后,克拉克于1864

---

① Francis Clifford Jones, *Shanghai and Tientsin, with Special Reference to Foreign Interests*, American Council, Institute of Pacific Relations, 1940, pp. 3-5.
② 费成康:《中国租界史》,上海社会科学院出版社,1991,第241~245页。
③ William Charles Milne, *Life in China*, Routledge, 1859, p. 370.
④ Rutherford Alcock, *The Capital of the Tycoon: A Narrative of a Three Years' Residence in Japan*, Longman, Green, and Roberts, 1863, p. 38.
⑤ 上海公共租界工部局:《上海公共租界工部局年报》,1865,第60页。

年和1865年分别递交了两份关于整治外滩和苏州河口岸线的报告。他在报告中指出，苏州河口转弯处的水流是制约现行黄浦江运力的关键所在。因苏州河与黄浦江在此交汇，水流对撞在河口外形成旋涡，造成大量泥沙沉积，堆积浅滩，影响航运安全与岸线稳定。为改善这一情况，克拉克提议在苏州河河口处修建一座永久性"舌状"堤岸，迫使苏州河水流向与黄浦江一致，避免在河口处形成旋涡、浅滩。① 经董事会讨论，工部局采纳了这一建议，并着手实施改造方案。

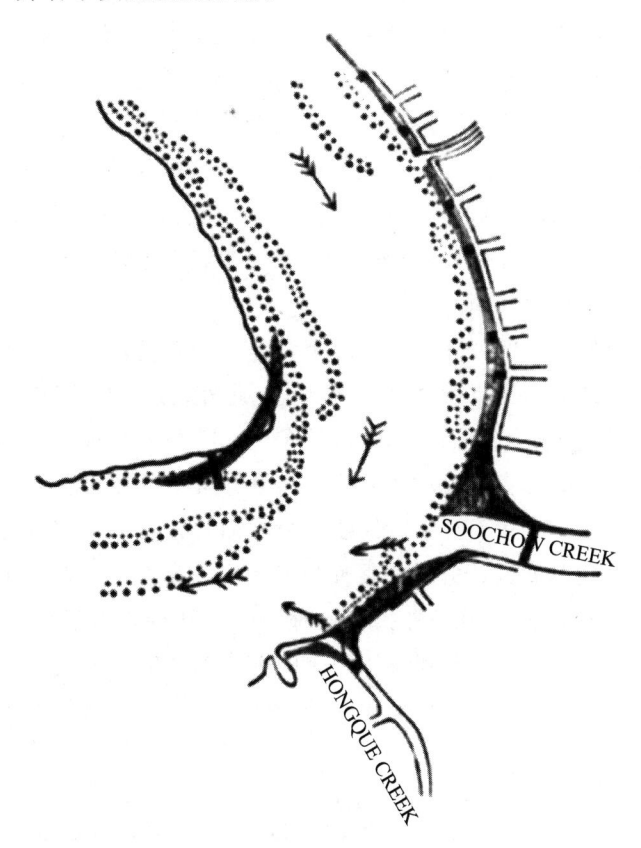

图1 约翰·克拉克的苏州河口改造方案
资料来源：上海公共租界工部局《上海公共租界工部局年报》，1864，第34页。

然而，如何解决项目用地则成为制约工程实施的主要问题。根据1845

---

① 上海公共租界工部局：《上海公共租界工部局年报》，1864，第33页。

年《上海租地章程》条款的规定，英租界的管辖范围仅至苏州河与黄浦江两岸的界碑处。① 而该整治方案所涉区域则位于租界之外，工部局无权进行建设。于是，工部局当局敦请英领事出面与上海道台进行磋商。

由于公园的"公共属性"，建造公园成为解决用地的突破口。英领事向道台提议，工部局拟将苏州河河口处土地改造为一处"公园"，对公众开放，以达到修筑"舌形"区域整治河道的目的。② 鉴于公园是非营利性的公众游憩场所，道台同意了这一请求，并于1868年6月19日出具一则公函："（该土地）由外国委员会（暨工部局）所投资围筑为休息之所，但不准做建屋居住或经商之用，同治七年上海道台发给临时免收地租证，如违背上开条件（不做营利事业用），清政府得没收其围垦地。"③ 由此，现代公园开始正式登上上海城市建设的舞台。1868年8月8日，工部局举行了开园典礼。因该园对公众开放，工部局将其命名为"Public Garden"，华人则称之为公共花园、公家花园、外国公园或者外滩公园。该园也成为上海历史上首座现代公园。

虽然名为公园，但公共花园实际上只是一块绿地。开园初期，园内仅有一片草坪，其上零星点缀乔灌木若干。④ 此外，还有一间"门房"作为园内建筑（见图2）。⑤ 然而，通过修筑公园，英租界当局攫取到苏州河河口这一租界外土地的使用权，并借此改善了黄浦江的河道条件。

相较于欧美城市基于健康考量建设公园而言，公园在租界内的出现主要源自其"公共"属性，并最终促使租界当局以此为由突破《上海租地章程》中的相关规定，在租界外扩张土地，从而达到提升黄浦江运力的目的。但是，面对这样的商业利益，公园的健康功能完全被抛之于后。正因为此，现代公园在19世纪中期上海租界的出现主要成为土地扩张的工具。

---

① Anatol M. Kotenev, "Its Mixed Court and Council: Material Relating to the History of the Shanghai Municipal Council and the History, Practice and Statistics of the International Mixed Court; Chinese Modern Law and Shanghai Municipal Land Regulations and Bye-Laws Governing the Life in the Settlement," *North-China Daily News & Herald*, 1925, pp. 557–566.
② Engineer's Office, "Engineer's Department: Report of Municipal Engineer," *The North-China Herald*, 1865.
③ 上海公共租界工部局：《上海公共租界工部局年报》，1870，第60页。
④ Shanghai, *The North-China Herald and Market Report*, 1868；程绪珂、王焘主编《上海园林志》，上海社会科学院出版社，2000，第93页。
⑤ 上海档案馆：《工部局董事会会议录》，上海古籍出版社，2001，第681~682页。

图 2　1884 年外滩公园景观
资料来源：吴友如《申江盛景图》，广文书局，1981，第 18～19 页。

二　租界公园建设中健康功能的引入

尽管公共租界早期的公园建设并未给予健康过多考虑，但进入 19 世纪 90 年代后，租界内的城市居民开始逐渐注意到公共健康的重要性，并将其纳入城市景观营建的考量中。[1] 这与 19 世纪末粤港鼠疫暴发有着紧密的关联。1894 年 2 月，粤港鼠疫首先于广州暴发，在短短数周之内就导致 6 万人死亡，随后又蔓延至香港，造成 8 万余人丧生。[2] 由于穗、港两地都是重要的口岸城市并与多个国际港口保持着频繁的船务往来，这场鼠疫又随商船扩散至国内外各个口岸，如印度孟买等地，引发世界范围内的大流行。

有鉴于上海与广州、香港等口岸间的密切联系，上海居民旋即意识到问题的严重性，并开始关注公共健康，探求防范措施。此时英国的主流观

---

[1] Garnet Wolseley, *Narrative of the War with China in 1860: To Which is Added the Account of a Short Residence with the Tai-Ping Rebels at Nanking and a Voyage from Thence to Hankow*, Longman, Green, Longman, and Roberts, 1862, p. 29.

[2] E. G. Pryor, "The Great Plague of Hong Kong," *Journal of the Hong Kong Branch of the Royal Asiatic Society*, Vol. 15, 1975; B. W. Brown, "Plague: A Note on the History of the Disease in Hongkong," *Public Health Reports* (1896-1970), 1913, pp. 551-557.

点认为，环境是导致人患病的主要原因。因此，英国社会普遍通过修筑排水系统、平整废弃土地等措施改善城市环境，应对公共健康问题。① 受此启发，上海公共租界工部局积极整治租界内城市环境，以期通过打扫街道、清整河道、整修卫生设施、修筑临时医院等方式达到预防瘟疫的功效。②

于是，租界内的居民着手利用城市建设改善公共卫生。工部局注意到租界内的垃圾场、沼泽地等坑洼地，都是"滋生各类病害的温床"，具有"潜在的危害"，因此，试图改善环境以"使租界免于疾病的威胁"。③ 由于公共租界是以上海城外的荒地为基址进行建设，其上满是"各类坑洼、沟渠及沼泽……甚至还有无数的荒冢"，工部局从19世纪末开始对租界内的土地进行了一系列的平整和吹填工作。④

在这一过程中，租界当局意识到城市公园对于促进公共健康有着至关重要的作用，尤其是"夏日疾病泛滥之时，其效最著"。⑤ "为保障租界全体居民安全计"，工部局开始有意识地将平整后的土地改造为公园。⑥ 例如，1896年工部局即将昆山路旁的池塘填平后修筑成虹口公园，1898年又将公共娱乐场内板球俱乐部休憩亭侧的水坑平整后改建为小游园。⑦

与此同时，租界内居民还注意到给排水系统在公共健康方面所发挥的作用。与之相关的议论更是见诸报端，"若当夏令，则满城皆污秽，即不见坑厕，而秽气亦扑入鼻。观掩而过者，几欲闷死……居城内者，如终年在鲍鱼之肆，以致鼠疫诸症，感而即发。其何以堪"。⑧ 而英国及欧洲大陆的许多城市早在19世纪中叶就已在城内修筑了公共卫生间及饮水器等设

---

① Ruth Rogaski, *Hygienic Modernity*: *Meanings of Health and Disease in Treaty-port China*, University of California Press, 2004, p. 86.
② 曹树基：《1894年鼠疫大流行中的广州、香港和上海》，《上海交通大学学报》（哲学社会科学版）2005年第4期；"Quarantine?" *Peking & Tientsin Times*, 1894年6月23日，第23版；上海公共租界工部局：《上海公共租界工部局年报》，1894，第86页。
③ "To the Editor of the Peking & Tientsin Times," *Peking & Tientsin Times*, 1902。
④ Francis Lister Hawks Pott, *A Short History of Shanghai*, *Being an Account of the Growth and Development of the International Settlement*, Kelly & Walsh, limited, 1928, p. 13.
⑤ 上海公共租界工部局：《上海公共租界工部局年报》，1895，第143页。
⑥ 上海公共租界工部局：《上海公共租界工部局年报》，1904，第319页。
⑦ 上海公共租界工部局：《上海公共租界工部局年报》，1896，第143页；上海公共租界工部局：《上海公共租界工部局年报》，1898，第254页。
⑧ 《去秽所以祛疫说》，《申报》1894年6月27日，第1版。

施。受此启发，工部局考虑到"提供充足清洁水源对于城市健康具有关键作用"，而"不洁的水或可引发瘟疫、痢疾、腹泻、肝炎、霍乱等疾病"，故于1883年修建了覆盖全租界的城市供水系统。①

在此基础上，工部局也致力于将公共卫生间、饮水器等设施引入城市公园等开放空间之中，以"提高民众的舒适与健康"。② 1895年，工部局即在外滩公园内修建了卫生间及饮水器，1912年在昆山广场设置了饮水器，又于1906在公共娱乐场、1914年在虹口娱乐场及霍山公园内分别建造了卫生间。③ 至此，卫生间及饮水器成了公共租界公园建设的标准设施（见图3）。

图3 上海虹口公园（今鲁迅公园）内的饮水器

资料来源：作者拍摄。

---

① W. B. Bonnell, "A Plea for Lungs," *The North-China Herald and Supreme Court and Consular Gazette*, 1892, p. 50.
② 张鹏：《都市形态的历史根基——上海公共租界市政发展与都市变迁研究》，同济大学出版社，2008，第175页；陈明远：《中国租界史的再确认（之二）：租界标志着中国现代化进程的开端》，《社会科学论坛》2013年第7期。
③ 上海公共租界工部局：《上海公共租界工部局年报》，1896，第145页；上海公共租界工部局：《上海公共租界工部局年报》，1915，第65B页；Charles Mayne, "The Municipal Council," *The North-China Herald and Supreme Court and Consular Gazette*, 1906, p. 681；上海公共租界工部局：《上海公共租界工部局年报》，1914，第68B页。

随着公共卫生观念的深入人心，公共租界内的居民也开始关注19世纪末快速的城市建设所带来的健康隐患。人们认为通风的环境可以有效地阻止疾病的传播，而"不洁的空气会损害健康，甚至造成疾病"。[①] 相对于"过度拥挤的场所"而言，"那些卫生条件良好、隔离通风的地方几乎完全具有病毒免疫的功能"。[②] 因此，由于通风不畅，高密度的建筑成了损害居民健康之所在；而得益于促进空气流通，绿色的公园则成为人们追捧的对象。有鉴于此，公共租界工部局也积极推动公园建设，在租界的快速发展区域兴建公园，提升区域环境水平，保障居民健康。其先是于1908年在东区修建了霍山公园，又于1914年在西区修建了兆丰公园。[③]

在此情况下，公园不仅整体上为城市提供了大量绿地空间，甚至其中的草木也"有洗涤之技能，使污秽之空气仍返于清洁"。[④] 为此，租界内居民也开始关注植物对公共健康尤其是在碳循环等生态环境方面的重要作用。上海公共租界工部局在其年度报告中更是明确指出："从健康的角度看，树木可以净化空气，吸收人所呼出的二氧化碳，并提供氧气。这些对于我们的生活都是至关重要的。因而，动植物间是相互倚靠的关系；而如果一块区域内有更多的人，其也需要更多的树木以净化空气满足呼吸。"[⑤] 为此，工部局也积极在租界公园内栽种树木以提升公众健康水平。其不仅从我国的内陆省份引进新种，还特地从日本和英国等国进口了多花蔷薇、紫花泡桐、橡树等植物，以丰富植物配置。[⑥] 与此同时，工部局还积极尝试改良现有品种，并成功改良了山核桃、水杉、桧柏等品种，使之与租界公园的气候、土壤条件相适应。[⑦]

于是，在粤港鼠疫暴发的契机下，上海公共租界内的公园开始衍生出公共健康功能，并促使公园逐渐成为租界当局改善环境、提高公众健康水平的重要工具。

---

① 上海公共租界工部局：《上海公共租界工部局年报》，1899，第90页。
② 上海公共租界工部局：《上海公共租界工部局年报》，1899，第101页。
③ 上海公共租界工部局：《上海公共租界工部局年报》，1935，第224~236页；上海公共租界工部局：《上海公共租界工部局年报》，1934，第234~241页。
④ 上海公共租界工部局：《上海公共租界工部局年报》，1917，第73B页。
⑤ 上海公共租界工部局：《上海公共租界工部局年报》，1917，第73页。
⑥ 上海公共租界工部局：《上海公共租界工部局年报》，1905，第240页。
⑦ 上海公共租界工部局：《上海公共租界工部局年报》，1915，第65页。

三 公园是保障居民健康的城市系统

进入 20 世纪后，上海开启了大规模的城市建设，这也促使人们对公共健康有了更多的重视。于是，租界内居民尝试走出公园维度，转而从城市维度思考公园价值，并最终促使公园成为城市系统中不可或缺的一部分。

随着越来越多的人口被都市繁荣吸引涌入上海，租界的城市负荷日益加重，过度拥挤的问题使这座城市几乎成为"最肮脏的魔鬼"。[①] 面对这一情况，公园成为租界内"唯一可以呼吸空气的场所"。[②] 国民党元老吴稚晖（1865~1953）即指出："因吾人之生命，饮食犹次，空气最要。饮食能断数日，空气不能断数十秒之时。然则所谓公园者，质言之，乃一新鲜空气之馆子耳。小园乃小饭店也。"[③] 于是，人们也将公园誉为"社区健康的必需品"[④] 和"都市绿肺"[⑤]。

与此同时，人们还意识到公园除改善空气质量外，在促进都市居民身心健康方面也有着无可替代的作用。比如，由于城市内工厂密集、污染严重，公园可以"促进市民卫生"；公园内的体育场可以为居民提供运动场地，从而"对于市民健康，裨益至大"；公园内的历史古迹可以"增进国民教化"，甚至在发生地震或水灾时可以作为"避难地"。[⑥]因此，公园也成为租界内侨民日常生活中"必不可少的组成部分"，而工部局则将其视为"现代改进社会生活最重要之问题"。[⑦]

然而，公共租界迅猛发展所带来的城市建设与人口增长，使租界内公园场所与居民健康需求间的矛盾日益突出。工部局表示："若将公共租界内的所有公园加在一起，我们共有 161.5 英亩（约 65.4 公顷）绿地，约每英亩需容纳 5500 名居民。若只以侨民计，约每英亩绿地供 185 人使用。按照一般

[①] 上海公共租界工部局：《上海公共租界工部局年报》，1899，第 90 页。
[②] 上海公共租界工部局：《上海公共租界工部局年报》，1916，第 165 页。
[③] 李寅恭：《地方公园与卫生》，《科学》第 5 期，1919 年。
[④] 上海公共租界工部局：《上海公共租界工部局年报》，1916，第 165 页。
[⑤] 上海公共租界工部局：《上海公共租界工部局年报》，1919，第 52B 页。
[⑥] 陆世雄：《都市公园论》，《城市建设》第 3 期，1949 年，第 8~9 页。
[⑦] 上海公共租界工部局：《上海公共租界工部局年报》，1925，第 316 页；希一：《市政与公园》，《国立中央大学农学院旬刊》第 9 期，1928 年，第 5~6 页。

英国城镇规划要求,绿地应占城市面积的4%左右。倘是如此,我们还需要至少62英亩(约25公顷)的土地才可以达到。"① 但此时上海的城市条件令新公园的修筑计划困难重重。租界快速发展所导致的土地供应稀缺已使公共租界内土地的费率远超出工部局的承受能力,因此工部局无力在租界内购置大宗土地修筑公园;而如在租界外修建,工部局又须与华界机构商议解决。

面对这一窘境,工部局意识到"都市公园之单独存在者,不易发挥本能",必须"联络全体公园,而为一个系统,以设计布置之",才能为"市民利用及充实内容"。② 于是,他们开始从城市规划的层面思考公园建设,并注意到欧美国家"公园系统"的概念。所谓"公园系统",又名"开放空间系统",主要包括三个方面:一是大型的城市公园;二是完美坐落在城市各处的小型开放空间;三是利用林荫大道将这些大小公园连接为一个公园网络。③ 其最早出现于19世纪的伦敦,因王室为满足民众健康需求开放圣詹姆斯公园、绿园、海德公园等皇家苑囿而偶然形成。随后,爱丁堡、格拉斯哥、法兰克福、谢菲尔德、芝加哥、纽约、巴黎等地的市政当局也纷纷基于健康考虑将这一概念引入各自城市,并涌现出乔治-欧仁·奥斯曼(Baron Georges-Eugène Haussmann,1809 – 1891)的巴黎改造(Travaux Haussmanniens)及奥姆斯特德(Frederick Law Olmsted,1822 – 1903)的波士顿绿宝石项链(Emerald Necklace)等一系列经典案例。④

受此启发,工部局尝试将"公园系统"的概念引入租界。为此,其特别制定了新的城市公园发展策略,即建设小型社区公园,而非大型综合性公园,以满足租界居民的健康需求。考虑到公园系统要求"公园分布以有适当之面积、形状、距离及设施为必要",上海公共工程专员提议"每一市民所相距半里以内,应有一广大二十至四十亩之小公园"。⑤ 于是,一系

---

① "Parks and Populace," *The North-China Herald and Supreme Court & Consular Gazette*, 1926.
② 陈植:《都市公园论》,商务印书馆,1930,第12页。
③ E. R. L. Gould, "Park Areas and Open Spaces in Cities," *Publications of the American Statistical Association*, Vol. 1, No. 2/3 (1888), pp. 49 – 61.
④ Robert H. Mattocks, "The Park System," *The Town Planning Review*, Vol. 17, No. 3 (1937), pp. 161 – 183;张亦弛、王珺哲:《阿尔方与19世纪巴黎城市公园建设》,《风景园林》2019年第11期;Cynthia Zaitzevsky, *Frederick Law Olmsted and the Boston Park System*, Belknap Press, 1982.
⑤ 陈植:《都市公园论》,第13页;《公共租界内增辟小公园》,《申报》1931年10月25日,第15版。

列社区公园在公共租界内应运而生：1931年工部局在星加坡路兴建了星加坡路公园，1933年在苏州街修筑了苏州街儿童乐园，又于1935年在波阳路建造了波阳公园。① 虽然这些社区公园面积较小，但其在景观设计上多参照大型公园进行建设，提供相似的功能设施。比如，星家坡路公园就仿照霍山公园建造而成，其内设有公共卫生间、饮水器等环境卫生设施，以营造健康舒适的环境。

在此基础上，工部局还特别关注林荫大道的建设。其认为林荫大道一方面与公园一样具有"促进通风，提升健康"的功用，另一方面可以将已有的大型与小型公园相连接，形成覆盖整个公共租界的公园系统。② 为此，工部局于1934年在昌平路、延平路和赫德路上种植法国梧桐和皂荚，又于1935年在新近拓宽的威海卫路上种植英国梧桐，在武定路上种植山杨树。③ 根据统计，仅在1925年，公共租界内就有行道树2.82万株，其中包括柳树、乌桕、白蜡、青桐、槭树、梓树、皂荚、枫杨、榆树、泡桐、银杏、法国梧桐等多个种类。④ 而为了有足够的树苗，工部局特地在苗圃内开辟专区，并常年备有近4000棵苗木。⑤ 这也使得无论是新筑马路，还是遭遇台风、暴雨等自然灾害破坏，公共租界的街道上都可以做到一年常绿。⑥

随着20世纪的大规模城市建设，公园逐渐成为租界居民日常生活的必需品。为保障居民需求，公共租界工部局建设了大型公园、社区公园和林荫道，形成了覆盖整个租界的公园系统。在这一过程中，人们对于公共健康的关注逐渐超越公园个体，公共健康成为城市系统中的重要职能。

结　语

尽管公园在欧洲的出现是为了提升产业工人的身心健康水平，但这一

---

① 上海公共租界工部局：《上海公共租界工部局年报》，1935，第226、228页；上海公共租界工部局：《上海公共租界工部局年报》，1934，第236页。
② E. R. L. Gould, "Park Areas and Open Spaces in Cities," *Publications of the American Statistical Association*, Vol. 1, No. 2/3 (1888), p.51.
③ 上海公共租界工部局：《上海公共租界工部局年报》，1934，第207页；上海公共租界工部局：《上海公共租界工部局年报》，1935，第227页。
④ 程绪珂、王焘主编《上海园林志》，第387页。
⑤ 上海公共租界工部局：《上海公共租界工部局年报》，1929，第267页。
⑥ 上海公共租界工部局：《上海公共租界工部局年报》，1930，第260页。

城市景观是作为土地扩张的工具被引入19世纪中叶的上海公共租界的。借由公园的修筑，公共租界工部局攫取到租界外土地的使用权，提升了黄浦江的运力。直至19世纪末粤港鼠疫暴发，上海租界内的居民才开始重视公共健康问题，工部局也在欧洲城市基础设施建设的启发下，逐步将公共卫生间、饮水器等设施引入公园。而20世纪初上海公共租界的大规模城市发展则促使公园建设与公共健康进一步联结，公园成为"唯一可以呼吸空气的地方"。但基于建设成本的考虑，工部局不得不引用公园系统的概念，将大型公园与社区公园、行道树相结合，以满足城市居民的健康需要。

在这一过程中，以上海公共租界为代表的中国租界公园经历了一个与欧洲工业市镇城市景观迥异的功能变迁历程。相较于目的明确的欧洲公园建设而言，公共租界内侨民在创建公园时，无论在规划设计还是社会功能、园内设施等方面都没有预设的理念。而随着租界的发展，这些侨民逐渐根据自身的需求从欧美城市中选取相应的公园建设思想及公园设施引入租界，以使其利益最大化。

正因为此，租界城市景观的营建并非一个简单复制欧美城市的过程，而是一个由租界内侨民根据社会生活情况及需求对欧美城市理念和设施进行选择、扬弃的历程。这些侨民在需要占有租界外土地时，就选取公园的"公共性"特征，却对其他功能视而不见；当需要改善租界内公共卫生时，就将公园的"健康"功能引入租界，并在其中融合欧美各类卫生设施和健康理念；而当租界用地不足时，又将公园系统概念引入，并在租界内修建社区公园和林荫大道。正是在这样的背景下，租界的居民借助公园建设解决了存在于租界各个发展阶段的城市问题，并促使租界内的公园逐渐从土地扩张的工具演变为都市生活的必需品。与此同时，欧美的公共健康观念也借由公园的建设被引入中国，并最终超越公园个体成为城市系统中不可或缺的一部分。

作者：张亦弛，奥斯陆大学文化研究与东方语言学系、
耶鲁大学保罗梅隆英国艺术中心

（编辑：任云兰）

·运河城市·

明清小说中的山东运河城市[*]

郑民德

内容提要：明清时期山东运河的贯通，促进了沿线城市的崛起与繁荣。明清小说中有大量关于山东运河城市的记载与描述，其内容在政治方面涉及城市交通、河政与漕政、军事，在经济上涉及商业、商人与贸易状况，在文化上涉及民众生产、生活、风俗、信仰等方面，充分反映了运河对山东区域社会巨大而深远的影响。而明清小说对山东运河城市的刻画，一方面是对现实情境的客观描述，另一方面也在文学创作与艺术塑造上有所提升，充分体现了小说源于现实、高于现实的艺术特点。

关键词：运河 明清小说 山东

明清时期是中国小说发展的高峰期，这一文学类型深刻凸显了其社会作用与文化价值，其中如《金瓶梅词话》《女仙外史》《醒世姻缘传》等小说对山东运河区域的河漕状况、民众生活、商业布局进行了大量描述，内容栩栩如生，情节生动离奇，故事发人深思。之所以出现这种现象，与运河对山东区域社会的深刻影响密不可分。明清两朝，京杭大运河贯通山东，一方面朝廷派驻了大量河政、漕运衙署与官员，提高了所在城市的政治地位；另一方面，运河的畅通促进了商人、商货、文化的流动，使山东运河城市进入了一个迅速发展的时期，其繁荣在商业布局、商货流通、市民生活方面均有体现。作为明清小说故事情节建构、凸显人物性格、展现

---

[*] 本文系国家社科基金项目"明清山东运河河政、河工与区域社会研究"（16CZS017）阶段性成果。

艺术价值的重要源泉，山东运河城市因人烟密集、商贾辐辏、文化兴盛而备受明清小说家青睐与重视，他们不但前往这些运河城市游历，而且往往定居于此体验生活，从而为相关作品积累了丰富的素材。值得注意的是，明清小说通过对山东运河城市世俗化的描述，不仅反映了普通民众的真实生活与社会现象，而且具有相当大的社会启迪意义与文学价值，从某些方面揭露了当时社会的弊端与黑暗，反映了民众追求幸福、渴望自由的理想与愿望。目前学界出现了一定数量的明清小说与运河文化的研究成果，其重点或整体研究运河流域明清小说的成就，探讨明清小说与运河文化的关系，揭示运河文化的内涵；或指出通俗长篇小说反映了运河城市兴盛的历史轨迹，给文学叙述增添了新的样式，成就了明清小说艺术的辉煌；或以个案为研究视角，使我们不仅看到了京杭大运河作为南北交通通道的重要性及沿岸人民生活的种种情景，还能看到京杭大运河在建构明代故事时所发挥的重要文学作用。[①] 以上成果从宏观或微观角度研究了明清小说的文学与艺术成就，具有重要的学术价值与意义，但对局部运河的社会现象论述不多，更没有针对明清小说中某一省份运河区域社会的政治、经济、民众生活、社会习俗进行专题性研究，因此有进一步深入探讨的必要。

一 明清小说对山东运河城市政治地位与地理位置的描述

明清两朝，京杭大运河作为国家重要的交通线路与经济命脉，具有举足轻重的政治地位。运河在山东境内的贯通，首先提高了德州、临清、聊城、济宁、张秋等城市的交通优势，使这些区域舳舻云接、车马交驰、人烟辐辏，成了南北交通要道与漕运码头，大量商人、仕宦、运丁、旅客在此汇聚。其次，便利的交通吸引了河政、漕运衙门在这些地方驻扎。为了管理河道、督催运船、征收商税，明清政府在山东运河沿线城市设置了大量行政衙署，强化了对运河区域的控制。最后，明清时期，山东运河城市往往是军事枢纽，对于屏障京师、拱卫边防具有重要作用，有大量军队驻

---

① 参见赵维平《明清小说与运河文化》，上海三联书店，2007；张强《运河城市与明清通俗小说》，《江苏社会科学》2014年第3期；苗菁《"三言二拍"中的明代故事与京杭大运河》，《明清小说研究》2018年第1期。

守，以平息战乱与稳定地方社会。而明清小说在叙述故事情节、凸显人物性格时，往往以山东运河城市重要的政治地位为背景，以此增强故事的感染力与艺术创造力。

明清小说对山东运河城市的交通优势进行了大量描写，以强化故事情节建构、人物情感演绎、艺术场景塑造的背景与基础。山东运河最北端的德州，在明清两代享有"九达天衢，神京门户"的盛名，水陆交通均很发达。《女仙外史》第93回"申天讨飞檄十大罪，命元戎秘授两奇函"中载："那德州是南北第一要道，燕王令第三个儿子高煦镇守，统领部将王斌、韦达、盛坚、吴健四员。"① 正是因为德州位居南北要冲，水陆通衢，所以朱棣派驻重兵驻防，以抵御唐赛儿起义军的攻击。而《虞初新志》卷17《南游记》也称"东至德州，入山东境，州城临运河，船桅如麻"，② 对德州的城市交通环境进行了客观描述。其他如《儿女英雄传》第22回"晤双亲芳心惊噩梦，完大事矢志却尘缘"里安老爷一行人乘船至德州，"却说这德州地方，是个南北通衢，人烟辐辏的地方。这日靠船甚早，那一轮红日尚未衔山，一片斜阳照得水面上乱流明灭，那船上桅杆影儿一根根横在岸上，趁着几株疏柳参差，正是渔家晚饭，分明一幅画图"，③ 将德州运河风景刻画得栩栩如生，形象而又生动。除小说外，明清笔记、地理书、方志中对德州的交通亦有记载，如《蓬窗日录》在叙述山东地理形势时称："山东古青州地，外引江淮、内包辽海，西面以临中原，而川陆则悉会于德州。"④《读史方舆纪要》也载"州控三齐之肩背，为河朔之咽喉"，⑤ "盖川陆经途，转输津口，州在南北间，实必争之所也"。⑥《德县志》对德州地理形势叙述尤详，"德州枕卫河为城，接轸畿辅，固东南要路，水陆会道也。兵车之至止，邮传之驱驰，征商戍卒之往还，旅客居民之奔走，虬结鲲冠之朝贡，均问渡卫河"，⑦ 是各类人员往返的必由之地。

临清也为山东要地，"河踞会通，水引漳卫，大堤绕其前，高阜枕其

---

① （清）吕熊：《女仙外史》，金城出版社，2000，第808页。
② （清）张潮：《虞初新志》，上海书店，1986，第275页。
③ （清）文康：《儿女英雄传》，岳麓书社，2016，第278页。
④ （明）陈全之：《蓬窗日录》，上海书店出版社，1985，第29页。
⑤ （清）顾祖禹：《读史方舆纪要》，商务印书馆，1937，第1390页。
⑥ （清）顾祖禹：《读史方舆纪要》，第1391页。
⑦ 《民国德县志》，《中国地方志集成·山东府县志辑》（12），凤凰出版社，2004，第418页。

后，乃南北之襟喉，舟车之都会也"，① 有着便利的交通条件。临清靠地利之便，吸引了大量人口在此汇集，复杂的人际关系和丰富的城市生活为明清小说的创作提供了广阔的舞台与肥沃的土壤。《花影集》卷4"丐叟歌诗"中如此描述临清："时运河初开，而临清设两闸以节水利，公私船只往来住泊，买卖器集，商贾辐辏，旅馆市肆，鳞次蜂脾，游妓居娼逐食者众。"② 小说的主人公道士李自然与一歌妓相好，因盗卖其师资产而被讼于官，追牒为民，与歌妓结为夫妇，在临清下闸口卖米饼度日，从而开始了其离奇的一生，故事以临清优越的水路交通与复杂的城市场域空间为背景，通过人物形象的描述与故事情节的展开，刻画了运河城市基层社会民众的生活。而明清时期诸多商人更以临清为重要贸易码头与商货贩运枢纽，《聊斋志异》卷11"任秀"中，任秀与表叔张某通过水路前往北京经商，路经临清，"泊舟关外，时盐航舣集，帆樯如林。卧后，闻水声人声，聒耳不寐"，③ 可见此处人烟非常密集，属交通要道。除小说外，其他史料对临清的地理与交通也多有记录，如清人笔记《梦厂杂著》载"临清为山左水陆之冲，距京师八百里而近，商贾辐辏，市廛林列"；④《蓬窗日录》也称"广平以南，四方水陆毕会于临清，转漕京师，辐辏而进"，⑤ 为南北入京要途。

明清东昌为府治，聊城为其首县，为南北通衢之地。《今古奇闻》卷21"穷秀才岁暮解囊阴积德"中德清县人蔡节庵为人慷慨仗义，周急救难，曾替百姓解送漕粮，路经东昌，"因风大难行，泊舟城墙下。舟中无聊，思欲上岸散步散步，走出船头一望，只见同歇者船只无数"，⑥ 可见东昌具有便利的交通条件。另一文集《隐秀轩集》也载"东昌为京辅舟车孔道"，⑦ 为南北各省入京的必由之路。

济宁为京杭运河沿岸著名的政治中心，为东省一都会，"岱宗东峙，大河西流，南控江淮作齐鲁之屏障，北通燕赵为畿甸之咽喉，水陆交通，

---

① （清）陈梦雷：《古今图书集成》，中华书局，1985，第9998页。
② （明）陶辅：《花影集》，吉林大学出版社，1995，第77页。
③ （清）蒲松龄：《聊斋志异》，上海古籍出版社，1998，第597页。
④ （清）俞蛟：《梦厂杂著》，上海古籍出版社，1988，第105页。
⑤ （明）陈全之：《蓬窗日录》，第21页。
⑥ （清）王冶梅：《今古奇闻》，齐鲁书社，1988，第287页。
⑦ （清）钟惺：《隐秀轩集》，上海古籍出版社，1992，第512页。

舟车云合……自来东方必争济州",① 具有重要的战略地位。《女仙外史》第 38 回"两军师同心建国，一公子戮力分兵"在介绍济宁形势时称，"如今说济宁一州，正当南北之中，人民殷富，户口繁庶，比临清更胜。州之北五十里，有个分水口子，其泉脉九十有九，出自万山之中，汇注于此，七分向南，三分向北。燕王即位之后，计欲引导此水，开达河渠以通漕运",② 不仅对济宁交通有所叙述，而且对其漕河状况、水利建设也有介绍。

除大城市外，山东运河沿岸的市镇交通也很发达，如张秋镇"其地当一州三邑之唇齿，而习其形势又当南北两都之襟喉",③ 台儿庄"那去处是个水陆码头，八方汇集之所，大凡从南往北者，在这里起车，从北至南者，在这里雇船"。④ 这些城镇也成为南北商贾往来的必由之路及重要的水陆贸易码头。

总体来看，在山东运河城市中，德州交通地位最为重要，为南北各省入京必经之路，水陆交通均很发达。临清是华北运河区域的交通中心，无论是江淮、江南、河南漕船都须从临清经过，交通以水路为主。济宁位居京杭运河中枢，距南北两京路途适中，南方各省所经人员、船只更多。东昌虽为府治，但政治、商业地位低于临清、济宁，所经人员、客货多为临时通过，人烟密集程度不如临清、济宁。

明清山东运河水源匮乏，河工设施林立，号称闸河，中央政府在沿线城市设置了大量的军事、河政、漕运衙署，对运河、仓储、钞关进行管理，这在明清小说中多有涉及。德州为军事枢纽，不但驻有德州、德州左两卫所官军，而且设有国家级水次漕仓，由户部监仓分司管理，清代山东督粮道常年驻德州，负责粮储事务。如《刘公案》第 104 回"勇克展开刑反公堂"中徐克展反了公堂，与众衙役相斗，"陈二衙暗自将人派，通知那德州游击李胜龙，还有守备冯兴武，千把外委好几名，带领本城兵一百，直奔那陈工他衙内来行",⑤ 打算将徐克展缉拿归案，其中游击、守

---

① 《明通志》，转引自李泉、王云《山东运河文化研究》，齐鲁书社，2006，第 109 页。
② （清）吕熊：《女仙外史》，第 359 页。
③ （清）林芃：《康熙张秋志》，清康熙九年刻本，序。
④ （清）陈朗：《雪月梅传》，中国文史出版社，2003，第 257 页。
⑤ （清）佚名：《刘公案》，华夏出版社，2013，第 397 页。

备、千总、把总为卫所军将领,是德州城的驻防武官,其品级从从三品到正九品不等。另一文言笔记小说《古今说海》中载"靖难之役"时山东布政司参议铁铉负责转运德州仓储漕粮,"公督漕运,飞刍挽粟,水陆并进,未尝缺乏"。① 因丰富的存粮,德州成了明军与燕军反复争夺的要地。

临清为京畿门户,衙署数量在山东运河城市中最多,有户部督储分司,负责漕仓管理;户部榷税分司,负责征收商税;工部营缮分司,负责烧制贡砖;工部都水分司,负责卫河船厂修造漕船;其他兵备道、卫所官员更是不计其数。《女仙外史》第38回中高咸宁与吕师贞商称:"齐地界乎南北,四无关河之固,既建行阙于此,当思为根本之计。今者春麦不丰,秋稼又薄,国费日繁,兵饷无出,何不乘士气精锐,北取临清仓粟,南取济宁积贮,略汶沂,控淮泗,进则可取,退亦可守。"② 打算通过占领临清、济宁两要害之地,依靠丰富的粮食积蓄,作为稳固山东、进取江淮的基地。而明代奇书《金瓶梅词话》虽讲宋代之事,实记明代社会风情,临清是故事产生、发展、结束的主要地点,其第58回"怀妒忌金莲打秋菊,乞腊肉磨镜叟诉冤"里西门庆询问胡秀货船在哪里,胡秀道:"韩大叔在杭州置了一万两银子段绢货物,见今直抵临清钞关,缺少税钞银两,未曾装载进城。"③ 临清榷税分司对过往货物征收商税,是国家财政收入的重要组成部分。

明清济宁衙署数量虽不及临清,但驻有河道总督、管闸工部主事等官员,境内有大量闸坝水利工程,在山东运河河政地位最高。《醒世姻缘传》第86回"吕厨子回家学舌,薛素姐沿路赶船"中薛素姐"就只随身衣服,腰里扁着几两银子,拿着个背囊,备了两个骡,合吕祥一个人骑着一个,刚只三日,到了济宁,寻了下处,走到天仙闸上,问了闸夫,知道狄希陈合郭总兵的两只座船,从五日前支了廪给,过闸南去了,将次可到淮安。素姐心忙,也没得在马头所在观玩精致、柴家老店秤买胭脂,吃了些饭,喂了头口,合吕祥从旱路径奔淮安驿里打听"。④ 在这里薛素姐走的是与运河平行的旱道,济宁有船闸、码头,有官员、军卫在此支粮,可见政治地

---

① (明)陆楫:《古今说海》,巴蜀书社,1996,第198页。
② (清)吕熊:《女仙外史》,第221页。
③ (明)兰陵笑笑生:《金瓶梅词话》,延边大学出版社,1999,第482页。
④ (清)西周生:《醒世姻缘传》,天津古籍出版社,2016,第776页。

位非常突出。文言小说《小豆棚》卷3"报应部"里记有"济宁三井闸，为运河蓄泄湖水而筑。粮艘至，起板迎溜以上，千夫牵挽，声振断流，如闻鼙鼓，行而引者谓之'短纤'，止而提者谓之'排夫'，饿鬼道中，往往托生于此"，[①]因济宁闸座林立，所以服务于运河工程的人员众多，其有不同的称呼。清代笔记《郎潜纪闻》亦载："国初河道总督行署驻山东济宁州。康熙十六年圣祖以江南功程重大，特令移驻淮安清江浦。雍正三年，添设北河总督，驻济宁，而改南河总督仍驻清江。"[②] 济宁河政地位的重要性可见一斑。

其他城市如张秋镇设有北河工部分司衙门，负责济宁至天津河道的修守事务；东昌府驻有上河通判、下河通判，负责附近州县运河事宜；枣庄台儿庄置有参将署，由正三品的参将负责该段运河的河防工程、漕船催攒和地方治安等事务。

总之，明清小说对山东运河沿线城市政治生态的描写，是为故事情节的建构与人物情感的展开而设置的，通过对城市政治生态空间中交通地位、衙署建置的叙述，一方面可以使小说的场景描述更加丰富、生动与逼真，另一方面对于提升故事的真实性也具有重要意义。而小说对山东运河城市的书写，也并非完全虚构，而是源于现实的艺术加工与塑造，有着大量真实的城市生活场景作为背景。在阅读中，我们可以深刻感受到山东沿运城市在京杭大运河上的地位及城市自身的特色，这对于我们了解明清山东运河区域社会具有重要的意义与价值。

二 明清小说中的山东运河城市经济与商业

京杭大运河贯通后，山东运河沿线迅速崛起了一批商业市镇，这些市镇商贾辐辏，百货云集，一派欣欣向荣景象，其中最知名者为临清、济宁，两地为全国重要商埠和码头；其次为聊城、德州、张秋镇，为华北区域重要商业中心；另外，魏家湾、台儿庄等城镇也依赖便利的运河交通，汇集南北商货，经济发展程度远远高于非运河区域的城镇。这样，山东运

[①] （清）曾七如：《小豆棚》，荆楚书社，1989，第69~70页。
[②] （清）陈康祺：《郎潜纪闻》，台北，文海出版社，1973，第153页。

河城市从大城市、中型商业枢纽到知名商业城镇形成了功能完善的市场网络体系，共同促进了山东西部运河商业圈的形成与发展。在明清小说中，关于山东运河城市经济与商业的记载、描述非常多，尽管书写的主要目的是衬托故事情节的跌宕起伏与人物活动空间的丰富多样，但仍然从侧面揭示了山东运河城市的发达与繁荣。

临清与济宁是明清山东运河沿岸最发达的商业城市，也是全国著名的商业枢纽与经济中心。临清为南北交会之地，商贾辐辏，客货云集，"商船多自淮安、清江经济宁、临清赴北京"，① "地居神京之臂，势扼九省之喉，连城则百货萃止，两河而万艘安流"，② "临清为天下水马头，南宫为旱马头，镖客之所集"，③ 是南方各省商货销往北方的必经之路与转运枢纽。关于明清临清的繁盛局面，方志载"每届漕运时期，帆樯如林，百货山积，经数百年之取精用宏，商业遂勃兴而不可遏。当其盛时，北至塔湾，南至头闸，绵亘数十里，市肆栉比，有肩摩毂击之势"。④ 这一描述将临清的商业布局、发达程度刻画得栩栩如生。临清的繁华吸引了大量的商贾、士子、游客前来贸易、居住与游历，众多的情感故事、离奇经历发生于城市之中，为小说家提供了绝好的素材与创作来源。《金瓶梅词话》第92回"陈经济被陷严州府，吴月娘大闹授官厅"里描写杨大郎与陈经济前往临清码头寻找商机："这临清闸上，是个热闹繁华大马头去处，商贾往来，船只聚会之所，车辆辐辏之地，有三十二条花柳巷，七十二座管弦楼。这经济终是年小后生，被这铁指甲杨大郎领着游娼楼，串酒店，每日睡睡，终宵荡荡，货物倒贩的不多。"⑤ 第93回"王杏庵仗义赒贫，任道士因财惹祸"中王杏庵对落魄中的陈经济言："此去离城不远，临清马头上，有座晏公庙。那里鱼米之乡，舟船辐辏之地，钱粮极广，清幽潇洒。"⑥《续金瓶梅》第8回"贼杀贼来安丧命，盗遇盗张一逢屯"谈到临清时称："这是临清河口地方，来往官员、客商极多。"⑦ 从小说中可知临

---

① 《明宣宗实录》卷107，宣德八年十一月戊辰条，中华书局，2016。
② （清）张度：《乾隆临清州志》，清乾隆五十年刻本，旧序。
③ （清）翟灏：《通俗编》，商务印书馆，1958，第902页。
④ 民国《临清县志》卷3《经济志·商业》，民国23年铅印本。
⑤ （明）兰陵笑笑生：《金瓶梅词话》，第851页。
⑥ （明）兰陵笑笑生：《金瓶梅词话》，第863页。
⑦ （清）丁耀亢：《续金瓶梅》，齐鲁书社，1988，第76页。

清人口众多，商人云集，服务行业发达，有诸多适合各类人群消费、娱乐的场所，自然也有大量的情感故事发生于此。《梼杌闲评》第2回"魏丑驴迎春呈百技，侯一娘永夜引情郎"里描写总理河道朱衡前往临清，"却说临清地方，虽是个州治，倒是个十三省的总路，名曰'大马头'，商贾辏集，货物骈填，更兼年丰物阜，三十六行经纪，争扮社火，装成故事。更兼诸般买卖都来赶市，真是人山人海，挨挤不开"，①呈现出一派繁华、兴盛的景象。

临清商业种类繁杂，吸引了南北商人、商货，这在明清小说中多有描述。如《夜谭随录》卷3"三官保"中临清人余斑龙勇猛有力，在庙市上卖大力丸，经营药材生意，获利甚多，起家数千金。临清酒店、旅店很多，像《金瓶梅》第93回"王杏庵义恤贫儿，金道士娈淫少弟"中对临清第一大酒楼谢家酒楼的描绘非常细致："里面有百十座阁儿，周围都是绿栏杆，就紧靠着山冈，前临官河，极是人烟闹热去处，舟船往来之所。"②笔记小说《女聊斋志异》卷2"翠筠"里苏州人陶竹香前往京城应试，路经临清，至一村落住宿，烟户繁盛，旅店宽敞，可见当时即便是村落也有各类服务设施。临清的绸缎、布匹业也很兴盛，货物来自全国各地。《续金瓶梅》第8回中临清有三行生意，其中布行是上等，上千上万匹布运到临清，不用几日，就能卖完，甚至有两京、三边大客商来临清买布，销往边关地区；艳情小说《群美艳史》之"孔淑芳双鱼扇坠传"里徐大川命自己的儿子徐景春经商，凑集银两，买办丝绸、棉布、缎锦等物，往临清货卖；《金瓶梅词话》第81回"韩道国拐财倚势，汤来保欺主背恩"中山东、河南大旱，赤地千里，田蚕荒芜不收，棉花布价腾贵，每匹布帛加三分息，各处客商在临清码头一带买卖。其他如当铺业、杂货业、保镖业、粮食业、瓷器业、果品业在明清小说中均有记载，可见明清临清百业兴旺、货物繁杂，是一处著名的商埠与码头，以商业兴盛而著称于世。

济宁也是一处繁华的商业重地，与其他山东运河城市相比，济宁与江南富庶地区的联系更为密切，不过在明清小说中，关于济宁商业资料的记

---

① （明）李清：《梼杌闲评》，中国戏剧出版社，2000，第18页。
② 秦修容：《金瓶梅会评会校本》，中华书局，1998，第1370页。

载明显少于临清。"济当河漕要害之冲，江淮百货走集，多贾贩。民竞刀锥，趋末者众，然率奔走衣食于市者也。"① 该地不但外来商人众多，本地居民经商意识也很强烈，热衷于从事商业经营。明代笔记《广志绎》也载，"天下马头，物所出所聚处。苏、杭之币，淮阴之粮，维扬之盐，临清、济宁之货，徐州之车骡，京师城隍、灯市之骨董，无锡之米，建阳之书，浮梁之瓷，宁、台之鲞，香山之番舶，广陵之姬，温州之漆器"，② 在天下诸产中，济宁与临清以商货闻名于世。山东运河沿岸有诸多名为闸口的区域，因设置船闸，有大量商船停泊，所以商货聚集，是城市的繁华之处。《锦香亭》第56回"姚夏封赴水投状，林经略行牌准提"中林璋乘船来到济宁州，私行查案，"一路走，来到一个镇市，地名叫闸口，离城四五里之远，只见人烟凑集，来到闸口，十分热闹。林璋抬头一看，见钱店铺面前挂着两个钱幌子，柜内坐着一个人，生的奇形古怪"。③ 山东沿河城市往往也是各类商旅停歇之地。《恨海》第6回"火熊熊大劫天津卫，病怏怏权住济宁州"里张棣华与生病的母亲白氏为躲避兵乱乘船前往清江浦，路上白氏病情加重，打算至济宁看病医治，"那边地方，甚是热闹，在山东地面也算是一个大码头"。④《施公案》第381回"贤臣恤寡节妇请旌，总镇知风强徒遁迹"里黄天霸、褚标、朱光祖三人前往连环套查盗御马一案，路上遇一镇市，看到一座名为"集贤居"的大酒楼，进去喝茶，询问店小二信息，店小二称："这镇市叫桃花镇，系济宁州所管。"褚标回应道："原来这就是桃花镇。人说济宁州有座桃花镇极其繁华，果然名不虚传，却是一个好地方。因向窗外观看街上的人景，只见往来杂众，车马喧阗，实在是个冲衢要道的景象。"⑤ 济宁下辖沿运各镇市依靠运河之利，交通便捷，适宜商货转输，所以经济相当发达。

济宁诸业兴旺，尤以绸缎业、书铺业、胭脂业最为知名。《五美缘》第57回"假老虎恶贯满盈，真老虎与民除害"中林公命济宁知州孙文进代买绸缎，称："闻知济宁乃是重要码头，四路客商买卖什物中必有各色

---

① （清）徐宗干：《道光直隶州志》卷3之5《风土志》，清咸丰九年刻本。
② （明）王士性：《王士性地理书三种》，上海古籍出版社，1993，第244页。
③ （清）素庵主人：《锦香亭》，中国戏剧出版社，2000，第263页。
④ （清）吴趼人：《恨海》，中州古籍出版社，1985，第52页。
⑤ （清）佚名：《施公案》，齐鲁书社，1993，第788页。

绸缎贩卖，贵州代本院在各缎店搬取杂色花纹绸缎，送至辕门，候本院挑选。其价绝不短少，平买平卖。"① 由此可知，济宁是各地绸缎、布匹汇聚之所。《文明小史》第 34 回"下乡场腐儒矜秘本，开学堂志士表同心"里济宁人王毓生"生长的地方，正在济宁州运河岸上，南北冲衢，进省也便。再说毓生在济宁州开了这个书铺，总觉生意清淡，幸逢大比之年，心中想做这注买卖，也好顺便进场"。② 济宁盛时为运河要途，书铺林立，是南北各省士子入京必经之路，济宁书铺为士人提供了考试的必备书籍，所以书业大盛，不过小说中此时运河已断流，黄河北徙，所以文中王毓生想把书籍带到济南发卖，售与前往济南乡试的士子。《醒世姻缘传》第 6 回"小珍哥在寓私奴，晁大舍赴京纳粟"中晁大尹坐船经过济宁，"老早就泊了船，要上岸买二三十斤胭脂，带到任上送礼"。③ 济宁胭脂能够作为官员之间送礼的物产，说明其在全国的知名度较高、质量较好。其他如济宁金波酒与山西汾酒、杭州三白酒、南通州雪酒、冀州衡水酒、浙江绍兴酒齐名，茶叶业、药材业、杂货业也很发达，闻名于运河区域。

德州、聊城、张秋镇商业发展程度仅次于临清、济宁两地，属华北重要的商业中心与转运枢纽。德州为南北通衢，百货云集，早在明初就商贩汇聚，清乾隆年间达到鼎盛，实现了由最初军事防御城市向综合性城市的转变。《北游录》载"德州人善织帨，肩贩踵至"。④ 清末小说《儿女英雄传》第 22 回"悟双亲芳心惊噩梦，完大事矢志却尘缘"中描述德州运河风景，"那运河沿河的风气，但是官船靠住，便有些村庄妇女，赶到岸边，提个篮儿，装些零星东西来卖，如麻绳、棉线、零布、带子，以及鸡蛋、烧酒、豆腐干、小鱼子之类都有，也为图些微利"。⑤ 沿河百姓通过向运河上的行旅出售一些日用品、吃食以换取收入，作为日常生活的补贴。清末，德州特产有杂粮，沿卫河销往天津，帽胎"水运至天津，销行北京及东南各省，陆运至陕西、山西、河南各处销行，每岁共七千四百余顶"，⑥

---

① （明）寄生氏：《五美缘》，陕西师范大学出版社，2004，第 236 页。
② （清）李伯元：《文明小史》，江西人民出版社，1996，第 285 页。
③ （清）西周生：《醒世姻缘传》，第 45 页。
④ （清）谈迁：《北游录》，中华书局，1960，第 136 页。
⑤ （清）文康：《儿女英雄传》，第 278 页。
⑥ 《德州乡土志》，台北，成文出版社，1968，第 127 页。

其他如草帽、煤、洋线、洋油、洋布、杂货等也为运销大宗，多以天津为枢纽进行贩售。明清聊城为东昌府首县，"东门外人烟稠密，南北往来水衢，一都会也"，① "东郡商贾云集，西商十居七八"，②有大量山西、陕西、苏州、江西、杭州商人在此经营并修建会馆，使聊城百业俱陈，异常繁华。《金瓶梅词话》第67回"西门庆书房赏雪，李瓶儿梦诉幽情"里黄四对西门庆称："小的外父孙清，搭了个伙计冯二，在东昌府贩绵花。"③明清东昌府、高唐州为全国著名产棉区，江淮等各地商人多乘船沿运河来此收购棉花，用以制作棉布，这在小说中多有提及。《恨海》第7回"巧应对安稳出危途，误因循夫妻遭毒手"中陈伯和在烟台客栈遇到了一个辛姓客商，"他向来走东昌贩枣，今年因为北方扰乱，枣价大落，他趁便多办了些便宜货，都已发付南下，此时住在栈里，正等轮船回上海去"。④梨、枣等水果也是鲁西特产，聊城甚至制成胶枣、熏枣等干果，销往天津、青岛、上海等口岸。《老残游记》第7回"借箸代筹一县策，纳楹闲访百城书"里老残前往东昌府访柳小惠家所收藏宋元版书，在客店住下后，第二天上街寻觅书店，与书店掌柜攀谈，那掌柜称："我们这东昌府，文风最著名的。所管十县地方，俗名叫做'十美图'，无一县不是家家富足，户户弦歌。所有这十县用的书，皆是向小号来贩，小号店在这里，后边还有栈房，还有作坊，许多书都是本店里自雕版，不用到外路去贩买的。"⑤这里书店掌柜所言虽有夸张、修饰的成分，但也可以看出东昌的富庶与手工业作坊的专业化经营。张秋虽仅为镇建置，却为山东河政中枢，商业发展程度不但超过了附近阳谷、东阿、寿张三县县城，而且不亚于泰安府城，经济地位异常重要。张秋"按道里以近计，则居济宁、临清两都会之中；以远计，则居南北两都之中"。⑥优越的交通位置为张秋商业的崛起提供了条件，其地"商贾刀泉，贸易肩相摩，万井乐业，四民衣食于圜闠者不啻外府"，⑦号称"重镇"与"河济一都会"。长篇白话小说《歧路

---

① （清）葛虚存：《清代名人轶事》，山西古籍出版社，1997，第89页。
② 《重修山陕会馆戏台山门钟鼓亭记》，清道光二十五年。
③ （明）兰陵笑笑生：《金瓶梅词话》，第582页。
④ （清）吴趼人：《恨海》，第61页。
⑤ （清）刘鹗：《老残游记》，浙江古籍出版社，2015，第36页。
⑥ 《康熙张秋志》卷1《疆域》。
⑦ 《康熙张秋志》卷2《街市》。

灯》第 77 回"巧门客代筹庆贺名目,老学究自叙学问根源"在叙述各地特产时称:"沂州茧绸两整匹,张秋镇细毛绒毡两条,阳谷县阿胶一斤,曲阜县楷芽一封。"[1] 可见明清时期张秋绒毡为知名特产。

魏家湾、台儿庄等沿河镇市在山东运河沿岸数量最多,它们依赖运河而兴起,成为区域社会商业中心,连接起了乡村与中大型城市,构建起了基层社会的市场网络体系。在明清小说中,选取故事创作的背景多为运河沿岸的大城市,对市镇的描述不多,不过在某些侧面仍有涉及。魏家湾临京杭大运河、马颊河,属清平县管辖,为"清平首镇"。该镇"地滨运河,舟楫往来,南北各货云集,居人以是居奇致富,声妓之声甲一邑"[2], "明清之际运河行魏家湾,商业昌茂,民殷富,最为繁盛之区"[3], 境内粮食业、盐业、药材业、杂货业也很发达,除外地商人前来经营外,该镇民众也积极参与到各种行业中,产生了诸如"南家大户""朱家大户""高家大户"等商业地主。台儿庄位于苏鲁两省交界处,运河贯通城镇,"兖州之域有台庄,山左隐僻处也。自泇河既导,而东南财赋跨江绝淮,鳞次仰沫者,岁四百万有奇,于是遂为国家要害云"[4]。"台庄枕河跨湖,人稠地硗。东连铜邳,北接兰郯。以隅所出,四方仰给。加以户不积粮,人不耕食,约台之民,商贾过半"[5],商人占全镇居民的比例非常之高。《光绪峄县志》也称台儿庄"跨漕渠,当南北孔道,商旅所萃,居民饶给,村镇之大甲于一邑,俗称天下第一庄"[6]。

明清两朝,京杭大运河成为山东运河城市、集镇沟通的交通命脉,运河促成了商人、商货的汇聚,促进了沿线市镇的崛起与商业的繁荣,构建起了完整的市场网络体系。而明清小说对山东运河沿线城市、市镇的描述,是基于现实商业的实际情况进行加工、修饰,从而使故事情节的发生区域更加贴近民众的生活。而小说"源于现实,高于现实"的艺术特点,通过对城市空间、场域、商业布局、商人情感等因素的细致刻画,不但提

---

[1] (清)李绿园:《歧路灯》,中国戏剧出版社,2000,第383页。
[2] (清)陈钜前:《增辑清平县志》卷12《耆旧志》,清宣统三年刻本。
[3] 《光绪清平县乡土志》,清光绪末抄本。
[4] (清)田显吉:《康熙峄县志》卷1《建置志》,清康熙二十四年刻本。
[5] (清)胡啸庐:《求赈济急启》,转引自《台儿庄运河文化》,人民日报出版社,2002,第399页。
[6] (清)周凤鸣:《光绪峄县志》卷8《村庄·市集附》,清光绪三十年刻本。

高了艺术的感染力、亲和力与创造力，而且对于读者了解明清山东运河城市的实际情况也具有重要的参考价值。

三　明清小说中山东运河城市的民众生活与社会习俗

　　明清山东运河城市发达的商品经济及民众经商意识的提高，增加了城市的生命力与活力，大量服务业随之兴起，市民的生活日益丰富，无论是日常的衣食住行，还是娱乐消费、精神信仰都有了新的特点，体现了运河区域社会的鲜明特征。明清小说在描绘山东运河区域城市民众、商人的生活与情感时，力求通过故事中人物的活动、语言、人际交流来展现小说所要表达的内容，同时很多小说的创作者长期游历或居住于运河区域，对于这里的风土民情、商人商业、社会习俗有着深刻的了解，因此在展现人物与区域社会关系时，往往会通过诸多微观与细节性的描述以增强故事的真实性、可读性与教育意义。

　　运河区域民众的生活习俗与精神信仰有着明显的特征。运河区域的日常饮食、风俗节日有着特定的程序与仪式，凸显了社会精神文化与民众情感关系的互动。《金瓶梅词话》第68回"郑月儿卖俏透密意，玳安殷勤寻文嫂"中西门庆招待安郎中的饮食"就是春盛案酒，一色十六碗，多是顿烂下饭，鸡蹄鹅鸭，鲜鱼羊头，肚肺血脏，鲜汤之类。纯白上新软稻粳饭，用银厢瓯儿盛着，里面沙糖、榛、松、瓜仁拌着饭。又小金钟暖斟美酿，下人俱有攒盘点心酒肉"。[①] 这只是一餐不算正式的招待就如此丰盛，可见临清的饮食文化相当发达，尤其是一些达官贵人、富商巨贾对日常的饮食非常挑剔。第67回"西门庆书房赏雪，李瓶儿梦诉幽情"里乔亲家长姐生日，西门庆准备送礼，于是吩咐来兴"买两只烧鹅、一副豕蹄、四只鲜鸡、两只熏鸭、一盘寿面。又是一套妆花段子衣服、两方销金汗巾、一盒花翠，写帖儿，教王经送去"。[②] 运河城市的节日习俗也很丰富，往往会举行各种各样的仪式活动以满足市民的精神需求。《梼杌闲评》第2回"魏丑驴迎春逞百技，侯一娘永夜引情郎"中正值迎春节日，总理河道朱

---

① （明）兰陵笑笑生：《金瓶梅词话》，第596页。
② （明）兰陵笑笑生：《金瓶梅词话》，第587页。

衡置酒临清天妃宫，请徐、李两位钦差看春，"知州又具春花、春酒并迎春社火，俱到宫里呈献。平台约有四十余座，戏子有五十席班，妓女百十名，连诸般杂戏，俱具大红手本，巡捕官逐名点进，唱的唱，吹的吹"，①甚至戏班中有鞦韆杂技表演，异常热闹，显示了对迎春这一节日的重视。运河城市的生丧嫁娶也很有特色。《醒世姻缘传》第21回"片云僧投胎报德，春莺女诞子延宗"中记东昌生子习俗，"他那东昌的风俗，生子之家，把那鸡蛋用红曲连壳煮了，擀了面，亲朋家都要分送。看孩子洗三的亲眷们，也有银子的，也有铜钱的，厚薄不等，都着在盆里，叫是'添盆'，临了都是老娘婆收得去的。那日晁夫人自己安在盆内的二两一个锞子、三钱一只金耳挖、枣栗葱蒜；临后又是五两谢礼、两匹丝绸、一连首帕、四条手巾"，②有着相应的礼节。

神灵信仰是古代社会民众的精神寄托，运河区域神灵信仰的突出特征就是水神庙宇数量众多，这种情况的出现与国家对漕运的重视是分不开的。晏公本是江西地方水神，后在国家与江西商人的推动下，传播至全国各地，其中临清就有规模宏大的晏公庙。《金瓶梅词话》第93回中描述道："山门高耸，殿阁崚层，高悬敕额金书，彩画出朝入相。五间大殿，塑龙王一十二尊，两下长廊，刻水族百千万众。旗杆凌汉，帅字招风，四通八达，春秋社礼享依时，雨顺风调，河道民间皆祭赛。万年香火威灵在，四境官民仰赖安。"③"那时朝廷运河初开，临清设二闸以节水利，不拘官民，船到闸上，都来庙里，或求神福，或来祭愿，或讨卦与筶，或做好事，也有布施钱米的，也有馈送香油纸烛的，也有留松篱芦席的"，④甚至主持道士将多余钱粮命徒弟在临清码头上开设米铺，卖银子积攒私囊，可见庙宇香火之盛。除水神信仰外，对于官方宣教的关帝、碧霞元君、金龙四大王等信仰，运河区域民众也极为推崇，修建了大量庙宇进行祭祀与膜拜，甚至通过显灵事件以强化神灵的权威性。如《临清寇略》载，清乾隆年间王伦起义，有贼党窥东昌，"东昌城垣残缺，兵不满五百，战守均不足恃。贼于日暮，见一人，赤面修髯，身高丈余，坐雉堞上，火炬笼

---

① （明）李清：《梼杌闲评》，第19页。
② （清）西周生：《醒世姻缘传》，第188页。
③ （明）兰陵笑笑生：《金瓶梅词话》，第864页。
④ （明）兰陵笑笑生：《金瓶梅词话》，第865页。

灯,约数万,贼大惊……东昌实山左要地,故神物效灵,为一方保障",①正是由于关帝显灵,才惊退贼兵,保障了东昌的安稳。

运河城市商人、市民的娱乐消费非常丰富与世俗化。经济与商业的发展使运河城市民众有了更多休闲的去处,其中青楼业发展迅速,数量众多,很多小说的主人公就为青楼女子,揭示了她们在运河城市中的感情生活与身份地位。《醒世姻缘传》第13回"理刑厅成招解审,兵巡道允罪批详"中晁源、珍哥被打得动弹不得,只能央求押解差人在临清住下,请医生看治,"那差人在临清这样繁华所在,又有人供了赌钱,白日里赌钱解闷。又有人供了嫖钱,夜晚间嫖妓忘忧。有甚难为处,一央一个肯,那怕你住上一年",②可见临清的娼妓业非常发达,是很多达官贵人、富贾商户娱乐和拉拢关系的场所。《聊斋志异》卷9"云萝公主"中章丘孝廉李善迁少年倜傥,放荡不羁,"娶夫人谢,稍稍禁制之。遂亡去,三年不返,遍觅不得。后得之临清勾阑中,家人入,见其南向坐,少姬十数左右侍,盖皆学音艺而拜门墙者也"。③《二刻拍案惊奇》卷38"两错认莫大姐私奔,再成交杨二郎正本"里郁盛打算将莫大姐卖掉,"打听得临清渡口驿前乐户魏妈妈家里养许多粉头,是个兴头的鸨儿,要的是女人。寻个人去与他说了,魏妈只做访亲,来相探望,看过了人物,还出了八十两价钱,交兑明白,只要抬人去"。④《清代野史》第六章"弘历之惭德"中高宗皇帝南巡,"途次德州时,忽招娼妓数十,登舟侍宴"。⑤除青楼女子外,临清等城市的男宠、男伶之风也相当兴盛。明代笔记《五杂俎》载:"今天下言男色者,动以闽、广为口实,然从吴越至燕云,未有不知此好者也……今京师有小唱,专供缙绅酒席,盖官伎既禁,不得不用之耳。其初皆浙之宁、绍人,近日则半属临清矣。"⑥《旧京遗事》亦载"小唱出身,山东临清、浙江之宁绍,朝士有提挈之者,或至州县佐贰,次则为伶人"。⑦可见男伶之风在一些运河城市中非常普遍,尤其在士大夫阶层中

---

① (清)俞蛟:《梦厂杂著》,第112页。
② (清)西周生:《醒世姻缘传》,第116页。
③ (清)蒲松龄:《聊斋志异》,第513页。
④ (明)凌濛初:《二刻拍案惊奇》,山东文艺出版社,2016,第406页。
⑤ 《清代野史》,巴蜀书社,1987,第126页。
⑥ (明)谢肇淛:《五杂俎》,上海古籍出版社,2012,第133页。
⑦ (明)史玄:《旧京遗事》,北京古籍出版社,1986,第25页。

盛行。

战乱对山东运河区域社会秩序造成了破坏，亦使民众生活失衡。明清两朝，在国家和平时期，运河畅通，商业繁荣，文化发展，为运河城市的崛起提供了条件，而优越的地理位置也成为政局动荡时期不同势力的争夺焦点，造成了城市的破坏与民众的苦难。如"明初取燕京，大军繇德州而进，靖难之师先下德州，引军而南，益成破竹之势"。[1]《女仙外史》第16回"王师百万竖子全亡，义士三千铁公大捷"中"燕兵只向南追，直至德州，斩首十余万，横尸百余里，委弃器械粮草，积叠如山"。[2] 明军与燕军在德州、东昌、济南的大规模剧烈战斗，使大量人口死亡，城镇被毁。清代乾隆年间，山东发生王伦之乱，造成了极为严重的社会动荡。《子不语》"尸合"载："山左王伦之乱，临清焚杀最惨，男女尸填河，高于岸者数尺。贼既平，启闸纵尸顺流而下，无赖者窃剥其衣，故尸多裸露。"[3] 王伦之乱使临清数百年的繁荣毁于一旦，"干戈烽火，村市为墟"。[4] 不但商人离散，而且店铺、仓储、衙署几乎全部被焚毁，直接导致临清民众生活水平的下降及城市的衰落。清中后期，太平天国北伐军、捻军起义、幅军起义、黑旗军起义、义和团运动多发生于德州、临清、聊城、济宁、枣庄一带，战乱不断，生灵涂炭，加之黄河北徙、运河断流、自然灾荒等原因，山东运河区域逐渐失去了地理、交通之便，而东部沿海在开埠通商、海洋贸易兴起等因素的刺激下取代了西部地区的经济、商业优势，成为山东新的繁盛之区。

明清山东运河区域的社会习俗、市民生活、精神信仰深受京杭大运河的影响。正是由于运河的畅通，大量的商帮与人群前来经营或定居，带来了异地文化，这些文化类型与山东本土文化相互交流、融合，产生了独具特色的运河文化，这种文化的开放性、包容性、创新性在山东运河城市中得到了充分的体现，而具体的表现形式在饮食、娱乐方式、精神生活上均有反映。明清小说力图通过运河城市中不同人群的生活方式、消费方式来展现故事的生动性与真实性，以活灵活现的笔触使情节更接近市民的现实

---

[1] （清）顾祖禹：《读史方舆纪要》，第1391页。
[2] （清）吕熊：《女仙外史》，第157页。
[3] （清）袁枚：《子不语》，上海古籍出版社，1998，第516页。
[4] （清）俞蛟：《梦厂杂著》，第105页。

生活，以增强小说的感染力，从而达到更高的艺术水平。当然，运河城市的生活并不总是风平浪静，战乱、兵燹在此屡有发生，对城市商业产生了严重冲击，打破了社会秩序的平衡与稳定，给民众造成了巨大的灾难，小说中的类似情节实为现实生活的映像，揭示了故事中人物情感的痛苦及对社会现状的忧虑。

结　语

明清小说中对山东运河城市的书写，并不是要反映京杭大运河对城市的影响或塑造，而是以城市为故事发生、发展、高潮、结束的地点与场域，以城市空间及其政治、商业、社会文化环境来强化小说的艺术感染力与情节吸引力，从而达到作者的创作目的，发挥小说揭示复杂社会关系及警示世人的作用，但在客观上也反映了山东运河城市商业的繁华与政治、军事地位的重要性。

明清小说在表现与描述故事主人公形象与特点时，喜欢以运河城市的商人、士子、青楼女子为主角，通过制造悬念，以运河城市的社会环境来推动情节发展，烘托人物性格与心理，暗示与深化主旨。不过这种并非对运河城市刻意的书写与雕饰，反而增强了小说的真实性与艺术表现力，使人物形象更加生动逼真，故事的发生场域更加接近现实生活，如对运河城市政治性的描述并非直接阐述该地的衙署或官员，而是通过城市的地理位置、交通状况、军事布局来反映城市的重要性；而商业与经济状况在小说中占比较大，原因是商业环境既有故事人物的参与，同时商业的流动性、经营性、营利性会将情节的变化带到不同的地域或环境之中，从而使小说的创作魅力进一步提升；小说对社会环境及民众习俗、娱乐方式、战争痛苦的表达，则是通过情感关系的变动与预设，为故事的发生与情节变化制造特定的文化土壤与空间，达到小说"源于现实，高于现实"的创作目的。

作者：郑民德，聊城大学运河学研究院

（编辑：任吉东）

运河空间效应与明清时期江南市镇发展*

——以苏州吴江为中心的考察

许哲娜 喻满意

内容提要：明清以降，苏州吴江地区市镇迅猛发展的重要原因之一是运河带来的空间效应。纵贯南北的大运河拓展了吴江区域市场的空间，把吴江与全国性乃至全球性市场紧密地联系在一起，改变了区域内部市场形态，提升了周边地区消费的便利性和生产资源的优化配置，引发了新型市场体系对传统市镇社会空间的冲击。从这个意义上甚至可以说，运河是推动江南地区摆脱小农经济模式的束缚、走向早期现代化的重要助推器。

关键词：运河 明清时期 江南市镇 苏州吴江

运河以其对中国历史的深远影响，一直是学界关注的焦点，特别是运河与城市的关系受到了学者们的高度关切。"运河文明史就是运河城市发展史"成为不少学者的共识。而市镇作为城市的一种特殊形态或者城市与乡村之间的过渡形态，是运河城市发展史不可忽视的重要研究对象。江南地区水资源极为丰富，其空间形态与经济文化特色的形成离不开水的形塑。而运河因流程长、辐射范围广，相对于地方性水网，更有助于江南各地超越区域市场范围，获得更加广阔的发展空间。历史上的江南运河市镇在运河全线始终占据着领先风气的地位，因此具有较大的研究意义和研究价值，日益受到学界的关注。如陈忠平注意到了明清江南市场与运河的空间关系，[①] 但是并未对运河如何作用于市场圈空间格局的形成做进一步分

---

* 本文为大运河文化带建设研究院2019年度智库专项研究课题 "江南运河沿岸城镇空间形态研究"（DYH19YB12）阶段性成果。

[①] 陈忠平：《明清时期江南地区市场考察》，《中国经济史研究》1990年第2期。

析。范毅军关于江南市镇的研究论著虽以"太湖"为名,却在书中花了很多笔墨探讨了运河与太湖周边市镇在明代以降异军突起的密切关系,对运河与太湖这两大水系影响下的江南市镇发展状况进行了全面的描述,① 惜未对运河与市镇兴起的相关性,特别是未从运河的空间效应对市镇兴起的原因进行更加深入细致的分析。游欢孙对吴江地区市场贸易圈进行了系统的梳理,② 但未论及运河对贸易圈的塑造作用。沈飞德分析了吴江地区市镇分布呈现以县治为圆心的扇形,并提及了运河对市镇分布的导向作用,③ 但未具体解读运河对于吴江地区市场空间特色的独到贡献,且更多的是从地理角度而非社会经济和文化发展状况的角度对市镇空间形态进行解读。

本文尝试以苏州吴江地区为例,从市场空间和社会空间两个方面对明清时期运河在江南市镇演变过程中发挥的作用进行分析。这是因为市场是市镇概念的核心要素:"市,有商贾贸易者。"商业职能是市镇的"基本职能",市场空间是市镇空间演变的决定性因素,其他重要职能如宗教、教育等都表现出"与作为贸易中心的经济腹地相重合,并反映其节点结构的倾向";④ 社会结构是市镇发展的社会制度基础,也是市镇发展逻辑的外在表现,社会空间是观察市镇空间变化的重要切入点。可以说,运河在沿岸地区引起的经济社会变革效应主要是通过空间的重新配置这一机制来实现的。

一 运河与明清吴江市场空间的开拓

吴江位于苏州最南端,在历史上属于吴越文化的交界地带,春秋时期吴越两国曾多次在此交战。吴江的行政归属也曾经在吴越之间徘徊不定,直到后梁开平三年(909)才成为一个较为固定的行政区划。吴越王钱镠奏请割吴县南部,设置吴江县,县治设于太湖边上的松陵镇。

---

① 范毅军:《传统市镇与区域发展——明清太湖以东地区为例》,台北,联经出版事业股份有限公司,2005。
② 游欢孙:《近代苏州地区市镇经济研究——以吴江县为中心》,博士学位论文,复旦大学,2005。
③ 沈飞德:《明清时期吴江市镇初探》,《史林》1987年第4期。
④ 施坚雅主编《中华帝国晚期的城市》,叶光庭等译,中华书局,2000,第328页。

日本学者把江南三角洲地区划分为三个区域,一是太湖周边分布有众多湖沼群的低湿地区,二是冈身地带,三是长江沿岸的沙堆地带。其中,吴江县位于沼泽群密布的地带,条件最为不利,在明代以前发展缓慢,即便是县城松陵镇也不过"千余家"的规模。据海津正伦的统计,明代正德年间市镇分布密度在三大区域中最低的吴江县,在正德以后却成为市镇增加最为显著的地区。他试图从地质学的角度给出解答,找出洪积台地与市镇分布的关系,但是八坼等没有位于台地的市集发展情况,使他不得不否定了这一假设。① 这表明仅仅从地质学角度理解吴江地区在明中叶以后的发展是远远不够的。吴江地区的飞跃式发展首先得益于明中叶以后丝织业由城市向农村的扩张,这给吴江县带来了一个重要的机遇。② 吴江地区原本就有一定的蚕桑生产基础,1959年在梅堰出土了新石器时代的纺轮和刻有蚕形图案的陶罐,说明此地有悠久的蚕桑业发展史。方志中也称当地有不少"精其业者"。在这种情况下,吴江开辟了一个有别于传统稻作的蚕桑生产格局,反而比稻麦生产区更早开始了商品化与市场化之路。而这种演进离不开另一个重要因素的支持,即运河所赋予的交通优势。

吴江县是苏州境内运河资源最丰富的地区之一。运河水系在吴江境内呈人字形分布,这就使吴江大部分地区为运河所辐射。多路支流最后在吴江所辖的平望镇交汇,这就使吴江成为重要的交通枢纽。纵贯南北的大运河大大拓展了吴江区域市场的空间,把吴江与全国性乃至全球性的市场更加紧密地联系在一起,使吴江的丝绸产品有可能远销北方,而外省的米豆有可能汇集到吴江,从而为市镇的兴起提供了重要的物质基础。明清以降,市镇呈井喷式的发展,是吴江发展水平突飞猛进的重要表现,而这些市镇与运河有着千丝万缕的联系。

据乾隆《震泽县志》和《吴江县志》③记载,明中叶以来,吴江县内"称镇者七,称市者十",这七个镇分别为平望、黎里、同里、震泽、盛泽、芦墟、章练塘,如果算上吴江县城松陵镇,应该为八个镇。其中平望、震泽、盛泽以及吴江县城松陵镇为运河沿岸的重要市镇。虽然在严格

---

① 海津正伦:《中国江南三角洲地区的地貌形成与市镇的分布》,森正夫编《江南三角洲市镇研究》,丁韵、胡婧译,范金民审校,江苏人民出版社,2018,第24~25页。
② 樊树志:《江南市镇:传统的变革》,复旦大学出版社,2005,第215页。
③ 雍正年间,吴江县以运河和烂溪塘为界被一分为二,分置震泽县和吴江县。

意义上的吴江七大镇中,运河市镇仅占三席,但这三个市镇是吴江县发展水平最高、实力最强的市镇。樊树志所称的吴江三大经济支柱,指的就是震泽的丝业、盛泽的绸业以及平望、同里的米业,① 其中震泽、盛泽、平望均属运河市镇。这显示了运河市镇相对于其他区域市镇的巨大优势,因为这三大市镇面向的市场范围远远超出了吴江县,而与全国市场互为联动,与吴江境内的其他市镇完全不在同一等量级别上。吴江地区作为环太湖发展相对落后地区之所以能够"后来居上",正是运河为之提供了重要助推。

平望镇地理位置极为有利,处在江南运河干流与重要支流——頔塘河交汇的独特位置。頔塘河是历史悠久的交通要道,其开凿史可以追溯到东晋,这项由吴兴太守殷康主持的水利工程将太湖流域的两座重要城市湖州与苏州连接在一起。传说河流两岸芦荻遍地,因此得名荻塘。到了唐朝贞观年间,苏州太守于頔有修浚荻塘的惠民之举,深受百姓爱戴,后人遂将荻塘改名为頔塘作为纪念。頔塘河与运河在平望镇交汇,因此,平望人也将頔塘列为该镇名胜。"頔塘跃马"与"莺湖夜月"等其他景观一起被推为"平望八景"。

这里的莺湖指的是平望仰赖的另一个重要水系莺脰湖。莺脰湖被冠以"太湖之亚",可见其水体之大。这是因为莺脰湖是运河与其他地方水系交汇的重要联结点。它"分纳荻塘,全纳烂、车、黄、穆、急五溪之水",也就是说从如此之多的水道都可以抵达莺脰湖,赋予了其"适均吞吐枢要"的重要地位。② 平望镇的民间信仰活动中心之一小九华寺恰好面向烟波浩渺的莺脰湖。这座寺庙远近闻名,吸引了大批镇外香客前来朝觐,比如在平望镇南边的黄溪市就有每年中秋前后进香小九华寺的风俗。③ 莺脰湖开阔的水面为货船、客船、进香船的集散提供了充裕的回旋空间。

平望镇的发展历史从一开始就与运河息息相关。在唐宋以前,平望虽然仍以乡称,但作为运河沿岸的重要驿站,该地名已经频繁地出现在诗文中。由唐入宋,从颜真卿到苏舜钦、范成大、杨万里,都曾在路过平望时

---

① 樊树志:《江南市镇的市场机制——吴江个案再分析》,《中国经济史研究》1997年第2期。
② 乾隆《吴江县志》卷2《山水》,《中国地方志集成·江苏府县志辑》第19册,江苏古籍出版社,1991,第360页。
③ 道光《黄溪志》卷1《风俗》,《盛湖志(四种)》,广陵书社,2011,第634页。

吟咏当地的景致风物。后又在此设立巡检司。为了便于行旅军政日常生活开设的邸舍、商肆等设施，构成了平望镇从军事建制蜕变为重要集市的基础。到了明初，这里已经是"居民千百家，百货贸易如小邑"。而且这种发展势头仍在强劲延续，"居民日增，货物益备"，更重要的是发展成了吴江地区最大的米业中心市场，对米、豆、麦等大宗农产品的吸纳范围逐渐从当地扩展到湖广、江西等跨省域地区，"米及豆麦尤多，千艘万舸，远近毕集"，[①] 这显然是其举足轻重的地理位置所赋予的。

震泽位于頔塘河畔，坐落在运河支线上两大市镇——平望与南浔之间。唐开元二十九年（741），湖州刺史奉命在此设立震泽馆，从此这里就以震泽之名为世人所知。北宋太平兴国年间调整行政区划时震泽被划入吴江县。宋室南迁使这里从原来的边远之地变成了近畿重地，因而在此设立巡检司，升格为镇，政治地位大为提高，为其市场的初步形成提供了重要基础。从震泽镇街市的生长原点——底定桥于南宋淳祐二年（1242）进行重修，可以看出这里已经具有相当规模的聚落，对交通设施表现出较为强烈的需求。明中叶以后随着丝织业由城市向乡村转移，震泽原本就有深厚历史基础的蚕桑生产潜能得到了极大的激发，这里成为缫丝业的重要基地，产品范围囊括高、中、低各种档次，具有市场适应性更广的优势："西南境所缫丝，光白而细，可为纱缎经，俗名经丝。其东境所缫丝稍粗，多用以织绫绸，俗称绸丝。又有同宫丝、二蚕丝，皆可为绸绫纬。"[②] 这也巩固了震泽镇作为丝业重镇的龙头地位。

盛泽镇是明中叶以后兴起的江浙一带丝织品集散中心。[③] 当地水系发达，和震泽镇相似，有水道环绕、四通八达的交通优势。西面为盛泽荡，也称盛湖，又名西荡，其水流远接天目，为运河两大支系烂溪和麻漾的汇合，东流入镇成为盛泽的市河，即当地商业街区的轴线。东面为白漾，又名菱叶渡，西边与市河相通，其余南、北、东三面皆有水道。西面的盛泽荡与东面的白漾皆有"五聚"的别称，[④] 可见其与外界联系之便利。相比于平望和震泽先为镇后成市的发展轨迹，盛泽经历了先成市再成镇的发展

---

① 乾隆《震泽县志》卷 4《疆土》，《中国地方志集成·江苏府县志辑》第 19 册，第 44 页。
② 乾隆《震泽县志》卷 4《物产》，《中国地方志集成·江苏府县志辑》第 19 册，第 50 页。
③ 樊树志：《明清市镇探微》，复旦大学出版社，1990，第 291 页。
④ 乾隆《盛湖志》卷 2《水》，《盛湖志（四种）》，第 23~24 页。

历程，虽然设镇较晚，但是其历史也可以追溯到三国时代。据汤豹考证，三国吴赤乌年间，盛斌在此结寨，称盛寨，误为"盛泽"，这是盛泽得名的由来。明初曾有农民在耕地时挖出南宋单昇墓碑，成为南宋时期盛泽曾有聚落的证据。但是它的腾飞则是比较晚近的事情。据《盛湖志》记载，明初这里尚"以村名著"，到了嘉靖年间"渐成市"，清初则一跃而为"巨镇"。盛泽周边有以震泽为中心的蚕桑生产为原料支持，有以运河为管道为产品的输出提供便利的交通条件，因此得到了迅猛的发展，"户口日增。每日中为市，舟楫塞港，街道肩摩"。随着经济结构的复杂化，社会关系也趋于复杂，为了更好地实现对这一经济重镇的政治控制，乾隆五年（1740），"移驻县丞，以资弹压"。①

除了七大镇以外，吴江县还有十个重要集市，分别为县市、江南市、新杭市、八坼市、双杨市、严墓市、檀邱市、梅堰市、黄溪市、庵村市。除了严墓、庵村外，其他市集均位于运河沿岸。

八坼之名源于唐人范正传在此治水，将环绕八坼的水道裁弯取直，遂斥土为二，故以"坼"为名。八坼地处南北要冲，曾为巡检司所在地，同时这里还是吴江地区去往全国各地的货运和客运枢纽。明末书画收藏家李日华往来于嘉兴和苏州之间，所雇舟船常以八坼为中途停靠点，"夜泊八尺"，"是夜泊八尺"。② 这里聚集了一批"操舟船者"，官舫客舟齐全，还可以根据航运需要选择大、中、小不同体量的船只，大船称为"太平船"，中等船只称为"鸭嘴"，小船称为"搠板"，这些船只常年运营，"惯悉水性"，"北达京都"都不在话下。因此，虽然水手给人留下"良善者"不敢招惹的负面形象，但是远涉他境仍不得不依靠他们，在"大江淮泗、贻山高宝等湖"都有他们"鸣榔如织"的影子，都能听到他们的"江乡土音"。③ 这些因素对商旅起到一定的吸附作用，促进八坼市集的发展。文献记载，这里"多设酒馆以待行旅，久而居民辐辏，百货并集"。④

---

① 乾隆《盛湖志》卷2《水》，《盛湖志（四种）》，第1~2页。游欢孙对盛泽镇建制过程及演变进行了详尽的研究，见游欢孙《从市场到区划：清至民国江南市镇区域变迁——以盛泽镇为例》，《学术月刊》2013年第9期。
② 李日华：《味水轩日记》，上海远东出版社，2011，第107、194页。
③ 同治《苏州府志》卷149《杂记》，《中国地方志集成·江苏府县志辑》第10册，第775页。
④ 乾隆《吴江县志》卷4，《中国地方志集成·江苏府县志辑》第19册，第373页。

黄溪是位于平望镇与盛泽镇之间的一个规模较大的绸市,在道光时期的方志记载中,黄溪扮演着向盛泽镇提供货源的生产基地以及盛泽镇与乡村纺绸基地之间的中转站角色,有专业的中间商,称为"绸领头",专门负责把黄溪市的丝绸产品"收至盛泽、王江泾牙行卖之"。[①] 黄溪市与盛泽镇的关系作为江南丝绸市场的典型案例,成为诸多经济史学者津津乐道的话题,上述引文也是江南市镇研究中引用频率较高的史料,甚至可以说已经形成了"黄溪现象",但是这些讨论更多的是从丝绸生产的角度进行阐释。笔者此处想从市场的角度略做补充。在丝织业的带动下,黄溪村从明初一个"居民数百家"的小村落蜕变为清康熙年间人口增至"二千家"的集市,民众"渐致饶富",人口的增长与消费能力的提升推动了市场交易的活跃。从方志的只言片语中,可以看到高消费现象普遍存在以及对市场交易的带动。如《黄溪志》记载的当地食俗显示,当地佣工口味极为挑剔,"极贪口腹",甚至会因伙食问题另谋他处,"或食无兼味,辄去而他适",为此雇主向佣工提供的肴馔必须包含"鲜味",每遇节候,"肴馔更为丰盛",从而带动了鱼虾的畅销和交易的活跃,"故市中卖鱼虾极早,迟则不可得"。[②] 这从一个侧面反映了技术工人的紧俏,同时也说明了丝织业繁荣的重大意义不仅在于为当地提供重要的生计来源,更在于其对相关交易活动的带动,非常有利于提升当地市场化的整体水平。

运河作为交通要道,既是政府设置关卡实施管理和控制的重点区域,又是商品流通的重要渠道,因此无论是对从军政建制脱胎而来的传统市镇,还是因商品经济发展而兴盛的新型市镇,均能够起到重要的助推作用。在运河的带动下,这些市镇与传统市镇最大的区别就是或直接或间接地与全国性市场发生联系,不但摆脱了区域市场的束缚,获得了广阔的上升发展空间,而且在龙头行业的带动下,其他行业也获得了长足的进步,推动了经济领域的整体提升。明清时期吴江地区的经济社会变革正是建立在此基础之上。

---

① 道光《黄溪志》卷1《风俗》,《盛湖志(四种)》,第633页。
② 道光《黄溪志》卷1《风俗》,《盛湖志(四种)》,第633页。

二 运河与明清吴江区域市场圈的重塑

在河道纵横、港汊交错的江南地区，生民很早就学会了利用便利的水上交通。开凿运河是他们改造水路系统适应生产生活需要的重要途径之一。中国最早的运河就开凿于江南地区。① 江南运河的重要支流頔塘河的开凿时间也远远早于隋唐大运河。运河作为生民改造自然环境的重要产物，具有相当强烈的规划性，也具备了相当程度的实用性，势必对当地市场圈起到重塑作用。

吴江地区就是一个典型的例子，其市场空间呈现出对运河的向心力，从而导致了市场空间形态的变形。所谓的市场空间形态，或者说市场圈，是由区域中心市场与费孝通提出来的"乡脚"之间的关系决定的。"乡脚"指的是"市镇的四乡"，即"市镇作为一个市场的辐射范围"。樊树志引用了费孝通所调查的开弦弓村作为解说"乡脚"概念的例子，但在梳理"乡脚"分布情况时，并不是建立在实地调查的基础上，主要以方志中的乡村辖区作为"乡脚"范围，并认为"大体上与市镇作为一个行政区划所管辖的乡村范围相重叠"。② 但其观点缺乏实地调查资料的支撑，需要加以慎重对待。一方面行政区划可能会出于某些政治因素经历一些调整，市场圈遵循着一定的经济生活规律，是相对稳定的，因此从行政区划的角度推测市场圈的范围可能会有一定的偏差；另一方面，像震泽这样的大型市镇，其地位相当于区域中心市场，在中心市场与村落初级市场之间是否有中间市场的存在，也是值得考虑的问题。

另一种市场圈的界定方法则是来自德国地理学家克里斯托勒的中心地理论。该理论以"经济距离"（即转化为运输费用的地理距离）为主要影响因素的界定方式，认为市场圈或者说商品供应范围是"一个购买者购买

---

① 武同举、王健等学者认为泰伯渎是中国最早的运河（武同举：《江苏水利全书》卷 31《太湖流域一·历史提要》，南京水利实验处，1950；王健：《泰伯渎为中国最早运河的可信性探讨》，《江南论坛》2011 年第 7 期），戈春源认为苏州护城河是中国最早的运河 [戈春源：《运河始段在今苏州考》，《苏州科技学院学报》（社会科学版）2010 年第 4 期]，也有不少学者认为邗沟是中国最早的运河。由于这几条运河都位于江南地区，因此不管哪种说法正确，运河最早开凿于江南地区是学界的共识。

② 樊树志：《江南市镇：传统的变革》，第 158 页。

特定商品时所不愿超出的极限范围"。① 这被视为农民经济理性的一种表现。这个成本最为合理的经济距离也就是市场圈的半径轴长。村民日常交易的初级市场一般都分布在这个半径轴长范围内。美国学者施坚雅借鉴该理论对中国市场体系的分析,曾在国内引起了学者的热烈响应。如赵世瑜就曾以北京地区的庙会为个案验证了六边形模型的有效性。② 但是受到中国自然地理条件巨大差异的影响,六边形模式实际上存在极大的局限性,只有在"地形平坦"、"需求或购买力均匀分布"以及"各个方向运输设施相同"的理想景观中才有可能得到验证。施坚雅提出了导致模式变形的主要参数包括需求密度和运输效率,其中运输效率有可能抵消需求密度的影响。但他也指出,这种影响力量只有在很少的地区才能实现,那就是水网密布的长江下游地区。③ 在江南水乡,相对于平原地区2.5公里步行距离的活动半径,水系的联结方式以及河流的走向等对于区域市场的分布格局更具有决定性。赵冈则对施坚雅理论提出了挑战,认为明清时期江南市镇的新特点就在于超越了市场层级,这是因为在这些市镇收购的产品是"以远方市场为主","与全国市场直接沟通"。④ 应该说施坚雅和赵冈的理论是就不同类型的市镇而言,都具有一定合理性。无论是哪种类型的市镇,运河的开通都对市场圈格局的"变形"起到了重要的助推作用。

费孝通的调查发现就是一个很好的印证。⑤ 开弦弓村民宁可从距离更远的震泽镇购买日用品,也很少到步行距离更近的庙港镇。这种超越了市场层级,看似不符合经济理性的奇特情况反映的正是在运河助推下市场圈模式重塑的结果。

费孝通笔下的庙港镇是太湖岛屿的主要交易中心。它位于平望镇、震泽镇等重要地标与传统水上交通要道——太湖之间距离最小的位置,天然具备了太湖沿岸中心市场的优势条件。这里是吴越冲突的主要战场,附近

---

① 施坚雅主编《中华帝国晚期的城市》,第329页。
② 赵世瑜:《狂欢与日常:明清以来的庙会与民间社会》,生活·读书·新知三联书店,2002,第207页。
③ 施坚雅主编《中华帝国晚期的城市》,第333、339~340页。
④ 赵冈:《中国城市发展史论集》,新星出版社,2006,第202、208页。
⑤ 费孝通记录的虽然是民国时期开弦弓村的交易活动,但稳定的市场圈是在漫长的经济生活中逐渐形塑固化的,因此将这份记录作为讨论清以来当地市场圈状况的资料基础,还是有一定的可靠性的。

至今还有一个叫作"吴越战"的村落，名字里似乎仍然弥漫着当年的硝烟，但也因此可能成为吴越两地经济文化交流的重要节点。据说因历史上沿岸嵝港口都建有庙宇，以庙港所在的庙宇最大，所以庙港镇也有"大庙港"之称，可见这里可能是太湖沿岸的信仰中心之一。在宋元时期，庙港一带就已经以"儒林里"闻名于世，"人文独盛，衣冠甲第，冠于一邑"。[①] 文化的发达通常是建立在一定的物质基础上的，庙港镇的文化繁荣从侧面印证了这里已经是一个相对发达的地方。然而到了明清时期，地方志中市镇部分已经全然没有了庙港的位置，这与运河市镇的迅猛崛起形成了鲜明的对照。

因运河贯通而急剧延伸扩展的市场空间，仿佛一个新的能量巨大的磁场，引起了市场半径轴线的变形。开弦弓村民舍近求远的交易行为就是市场半径轴线在运河的"引力"下被"拉长"的典型例证。由于费孝通对于开弦弓村交易习惯的调查仅限于晚清以后，我们对于开弦弓村交易习惯的改变与嘉庆十三年（1808）以后震泽河的开通孰因孰果不能完全确定。如果说开弦弓村属于施坚雅所论述的传统市镇，那么可以认为是震泽河开通，即施坚雅所认为的江南独特的水系联结方式改变了开弦弓村的交易方式。如果说开弦弓村属于赵冈所说的新型市镇，那么可以推测震泽河的开通可能是为了满足开弦弓村与更广阔市场联结的需求。从开弦弓村晚清以后纺织业兴盛的状况看，更像是属于后者。但无论何种情况，运河在其中都扮演了重要角色。没有运河，开弦弓村就难以实现与高级市场的越级联系。震泽河，即运河，由知县郭贞浚于嘉庆十三年，东与双杨市的双杨河连接，西自郎家港流出，经过政安、古泉两港之后入河，成为镇北"关钥"，以此为起点，流至一里之外的小港，向东潴为牛娘湖，向北继续流经唐白漾，最后进入太湖，这应该就是连接震泽和开弦弓村的水道，今天被称作"三里塘"。政安港、古泉港等水系均为震泽河的重要节点。开弦弓村民顺着三里塘，也就是震泽河的北线和西线可以抵达古泉港，这里的底定桥是震泽镇五大街市的中心点，再向东行船去往政安港方向，途中经过诸多重要的民间信仰活动场所，如慈云寺、祠山庙、张老太庙等，按惯

[①] 乾隆《儒林六都志》卷上《疆域》，《中国地方志集成·乡镇志专辑》第11册，江苏古籍出版社，1992，第609页。

例,这些地方一般是商业贸易中心。重要的行政节点汛口也设于此地。①可以说,三里塘虽是运河一个不起眼的支流,却将开弦弓村连接到了一个更加广阔的市场空间以及更加庞杂的市场系统之中。在震泽这种较为高级的市场上,正像施坚雅指出的,不仅可交易的商品种类更加齐全,而且在商品价格方面更具有优势。这些因素都提高了震泽市场对开弦弓村民的吸引力。

此外,运河还带来了市场形式的变化,也对吴江地区的生产与消费产生了积极的影响。一是穿梭于各个集市之间的船只实际上成了一个个小型的水上流动摊点,类似于走街串巷的卖货郎。这就使乡脚范围超越了经济距离的局限,市场圈所呈现的形态更加灵活多样。费孝通在调查中发现,开弦弓村民更常见的交易活动方式是托过往的船只到震泽镇捎带所需要的商品。在运河与天然水道之间来回穿梭的船只大大缩短了村民与地区中心市场的距离,可以更方便地享受高级市场的红利。

二是运河航船的通行不但在消费渠道上突破了市场层级的限制,在生产资源流通方面也摆脱了市场层级的束缚。如开弦弓村民可以通过航船把生丝原料直接运送到 12 里外的丝绸交易中心盛泽镇,② 而无须通过生丝交易中心震泽镇这一中间市场进行中转,省去了不少中间环节,对产销双方都是一种利好的因素,对生产资源的配置起到了积极作用。

总而言之,运河不仅促进了吴江区域市场与外部世界的联系,同时通过对内部交通条件和交易方式的改变,重塑了其内部市场圈,优化了腹地资源的配置,为其在明清时期的腾飞提供了内在驱动力。

三 运河对明清吴江市镇社会空间的重构

赵世瑜通过对江南和华北庙会比较研究发现,在经济功能方面,由于江南市镇网络更加密集,乡村人口日常需求更容易得到满足,因此江南庙会的经济功能与华北庙会相比往往较弱。③ 这一论点颇有见地,实际上也

---

① 道光《震泽镇志》卷 2《水》,《中国地方志集成·乡镇志专辑》第 13 册,江苏古籍出版社,1992,第 365 页。
② 费孝通:《江村经济——中国农民的生活》,戴可景译,北京大学出版社,2012,第 228 页。
③ 赵世瑜:《明清时期江南庙会与华北庙会的几点比较》,《史学集刊》1995 年第 1 期。

反映了江南社会空间的一个特点，即江南地区可能不像华北地区那样存在区域市场中心与信仰中心普遍重叠的现象（华北庙会的经济功能较强，信仰中心与市场中心往往是重合的，而江南市场更加密集，不需要由庙会承担市场贸易的功能，因此没有呈现出市场中心与信仰中心普遍重叠的特点）。这一特点的形成还可能与运河对市场空间的形塑有一定关系。如虽然开弦弓村民日常交易中心地在震泽镇，但庙港镇仍能对他们保持一定的吸引力，主要在于这里的庙会。费孝通调查发现，开弦弓人只会在庙会的时候去庙港镇，[①] 可能是因为这里的庙会具有更高的权威性。邱老太庙会是庙港镇的主要庙会之一。虽然震泽镇、七都镇都有邱老太庙，但是由于传说邱老太是庙港人，所以邱老太信仰应是以庙港为中心。又如黄溪市的居民多从事纺织行业，所以以南边的盛泽为市场中心，但进香的目的地在北边的平望镇。这种市场中心与信仰中心分离的现象，一方面与信仰行为习惯有关，因为民众对神明灵验程度的信任往往是在长时间的经验习惯中形成的，很难马上发生转变，另一方面可能是因为民间信仰文化资源的积累需要一个比较漫长的历史过程，因此一般都掌握在历史较为悠久的民间信仰机构中，很难一下子转移到新兴的市场中心。

但是庙会经济功能的弱化并不意味着信仰活动与市场空间毫无关联。明清时期甚至更晚近时候兴起并盛行的民间信仰活动也体现了运河形塑下的新型市场体系对传统社会文化话语的冲击。以城隍神巡境为主要内容的双杨会就是一个典型例证。双杨会一般被认为是"跨省、跨县、跨乡的水上盛会"，每隔十年在三月初三前后起赛。这一活动据说始于清中叶，[②] 实际上可能更早，因为"清中叶"可能只是它名声大噪、为世人所熟知的时间点，而不是真正的起源时间。

城隍神崇拜是流行于江南地区的重要民间信仰，因此引起了诸多学者的关注，特别是对其社会组织功能进行了深入研究，并在此基础上揭示江南地域社会的结构特征。如滨岛敦俊根据城隍信仰中的"解钱粮"习俗解读了江南地区市场空间关系的形成，即城镇与"乡脚"的关系。[③] 吴滔通

---

① 费孝通：《江村经济——中国农民的生活》，第 228 页。
② 李廉深：《双杨庙会》，《吴江文史资料》第 12 辑，第 132~133 页。
③ 参见滨岛敦俊《明清江南农村社会与民间信仰》，朱海滨译，福建人民出版社，2008。

过对双杨会的研究与滨岛的结论进行了商榷。① 方志龙则从社会空间的角度讨论了双杨会祭祀圈与蚕桑生产区域的关系。② 吴滔的研究虽然从市场层级的视角对滨岛敦俊的神灵世界行政等级化的解释进行了修正，但是对于市场层级在城隍信仰中如何发挥作用未做进一步讨论，也未从更加细化的市场层级角度对城隍信仰中的社会空间进行差异化描述。以下论述除了尝试对这两点不足加以弥补之外，更尝试从运河视角对城隍信仰进行讨论，从而对这一地区的市镇空间及社会提出一些新的认识。

不少学者都认定双杨会活动与蚕桑生产区域的关联性，并将之定义为"蚕桑生产区域的水上盛会"，这固然有一定的合理性，但是阐释过程中忽略了两个重要事实。一是对双杨庙的包装推介远早于明清时期。双杨会的举办可以看作是这种推介行为的延续。

吴江地区的城隍信仰源于唐宋之际兴起的昭灵侯信仰。昭灵侯庙奉祀的是唐太宗第十四子李明，因李明被封为曹王，所以昭灵侯庙也称李明王庙或曹王庙。正史中对李明的评价并不高，说他担任苏州刺史期间"不循法度"。后来李明卷入武周与李姓宗室的宫廷斗争，被武则天所害，直到武则天去世，唐中宗复位，才被平反。到玄宗朝，李明的后人又得到了册封，使曹王的名号得以沿袭。唐玄宗先天年间，苏州地区奉敕为李明立祠，以具有皇室身份的李明为崇拜对象的祠庙成为密切苏州与中央政权关系的文化媒介和政治符号。但是此后李明祠并没有显现出太多的历史影响。唐朝灭亡后，钱镠掌控了江浙地区，臣服于朱温的后梁政权。他奏请设立吴江县，因在一次御敌行动中向李明祠祷告有应，遂请封李明为昭灵侯。昭灵侯庙的建立似可以看作是吴江县行政实体形成的象征，也可以说是吴江县史的源头，因此昭灵侯在松陵周边地区受到特别崇祀，成为该地区最有影响力的民间信仰，"凡六邑惟松陵奉之尤谨"。③ 昭灵侯信仰从盛行之初就与政治关系紧密。在震泽镇、平望镇，昭灵侯庙都修建在当地行

---

① 参见吴滔《清代江南市镇与农村关系的空间透视——以苏州地区为中心》，上海古籍出版社，2010。
② 方志龙：《清末民国江南地区跨境迎神赛会的社会空间——以吴江"双杨会"为中心》，《历史地理》第33辑，上海人民出版社，2016，第154~163页。
③ 沈义甫：《重修昭灵侯庙记》，道光《震泽镇志》卷6《祠庙》，《中国地方志集成·乡镇志专辑》第13册，第399页。

政中心附近。从历代文人的记文中可以看到，昭灵侯发挥的主要职能包括保境安民、庇护农桑等。文人们更津津乐道的是昭灵侯在历次战争中护佑周边民众免遭战火伤害的神迹，关注点主要在于军事政治方面。明洪武年间城隍庙改革，昭灵侯的城隍神身份得到完全确认，更加凸显了其鲜明的政治色彩，从而确立了各地庙宇系统呈现以松陵为中心的明显的行政等级化特征。记文称明代吴江县各地昭灵侯"食于吴之松陵凡有五"，① 是这种等级关系的典型体现。

但是这并不妨碍民众对昭灵侯信仰的重构。将双杨会与蚕桑生产区域紧密联系起来固然有一定道理，但是这一论述忽视了双杨人对双杨庙的包装实际上从宋代就已经开始的事实。从沈义甫的记文可以看出，昭灵侯信仰在宋代已经发挥了社会凝聚与整合的重要作用。沈义甫的记文是为记述宋代地方社会精英牵头组织重建昭灵侯庙的行动所作的。据记载，这次重建活动是当地乡民为了报答李明在大兵南征期间对双杨村的庇护而发起的，"乡老"周得华"首倡捐金谷"，"大家富户乐而从助"。落成后，李明又"托梦"给"乡之儒士"周彬叔，对新建的祠庙加以"绘事"，使祠庙"由内及外焕然更新"，华丽壮观的外表甚至"较近都诸祠允为之冠"，② 成为双杨人足以自矜的文化资本。据柳田节子等日本学者解释，"乡老"是"年长的知识分子"。③ 也就是说，昭灵侯信仰的社会整合作用主要是由双杨地区的儒士来实践的。这一阶层在当地经济生活中确实扮演了重要的文化象征角色，这一现象从宋代一直持续到近代。如在近代丝绸交易活动中，仍在在开庄日"请有功名的书生如秀才举人为名誉看庄先生（检验收购绸缎），亦长袍马褂高踞在柜台之上，让乡人领投打恭作揖"的习俗。④ 可见儒士在民间社会生活中可能拥有相当重要的话语权。因此，双杨之所以能够力压吴江地区的政治中心——松陵，超越近在咫尺的丝业中心——震泽，成为蚕桑生产区域的信仰中心，根本原因或许不仅是吴滔

---

① 沈原：《吴江县双溪昭灵侯庙曹王神应记》，道光《震泽镇志》卷6《祠庙》，《中国地方志集成·乡镇志专辑》第13册，第399页。
② 沈义甫：《重修昭灵侯庙记》，道光《震泽镇志》卷6《祠庙》，《中国地方志集成·乡镇志专辑》第13册，第399页。
③ 柳田节子：《宋代的父老——关于宋代专制权力对农村的支配》，《漆侠先生纪念文集》，河北大学出版社，2002，第331页。
④ 周德华：《丝绸风俗》，《吴江文史资料》第10辑，第192页。

所说的灵验程度对信众选择行为的导向作用，毕竟所谓的灵验程度实际上很多情况下是可以由强势话语加以左右的一种抽象认识。双杨昭灵侯庙的兴衰历程固然具有一定的独特性。沈义甫和沈原都不惜笔墨详尽书写了双杨庙的灵迹，如有一次大兵南征，"民祷于祠下，王阴有以相之，他境则遭焚毁，而此方晏然"；还有一次，"余乡震泽至双杨才五六里，市皆火毁，而昭灵一祠岿然存于烈焰之中，民居之附丽者得独免焉"等。① 这些神迹既可以看作是证明双杨昭灵侯灵验程度难以辩驳的重要证据，也可以说，它的幸存或许只是一种偶然，但为当地儒士阶层将之作为独一无二的文化资源加以塑造提供了可操作空间。而周得华牵头修成新庙之后，本已大功告成，却又上演了一出李明托梦周彬叔的"续集"，隐隐反映了两位社会精英对双杨庙控制权之争，也充分说明了双杨庙此时已成为值得竞争的重要文化资源之一。双杨会的举办可以说是沿袭了借助民间信仰文化资源进行社会整合的思路。

二是双杨会与运河的关联性也应得到重视。从双杨会行进路线可以看到，这一活动所途经和停留的是运河沿岸的重要市镇。双杨会的总体行进路线是向东南出发，但是从活动开始，先要逆行向西到震泽镇，然后再回到东进的路线，来到頔塘河沿岸的另一座市镇梅堰停留三日，随后到平望镇停留七日后进入运河主干道，途经坛丘等运河沿岸市集，来到盛泽镇，活动进入高潮，最后返回震泽镇，在慈云寺前演剧三天作为谢戏。以往常常强调双杨会为跨省跨境活动，这显然是一种脱离了民众语境的表述，因为在民众的头脑中，似乎并没有知识精英那样明确的省界概念。他们对地域的概念重要来源之一是与日常生活息息相关的市场范围。施坚雅正是因为坚信农民具备以最小交通成本完成日常交易活动的经济理性，才将初级市场作为考察整个中国市场的出发点。以运河为轴心的吴江区域市场网络，包括米业中心平望镇、以铁器制造为专长的坛丘，都被视为该活动的潜在参与者。

李廉深称，宣统三年双杨会曾在平望镇出会七天。② 方志龙以《申报》随后的报道未提及平望镇为依据，质疑这一说法，并以平望可能仅是参加

---

① 沈义甫：《重修昭灵侯庙记》，道光《震泽镇志》卷6《祠庙》，《中国地方志集成·乡镇志专辑》第13册，第399页。
② 李廉深：《双杨庙会》，《吴江文史资料》第12辑，第132页。

了个别届次为由，强调了双杨会与蚕桑生产的密切关系，从而将从事米业的平望镇排斥在昭灵侯的祭祀圈外。[①] 这个理由似乎并不充分。昭灵侯庙在平望镇同样享有信仰中心的重要地位，镇上的两个戏台，其中一座就坐落在昭灵侯庙，可见其在信众心目中的重要地位，也决定了它是民众信仰活动的主要空间之一。在平望每年都会举行"悬灯演剧"盛会，并规定由二十四坊每坊轮流承担。因此或许需要从另外的角度对平望镇的缺席加以推断和理解。双杨会的活动参与者，主要是由双杨昭灵侯庙的庙董发出邀请，之所以会有平望镇出会七天的文字表述，可能是因为平望镇在双杨庙董的邀请之列，在平望镇停留七日也是这次双杨会的活动规划之一，停留时长与盛泽镇相当，表明了平望镇在祭祀圈中举足轻重的地位。但是平望镇是否真的参与了这次活动，由于文字记载的缺失而成了一桩悬案。即便很大可能性没有参加这次双杨会，但是它被列为本次活动中地位不亚于盛泽镇的主角，说明双杨会组织者在筹划活动时的思路并没有受到蚕桑生产区域的局限。因此可以说，双杨会可能不仅是蚕桑生产区域的一场狂欢，主办者更是试图将之打造为吴江地区运河沿岸市集的一次盛会，同时实现双杨庙对运河市场圈的文化整合。

主办者对平望的期待可能在于，更高一级的市场能够为盛会的举办提供更加充足的资源，更高一级的市场通常具备更大范围的辐射力，也更有利于召集信众。事实上，活动在盛泽镇进入高潮已经印证了这一点。船只不断从沿途加入，更像是模拟了资源从周边中间市场不断汇入盛泽这一区域中心市场的过程。虽然没有实际的礼仪行为表明双杨庙将盛泽镇看作自己的上位庙，但是从他们将盛泽镇城隍庙称作"长辈"，每隔十年去探一次亲，到每次赛会在震泽镇落下帷幕，而不是回到起点双杨庙，隐约地体现了市场层级话语对信仰体系的渗透。吴江地区昭灵侯庙的信仰中心从松陵转移到盛泽镇，也表明了运河市镇的后来居上对吴江地区市镇社会空间产生了一定的冲击，市场、资本正在取代政治在社会文化语境中扮演着越来越举足轻重的角色。这或许也可以看作吴江地区在运河的推动下走向市场化的一个侧影。

---

① 方志龙：《清末民国江南地区跨境迎神赛会的社会空间——以吴江"双杨会"为中心》，《历史地理》第33辑，第154~163页。

四 余论

从吴江地区市场空间和社会空间的演进来看,运河对明清时期江南市镇发展起到了举足轻重的作用。运河对江南区域外部和内部市场圈的重塑,使江南市镇乘上了开拓外部市场和优化内部资源的双驾马车,为其迅猛发展提供了充足的动力保障;使江南社会空间突破了传统文化话语的束缚,对江南传统社会结构产生了一定的冲击。运河为明清时期江南地区从经济生活到社会生活都走上商品化和市场化轨道提供了必要的条件。从这个意义上甚至可以说,运河是推动江南地区摆脱小农经济模式的束缚、走向早期现代化的重要助推器。

然而任何事物都有其两面性。其一,运河带动了沿岸市镇的兴盛,但是对市场资源的过度占有,也会导致周边农村市场的萎缩,从而使江南市镇在空间上出现发展不均衡的现象。施坚雅曾经指出,地区核心城市发展实际上可能是以牺牲周围边缘地带的潜在城市化为代价的。[1] 震泽镇、盛泽镇等运河市镇过度发达的案例从乡镇层级印证了这一假说的普遍有效性,也令人对运河空间效应的负面影响有所反思。费孝通通过对开弦弓村民交易习惯的调查得出一个重要的认识:"航船便限制了村里初级市场的作用,并使远处的城镇成为消费者初级购买中心。"[2] 也就是说,由于航船零售业务的发达,震泽这样的地区中心市场取代了周边部分村落初级市场的功能,对后者的发展显然是一个不利的因素。范毅军也发现,双杨等在明清时期兴起的市镇到了当代却逐渐衰落,可能与"受震泽所抑"有关,其他市镇同样因为"受吴江境内整体大镇恒大,又有一个像盛泽这样就传统时期而言,属于超级大镇窜起的影响,可容其持续扩张的空间,恐怕自然就相当有限了"。[3] 这种发展格局显然与过度偏向以运河为轴心有关,在一定程度上阻碍了吴江地区的均衡发展。

其二,运河作为交通要道,在和平时期有利于促进商贸往来、资源运

---

[1] 施坚雅主编《中华帝国晚期的城市》,第343页。
[2] 费孝通:《江村经济——中国农民的生活》,第227页。
[3] 范毅军:《传统市镇与区域发展——明清太湖以东地区为例》,复旦大学出版社,1990,第202页。

送,但是一旦爆发战争,这里往往是兵家必争之地。战乱对于运河市镇的打击相对更为沉重,常常导致发展中断,甚至完全衰落。比如,平望在历史上就多次遭遇兵燹,明朝嘉靖年间倭寇袭扰东南沿海地区,平望和八坼都曾深受其害;① 太平天国时期太平军、清军与殖民侵略者戈登的军队在平望一带激战,途中所有营地"尽毁",势必殃及平望镇市面。② 平望镇原来也有声势浩大的昭灵侯信仰活动,"悬灯演剧",热闹非凡。平望市面二十四坊,每坊轮流承担一年的庙务,称为"当坊",二十四年一个周期。后因战乱,各坊"肥瘠不均",那些残破不堪的坊无力独立承担一年的庙务,经过"公议",改为四坊共同承担一年庙务,六年为一个周期。③ 黄溪市原本是不亚于盛泽的重要绸市,相传黄溪绸市起源甚至早于盛泽,有"先有黄家溪,后有盛泽镇"之说,但是经过战争的冲击,黄溪逐渐落后于盛泽。④ 这些都反映了运河市镇空间在动乱年代遭受的强烈震荡以及运河市场体系在特殊情况下的脆弱性。运河市镇空间效应的辩证性也是在运河市镇空间研究中值得深思的。

作者:许哲娜,苏州科技大学社会发展与公共管理学院
喻满意,苏州市职业大学教育与人文学院

(编辑:任吉东)

---

① 乾隆《震泽县志》卷37《旧事一》,《中国地方志集成·江苏府县志辑》第23册,第334页。
② 冯桂芬:《显志堂稿》卷4,朝华出版社,2018。
③ 光绪《平望续志》卷1《风俗》,《中国地方志集成·乡镇志专辑》第13册,第260页。
④ 朱云云整理《盛泽丝绸的历史与现状》,《吴江文史资料》第5辑,第113页。

·会议综述·

学科·理论·话语：首届"20世纪中国城市发展"高端论坛会议综述

高梓霏

2020年12月5～6日，由四川大学城市研究所、中国城市史研究会共同主办的"学科·理论·话语：20世纪中国城市发展研究"——首届"20世纪中国城市发展"高端论坛在成都举行。来自四川大学、复旦大学、武汉大学、华中师范大学、西南大学、陕西师范大学、浙江师范大学、江汉大学、北京市社会科学院、天津社会科学院、四川省社会科学院等十余所高校和科研院所以及人大书报资料中心、《史学月刊》、《江汉论坛》、《福建论坛》、《贵州社会科学》等学术期刊的30多位专家学者共聚一堂，就20世纪中国城市发展的多个议题展开了为期两天的深入交流。

20世纪是中国城市从农业时代传统城市走向工业时代现代城市的重要转型时期，也是城市化从起步到腾飞的关键时期，百年间中国城市发生了翻天覆地的变化，系统总结研究中国城市发展的特殊规律，具有重要的学术价值和现实意义。在主题发言中，与会专家围绕20世纪中国城市研究的学科体系、学术体系、话语体系构建，围绕新中国城市史分期、城市史研究资料的挖掘整理等主题做了报告。

四川大学城市研究所所长何一民教授以《新中国城市历史分期研究》为题，对新中国城市史分期问题进行了学术回顾，指出了其重要意义和现有相关研究"零散化"和"边缘化"的缺陷。他对新中国城市发展的关键时间节点做了梳理，将新中国城市发展历程分为三个时期七个阶段，并对相关各时期城市的发展特点做了简单概述。西南大学周勇教授以《20世纪重庆城市史研究资料的整理》为题，回顾了中国城市史的史学史研究，梳理了20世纪重庆城市史研究资料的整理，以重庆一域反映20世纪中国城市史前进的步伐。复旦大学历史地理研究所吴松弟教授的报告《西部边疆口岸城市的开放及影响》，揭示了西部边疆新疆、甘肃、西藏、云南等地通商口岸的开放过程，探讨了边疆口岸与区域经济发展的关系，强调了边疆口岸对于维护国土安全的重大意义。浙江师范大学陈国灿教授以《略谈中国城市史研究体系的建构》为题，提出要进行城市史研究理论的调整，深化城市史解释理论，完善城市史认识体系，促进中国特色城市史研究理论的构建，从基本概念体系、理论范畴体系、解读表述体系等三个关键方面来构建中国城市史研究的话语体系。

在分组讨论中，与会专家进一步围绕会议主题，运用长时段、广视野、多学科等研究方法，对20世纪前期和中后期中国城市发展的相关议题展开了深入探讨。

1. 20世纪前期：案例与思考

20世纪前期是中国城市从传统逐步走向近代的转型时期，也是中国城市从封闭被迫转向开放的变革时期。伴随着西方对中国的侵略和开埠城市的发展，中国的城市化进程在艰难中起步。

纵观20世纪前期中国城市史的研究成果，方秋梅得出至今未能建立起本土化的话语体系的结论。她通过梳理20世纪前期中国市政发展的历史分期，总结了中国市政发展的特点，探究了其对当代中国城市发展的影响，试图从市政史的角度推动20世纪中国城市史研究本土话语建构。

通商口岸城市是近代中国与世界相连的窗口，也是人口、商业、资本的汇聚之地，彰显出转型时代的独特魅力。杨伟兵通过对鸦片战争至清王朝终亡时全国开辟的通商口岸的统计，分析其空间分布与开放时间，梳理出近代中国约开和自开商埠对外开放清晰准确的脉络。刁莉聚焦汉口，以"民国十五年"为历史分水岭，探讨中资银行的发展趋势及管理措施。她总结发现，中资银行的"新式"业务促使汉口金融业更快走向成熟，在市场力量的驱动下，其发展呈现出民营化趋势，近代银行同业协调合作思想、内部自我管理思想由此产生。王敏着眼于上海，以公共租界华人代表权问题为线索展开研究。她认为，上海公共租界兼具高度的国际性和地方性，而将二者统一起来的则是依托上海公共租界乃至上海城市所形成的利益共同体，从而对中国近代的华洋关系展开深入研究。

近年来空间理论的更新突破了"空间即场所"的观念，为城市研究注入了新的生命力。而20世纪30年代世界格局的复杂深化，国人民族观念和主权意识的提升，一个关于空间争夺和纠纷的案例，往往具有超越"场所"的多重含义。付海宴通过对20世纪30年代厦门日僧建寺纠纷的细致探讨，将达观园的东本愿寺置于长时间的脉络中，发现历史与宗教、籍民与土地、日本与永租权、国民与爱国情感等多种元素在该空间内交织。范瑛从1930年华西协和大学的筑墙事件，透射了民国内陆城市成都的中外主权之争和中西文化之争，指出围绕院墙修缮展开的空间竞夺，被赋予了中国与西方、政治和文化的双重含义。

2. 20世纪中后期：实践与展望

20世纪中后期是中国城市从起步转向腾飞，发生翻天覆地变化的时期。随着中华人民共和国的成立，中国城市摆脱了半殖民地的发展轨迹，向工业化、现代化和城市化的全面发展道路迈进。

抗日战争期间，由于特殊的国内外政治和军事形势，中国城市的建设与发展都必须"以国防为中心"。肖爱玲探究了20世纪40年代建都论战的过程、主要观点和研究意义，认为这次论战既是一次对历代都城空间选择方式、选址原则的系统整理和实践，也是对世界列强都城空间分布特征的借鉴，蕴含了近代都城空间生产的新动向。

新中国成立后，在中国共产党的领导下，中国城市迈入现代化、组织化的崭新发展阶段。鲍承志以内陆腹地的中心城市贵阳为例，从铁路交通的视角探究城市的现代化历程。他发现，贵州的现代化呈现出一种渐进式的状态，即没有铁路、铁路修通、铁路成网三个阶段，从而大体对应出曲折缓慢、促进发展、加速发展的现代化前进之路。付志刚以上海里弄的改造为中心，从基层社会探究城市的组织化实践。他指出，中国共产党通过广泛社会动员，促进"非单位人"最大限度地纳入国家的组织化体系之内，然而城市基层社会改造却遭遇两难之境，全面组织化在城市基层中的深入有限。

进入21世纪以来，随着中国城市化进程的加速，国内的城市史研究进入了一个新的发展阶段，成果可谓遍地开花，新兴研究领域和取向层出不穷。王建伟系统地梳理了近代北京史研究的学术史脉络，客观评估了其研究现状、存在的问题与不足，以期预见未来的主要发展趋势。王肇磊呼吁从生态取向展开城市史研究,通过对既有学术研究的回顾,指出当前的城市史研究缺乏研究生态的意识,归纳了城市史研究生态取向的内涵与理论范式,并指出了推动城市史研究生态转向的价值和意义。

人大书报资料中心经济部执行主编刘然、《江汉论坛》副主编张卫东、《民族学刊》常务副主编王珏、《史学月刊》副主编赵广军、《福建论坛》编辑张燕清、《贵州社会科学》编辑翟宇等分别对与会论文进行了精彩和深入的点评,并结合当前研究讨论了20世纪城市史研究的发展特征与趋势。

最后,天津社会科学院张利民教授和江汉大学涂文学教授主持了"20世纪中国城市发展"圆桌讨论。何一民、周勇、陈国灿教授分别就城市史研究的边界、理论、史料整理等问题发表了看法,与会专家集中对城市史研究的热点问题和认识体系、演进脉络以及碎片化等问题进行了热烈讨论。四川大学城市研究所副所长范瑛教授从学科史和学术史的角度回顾了中国城市史研究30余年的发展历程,指出了目前研究在学科界限、解释体系、理论和概念运用中存在的问题,重申了本次论坛打通20世纪构建中国城市史研究体系的初衷。首届"20世纪中国城市发展"高端论坛圆满闭幕,论坛将定期开展,为城市史研究学者提供交流平台,以期为中国城市史研究构建独立的学科体系、学术体系和话语体系做出贡献。

作者:高梓霏,四川大学历史文化学院

(编辑:任吉东)

稿 约

《城市史研究》创刊于1988年,是目前国内最早的城市史研究专业刊物,由天津社会科学院历史研究所主办,现为中国城市史研究会会刊,一年两期,由社会科学文献出版社出版发行。

一、本刊欢迎具有学术性、前沿性、思想性的有关中外城市史研究的稿件,涉及的内容包括城市政治、经济、社会、文化、环境及与之相关的地理、建筑、规划等多学科和跨学科研究成果。对选题独特、视角新颖、有创见的文稿尤为重视。

二、文章字数一般应控制在15000字,优秀稿件可放宽至3万字,译稿在本刊须首发,并附原文及原作者的授权证明,由投稿人自行解决版权问题。

三、来稿除文章正文外,请附上:

(一)作者简介:姓名、所在单位、职称、学位、研究方向、邮编、联系电话、电子邮箱;

(二)中文摘要:字数控制在150~200字;

(三)中文关键词:限制在3~5个;

(四)文章的英文译名;

(五)注释:一律采用脚注,每页编号,自为起止。具体格式请参见《社会科学文献出版社2012年学术著作出版规范》第17~25页,下载地址:http://www.ssap.com.cn/pic/Upload/Files/PDF/F6349319343783532395883.pdf。

四、本刊有修改删节文章的权力,凡投本刊者视为认同这一规则。不同意删改者,请务必在文中声明。

五、本刊已加入中国学术期刊(光盘版)全文数据库,并许可其以数字化方式在中国知网发行传播本刊全文,相关作者著作权使用费与稿酬不再另行支付，作者向本刊提交文章发表的行为即视为同意我刊上述声明。

六、为方便编辑印刷，来稿一律采用电子文本，请径寄本刊编辑部电子邮箱：chengshishiyanjiu@163.com。来稿一经采用，即付样刊两册。未用稿件，一律不退，三个月内未接到用稿通知，可自行处理。文稿如有不允许删改和做技术处理的特殊事宜，请加说明。

需要订阅本刊的读者和单位，请与《城市史研究》编辑部联系。联系方式：电子邮箱 chengshishiyanjiu@163.com。

本刊地址：天津市南开区迎水道7号天津社会科学院历史研究所

邮编：300191；电话：022-23075336

《城市史研究》编辑部

图书在版编目（CIP）数据

城市史研究. 第43辑 / 任吉东主编. -- 北京：社会科学文献出版社，2021.5
ISBN 978-7-5201-8194-5

Ⅰ.①城… Ⅱ.①任… Ⅲ.①城市史-文集 Ⅳ.①C912.81-53

中国版本图书馆CIP数据核字（2021）第060964号

城市史研究（第43辑）

主　　编 / 任吉东

出 版 人 / 王利民
责任编辑 / 李丽丽
文稿编辑 / 汪延平　等

出　　版 / 社会科学文献出版社·历史学分社（010）59367256
　　　　　　地址：北京市北三环中路甲29号院华龙大厦　邮编：100029
　　　　　　网址：www.ssap.com.cn
发　　行 / 市场营销中心（010）59367081　59367083
印　　装 / 北京玺诚印务有限公司

规　　格 / 开　本：787mm×1092mm　1/16
　　　　　　印　张：21.75　字　数：353千字
版　　次 / 2021年5月第1版　2021年5月第1次印刷
书　　号 / ISBN 978-7-5201-8194-5
定　　价 / 128.00元

本书如有印装质量问题，请与读者服务中心（010-59367028）联系

版权所有　翻印必究